Risiko- und Chancenmanagement bei kommunalen Energieversorgungsunternehmen in der privatwirtschaftlichen Form der GmbH und AG in Deutschland

uniDO.FACTS

University of Dortmund
Financial Accounting & Taxation Studies

Herausgegeben von Matthias Wolz

Band 3

PETER LANG

Frankfurt am Main · Berlin · Bern · Bruxelles · New York · Oxford · Wien

Andrée Gliese

Risiko- und Chancenmanagement bei kommunalen Energieversorgungsunternehmen in der privatwirtschaftlichen Form der GmbH und AG in Deutschland

PETER LANG
Internationaler Verlag der Wissenschaften

Bibliografische Information der Deutschen Nationalbibliothek
Die Deutsche Nationalbibliothek verzeichnet diese Publikation in der Deutschen Nationalbibliografie; detaillierte bibliografische Daten sind im Internet über http://dnb.d-nb.de abrufbar.

Zugl.: Dortmund, Techn. Univ., Diss., 2011

Gedruckt auf alterungsbeständigem,
säurefreiem Papier.

D 290
ISSN 1863-0073
ISBN 978-3-631-63066-2

www.peterlang.de

Geleitwort

Der Energiesektor wurde durch die EU-Binnenmarktrichtlinie vom 24. April 1998 einer Deregulierung unterzogen; diese Richtlinie wurde durch das Gesetz zur Neuregelung des Energiewirtschaftsrechts (*EnWG*) in deutsches Recht transformiert. Ziel dieser EU-Initiative bestand in der Öffnung der Binnenmärkte in Verbindung mit einer Stärkung des Wettbewerbs auf dem Energiesektor. Einschlägigen Prognosen zu Folge würden diesen Prozess lediglich 10-15 % der kommunalen Energieversorgungsunternehmen (*EVU*) überstehen, so dass in deren Risiko- und Chancenmanagement *(RCM)* ein kritischer Erfolgsfaktor gesehen werden kann und muss. Das EnWG wurde zum 13. Juli 2005 dergestalt reformiert, dass bei EVU die Bereiche Netz und Betrieb getrennt wurden; dieser Vorgang wird als *Entflechtung* bezeichnet. Hierdurch wurden die Anforderungen an kommunale EVU nochmals erhöht.

Kommunale EVU firmieren oft in der Rechtsform einer AG oder einer GmbH; hierdurch sind sie gem. § 91 Abs. 2 AktG verpflichtet, ein Risikofrüherkennungssystem *(RFS)* einzurichten, welches im Rahmen der allgemeinen Prüfungspflicht nach § 316 HGB zu prüfen ist. Hinzu tritt die Prüfungspflicht des § 53 HGrG, der für diese öffentlichen Unternehmen auch eine Prüfung der Ordnungsmäßigkeit der Geschäftsführung vorsieht. Somit – und auch in Zusammenhang mit der vermuteten Ausstrahlungswirkung des § 91 Abs. 2 AktG auf GmbH – ist auch das RFS auf jeden Fall einzurichten und zu prüfen, obwohl kommunale EVU in der Praxis meist in mittelständischen Strukturen geführt werden. Einen besonderen Stellenwert nimmt dabei die Ausgestaltung des gesamten Risikomanagementsystems als Key Success Factor ein. Der Autor hat sich daher zum Ziel gesetzt zu untersuchen, wie der besonderen Struktur eines kommunalen EVU Rechnung getragen werden kann, und ein Risiko- (und Chancen-)managementsystem *(RCMS)* ausgestaltet werden muss, um den besonderen Anforderungen effektiv und effizient gerecht werden zu können.

Der Autor bearbeitet eine hochgradig praxisrelevante Fragestellung, bei der er die bekannten und hinlänglich diskutierten Rahmenbedingungen für funktionale RCMS auf kommunale EVU überträgt. Diese sind durch eine besondere Situation gekennzeichnet: obwohl meist in eher mittelständischen Strukturen geführt, werden sie oft in der Rechtsform einer (großen) GmbH oder AG betrieben. Somit unterliegen sie zum einen einer Prüfungspflicht (wie alle großen Kapitalgesellschaften), darüber hinaus auf Grund von § 53 HGrG auch noch dem Erfordernis einer Geschäftsführungsprüfung. Die Prüfungserfordernisse sind somit formal höher als bei börsennotierten AG, wobei sich der Autor auf den besonders kritischen Aspekt eines angemessenen RCMS fokussiert: eine mehr als spannende Problematik für Praktiker wie auch den praktisch orientierten akademisch Tätigen.

Trier, im September 2011 Matthias Wolz

Vorwort

Die vorliegende Arbeit ist während meiner Tätigkeit als selbstständiger Betriebswirt und als kaufmännischer Angestellter im energiewirtschaftlichen Bereich entstanden. Die Motivation zur Behandlung der Thematik resultierte aus meinen beruflichen Erfahrungen in der Wirtschaftsprüfung und Beratung. Es gab viele Menschen, die mich während der Promotionszeit unterstützt haben und denen ich meinen Dank aussprechen möchte.

Meinem langjährigen akademischen Lehrer, Herrn Prof. Dr. Matthias Wolz, möchte ich sehr herzlich für seinen Zuspruch bei der Entscheidung zu promovieren und für seine engagierte Betreuung danken. Seine stetige Bereitschaft zur fachlichen Diskussion und unsere außerfachlichen Gespräche mit vielen wertvollen Ratschlägen und Anregungen für mich haben maßgeblich zum Gelingen dieser Arbeit beigetragen. Herrn Prof. Dr. Andreas Hoffjan danke ich für die Übernahme des Zweitgutachtens. Herrn Prof. Dr. Gregor N. F. Weiß möchte ich für die Bereitschaft zur Teilnahme an der Disputation meinen Dank aussprechen. Herrn StB Dr. André Jungen danke ich für die konstruktiven Ratschläge und Hilfestellungen. Den betreuten kommunalen Energieversorgungsunternehmen – ohne die ein Gelingen der Dissertation nicht möglich gewesen wäre – danke ich sehr für die Unterstützung aus der Praxis heraus.

In meinem privaten Umfeld gebührt denen mein Dank, die mich all die Zeit unterstützt haben. Zu nennen sind besonders Herr Peter Schug und Herr WP/StB Stefan Hesse, denen ich sehr herzlich für die langjährige Unterstützung und für ihre Freundschaft danken möchte. Ein sehr herzlicher Dank gilt meiner Familie. Ohne den Rückhalt und die Unterstützung, die ihr mir gewährt habt, wäre die Arbeit nicht zu realisieren gewesen. Den größten Dank gilt meiner Mutter und meiner Großmutter. Ihr habt mir den notwendigen Beistand gegeben und damit die Sicherheit geschaffen, ohne die ich die Arbeit nicht hätte leisten können. Mein abschließender besonderer Dank gilt meiner Tochter Emily Gliese, die am 17. März 2008 während der Dissertationszeit geboren ist. Dich anzusehen gab mir stets Zuversicht und den Glauben an das Gelingen der Dissertation. In tiefer Liebe ist Dir diese Arbeit gewidmet.

Frankfurt am Main, 14. November 2011 Andrée Gliese

Inhaltsverzeichnis

Abkürzungsverzeichnis

%	Prozent
§	Paragraf
Abb.	Abbildung
AB	Amtsblatt
ABI EU	Amtsblatt der Europäischen Union
Abs.	Absatz
AG	Aktiengesellschaft
AG	Zeitschrift – Die Aktiengesellschaft
AK	Arbeitskreis
AktG	Aktiengesetz
Anm.	Anmerkung
AP	Abschlussprüfer
AR	Aufsichtsrat
AregV	Anreizregulierungsverordnung
b&b	Zeitschrift – bilanz&buchhaltung
BB	Zeitschrift – Betriebs-Berater
BBM	Bruttobewertungsmethode
BC	Zeitschrift – Bilanzbuchhalter und Controller
BDEW	Bundesverband der Energie- und Wasserwirtschaft
BetrVG	Betriebsverfassungsgesetz
BfuP	Zeitschrift – Betriebswirtschaftliche Forschung und Praxis
BGI	Bundesgesetzblatt
BGW	Bundesverband der deutschen Gas- und Wasserwirtschaft
BilKoG	Bilanzkontrollgesetz
BilReG	Bilanzregulierungsgesetz
BilRiLiG	Bilanzrichtliniengesetz
bmwi	Bundesministerium für Wirtschaft und Technologie
BRE	Binnenmarktrichtlinie Elektrizität
bspw.	beispielsweise
BuW	Zeitschrift – Betrieb und Wirtschaft
BV	Bestätigungsvermerk
BWL	Betriebswirtschaftslehre
CG	Corporate-Governance
CGK	Corporate-Governance-Kodex
d. h.	das heißt
DB	Der Betrieb
DD	Düsseldorf
Diss.	Dissertation
DRS	Deutscher Rechnungslegungs Standard
DRSC	Deutsches Rechnungslegungs Standard Comittee
DStR	Zeitschrift – Deutsches Steuerrecht
EB	Eigenbetrieb
ebd.	ebenda
EDL	Energiedienstleistung(en)
EDV	Elektronische Datenverarbeitung
EE	Erneuerbare Energien

EEG	Erneuerbare-Energien-Gesetz
Elt-Werk	Elektrizitätswerk
EnergieR	Energierecht
EnWG	Energiewirtschaftsgesetz
EP	Europäisches Parlament
et	Zeitschrift für energiewirtschaftliche Tagesfragen
et al.	und andere
etc.	et cetera
EU	Europäische Union
EUR	Euro
EuroEG	Gesetz zur Einführung des Euro
EVU	Energieversorgungsunternehmen
f.	folgende
F. A. Z.	Frankfurter Allgemeine Zeitung
FB	Zeitschrift – Finanzberater
FEI	Früherkennungsindikator
FES	Früherkennungssystem
ff.	fortfolgende [Seiten]
FFM	Frankfurt am Main
FN	Fachnachrichten
Fn.	Fußnote
FWI	Frühwarnindikator
FWS	Frühwarnsystem
ggf.	gegebenenfalls
GmbH	Gesellschaft mit beschränkter Haftung
GmbHG	GmbH-Gesetz
GmbHR	GmbH-Richtlinie
GmbHR	Zeitschrift – GmbHRundschau
GO	Gemeindeordnung
GO NW	Gemeindeordnung des Landes Nordrhein-Westfalen
GoL	Grundsätze ordnungsmäßiger Lageberichterstattung
GWB	Gesetz gegen Wettbewerbsbeschränkung
HB	Heidelberg
HFA	Hauptfachausschuss
HGB	Handelsgesetzbuch
HGrG	Haushaltsgrundsätzegesetz
i. d. F. d.	in der Fassung des
i. d. R.	in der Regel
i. e. S.	im engeren Sinne
i. S. d.	im Sinne des
i. V. m.	in Verbindung mit
i. w. S.	im weiteren Sinne
i. Z. m	im/in Zusammenhang mit
IAS	International Accounting Standard
IDW	Institut der Wirtschaftsprüfer
IFRS	International Financial Reporting Standards
II	Investitionsintensität
IIR	Institut der Internen Revision
IKS	Internes Kontrollsystem

INW	Institut der Norddeutschen Wirtschaft
IQ	Investitionsquote
IR	Zeitschrift – Interne Revision
IÜS	Internes Überwachungssystem
JaP	Jahresabschlussprüfung
KapAEG	Kapitalaufnahmeerleichterungsgesetz
KapCoRiLiG	Kapitalgesellschaften- und Co.-Richtliniengesetz
KMU	Kleine und mittelgroße Unternehmen
KonTraG	Kontroll- und Transparenzgesetz
KOR	Zeitschrift für kapitalmarktorientierte Rechnungslegung
krp	Zeitschrift – Kostenrechnungspraxis
KwFuP	Zeitschrift für kommunalwirtschaftliche Forschung und Praxis
kWh	Kilowattstunde
KWK	Kraft-Wärme-Kopplung
LB	Lagebericht
MitbestG	Mitbestimmungsgesetz
NBM	Nettobewertungsmethode
NNE	Netznutzungsentgelte
Nr.	Nummer
NRW	Nordrhein-Westfalen
NW	Nordrhein-Westfalen
NY	New York
o. Ä.	oder Ähnliches
OB	Oldenburg
o. V.	ohne Verfasser
ÖFA	Öffentlichkeitsarbeit
öPNV	Öffentlicher Personennahverkehr
PB	Prüfungsbericht
PCG	Public-Corporate-Governance
PCGK	Public-Corporate-Governance-Kodex
PH	Prüfungshinweis
PS	Prüfungsstandard
PublG	Publizitätsgesetz
PwC	PrivewaterhouseCoopers
QM	Qualitätsmanagement
QMS	Qualitätsmanagementsystem
QV	Querverbund
RC	Risiko und Chance
RCM	Risiko- und Chancenmanagement
RCMP	Risiko- und Chancenmanagementprozess
RCMS	Risiko- und Chancenmanagementsystem
RFS	Risikofrüherkennungssystem
Rili	Richtlinie
RKW	Rationalisierungs-Kuratorium der Deutschen Wirtschaft
RM	Risikomanagement
RMP	Risikomanagementprozess
RMS	Risikomanagementsystem
Rn.	Randnummer
Rz.	Randzahl

S.	Seite
sog.	sogenannt
StuB	Zeitschrift – Unternehmenssteuern und Bilanzen
StückAG	Gesetz über die Zulassung von Stückaktien
SVK	Sondervertragskunden
SW	Stadtwerk
Tab.	Tabelle
TransPuG	Transparenz- und Publizitätsgesetz
TSM	Technisches Sicherheitsmanagement
TWh	Terrawattstunde
UF	Unternehmensführung
usw.	und so weiter
u. U.	unter Umständen
ÜNB	Übertragungsnetzbetreiber
VDEW	Verband der Elektrizitätswirtschaft
VDN	Verband der Netzbetreiber
vgl.	vergleiche
VKS	Verband kommunaler Abfallwirtschaft und Stadtreinigung
VKU	Verband kommunaler Unternehmen
VO	Vorstand
VorstOG	Vorstandsvergütungs-Offenlegungsgesetz
VRE	Verband der Verbundunternehmen und Regionalen Energieversorger
VW	Zeitschrift – Versicherungswirtschaft
WISO	Zeitschrift – WISO/Wirtschaftsstudium
WiSt	Zeitschrift – Wirtschaftswissenschaftliche Studien
WP	Wirtschaftsprüfer
WPg	Zeitschrift – Die Wirtschaftsprüfung
z. B.	zum Beispiel
z. T.	zum Teil
zfbf	Zeitschrift für betriebswirtschaftliche Forschung
ZfdgVW	Zeitschrift für die gesamte Versicherungswirtschaft
ZfE	Zeitschrift für Energiewirtschaft
ZfgK	Zeitschrift für das gesamte Kreditwesen
ZfögwU	Zeitschrift für öffentliche und gemeinwirtschaftliche Unternehmen
ZfP	Zeitschrift für Planung
ZfPP	Zeitschrift für Public Policy
ZGR	Zeitschrift für Unternehmens- und Gesellschaftsrecht
ZIP	Zeitschrift für Wirtschaftsrecht
ZNER	Zeitschrift für neues Energierecht

Abbildungsverzeichnis

Tabellenverzeichnis

Kapitel A: Einleitung

1 Problemstellung, Forschungsbedarf und Gang der Untersuchung

1.1 Problemstellung

Das wirtschaftliche und rechtliche Umfeld für Unternehmen in allen Branchen weltweit hat sich in den vergangenen Jahren stark gewandelt. Für die fortlaufende Dynamisierung werden insbesondere die anhaltende Globalisierung und Internationalisierung sowie die Volatilität der Kapitalmärkte[1] als verantwortliche Faktoren benannt. Der Wandel führt, verstärkt durch Innovationen in den Bereichen der Kommunikations- und Informationstechnologie, zu schwindenden natürlichen Grenzen von Märkten und zu deren weltweiter Deregulierung und Fragmentierung. Branchenübergreifende Veränderungen von bspw. Kundenbedürfnissen sind neben der gestiegenen Macht der öffentlichen Meinung, dem Bedeutungsgewinn supranationaler Organisationen und rechtlichen sowie (global-)gesellschaftlichen Normen Entwicklungen[2], die den Wandel maßgeblich bestimmen. Durch den Wandel ist eine fortlaufende Verschärfung branchenübergreifenden Wettbewerbs zu verzeichnen.[3] Die Veränderungen haben einen Einfluss auf das Handeln und die Führung von Unternehmen. Seit jeher ist es das Wesen jedweden unternehmerischen Handelns, dass Chancen zum Zweck der Gewinnrealisierung zu erkennen und zu nutzen sind. Dazu gilt es Risiken einzugrenzen[4], um den Unternehmensfortbestand fortlaufend sicherzustellen. "Ohne Risiko" ist das Unternehmertum nicht denkbar.[5]

Unternehmen in der Energiewirtschaft (Energieversorgungsunternehmen, "EVU") unterliegen in den Zeiten des Wandels mit seinen Auswirkungen auch auf Deutschland [z. B. durch die Einflüsse des Zusammenwachsens der Länder in der Europäischen Union[6] ("EU")] in den letzten Jahren einem rechtlichen und wirtschaftlichen Umbruch, den die Branche vormals in ihrer Geschichte noch nie erlebt hat. Die wesentlichsten Veränderungen wurden durch die "Binnen-

---

1 Vgl. Förschle et al. (1998), S. 889.
2 Vgl. Lachnit/Müller (2001), S. 365.
3 Vgl. stellvertretend Pritzer (1999), S. 146.
4 Vgl. Reichmann/Form (2000), S. 189.
5 Vgl. Walter (1953), S. 18, Hardy (1924), S. 10, Brebeck/Herrmann (1997), S. 382, Lück (1998a), S. 8.
6 Vgl. Balzereit/Schulten (1995), S. 351 ff.

marktrichtlinie Elektrizität" ("BRE")[7] ausgelöst, welche am 24. April 1998 durch das Gesetz zur Neuregelung des Energiewirtschaftsrechts (Energiewirtschaftsgesetz, "EnWG") in deutsches Recht umgesetzt wurde.[8] Aus Sicht deutscher EVU gilt dieser Tag als *"... das wichtigste Datum in ihrer gut 100-jährigen Geschichte ..."*.[9] Quasi stufenlos in einer logischen Sekunde wurde der deutsche Strommarkt in den Bereichen Erzeugung und Vertrieb zu 100 Prozent an diesem Tag dereguliert.[10] Mit dem EnWG wurde die ursprüngliche fast sechzig Jahre[11] andauernde Wirtschaftsordnung auf dem heimischen Energiemarkt grundlegend verändert.[12] Der deutsche Strom- bzw. Elektrizitätsmarkt wurde auf einen Schlag dem Wettbewerb geöffnet[13] und die Liberalisierung[14] wurde durch einen *"Big-Bang"*[15] nach längeren *"Geburtswehen"*[16] geboren.

Das erklärte Ziel der Liberalisierungsbemühungen war es, mittels Öffnung der Märkte für leitungsgebundene Energien (Strom und Gas) eine Abkehr von natürlichen Gebietsmonopolen und sog. "Demarkationsverträgen"[17] zu erzielen, um so mehr grenzüberschreitender energiewirtschaftlichen Wettbewerb zu er-

---

7 ABI EU (1996), S. 20 ff.

8 Vgl. EnWG (1998), S. 730 ff. Gefolgt von einer entsprechenden Rili für den Bereich Gas. Vgl. EnergieR (2008), S. XI, ABI EU (1998), S. 1 ff. Zur Liberalisierung des deutschen Strommarktes vgl. Ridder (2003), S. 18-34, Schmidt (2002), S. 51 ff., Richmann (2004), S. 71 ff., Konstantin (2009), S. 41 ff. Zu den energierechtlichen Rahmenbedingungen ein Überblick bei Konstantin (2009), S. 81 ff.

9 Hartung (1999), S. 298.

10 "Deregulierung" steht für alle Maßnahmen, die darauf abzielen, die Regulierung der Tätigkeit der öffentlichen Verwaltung durch Rechtsnormen und Verwaltungsvorschriften zu reduzieren. Ihr Ziel ist die Beschleunigung, die Vereinfachung und die wirtschaftliche Gestaltung von Verwaltungsabläufen sowie die Förderung der unternehmerischen Eigeninitiative. Vgl. Kraus (2004), S. 56. "Regulierung" ist die Kanalisierung einer wirtschaftlichen Aktivität in eine gewünschte Richtung. Sie ist eine Gratwanderung zwischen marktwirtschaftlich notwendigen Regelsetzungen und marktwidrigen punktuellen Interventionen. Vgl. Jochum/Pfaffenberger (2005), S. 71. Regulierungseingriffe werden getätigt, wenn Marktversagen vorliegt. Vgl. Wirths (1998), S. 5.

11 Vgl. EnergieR (2008), S. XI.

12 Vgl. Wagner et al. (2000), S. 1214, Steeg (1999), S. 119.

13 Zur Entwicklung der Energieordnung in Deutschland vgl. Koenig et al. (2006), S. 26 ff., Zenke et al. (2005), S. 12 ff.

14 Unter "Liberalisierung" wird die Einführung von marktwirtschaftlichen Bedingungen in ehemals monopolistisch regulierten Märkten verstanden. Vgl. Kraus (2004), S. 125.

15 Voß/Kramer (2000), S. 571.

16 Säcker/Busche (1998), S. 18.

17 "Demarkation" sind Gebietsabgrenzungsklauseln von Elektrizitäts- und Gasversorgungsunternehmen, die regeln, dass außerhalb ihrer Tätigkeitsgebiete nicht gegeneinander in Wettbewerb getreten wird. Vgl. Kraus (2004), S. 55, Ehricke (2011), S. 5.

möglichen.[18] Ziel des EnWG war es, "... *eine möglichst sichere, preisgünstige und umweltverträgliche leitungsgebundene Versorgung mit Elektrizität und Gas im Interesse der Allgemeinheit ...*"[19] sicherzustellen.

Nach Inkrafttreten des EnWG traten neue Wettbewerber auf den heimischen Energiemärkten auf. Angestammte EVU sehen sich seither mit einem grundsätzlichen Wandel in ihrem Unternehmensumfeld konfrontiert. Die Strukturen dieses Wirtschaftszweigs wurden nachhaltig so stark verändert, dass die Literatur von einem "Paradigmenwechsel" spricht, der die gesamte Branche unter "Hochspannung" setzte. EVU mussten sich auf veränderte wettbewerbsrechtliche Bedingungen und auf neue Risiken und Chancen in den traditionellen Unternehmensbereichen der Stromerzeugung, des Stromhandels und des Stromvertriebs einstellen.[20] Insbesondere bei kleinen und mittelständischen EVU, die als Stadt- bzw. Gemeindewerke oder "kommunale EVU" bekannt sind,[21] musste ein Umdenken stattfinden.[22] Für diese wurde bspw. die Kundenorientierung ("Customer Relationship") ein wesentlicher Erfolgsfaktor.[23] Kunden, die vor der Liberalisierung durch Demarkationsverträge Zwangsabnehmer[24] der Leistungen ihres ortsansässigen Stadtwerks waren, können seither den Versorger wechseln.[25] Steigerungen bei Strom- und Gasbeschaffungspreisen können seither von EVU nicht mehr ohne weiteres über den Endpreis und andere Leistungen an die Endkunden weitergegeben werden.[26] Auf der Absatzseite verlangen die Kunden zunehmend

18 Vgl. Röhricht/Cebulla (1999), S. 5, EnergieR (2008), S. XI. Zu den Vor- und Nachteilen der Liberalisierung vgl. bspw. Michel (2004), S. 47 ff.

19 EnWG (1998), § 1 EnWG, S. 730.

20 Vgl. Bergschneider et al. (2001), S. 17, Schwarting (2001), S. 302 f.

21 Diese sind vielfach mehrheitlich im Besitz der öffentlichen Hand. Vgl. Steckert (2000), S. 648. Zur Konkretisierung des Untersuchungsobjekts vgl. Kapitel A, Punkt 2, S. 13 ff.

22 Veränderungsdruck im Umfeld von Stadtwerken wird bspw. auch durch die Veränderung des Zeitgeistes, die anhaltende Finanzkrise der öffentlichen Hand und den Modernisierungsprozess im öffentlichen Sektor ausgelöst. Vgl. Reichard (2000), S. 15 ff.

23 Vgl. Schädler (1998), S. 290, VKU (2000), S. 3 ff., Schmidt (2002), S. 91 ff.

24 Vgl. Mombaur (2003), S. 214.

25 Der "Sektkorkeneffekt" stellt die Entladung einer partiellen Unzufriedenheit von preissensiblen Kunden mit ihrem angestammten Energieversorger dar. Die Erhöhung der Wechselbereitschaft insbesondere von Industriekunden stellt eine Gefahr für EVU im freien Wettbewerb dar. Vgl. VKU (2000), S. 4, von Seelen (1997), S. 600. Zu Risiken und Chancen für EVU und Kunden durch die Liberalisierung vgl. Schulte-Beckhausen (2000/2001), S. 114 ff.

26 Zu Monopolzeiten konnten EVU im Rahmen des sog. "Cost-plus"-Verfahrens ihre Kosten weitergeben. Heute bestimmt der Markt den Preis und Mehrkosten sind durch die Unternehmen zu tragen. Vgl. Titzrath/Herrmann (2001), S. 248 ff. Der Wettbewerb führte zu einem "gnadenlosen" Preiswettbewerb mit Preisverfällen von bis zu 50 % bei Großkunden. Vgl. Steckert (2000), S. 648 ff.

mehr Flexibilität bei der Preisgestaltung sowie bei der Laufzeitgestaltung von Lieferverträgen.[27]

Das Management von nicht überwälzbaren Risiken in einer Situation der wettbewerbsbedingt sinkenden Margen wird als Schlüssel für den Unternehmensfortbestand angesehen.[28] Kosteneinsparungsmaßnahmen, Verschlankungstendenzen und eine Zunahme an Kooperationen auf horizontaler und vertikaler Ebene sind bei kommunalen EVU als Antwort auf die veränderten Rahmenbedingungen zu verzeichnen.[29] Nach Verabschiedung des EnWG im Jahre 1998 gingen pessimistische Stimmen davon aus, dass den fundamentalen Marktveränderungen nur rund 10-15 % der angestammten Stadtwerke den veränderten Wettbewerbsbedingungen standhalten würden.[30] Der professionellen Beherrschung des Risikomanagements ("RM") in der veränderten Wettbewerbssituation wird eine erfolgsentscheidende Bedeutung beigemessen.[31]

Mittlerweile sind rund dreizehn Jahre vergangen und das EnWG von 1998 wurde zwischenzeitig durch das Gesetz zur Neuregelung des Energiewirtschaftsrechts ("neues EnWG") am 13. Juli 2005 reformiert.[32] Nach den Worten des *VKU* wurde mit dieser Novelle seinerzeit eine schwere Kost gereicht, da hohe Kosten durch übermäßige Bürokratisierung und schwer verkraftbare zusätzliche hohe Belastung für EVU befürchtet wurden.[33] Verstärkte Rationalisierungsmaßnahmen sowie ein Outsourcing an Funktionen sind als Reaktion bei den Stadtwerken zu beobachten und die Funktionalitäten in den Kernbereichen unterliegen seither stärkeren Bemühungen zur Effektivitätssteigerung.[34]

Mit dem EnWG aus dem Jahr 2005 wurde die wettbewerbsfördernde Regulierung der Energiewirtschaft auf eine qualitativ neue Stufe emporgehoben. Das alte EnWG von 1998 wurde einer "*... wahrhaft regulatorischen Umwälzung ...*"[35] unterzogen. Das neue EnWG sorgte für einen behördlich regulierten Netzzugang sowie für eine Regulierung der Netzzugangsentgelte (Netznutzungsent-

27 Vgl. Erfkemper (2000), S. 570, Seelen (1999), S. 440.

28 Vgl. Kreuzberg (2000), S. 842.

29 Vgl. Steckert (2000), S. 5.

30 Vgl. Lührmann (2001), S. 441. Ebenfalls pessimistisch Brinker (2000), S. 311.

31 Vgl. Lapidus et al. (2000), S. 634, Burger (1998), S. 126, Binias (1999), S. 136, Scholz/Schuler (2006), S. Rn. 978, S. 422 f.

32 Vgl. EnWG (2005), S. 1970 ff. Zur Gesetzesentwicklung vgl. Säcker (2004), S. 98 ff.

33 Vgl. VKU (2005a), S. 1. Mit dem Gesetz wurden die Richtlinien 2003/54/EG über Vorschriften für den Elektrizitätsbinnenmarkt (BeschlRL-E) und 2003/55/EG über Vorschriften für den Gasbinnenmarkt (BeschlRL-Gas) in deutsches Recht umgesetzt. Zu den Rechnungslegungs-, Prüfungs- und Offenlegungsvorschriften für EVU nach § 10 EnWG vgl. Krebs (2007), S. 1425 ff., IDW (2006e), S. 533 ff., Ehricke (2011), S. 18 f.

34 Vgl. Attig (2005), S. 103.

35 Koenig et al. (2006), S. 5.

gelte, "NNE"). Umfangreiche Entflechtungsvorgaben (*"Unbundling"*[36]) wurden eingeführt.[37] Durch das neue EnWG und das Wirken der deutschen "Regulierungsbehörde" wurde mit weiteren Risiken gerechnet.[38] Der Übergang in die Anreizregulierung[39] stellte aus Sicht des *VKU* darüber hinaus eine *"... wirtschaftliche Überforderung der Stadtwerke ..."* dar, die in der Konsequenz kommunale Netzbetreiber in *"Schieflage"* bringen oder diese gar in ihrer wirtschaftlichen Existenz gefährden könnte.[40] Befürchtungen wurden geäußert, dass es zu einem Verlust an Versorgungsqualität und -sicherheit sowie zu einer Vernichtung von kommunalem Vermögen vor dem Hintergrund leerer Gemeindekassen kommen kann oder sich eine strukturelle Benachteiligung von städtischen Versorgern gegenüber Regionalversorgern einstellt.[41]

Neben den gesetzlichen Einflüssen durch das alte und neue EnWG hat bspw. auch die Diskussion um Klima- und Ressourcenschutz einen Einfluss auf die Risiko- und Chancenlandschaft von kommunalen EVU. Nach Meinung des *VKU*

---

36 "Unbundling" ist der englische Begriff für Entflechtung bzw. Entbündelung. Er steht für die Trennung der Wertschöpfungsfunktionen Stromerzeugung, Netzbetrieb und Stromlieferung. Entflechtungsvorgaben bezwecken die Unterbindung etwaiger Quersubventionen zwischen den Geschäftsbereichen eines EVU sowie der Generierung einseitiger Informationsvorteile. Vgl. Ehricke (2011), §§ 6 bis 10, S. 16 ff. Vgl. Kraus (2004), S. 190, Nagel (2005), S. 147 und die in Fn. 1 und 2 angegebenen Quellen. Zur buchhaltärischen Entflechtung vgl. IDW (2006 f.), S. 465 ff. Für mittlere Stadtwerke schätzte der VKU im Jahr 2005 die Mehrbelastung durch das Unbundling auf ca. 3 bis 10 Mio. €. Vgl. VKU (2005a), Ellerich (2006), S. 836 ff., Cord et al. (2003), S. 251 ff.

37 Vgl. Seifert/Weidel (2004), S. 18 ff., Appel et al. (2004), S. 242 ff.

38 Vgl. Wengeler (2005), S. 157. Art. 23 Abs. 1 Satz 1 BeschlRL-E und Art. 25 Abs. 1 Satz 1 BeschlRL-Gas fordern das die Mitgliedsstaaten auf eine oder mehrere zuständige Stellen mit der Aufgabe als Regulierungsbehörde zu betrauen. Vgl. ABI EU (2003c), L 176/37 ff. und ABI EU (2003d), L 176/57 ff. Gem. § 54 Abs. 1 EnWG ist in Deutschland die Regulierungsbehörde i. S. d. Gesetzes die Bundesregulierungsbehörde für Elektrizität, Gas, Telekommunikation und Post. Vgl. Laue (2005), Abb. 1, S. 330. Zur Regulierungsbehörde vgl. Ehricke (2011), §§ 29 bis 35, S. 32 ff.

39 Im Gegensatz zu wettbewerblich organisierten Märkten besteht im Bereich der Energienetze kein Eigeninteresse der Unternehmen die Kosten zu senken und Kostensenkungen an die Kunden weiterzugeben, um gegenüber anderen Unternehmen Vorteile in Form von Gewinnsteigerungen und Markanteilserhöhungen zu realisieren. Die "Anreizregulierung" bezweckt Effizienzsteigerungen bei den Netzbetreibern. Vgl. § 21 Abs. 2 Satz 1 EnWG, AregV (2007), S. 2529 ff., Ehricke (2011), S. 25 ff., Bundesnetzagentur (2006), S. 13 ff., Schaefer/Schönefuß (2006), S. 173 ff., Franz et al. (2005), S. 89 f.

40 VKU (2007b), ebd. (2007c), ebd. (2007h), VDEW (2007 f).

41 Vgl. Pavel (2007), S. 221, VKU (2008a), VDEW (2007c), EnWG (2009), MessZV (2008), Ehricke (2011), S. 9 ff. und 285 ff. Zur Qualität der Versorgungssicherheit vgl. BNetzA (2010), S. 30 f.

existiert für diese bei der Umsetzung des Energie- und Klimaprogramms der Bundesregierung eine Vielzahl von ausbaufähigen und neuen Handlungsfeldern. Den Schlüssel zur Erreichung der Klimaziele und zur Umsetzung des Energiekonzepts für eine umweltschonende, zuverlässige und bezahlbare Energieversorgung[42] stellen die Themen Energieeffizienzen und erneuerbare Energien dar. In diesen Themen sind Stadtwerke bereits seit Längerem zum Zwecke der nachhaltigen und bürgerfreundlichen Energieversorgung engagiert.[43] Diesen wird aufgrund ihrer dezentralen Ver- und Entsorgungsstrukturen eine "Schlüsselrolle"[44] beim Klimaschutz zugesprochen. Der Förderung von erneuerbaren Energien wird das Potenzial als Wachstumstreiber für die Energiewirtschaft beigemessen.[45] Risiken können durch die noch ungeklärten Finanzierungsfragen von Energieeffizienzdienstleistungen[46] entstehen.[47] Chancen bieten sich durch das Angebot von Dienstleistungen zur sparsamen und effizienten Energienutzung.[48]

Die Risiko- und Chancenlandschaft bei kommunalen EVU hat sich in den vergangenen dreizehn Jahren deutlich gewandelt. Fast gleichzeitig mit der Verabschiedung des EnWG wurden Aktiengesellschaften (AG) durch das "Gesetz zur Kontrolle und Transparenz im Unternehmensbereich" ("KonTraG"[49]) im Jahr 1998 dazu verpflichtet:

> "... geeignete Maßnahmen zu treffen, insbesondere ein Überwachungssystem ("ÜWS") einzurichten, damit den Fortbestand der Gesellschaft gefährdende Entwicklungen frühzeitig erkannt werden."

Abb. 1: Regelung des § 91 Abs. 2 AktG[50]

Verschiedene Unternehmenskrisen und Unternehmenszusammenbrüche,[51] die auf Missmanagement und Aufsichtsrats- und Abschlussprüferversagen[52] zu-

42 Vom Bundeskabinett am 28.09.2010 beschlossen. Vgl. bmwi (2010b). Mit dem neuen Energiedienstleistungsgesetz (EDL-Gesetz) waren die Vorgaben der EU-Energiedienstleistungs-Rili (EDL-Rili) von 2006 verbindlich. Vgl. ABI EU (2006a).

43 Vgl. VKU (2010a), ebd. (2010b).

44 Vgl. ebd. (2007d), ebd. (2007g).

45 Vgl. ATKEARNY (2007), Meyer-Renschhausen et al. (1999), S. 115.

46 Energieeffizienzmaßnahmen tragen zur Verbesserung des Verhältnisses zwischen Energieaufwand und dem damit erzielten Ergebnis im Bereich von Energieumwandlung, dem Energietransport und der -nutzung bei. Vgl. EnWG (2005), § 3 Nr. 15a, S. 1973.

47 Vgl. VKU (2007a).

48 Vgl. ebd. (2008b).

49 KonTraG (1998), S. 786 ff. Gesetzestext und Gesetzesbegründung einsehbar bei Ernst et al. (1998), S. 12 ff. Vgl. Kapitel B, Punkt 2.1, S. 78 ff.

50 Gültig seit dem 01.05.1998. Vgl. Ernst et al. (1998), S. 52.

51 Beispiele wie: Balsam AG, Schneider-Gruppe, Metall AG, COOP AG, Philipp Holzmann AG. Vgl. Forster (1995), S. 1, o. V. (1999), S. 23, Kiep (2000), S. 314.

rückzuführen waren, führten in der Folge zu einer in der Öffentlichkeit geführten Diskussion und zur Kritik an der "Corporate-Governance"[53] ("CG") in deutschen Unternehmen. Der Gesetzgeber nahm dies zum Anlass das KonTraG rechtspolitisch anzustoßen.[54] Aus seiner Sicht benötigten vor allem deutsche AG eine Leitungs- und Überwachungsstruktur, die den Anforderungen von internationalen Kapitalanlegern und Investoren entsprach und einen Beitrag zur Verringerung der "Erwartungslücke"[55] leisten konnte. Bei der Konzipierung des KonTraG ließ sich dieser vom Wunsch nach einer stärkeren Transparenz der Rechnungslegung als Basis für Anlageentscheidungen leiten. Deutsche Publikumsgesellschaften sollten "fit" im Wettbewerb um internationales Kapital gemacht und potenziellen Investoren die Möglichkeit zur internationalen Vergleichbarkeit[56] von "Anlageobjekten" gegeben werden.[57] Mithilfe des KonTraG sollten kritische Entwicklungen frühzeitig aufgezeigt und korrigiert (Kontrolle) werden können. Durch verstärkte Unternehmenspublizität (Transparenz) sollte eine Reform des Rechnungslegungsrechts erreicht und den Informationsansprüchen von Investoren nachgekommen werden.[58]

Die seinerzeit initiierten gesetzlichen Veränderungen betrafen die Grundbausteine der aktienrechtlichen Unternehmensverfassung, den Leitungsauftrag des Vorstands, die Kontroll- und Unterstützungsfunktion durch den Abschlussprüfer sowie die Überwachungsfunktion durch den Aufsichtsrat. Überdies kam es zu einer Erweiterung der Mindestinhalte im (Konzern-)Lagebericht. Dieser war seither um eine "Risikoberichterstattung"[59] zu erweitern.[60] Mit der Regelung im § 91 Abs. 2 AktG wollte der Gesetzgeber verdeutlichen, dass Vorstände für ein "angemessenes RM" und für eine "angemessene Interne Revision" ("IR") zu sorgen haben.[61] Börsennotierte AG müssen jährlich beurteilen lassen, ob der Vorstand die ihm obliegenden Maßnahmen in geeigneter Form getroffen hat und

---

52 Vgl. Dörner/Oser (1995), S. 1085, Forster (1995), S. 1, Neumann (1998), S. 721.

53 "CG" ist der Ordnungsrahmen für eine auf Dauer angelegte Leitung, Überwachung und Kontrolle eines Unternehmens, um eine langfristige Wertschöpfung im Interesse der Kapitalanteilseigner, Kunden und Mitarbeiter zu gewährleisten. Vgl. Schneider/Strenger (2000), S. 106, Grundsatzkommission CG (2000), S. 238, Hommelhoff/Mattheus (1998), S. 249 ff. Vgl. Kapitel A, Punkt 2.3.2, S. 43 ff.

54 Vgl. Remme/Theile (1998), S. 909.

55 Vgl. Böcking/Orth (1998), S. 351 ff.

56 Vgl. Kleekämper/König (2000), S. 569.

57 Vgl. Schneider/Strenger (2000), S. 106.

58 Vgl. Selch (2000), S. 362, Horváth (1999), S. 115.

59 Vgl. Kapitel B, Punkt 2.4, S. 92 ff.

60 Eine Berichterstattungspflicht ergibt sich auch nach dem PublG und weiteren Spezialvorschriften.

61 Vgl. Ernst et al. (1998), S. 53.

ob das eingerichtete ÜWS seine Aufgaben erfüllen kann. Aus Sicht des Gesetzgebers handelte es sich um eine gesetzliche Hervorhebung der allgemeinen Leitungsaufgabe gem. § 76 AktG, zu der die Organisation gehört. Das RM soll bei der Erfüllung seiner Sorgfaltspflichten helfen.

Der Gesetzgeber verzichtete seinerzeit darauf, eine dem § 91 Abs. 2 AktG konforme Regelung mit in das GmbHG einfließen zu lassen. Der Gesetzesbegründung ist zu entnehmen, dass insbesondere für Gesellschaft mit beschränkter Haftung (GmbH) je nach ihrer "Größe, Komplexität ihrer Strukturen" usw. nichts anderes gilt und die aktienrechtliche Regelung eine "Ausstrahlungswirkung" auch auf den Pflichtrahmen anderer Gesellschaftsformen und deren Geschäftsführer besitzt.[62] Eine Verletzung dieser Organisationspflicht kann im Zweifel zu Schadensersatzansprüchen führen.

Kommunale EVU sind vielfach als GmbH und teilweise auch als AG firmiert. Diese wären nach der Regelung des KonTraG seit rund dreizehn Jahren dazu verpflichtet, für ein angemessenes RM und eine angemessene IR zu sorgen. Die Regelungen des KonTraG erweiterten den Verantwortungsbereich des Personenkreises, der mit der Kontrolle des Unternehmens befasst ist. Auch Gegenstand und Umfang der Jahresabschlussprüfung sowie die Berichterstattung wurden erweitert, was einen Einfluss auf die erweiterte Prüfung gem. § 53 Haushaltsgrundsätzegesetz (HGrG) hatte. EVU mit öffentlich-rechtlichen Mehrheitsanteilseignern sind nach dieser Regelung zur Implementierung eines angemessenen RFS verpflichtet (vgl. Abb. 2).

> "Geschäftsführer von Unternehmen im Anteilsbesitz von Gebietskörperschaften sind zum sorgsamen Umgang mit den ihnen anvertrauten Mitteln und zur Aufrechterhaltung der Funktionsfähigkeit des Unternehmens in öffentlicher Verantwortung in besonderem Maße verpflichtet. Daher ist bei § 53 HGrG unterliegenden Unternehmen (einschl. Eigenbetrieben), unabhängig von der Rechtsform und Größe, ein nach den Verhältnissen des Einzelfalls angemessenes Risikofrüherkennungssystem einzurichten."

Abb. 2: Regelung des IDW PS 720[63]

Im Rahmen der Prüfung der Ordnungsmäßigkeit der Geschäftsführung gem. § 53 HGrG hat der zuständige Abschlussprüfer festzustellen, ob die Geschäftsführung ein Risikofrüherkennungssystem ("RFS") eingerichtet hat und ob es ge-

62 Vgl. Gesetzesbegründung, einzusehen bei Ernst/Seibert/Stuckert (1998), S. 53, IDW (2006a), Rn. 7, S. 1453. Der Prüfungsstandard ersetzte den IDW Prüfungsstandard: IDW PS 720 i. d. F. vom 14.02.2000. Vgl. IDW (2000a), S. 326 ff., ebd. (2000b), S. 73 ff. Vgl. Kapitel B, Punkt 2.2, S. 82 ff.

63 IDW (2006a), Rn. 8, S. 1453. Vgl. Kapitel B, Punkt 2.3, S. 87 ff.

eignet ist seine Aufgaben zu erfüllen.[64] Der § 53 HGrG räumt Gebietskörperschaften Rechte ein, die über diejenigen hinausgehen, die ansonsten nach den allgemeinen Vorschriften des Gesellschaftsrechts zustehen.[65] Die Prüfung stellt keine Sonderprüfung dar. Es handelt sich um eine erweiterte Prüfung der Geschäftsführung im Rahmen der normalen Abschlussprüfung. Ziel der erweiterten Prüfung ist es, eine Gebietskörperschaft bei ihrer Überwachung von öffentlichen Beteiligungen weitergehend zu unterstützen und einen tieferen Einblick in die Geschäftstätigkeit des prüfungspflichtigen Unternehmens zu geben. Die Prüfungsergebnisse dienen Gebietskörperschaften als weitergehender Hinweis auf drohende wirtschaftliche Risiken.[66]

1.2 Forschungsbedarf

Das KonTraG kann aus einem historischen Betrachtungswinkel heraus als "alter Hut" bezeichnet werden. Den Regelungen ist jedoch weiterhin eine große Relevanz insbesondere im Hinblick auf die Implementierung eines RFS zuzusprechen. Der Gesetzgeber hatte mit dem KonTraG seinerzeit zu einem *"genuin deutschen Beitrag"*[67] zur internationalen Diskussion um die CG beigetragen. Durch die Ausstrahlungswirkung des § 91 Abs. 2 AktG und den fehlenden konkreten Hinweisen, wie das geforderte RFS auszugestalten ist, wurde seinerzeit ein als *"Normvakuum"*[68] beschriebener Zustand erzeugt. Da der Gesetzgeber die Inhalte sowie die Struktur des RFS offen gelassen hatte und er auch nicht konkretisierte, welche Gesellschaftsformen außer der AG von der aktienrechtlichen Regelung konkret betroffen waren, beschäftigten diese Themen die einschlägige Literatur im umfangreichen Maße. Die deutsche Rechnungslegung unterlag in den letzten Jahren mannigfaltigen Veränderungen. Mittlerweile sind mehr als dreizehn Jahre vergangen und die Harmonisierung und Internationalisierung der deutschen Rechnungslegungsvorschriften ist weiter vorangeschritten. An dieser Stelle ist beispielhaft die Umsetzung der Modernisierungsrichtlinie (2003/51/EG) der EU zu nennen, die zu einer Erweiterung der Regelungen in der (Konzern-)Lageberichterstattung (§§ 289 und 315 HGB) geführt hat.[69]

Die interessierenden kommunalen EVU, die in den letzten Jahren einen deutlichen Wandel in ihrem Unternehmensumfeld und in ihrer Risiko- und

64 Vgl. IDW (2006a), Rd. Nr. 8, S. 1453.
65 Vgl. Siewert (2005), S. 82.
66 Vgl. Häfele (2005), S. 152.
67 Mattheus (1999), S. 684.
68 Vogler et al. (2000), S. 1425. Vgl. auch Pollanz (1999a), S. 1277.
69 Vgl. die Regelungen in den §§ 289 und 315 HGB.

Chancenlandschaft[70] hinnehmen mussten, haben nach der Regelung des § 53 HGrG ein nach den Verhältnissen des Einzelfalls angemessenes RFS einzurichten. Der zuständige Abschlussprüfer hat die Eignung und Wirksamkeit des Systems im Rahmen der Geschäftsführungsprüfung festzustellen. Seine Prüfungsergebnisse dienen einer Gebietskörperschaft und dem vielfach eingerichteten fakultativen Aufsichtsrat als zusätzliches Kontrollinstrument und zum Nachweis, dass vom sorgsamen Umgang mit den anvertrauten öffentlichen Mitteln und der Aufrechterhaltung der Funktionsfähigkeit des Unternehmens auszugehen ist.

Über Risiken, die einen wesentlichen Einfluss auf die künftige Entwicklung eines Unternehmens besitzen, ist seit Verabschiedung des KonTraG im Lagebericht zu berichten. Durch die angesprochene Veränderung in der Berichterstattung im Jahre 2005 hatte sich diese Berichtspflicht zwischenzeitig auf den Aspekt der Chancen ausgeweitet. Die Verpflichtung zur Implementierung eines RFS und zur Berichterstattung über Chancen und Risiken im (Konzern-)Lagebericht trifft für eine Vielzahl von kommunalen EVU zu.

In der Theorie sind umfangreiche Empfehlungen und Mindestanforderungen zur Ausgestaltung des ÜWS[71], der Ausgestaltung von entsprechenden Systemen bei namhaften Unternehmen[72] und solche zur Systemausgestaltung in verschiedensten Branchen auffindbar geworden.[73] Empirische Untersuchungen über den Stand der Umsetzung[74] von Risikomanagementsystemen (kurz "RMS"), zur Lageberichterstattung[75] über Risiken, der Dokumentation[76] des ÜWS oder zur

70 Vgl. Meißner/Scholand (2000), S. 558 ff., Burger/Grellmann (1999), S. 264 ff.

71 Zu den Mindestanforderungen an das RM bei Kreditinstituten ("MaRisk") vgl. www.bafin.de (2010). Vgl. Spannagl/Häßler (1999), S. 1826 ff., Neumann (1998), S. 721 ff, Hornung et al. (1999), S. 317 ff., Eggemann/Konradt (2000), S. 503 ff. Zum RM im Energiehandel bspw. Schwintowski (2006), Rn. 1183 bis 1243, S. 519 ff.

72 Vgl. bspw. Wolf (2004), S. 211 ff. (DaimlerChrysler), Lehner/Schmidt (2000), S. 261 ff. (Henkel KGaA), Hornung et al. (2000), S. 153 ff. (metallgesellschaft ag), Meyer/Hampele (2003), S. 61 ff. (Heidelberger Druckmaschinen AG).

73 Zur chemische Industrie vgl. Falter/Michel (2000), S. 471 ff., zur Elektroindustrie vgl. Wolf (2000), S. 541 ff., zu Banken vgl. Rolfes/Kirmße (2000), S. 623 ff., Mauch (2001), S. 327 ff., zur Versicherungsindustrie vgl. Happel/Liebwein (2000), S. 228 ff., zu Industrieunternehmen vgl. Schimmelpfeng (2001), S. 277 ff., zur Bauwirtschaft vgl. Huch/Tecklenburg (2001), S. 299 ff.

74 Vgl. Wolz (2001), S. 800 f. Anscheinend existierten Diskrepanzen in der Wahrnehmung von AG und AP über die Ausgestaltung von ÜWS in der Praxis.

75 Vgl. Bungartz (2003), S. 172, Schröder (2004), S. 24 ff.

76 Vgl. Vogler et al. (2000), S. 1431. Die Autoren stellten fest, dass Defizite in der internen Dokumentation festzustellen waren und lediglich 30 % der von ihnen befragten Unternehmen Handbücher und Verfahrensbeschreibungen im Einsatz hatten.

Verwendung von Frühwarnindikatoren[77] ("FWI") haben in der Vergangenheit deutliche Verbesserungspotenziale bei den verpflichteten Gesellschaften aufgezeigt. Für die in der vorliegenden Arbeit interessierenden kommunalen EVU in der privatrechtlichen Form der AG und GmbH, die sich im Mehrheitsanteilsbesitz der öffentlichen Hand befinden, sind hingegen kaum konkrete Hinweise zu finden, die aufzeigen, wie diese ihrer gesetzlichen Verpflichtung gem. § 53 HGrG in angemessener Weise nachkommen können. Die Beiträge zur Systemausgestaltung sind vielmehr allgemeiner Natur[78] oder betreffen das RM in speziellen Geschäftsbereichen.[79] Hinweise, die Aufschluss darüber geben, wie es um das RFS bei kommunalen EVU in der Praxis bestellt ist, existieren nicht.

Die einleitend skizzierten Veränderungen in der Unternehmensumwelt von kommunalen EVU ließen vormals vor der Liberalisierung kaum oder gar nicht bekannte Risiken für diese entstehen. Inwieweit nach § 53 HGrG verpflichtete kommunale EVU ihrer gesetzlichen Verpflichtung seither nachkommen und wie ein praktikabler und zeitgemäßer Lösungsweg zur Erfüllung ihrer gesetzlichen Pflicht aussehen kann, sind Fragen, die bislang nicht umfangreich und abschließend in der betriebswirtschaftlichen Forschung und Literatur beantwortet wurden. Aus diesen Sachverhalten leitet sich der Forschungsbedarf der vorliegenden Arbeit unmittelbar ab.

1.3 Gang der Untersuchung

In der vorliegenden Arbeit werden in einem ersten Schritt die theoretischen Anforderungen an die Ausgestaltung eines angemessenen RFS in Form einer Modellbetrachtung formuliert (Kapitel B). Am Ende des Kapitels B werden die Anforderungen an ein angemessenes und wirksames RFS in Form eines Kriterienkatalogs dargestellt. Den Überlegungen wird dabei ein moderneres und zeitgemäßeres Verständnis von einem RM zugrunde gelegt. Das Modell orientiert sich an Anforderungen, die an die Ausgestaltung eines in ein wirksames Risiko- und Chancenmanagementsystem ("RCMS") integriertes RFS zu stellen sind und geht damit über die eigentliche gesetzliche Verpflichtung hinaus.

---

77 Vgl. INW/PwC (2000), S. 16.

78 Vgl. Voß/Kramer (2000), S. 569 ff., Bozem (1999), S. 306 ff., Erfkemper (2000), S. 570 ff., Tillmann et al. (1999), S. 378 ff., Titzrath/Herrmann (2001), S. 248 ff., Trunk (2002), S. 159 ff., Titzrath/Schmidt (2003), S. 572 ff., Remmler (2004), S. 739 ff, Schlotjunker et al. (2005), S. 120 ff.

79 Zum Energievertrieb vgl. bspw. Titzrath/Herrmann (2001), S. 248 ff. Zur Bedeutung von IT-Systemen für den Stromhandel und das RM vgl. bspw. Kroehnert (2002), S. 54 ff. Zum Einsatz von Handels- und Finanzderivaten vgl. bspw. Burger (1998), S. 126 ff.

Bevor dies geschieht, wird sich den im Mittelpunkt des Interesses stehenden privatwirtschaftlichen kommunalen EVU im Kapitel A gewidmet. Dies ist für ein grundsätzliches Verständnis für die behandelte Thematik notwendig. Dabei ist es unumgänglich, auf ausgewählte Sachverhalte aus der Energiewirtschaft einzugehen, die interessierenden EVU zu charakterisieren und die besondere Situation von öffentlichen EVU sowie deren Anteilseigner unter Steuerungs- und Kontrollaspekten darzustellen.

Das am Ende des Kapitels B herzuleitende Modell zu einem RCMS wurde als Ausgangsbasis für eine im Jahr 2004 zum Stand der Umsetzung von RFS durchgeführte schriftliche Befragung bei den interessierenden kommunalen EVU verwendet. Die auf den Risikoaspekt fokussierte Analyse wird in einem ersten Schritt für das Jahr 2004 dargestellt. Da (ohne den Ergebnissen aus der schriftlichen Befragung vorweggreifen zu wollen) Schwachstellen in den RFS bis zum Befragungszeitpunkt auszumachen waren, wurde auf Basis der Ergebnisse ein praxisorientierter Lösungsansatz zur Ausgestaltung eines in ein RCMS integrierten RFS konzipiert. Dieser Ansatz wurde bei sieben kommunalen EVU in der Praxis implementiert und durch deren zuständigen Abschlussprüfer beurteilt. Die Darstellung der Vorgehensweise sowie die Projektergebnisse sind Gegenstand im zweiten Punkt des Kapitels C.

Der abschließende dritte Punkt im Kapitel C widmet sich der Darstellung von Ergebnissen, die aus einer Nacherhebung zum Stand der Umsetzung von RFS im Jahr 2008 bei den interessierenden EVU ermittelt wurden. Dazu wurden die Rückläufer aus der schriftlichen Befragung im Jahr 2004 ein weiteres Mal zu ihrem System befragt. Hintergrund der Analyse war die Frage, inwieweit positive Entwicklungstrends in der Ausgestaltung der RFS im Vergleich der Antworten in den Jahren 2004 und 2008 herzuleiten waren und inwieweit die Chancenbetrachtung zwischenzeitig bei den interessierenden EVU an Bedeutung gewonnen hatte.

Das abschließende Kapitel D bildet den Schlussteil der vorliegenden Arbeit. Hier werden die ermittelten Ergebnisse zu einem wirksamen und angemessenen RCMS, die Ergebnisse zur Ausgestaltung des RCMS als praxisorientierter Lösungsansatz sowie die Wirklichkeit hinsichtlich der Umsetzung von RFS bei den interessierenden EVU zusammengefasst und ein Ausblick für die Zukunft abgegeben.

2 Kommunale Energieversorgungsunternehmen

Bevor die theoretischen Anforderungen an die Ausgestaltung des präferierten RCMS in einer Modellbetrachtung festgelegt werden können, werden zum besseren Verständnis einige als wesentlich erachtete Sachverhalte zur Energiewirtschaft und zu den interessierenden kommunalen EVU behandelt. Die aus Sicht von Gebietskörperschaften zu unterstellende Steuerungsproblematik bei der Überwachung ihrer Beteiligungsgesellschaften sowie die CG bei öffentlichen Unternehmen wird im Anschluss kurz behandelt und diskutiert, bevor mittels der Terminologie der Prinzipal-Agenten-Theorie ("PAT") auf Informationsasymmetrien in kommunalen EVU eingegangen wird. Untersucht wird an dieser Stelle, ob der im Kapitel B darzustellende Lösungsansatz zur Ausgestaltung eines RCMS möglicherweise geeignet erscheint, um zum Abbau von Informationsasymmetrien bei kommunalen EVU beitragen zu können.

2.1 Energiewirtschaftliche Grundlagen

2.1.1 Energie und die Besonderheiten des Handelsgutes Strom

"Energie" wird als zentraler und unentbehrlicher Produktionsfaktor für moderne Industrie- und Dienstleistungsgesellschaften angesehen.[80] Unter Energie versteht man das in einem Körper oder Stoff vorhandene Potenzial physikalische Arbeit zu verrichten oder Wärme abzugeben.[81] Für Energien gilt der sog. "Energieerhaltungssatz", wonach diese weder erzeugt noch vernichtet, sondern lediglich in den Erscheinungsformen verändert werden können. Hinsichtlich der Erscheinungsformen unterscheidet man die sog. "Primär-" von der "Sekundärenergie". Die Primärenergie ist die Energie, die in der Natur vorkommt. Diese hat noch keine Umwandlung in der Erscheinungsform erfahren (bspw. Erdgas, Kohle, Holz, "erneuerbare Energien"[82]).

---

80 Vgl. Michel (2004), S. 29, Konstantin (2009), S. 1.

81 Vgl. Kraus (2004), S. 69 f., Rudolph/Wagner (1997), S. 9.

82 "Erneuerbare Energien" (EE) stehen nach den Zeitmaßstäben des Menschen unendlich lange zur Verfügung. Vgl. Kraus (2004), S. 76. Die Förderung des EE-Anteils bei der Energieversorgung ist im Erneuerbare-Energien-Gesetz (EEG) seit 2004 geregelt. Vgl. EEG (2009). Der EE-Verbrauchsanteil soll nach Willen der Bundesregierung bis zum Jahr 2050 auf 80 % ausgeweitet werden. Ab dem 01.01.2011 beträgt die EEG-Umlage

Die Stoffe der Primärenergie,[83] welche in mechanischer, thermischer, chemischer oder physikalischer Form Energien in sich gespeichert haben, stellen die sog. "primären Energieträger" dar.[84] Der Primärenergieverbrauch in Deutschland wird für den Zeitraum der Jahre 2000 bis 2010 in Tab. 1 dargestellt.

Tab. 1: Primärenergieverbrauch nach Energieträgern (2000 bis 2010)[85]

Primärenergieträger (in Petajoule [PJ])	Primärenergieverbrauch im Jahr 2000		Primärenergieverbrauch im Jahr 2010		Veränderung des Primärenergieverbrauchs	
	Absolut	%-Anteil am Gesamtverbrauch	Absolut	%-Anteil am Gesamtverbrauch	Absolut	%-Veränderung
Mineralöl	5.499	38,18	4.722	33,70	-777	-14,12
Steinkohle	2.021	14,04	1.694	12,09	-327	-16,20
Braunkohle	1.550	10,76	1.515	10,81	-35	-2,27
Erdgas, Erdölgas	2.985	20,73	3.048	21,75	63	2,10
Kernenergie	1.851	12,85	1.514	10,80	-337	-18,21
Wasser- und Windkraft 1) 3)	127	0,88	205	1,46	78	61,59
andere Erneuerbare 2)	290	2,01	1.107	7,90	817	282,11
Außenhandelssaldo Strom	11	0,08	-65	-0,46	-76	-689,38
Sonstige	68	0,47	272	1,94	204	301,45
Gesamtverbrauch	14.402	100	14.012	100	-390	

Fossile Primärenergieträger (Mineralöl, Stein- und Braunkohle) besitzen trotz teilweise deutlicher Verbrauchsrückgänge eine hohe Bedeutung bei der Energieversorgung, ebenso wie die Kernenergie sowie die Versorgung mittels Erdgas bzw. Erdölgas. Obwohl der Anteil am Gesamtverbrauch weiterhin eher als gering einzustufen ist, verzeichneten die erneuerbaren Energien teilweise drastische Steigerungsraten in ihren Verbrauchszahlen bis zum Jahr 2010.[86]

Mittels eines sog. "Umwandlungsprozesses"[87] wird aus Primärenergieträgern die Sekundärenergie gewonnen. Hierbei wird ein Primärenergieträger (bspw.

3,53 Ct/kWh und macht damit zum zweiten Mal einen deutlichen Sprung nach oben. Vgl. VKU (2010d), S. 1.

83 Vgl. Kraus (2004), S. 73.

84 Hierzu zählt man bspw. Kohle, Gas, Öl, Holz. Vgl. Kraus (2004), S. 73, Konstantin (2009), S. 1.

85 Vgl. bmwi (2010a), Tab. 4. 1) Windkraft ab 1995. 2) u. a. Brennholz, Brenntorf, Klärgas, Müll. 3) Inkl. Fotovoltaik. Vgl. auch BNetzA (2010), S. 8.

86 Vgl. bmwi (2010a), Tab. 20.

87 Hensing et al. (1998), S. 111. Zur Energieumwandlung vgl. Michel (2004), S. 30 f., Wagner/Kristof (2001), S. 10 ff., Konstantin (2009), S. 1 und die Abb. 1 auf S. 2.

Braunkohle) einer chemischen, thermischen und/oder physikalischen Veränderung unterworfen. Der Energieumwandlungsprozess ist der Vorgang, bei dem ein stoffliches System oder Teilsystem eine Veränderung hinsichtlich der in ihm gespeicherten Energien erfährt.[88] Im genannten Beispiel wäre dies die Umwandlung, die aus Braunkohle in einem Braunkohlekraftwerk Strom entstehen lässt.[89] Strom wird mittels sog. "Versorgungsnetze" zu einem Weiterverteiler oder direkt zum Endverbraucher[90] transportiert. Die "Ware" Strom besteht aus dem Produkt der Energieumwandlung und der Transportleistung des Netzes.[91] Strom dient dem Endverbraucher (Konsument[92]) zur Erfüllung einer "Energiedienstleistung"[93] ("EDL"). Diese erfolgt direkt beim diesem (z. B. Beleuchtung).

Neben Öl und Gas[94] gehört Strom zu den wichtigsten Produktionsgütern weltweit. Aus industrieller Sicht wäre der Produktionsstandort Deutschland ohne die Sicherstellung einer störungsfreien und ausreichenden Stromversorgung gefährdet und ein Wirtschaftswachstum kaum denkbar. Die sichere Versorgung beeinflusst auf Ebene der privaten Haushalte (Haushaltskunden[95]) das tägliche Leben und den Wohlstand der Bevölkerung. Diese ist ein bedeutsamer Teil der *"lebenswichtigen Grundversorgung"*[96]. In Tab. 2 wird beispielhaft der Stromverbrauch nach Verbrauchergruppen dargestellt.

---

88 Michel (2004), S. 14. Zur "Energetischen Bilanzierung" einer Energieumwandlung vgl. Rudolph/Wagner (1997), S. 15 ff. und Abb. 1, S. 16, Konstantin (2009), S. 241 ff.

89 Zum Vorgang bei der Stromerzeugung vgl. bspw. Koenig et al. (2006), S. 31.

90 Der "Endverbraucher" (bspw. private Haushalte und die Industrie) ist der Endkonsument von Produkten oder Dienstleistungen (im vorliegenden Fall der Ware Strom oder Gas). Vgl. Kraus (2004), S. 69.

91 Vgl. ebd. (2004), S. 30 f. und die angegebenen Quellen.

92 Industriekunden werden auch als "Sondervertragskunden" (SVK) und private Haushalte als "Tarifkunden" (TK) bezeichnet. Vgl. Schaefer (1999), S. 10 ff.

93 Aus ökonomischer Sicht (d. h. aus Sicht des Nutzers) ist an der Energie die mit einem Energieträger in Kombination mit einer bestimmten Energieumwandlungs- und Energienutzungstechnik erzielbare EDL bzw. "Nutzenenergie" (z. B. Beleuchtung) von Interesse. Vgl. Hensing et al. (1998), S. 14.

94 Zum Gasmarkt vgl. Neu (2000), S. 100 ff., Koenig et al. (2006), S. 31, Zenke et al. (2005), S. 19 ff., Stäcker (2004), S. 5 ff.

95 Kunden, die Energien für den Verbrauch ("Letztverbraucher") im Haushalt, für berufliche, landwirtschaftliche oder gewerbliche Zwecke kaufen, und deren Jahresverbrauch 10.000 kWh nicht übersteigt. Vgl. EnWG (2005), § 3 Nr. 22 und 25, S. 1974.

96 Schäfer (2004), S. 3.

Tab. 2: Stromverbrauch nach Verbrauchergruppen (1998 bis 2008)[97]

Stromverbrauch nach Verbrauchergruppen (in TWh)	Stromverbrauch im Jahr 1998		Stromverbrauch im Jahr 2008		Veränderung des Stromverbrauchs	
	Absolut	%-Anteil am Gesamtverbrauch	Absolut	%-Anteil am Gesamtverbrauch	Absolut	%-Veränderung
Industrie	229,6	47,1	256,0	47,2	26,4	11,5
Verkehr	16,1	3,3	16,5	3,0	0,4	2,5
Öffentliche Einrichtungen	37,1	7,6	46,0	8,5	8,9	24,0
Landwirtschaft	7,8	1,6	8,7	1,6	0,9	11,5
Haushalte	130,5	26,8	139,5	25,7	9,0	6,9
Handel und Gewerbe	66,4	13,6	75,5	13,9	9,1	13,7
Gesamtverbrauch	487,5	100	542,2	100	54,7	11,2

Die Zahlen zeigen, dass der Stromverbrauch im Betrachtungszeitraum insgesamt als steigend zu beschreiben ist (+11,2 %). Zu den größten Stromabnehmern zählen die Industrie (256,0 TWh) sowie die privaten Haushalte (139,5 TWh). Die Verbrauchszahlen stiegen insbesondere im Bereich der öffentlichen Einrichtungen (+24,0 %), dem Handel und Gewerbe (+13,7 %) sowie in der Industrie und in der Landwirtschaft (jeweils +11,5 %) deutlich an. Trotz steigender Verbrauchsmengen sind die Endverbraucher seit Jahren mit kontinuierlich steigenden Strompreisen konfrontiert. Zum Vergleich wird die Preisentwicklung für eine Kilowattstunde Strom (kWh") für die Industrie und die privaten Haushalte in Abb. 3 dargestellt.

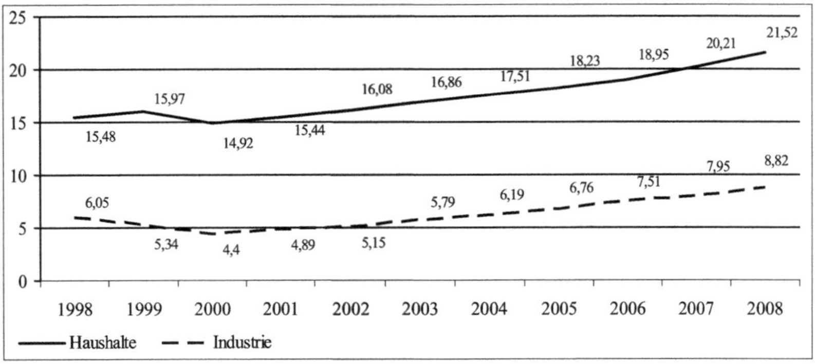

Abb. 3: Strompreisentwicklung für private Haushalte und die Industrie (1998 bis 2008)

97 Ohne Verluste, Eigenverbrauch, Pumpstromverbrauch und Ausfuhr. Vgl. bmwi (2010a), Tabelle 5.

Mussten die privaten Haushalte beim Strombezug im Betrachtungszeitraum Preissteigerungen von ca. 39 % hinnehmen, so erhöhten sich die Bezugskosten für die Industrie im gleichen Zeitraum um ca. 45,7 %.[98] Als Preistreiber wird insbesondere der Staat mit seinen steigenden Steuern und Abgaben als Verantwortlicher genannt.[99]

Strom ist ein bedeutsames Handelsgut und weist bestimmte Besonderheiten auf.[100] Wie Gas und Fernwärme[101] gehört Strom zu den sog. "leitungsgebundenen Energieformen".[102] In dieser Leitungsgebundenheit besteht die erste Besonderheit, da nur mittels Leitungen Strom zu den Endverbrauchern gelangen kann. Da Erzeugung und Verbrauch von Strom i. d. R. nicht am gleichen Ort stattfinden, muss die Übertragung (Transport) mittels eines Leitungsnetzes über mehrere Spannungsebenen erfolgen. Für den Endverbraucher ist im Zeitpunkt des Verbrauchs nicht ersichtlich, aus welchen Primärenergieträgern und in welchen Kraftwerken der gelieferte Strom erzeugt wurde. Hinsichtlich der Qualität ist Strom ein homogenes Gut.[103]

Der Transport über Stromversorgungsnetze ist die einzige technisch mögliche Transportform, um eine entsprechende Stromleistung für die Inanspruchnahme einer EDL zur Verfügung zu stellen.[104] Diese sind so konzipiert, dass überall für Produktions- und Konsumzwecke in ausreichender Menge Strom bereitgestellt wird.[105] Bei der störungsfreien Versorgung ist wichtig, dass fortlaufend Strom in das Versorgungsnetz ein- und ausgespeist wird und die Erzeugung

---

98 Vgl. bmwi (2010a), Tab. 26. Bei der Darstellung waren in den Werten für Cent/kWh bei den privaten Haushalten pro Jahr die Mehrwertsteuer enthalten, bei denen für die Industriekunden nicht. Trotz Senkung der Netzentgelte konnte ein Sinken des Elektrizitätspreises seit der Regulierung nicht erreicht werden. Vgl. BNetzA (2010), S. 38.

99 Vgl. Rudnick (2003), S. 11. Elemente der Strompreisbildung sind: Stromlieferung (50-60 %), Netznutzungsentgelte (15-25 %), politische Belastungen (10-30 %) durch Konzessionsabgaben, Ökosteuern, KWK-Umlagen, Erneuerbare-Energien-Umlagen, Emissionshandel, Ausstieg aus der Kernenergie. Vgl. BDI (2008). Die Strompreisbelastungen haben sich von 1998 bis 2007 fast versechsfacht. Vgl. VDEW (2007a). Zur Aufteilung des Strompreises für Haushaltskunden (Stand 01.04.2010) vgl. BNetzA (2010), Abb. 24, S. 39.

100 Vgl. Hermann (1997), S. 24 ff., Koenig et al. (2006), S. 32 ff.

101 Vgl. Kraus (2004), S. 124.

102 Vgl. EnWG (2005), § 3 Nr. 14, S. 1973.

103 Vgl. Gerke et al. (2000), S. 13.

104 Da es nicht wirtschaftlich ist, verschiedene Stromnetze nebeneinander zu betreiben und bei Kunden mehrere Anschlüsse zu legen, entsteht bei der Strom-Übertragung und -Verteilung ein natürliches Monopol. Vgl. ausführlicher Krakowski (2002), S. 296, Säcker (2004), S. 98.

105 Vgl. Hensing et al. (1998), S. 111.

sowie der Verbrauch simultan stattfinden.[106] Würden die Abnahmemengen die eingespeisten Mengen übersteigen, so hätte dies den Zusammenbruch des Versorgungsnetzes und die Unterbrechung der Versorgung zur Folge.[107] Strom muss deshalb simultan produziert und konsumiert werden.

Strom ist nur begrenzt und durch teure Umwandlung in andere Energieformen speicherbar bzw. lagerfähig.[108] Dies macht es schwierig den Aspekt der Simultanität zu erfüllen. Das Angebot muss sich kontinuierlich an den Nachfragespitzen orientieren.[109] Produktionsausfälle, Übertragungsverluste in den Transportnetzen sowie schwankende Reservevorhaltungen sind mit einzukalkulieren.[110] Durch das Zu- bzw. Abschalten von Kraftwerksleistungen und durch Erhöhung bzw. Verringerung der Umwandlung von Primärenergieträgern erfolgt die Regulierung des Stromangebots im Versorgungsnetz.

Die geringe oder nicht vorhandene "Substitutionsmöglichkeit" stellt eine weitere Besonderheit dar. Strom ist die Grundlage für die Nutzung einer EDL oder Gütern, für die es keinen Ersatz bzw. keine Ersatzgüter gibt. Die abschließende Besonderheit des Handelsgutes Strom liegt in seiner "Nicht-Identität". Ein Endverbraucher kann nicht verifizieren, durch welchen Produzenten der von ihm verbrauchte Strom in das Versorgungsnetz eingespeist wird.

2.1.2 Struktur der deutschen Energiewirtschaft

Die Energiewirtschaft[111] ist der Teil einer Volkswirtschaft, der sich mit der Energieversorgung, d. h. dem Einsatz der technischen, wirtschaftlichen, organisatorischen und rechtlichen Mittel zur Deckung des auf den verschiedenen Teilmärkten auftretenden Energiebedarfs,[112] beschäftigt. Ihre Aufgaben liegen in der Gewinnung, dem Außenhandel, der Umwandlung, der Verteilung und Speicherung sowie dem Transport von Energieträgern. Diese wird überwiegend in die Wirtschaftszweige Stein- und Braunkohle, Kernenergie, Mineralöl-, Gas-, Strom- sowie Fernwärmewirtschaft und erneuerbare Energien unterteilt. Deutsche EVU[113] gehören zu den größten Investoren in der heimischen Industrie.[114]

---

106 Vgl. Gerke et al. (2000), S. 13.

107 Vgl. Kumkar (1997), S. 35.

108 Erdmann (1995), S. 161, zitiert nach Gerke et al. (2000), S. 13.

109 Vgl. Hensing et al. (1998), S. 111.

110 Vgl. Gerke et al. (2000), S. 13 f.

111 Zur Struktur vor der Liberalisierung vgl. Zenke et al. (2005), S. 5 ff.

112 Vgl. Rudolph/Wagner (1997), S. 25.

113 Auch "Versorgungsunternehmen" genannt. Vgl. Ludwig (1989), S. 1615. Zu den Marktteilnehmern im liberalisierten Strommarkt vgl. Konstantin (2009), S. 42 ff.

Unternehmen, die sich mit der Strom-, Gas- oder auch Fernwärmeversorgung beschäftigen, sind nach der Legaldefinition des zweiten Gesetzes zur Neuregelung des Energiewirtschaftsrechts, ohne bei der Definition Rücksicht auf die jeweilige Rechtsform, die Eigentumsverhältnisse oder die Zugehörigkeit der Unternehmen zu einem Energiewirtschaftszweig zu nehmen, alle:

"... natürlichen und juristischen Personen, die Energie an andere liefern, ein Energieversorgungsnetz betreiben oder an einem Energieversorgungsnetz als Eigentümer Verfügungsbefugnis besitzen ..."

Abb. 4: Begriffsdefinition von "EVU"[115]

Diese sind zu einer möglichst sicheren, preisgünstigen, verbraucherfreundlichen, effizienten und umweltverträglichen leitungsgebundenen Energieversorgung der Allgemeinheit verpflichtet.[116] Unter "Versorgung" wird i. S. d. Gesetzes die Erzeugung bzw. Gewinnung von Energien zur Belieferung von Kunden, der Vertrieb von Energien an Kunden und der Betrieb eines Versorgungsnetzes verstanden.[117] EVU, die im Zweig der Stromversorgung beschäftigt sind, werden als Elektrizitäts- bzw. Stromversorgungsunternehmen bezeichnet. Diese beschäftigen sich mit der Produktion, dem Transport und der Verteilung von Strom.[118] Sie werden nach verschiedenen Gesichtspunkten weiter differenziert.

Die unterschiedlichen Wertschöpfungsstufen, die Art der betriebenen Netze, die Ausdehnung der Versorgungsgebiete sowie die Eigentümerstruktur werden hierbei als Unterscheidungskriterien herangezogen.[119] Im Hinblick auf die drei wesentlichen Wertschöpfungsstufen Erzeugung (Produktion), Transport (Verteilung) und Verkauf (Vertrieb) können EVU als reine Erzeugungs- oder als reine Vertriebsgesellschaften unterschieden werden. Hinzu kommen vertikal integrierte EVU, die Transportanlagen (Übertragungs-, Verteilungs-, Versorgungsnet-

114 Die Stromwirtschaft (Investitionsquote [IQ]: 6,7 %; Investitionsintensität [II]: 28.919 T€) hat nach der Branche Bergbau (IQ: 7,6 %; II: 10.778 T€) im Jahr 2005 den zweiten Platz bekleidet. Vgl. VDEW (2005b), S. 12. Zu den Investitionen und Aufwendungen für die Netzinfrastruktur der Verteilnetzbetreiber im Zeitraum der Jahre 2007 bis 2010 vgl. BNetzA (2010), Abb. 16, S. 27.

115 EnWG (2005), § 3 Nr. 18, S. 1973. Solche Unternehmen, die andere ausschließlich mit Öl, Kohle oder Fernwärme beliefern, fallen nicht unter diese Definition. Vgl. Schmidt (2002), S. 34.

116 Vgl. EnWG (2005), § 1 Abs. 1, § 2 Abs. 1 EnWG, S. 1972, Koenig et al. (2006), S. 42.

117 Vgl. EnWG (2005), § 3 Nr. 36 EnWG, S. 1975.

118 Vgl. Kraus (2004), S. 73. Ursprünge der Stromwirtschaft bei Schaefer (1998), S. 57 ff.

119 Vgl. Fritz/König (2001), S. 3 f.

ze[120]) betreiben, sich dem Stromvertrieb widmen und die teilweise auch über eigene Erzeugungskapazitäten verfügen. EVU sind nach der Art der betriebenen Netze und der Ausdehnung ihrer Versorgungsgebiete in Verbund-, Regional- und Kommunalunternehmen unterteilbar.[121]

Die Ebene der Stromversorgung (Verteilung und Verkauf) ist nach den Worten des *Verbandes der Elektrizitätswirtschaft* ("VDEW", jetzt "BDEW"[122]) durch ihre Unternehmensvielfalt gekennzeichnet. Neben einigen großen existiert dort eine Vielzahl von kleinen und mittelgroßen EVU. Für das Jahr 2008 zählte der *BDEW* rund 1.100 Stromversorgungsunternehmen in Deutschland (vgl. Tab. 3).

Tab. 3: Struktur der Stromversorgungsunternehmen (Stand 2008)[123]

Stromversorgungsunternehmen	Anzahl
Mittlere und kleine Stadtwerke	700
Kleine private Versorger	100
Neue Marktteilnehmer	150
Reine Stromerzeuger	50
Übertragungsnetzbetreiber	4
Regionale Versorger	66
Größere Stadtwerke	26

In Abhängigkeit von der Art der betriebenen Netze und der Ausdehnung der Versorgungsgebiete[124] existieren auf Verbundebene derzeitig vier Unterneh-

120 Die Betreiber von Versorgungsnetzen (Strom-, Gasnetze) sind nach der Regelung des § 11 Abs. 1 EnWG zum Betrieb eines sicheren, zuverlässigen und leistungsfähigen Energieversorgungsnetzes verpflichtet, das diskriminierungsfrei betrieben und -soweit wirtschaftlich zumutbar- dieses zu warten und bedarfsgerecht auszubauen ist. Darüber hinaus sind sie dazu verpflichtet, die in den §§ 12 bis 16 EnWG normierten Aufgaben zu erfüllen. Vgl. EnWG (2005), S. 1978 ff. Zu den Aufgaben von Netzbetreibern vgl. Koenig et al. (2006), S. 42 ff.

121 Zur Struktur der öffentlichen Stromversorgung in Deutschland vgl. bspw. Kahrmann/König (2001), S. 4, Hensing et al. (1998), S. 112, Monstadt (2004), S. 81.

122 Der VDEW hat sich am 19.06.2007 gemeinsam mit dem Verband der Netzbetreiber (VDN), dem Verband der Verbundunternehmen und Regionalen Energieversorger in Deutschland (VRE e. V.) und dem Bundesverband der deutschen Gas- und Wasserwirtschaft e. V. (BGW) zum Bundesverband der Energie- und Wasserwirtschaft (BDEW) zusammengeschlossen. Vgl. VDEW (2007b).

123 BDEW (2005b), S. 18 und ebd. (2008), S. 21. Nach Angaben des BDEW handelte es sich um gerundete Werte. Zu den größeren Stadtwerken zählen solche, bei denen der Stromabsatz an den Letztverbraucher im vorangegangenen Jahr > 1 Mrd. kWh lag.

124 Zu den räumlichen Versorgungsstufen vgl. ausführlicher Monstadt (2004), S. 82 ff.

men[125] ("überregionale EVU"), deren Aufgaben sich auf den Ausbau der Kraftwerke und Netze und deren Einsatzkoordination, die Verbindung der (Hochspannungs-)Übertragungsnetze mit den (Niederspannungs-)Verteilungsnetzen sowie auf den Stromaustausch mit dem Ausland erstrecken.[126] Diese sind in vielen Fällen Hauptanteilseigner an den Regionalversorgungsunternehmen (ca. 66). Durch diese Beteiligung liegen nahezu die gesamte Stromerzeugung sowie ein Großteil des Übertragungsnetzes in ihren Händen.[127] Diese Regionalunternehmen sind mit dem Verkauf und mit der Verteilung von Energien an kommunale EVU sowie an die Endverbraucher beschäftigt. Neben diesen existieren in Deutschland ca. 150 vertikal integrierte Stromversorger[128], die vielfach aus dem Ausland agieren und im Stromhandel und dem Stromvertrieb auf dem heimischen Energiemarkt tätig sind.

Nach den Zahlen des *BDEW* waren auf Ebene der Stadtwerke rund 726 EVU (ca. 700 kleine und 26 große) mit der Verteilung und dem Verkauf von Strom und anderen Energien beschäftigt. Diese befinden sich oft gänzlich oder zumindest zum überwiegenden Teil im kommunalen Anteilsbesitz. Bei den genannten Anzahlen gilt es zu berücksichtigen, dass es eine exakte Erfassung der in Deutschland existierenden Stadtwerke nicht gibt. Die Statistik berücksichtigt lediglich Stromversorgungsunternehmen und blendet bspw. reine Gas- oder Wasserversorger aus. Diese zeigt auch nicht solche auf, die sich im Anteilsbesitz der öffentlichen oder der privaten Hand befinden. Eine bessere Übersicht über die Beteiligungen der öffentlichen Hand gibt das Mitgliederverzeichnis des *VKU*. Hier werden die jeweils zusammengeschlossenen Betriebszweige bei den Mitgliedsunternehmen aufgeführt (vgl. Tab. 4).

---

125 Energie Baden-Württemberg AG, E.ON Energie AG, RWE AG, Vattenfall Europe AG. Zur Konzentration in der Energiewirtschaft vor der Liberalisierung vgl. Zenke et al. (2005), S. 32 ff.

126 Nach VDEW-Angaben wurden im Jahr 2004 insgesamt 44,2 Mrd. kWh aus dem angrenzenden Ausland importiert. Der Export betrug 51,5 Mrd. kWh. Vgl. VDEW (2005b), S. 7.

127 Vgl. Salge (2000), S. 100.

128 Ein "horizontal integrierter" Stromversorger nimmt von den Wertschöpfungsstufen Erzeugung, Übertragung oder Verteilung mindestens eine wahr und übt außerdem eine weitere Tätigkeit außerhalb des Elektrizitätsbereichs aus. Ein "vertikal integrierter" Stromversorger nimmt mindestens zwei der Wertschöpfungsstufen wahr. Vgl. Kraus (2004), S. 107. Vgl. auch EnWG (2005), § 3 Nr. 38, S. 1975.

Tab. 4: Zusammengeschlossene Betriebszweige bei den Mitgliedern des VKU (2004 bis 2009)[129]

Geschäftsberichte des VKU	Elt-Werke	Gas-Werke	Wärme-Werke	Wasser-Werke	Entsorgung (Abwasser)	Entsorgung (Abfall)	Gesamt
2004/ 2005	596	562	505	697	216	428	3004
2006/ 2007	609	576	520	700	213	410	3028
2008/ 2009	604	577	521	693	216	414	3025

Im letzten Geschäftsbericht (2008-2009) weist der VKU einen Mitgliederbestand von 1.349 kommunalen Versorgungs- und Entsorgungsunternehmen aus. Da es sich beim *VKU* um einen freiwilligen Verband handelt, sollte die tatsächliche Anzahl der in Deutschland existierenden kommunalen EVU etwas höher liegen.[130] Die durch die Mitgliedsunternehmen abgegebenen Energien sind in Tab. 5 beispielhaft aufgeführt.

Tab. 5: Abgabe an Energien durch die Mitgliedsunternehmen des VKU (Stand 23.03.2009)[131]

Geschäftsberichte des VKU	Abgabe an Energien durch:	Strom (Mio. kWh)	Gas (Mio. kWh)	Wärme (Mio. kWh)	Wasser (Mio. m³)	Abwasser (Mio. m³)
2004/2005	VKU insgesamt:	250.806	528.419	56.583	3.790	1.052
	Deutschland insgesamt:	527.698	1.107.499	77.993	4.680	9.640
	davon VKU %	47,5	47,7	72,6	81,0	10,9
2006/2007	VKU insgesamt:	217.073	471.632	53.963	3.605	1.092
	Deutschland insgesamt:	539.500	1.005.000	86.667	4.670	10.317
	davon VKU %	40,2	46,9	62,3	77,2	10,6
2008/2009	VKU insgesamt:	301.246	481.977	48.878	3.527	1.157
	Deutschland insgesamt:	529.172	925.000	97.222	4.670	10.317
	davon VKU %	56,9	52,1	50,3	75,5	11,2

129 VKU (2005b), S. 6, ebd. (2007e), S. 6, ebd. (2009), S. 6.

130 Vgl. ebd. (2005b), S. 1, ebd. (2007e), S. 1. Vgl. auch ebd. (2005c), S. 67 und ebd. (2007d), S. 67.

131 Abgabe an Energie, Wasser und Abwasser der Mitgliedsunternehmen des VKU. Die verwendete Zahl für die geleistete Gesamtmenge für Wasser war ein vorläufiger Wert. Zur Berechnung des Anteils an der Abwasserentsorgung wurde vom VKU der Wert von 2003 zur Berechnung verwendet. Vgl. VKU (2005b), S. 8, ebd. (2007e), S. 8, ebd. (2009), S. 8.

Die Zahlen zeigen, dass die Mitgliedsunternehmen insbesondere bei der Wasser- (75,5 %) und Stromversorgung (56,9 %) einen maßgeblichen Anteil an der Gesamtenergieabgabe im Zeitraum der Jahre 2008 und 2009 hatten. In der Gas- (52,1 %) und Wärmeversorgung (50,3 %) ist ihnen trotz sinkender Anteile bei den Gesamtabgabemengen eine bedeutsame Rolle in der heimischen Energiewirtschaft zuzusprechen.

2.2 Kommunale privatwirtschaftliche Energieversorgungsunternehmen

Nachdem der Energiebegriff umrissen und die Energiewirtschaft abgegrenzt wurde, gilt es nun, sich den interessierenden kommunalen EVU zu widmen. Diese sind als Stadtwerke umgangssprachlich bekannt und mit der Energieversorgung in ihrem Versorgungsgebiet beschäftigt. Bevor die nach Themenstellung interessierenden Rechtsformen der GmbH und AG mit ihren Besonderheiten skizziert werden, ist eine Abgrenzung der Begriffe "öffentliches" und "kommunales" Unternehmen notwendig, um so ein einheitliches Verständnis vom Untersuchungsobjekt "kommunales EVU" herzuleiten.

2.2.1 Öffentliche und kommunale Unternehmen

Die interessierenden kommunalen EVU gehören dem Sektor der öffentlichen Unternehmen an. Der öffentliche Sektor[132] gilt als schwierig abzugrenzen, da die Grenzen zur öffentlichen Verwaltung[133] und zur Privatwirtschaft als fließend zu beschreiben sind.[134] Die "öffentliche Hand" ist seit jeher Teil des Wirtschaftslebens.[135] Sie verfolgt mit ihrer unternehmerischen Tätigkeit[136] unterschiedliche

132 Die Kernverwaltung und die unselbstständigen, öffentlich-rechtlich geführten Betriebe und Einrichtungen einer Gebietskörperschaft bilden den sog. "öffentlichen Dienst". Zählt man die selbstständigen öffentlichen Unternehmen unabhängig von ihrer Rechtsform hinzu, spricht man vom "öffentlichen Sektor". Vgl. hierzu ausführlicher Prigge (2003), S. 4 und die angegebenen Quellen.

133 Zur "öffentlichen Verwaltung" vgl. Lüder (1989), S. 1152 ff.

134 Vgl. Himmelmann (1992), S. 16.

135 Die "öffentliche Hand" ist der Staat. Öffentliche Unternehmen werden auch als "staatliche Unternehmen" bezeichnet. Vgl. Treuner (2005), S. 42. Zur geschichtlichen Entwicklung von öffentlichen Unternehmen vgl. Ambrosius (1989), S. 503 ff.

136 Vgl. Schnaudigel (1995), S. 40 ff.

Zielsetzungen.[137] Im Sinne der These von der Instrumentalfunktion ("Instrumentalthese") werden öffentliche Unternehmen als Instrumente der staatlichen und kommunalen Wirtschaftspolitik angesehen,[138] da sie öffentliche Aufgaben erfüllen.[139] Diese werden von der öffentlichen Hand auch gegründet, um bspw. Kredite einfacher aufnehmen zu können oder um Schulden zu machen.[140] Diese Möglichkeiten würden ansonsten ggf. aus rechtlichen Gründen nicht in Betracht kommen.[141] Mithilfe von öffentlichen Unternehmen bieten Gebietskörperschaften Güter an, die durch die Marktgeschehnisse ansonsten nicht in der von der Politik gewünschten Form von privatwirtschaftlichen Unternehmen angeboten werden könnten.[142]

Öffentliche Unternehmen gelten als Teil des sog. *"Wohlfahrtsstaates"*[143]. Die öffentliche Hand bedient sich unterschiedlicher Unternehmen in unterschiedlichen Rechtsformen zur Erfüllung ihrer Aufgaben. Dies kann bspw. in der hier interessierenden Energiewirtschaft, der Entsorgungswirtschaft,[144] dem Verkehrs- und Wohnungsbau oder im Dienstleistungssektor stattfinden. Nach dem Unternehmensgegenstand können grundsätzlich "wirtschaftliche" von "nichtwirtschaftlichen" öffentliche Unternehmen, "gewerbliche" sowie "nicht gewerbliche" voneinander unterschieden werden. Überdies existieren solche, die "hoheitliche" Aufgaben wahrnehmen.[145] Die zunehmend festzustellenden Privatisierungsbemühungen der öffentlichen Hand resultieren aus dem Druck aus dem europäischen Wirtschaftsraum zur Deregulierung der öffentlichen Verwaltungsstrukturen.[146]

---

137 Zu den Zielen öffentlicher Unternehmen vgl. Diederich (1989), S. 1856 ff. Zu den Typen staatlicher Aufgaben vgl. Prigge (2003), S. 3 und die genannten Quellen.

138 Vgl. Thiemeyer (1989), S. 672 ff.

139 Unter "öffentlichen Aufgaben" werden Angelegenheiten verstanden, deren Wahrnehmung im Allgemeininteresse liegen. Sie dienen der unmittelbaren Förderung des Gemeinwohls durch Befriedigung kollektiver Bedürfnisse. Vgl. Erhardt (1989), S. 1003 ff., Budäus (2005), S. 17.

140 Anm.: Öffentliche Aufgaben können grundsätzlich von der öffentlichen Hand durch öffentliche Unternehmen und der öffentlichen Verwaltung wahrgenommen werden. Die folgenden Ausführungen orientieren sich an öffentlichen Unternehmen im Bereich der Energieversorgung und klammern die öffentliche Verwaltung aus.

141 Vgl. Henke et al. (2005), S. 30.

142 Vgl. ebd. (2005), S. 30.

143 Himmelmann (1992), S. 10.

144 Zu den Aufgaben, dem Begriff und den Arten der Entsorgung vgl. bspw. Eichhorn (1989), S. 313 ff.

145 Vgl. ausführlich Fabry/Augsten (2002), Rn. 2, S. 3.

146 Vgl. Seibicke (2005), S. 90.

Das wirtschaftliche und nichtwirtschaftliche Engagement von Kommunen unterliegt einer Vielzahl von Rechtsnormen und ist legitimer Teil der gemeindlichen Aufgabenerfüllung. Hierzu existiert ein maßgebliches allgemeines Recht in den jeweiligen Bundesländern ("Gemeindeordnung", "GO" oder "Kommunalverfassung"),[147] welches die Betätigungen von kommunalen Unternehmen regelt.[148] Eine Gemeinde darf sich zur Erfüllung ihrer Aufgaben wirtschaftlich betätigen, wenn der "öffentliche Zweck" die Betätigung erfordert, die wirtschaftliche Betätigung nach Art und Umfang in einem angemessenen Verhältnis zur Leistungsfähigkeit der Gemeinde steht und (außerhalb der Energie- und Wasserversorgung, des öPNV sowie des Betriebes von Telekommunikationsnetzen einschließlich Telefondienstleistungen) der öffentliche Zweck nicht durch andere Unternehmen ebenso gut und wirtschaftlich erfüllt werden kann.[149]

Die Kommunalverfassung stellt die Rechtsgrundlage für den Aufbau von kommunalen Strukturen dar. Diese ist Teil der sog. "Selbstverwaltungsgarantie" und im Art. 28 Abs. 2 Satz 1 des Grundgesetzes kodifiziert.[150] Die kommunale Selbstverwaltung, d. h. die selbstverantwortliche Wahrnehmung und Erfüllung eigener öffentlicher Angelegenheiten durch Organe im eigenen Namen und auf eigene Kosten ist Teil der Staatsverwaltung ("Landesverwaltung"). Kommunen sind eigenverantwortliche Träger der öffentlichen Verwaltung. Sie unterliegen der Pflicht, das Wohl der Einwohner in freier Selbstverwaltung durch die von der Bürgerschaft gewählten Organe zu fördern. Diese verfolgen dadurch andere Interessen als private Unternehmen, weshalb diese auch anderen Voraussetzungen beim wirtschaftlichen Engagement unterliegen müssen.[151]

Bei der Begriffsabgrenzung gibt das Gesetz gegen Wettbewerbsbeschränkungen ("GWB") einen Anhaltspunkt, ab wann ein Unternehmen als ein öffentliches Unternehmen zu bezeichnen ist. Der § 130 Abs. 1 GWB regelt den Geltungsbereich des Gesetzes für Unternehmen der öffentlichen Hand. Das GWB

147 Vgl. Mühlenkamp (1994), S. 12. Zum ordnungspolitischen Rahmen in der Energiewirtschaft bis zum Jahr 1998 vgl. Bachert (2004), S. 20 f.

148 Anm.: Die weiteren Ausführungen legen den Schwerpunkt auf die wirtschaftliche Betätigung.

149 Für NRW vgl. § 107 Abs. 1 GO NRW, in der sogar der "dringende" öffentliche Zweck gefordert wird. Vgl. GO NRW (2009), S. 37. Mit der Zweckverfolgung soll ausgeschlossen werden, dass Wettbewerbsvorteile gegenüber der Privatwirtschaft entstehen. Vgl. Bremeier (1998), S. 289.

150 Vgl. Ambrosius (2000/2001), S. 56, Friauf (1997), S. 765 f. und die Quelle in Fn. 75, Schaefer (1999), S. 18 ff. Zur territorialen und kompetenziellen Einschränkung vgl. Ehlers (1998), S. 10.

151 Neben den Kommunalverfassungen kann für Beteiligungen an privatrechtlichen Unternehmen durch den Bund auf die Regelung des § 65 BHO verwiesen werden. Vgl. BHO (2009), S. 16.

findet Anwendung auf Unternehmen, die sich gänzlich oder teilweise im Eigentum der öffentlichen Hand befinden oder die von ihr verwaltet bzw. betrieben werden.[152] Der Begriff "Eigentum" stellt auf die Kapitalbeteiligung der öffentlichen Hand ab und damit auf das Unternehmertum. Derjenige gilt als Unternehmer, der als Inhaber fungiert und die Direktionsgewalt besitzt.[153] Die "Verwaltung" und der "Betrieb" zielen auf die unternehmerische Kontrolle und auf die Zurechenbarkeit der Tätigkeit ab.[154]

In Abhängigkeit von den Eigentumsverhältnissen werden Unternehmen, die sich gänzlich oder im überwiegenden Anteilsbesitz der öffentlichen Hand befinden und bei denen durch den Anteil eine Sperrminorität ausgeübt werden kann, vielfach als öffentliche Unternehmen bezeichnet.[155] Gemäß der Richtlinie 2000/52/EG der europäischen Gemeinschaft handelt es sich um ein öffentliches Unternehmen wenn:

> "... die öffentliche Hand aufgrund Eigentums, finanzieller Beteiligung, Satzung oder sonstiger Bestimmungen, die die Tätigkeit des Unternehmens regeln, unmittelbar oder mittelbar einen beherrschenden Einfluss ausüben kann."

Abb. 5: Begriffsdefinition von "öffentlichen Unternehmen"[156]

Ein beherrschender Einfluss liegt dann vor, wenn die öffentliche Hand die Mehrheit des gezeichneten Kapitals an einem Unternehmen besitzt oder über die Mehrheit der mit den Anteilen verbundenen Stimmrechte verfügt oder mehr als die Hälfte der Mitglieder des Verwaltungs-, Leitungs- oder Aufsichtsorgans bestellen kann.[157]

Nach den Eigentums- und Einflussverhältnissen können grundsätzlich öffentliche von privaten Unternehmen voneinander unterschieden werden.[158] Öffentliche Unternehmen können alleine von einem öffentlichen Eigentümer ("Träger", z. B. eine Kommune oder Stadt) oder gemeinsam von mehreren öffentlichen Trägern ("gemischt-öffentliche Unternehmen"[159]) oder öffentlichen Trägern und Privatpersonen ("gemischt-wirtschaftliche Beteiligungsgesellschaft"[160]) besessen werden. Im erstgenannten Fall handelt es sich definitions-

---

152 Vgl. § 130 GWB. Vgl. GWB (2005), S. 2147 ff.

153 Vgl. Schnaudigel (1995), S. 40 und die in Fn. 85 genannte Quelle.

154 Vgl. Fabry/Augsten (2002), Rn. 1, S. 2 f. sowie die angegebenen Quellen.

155 Vgl. Braun (1986), S. 187 f., Brede (2001), S. 25.

156 ABl EU (2006b), S. 19 ff. Anders bspw. Chmielewicz (1989), S. 1093.

157 Vgl. Löwe (2001), S. 423.

158 Vgl. bspw. Mühlenkamp (1994), S. 2.

159 Gemeinschaftsunternehmen, die von mehreren öffentlichen Körperschaften getragen werden. Vgl. Reichard (1989), S. 472 f.

160 Unternehmen mit einem heterogenen Anteilseignerkreis. Vgl. Haeseler (1989), S. 479.

gemäß um ein öffentliches Unternehmen. Den gemischt-wirtschaftlichen Beteiligungsgesellschaften kommt bei der Betätigung der öffentlichen Hand in der Energiewirtschaft eine große Bedeutung zu.[161] Das liegt daran, weil die großen überregionalen und regionalen EVU sich vielfach an den für die Energieversorgung auf kommunaler Ebene zuständigen Stadtwerken durch Anteilskauf beteiligen.[162] Bei gemischt-wirtschaftlichen Unternehmen ist die Definition von einem öffentlichen Unternehmen jedoch nicht immer eindeutig. Der beherrschende Einfluss durch Kapital- und Stimmenmehrheit wird in diesem Fall zur Abgrenzung herangezogen. Sollte kein beherrschender Einfluss des öffentlichen Trägers vorliegen, so handelt es sich um eine Beteiligung der öffentlichen Hand und nicht um ein öffentliches Unternehmen.

In Abhängigkeit von der Trägerschaft können öffentliche Unternehmen in Bundes-, Landes- und Gemeindeunternehmen unterteilt werden. Kommunale EVU[163] stehen nach Aufgabenstellung dieser Arbeit im Fokus der Betrachtung. Eine Abgrenzung des Begriffs "kommunales Unternehmen" bereitet aufgrund der fehlenden gesetzlichen Definition ebenso Schwierigkeiten wie bei der Begriffsabgrenzung von einem öffentlichen Unternehmen. Die vorstehend aufgezeigten Kriterien sind jedoch auf kommunale Unternehmen übertragbar. Kommunale Unternehmen sind solche:

"... an denen die Gemeinde aufgrund der Höhe der Beteiligung"
"... oder aufgrund besonderer rechtlicher Regelungen über die Direktionsgewalt in diesen Unternehmen verfügt."

Abb. 6: Begriffsdefinition von "kommunalen Unternehmen"[164]

Kommunale Unternehmen sind aus der unmittelbaren Kommunalverwaltung ausgegliederte und tatsächlich sowie organisatorisch verselbstständigte Verwaltungseinheiten. Diese sind wesentliche Instrumente von Städten, Gemeinden und

161 Vgl. Cronauge (2003), Rn. 48, S. 42 f. und Rn. 151, S. 97.

162 Vgl. Kapitel A, Punkt 2.1.2, S. 18 ff.

163 Eine dezidierte Abgrenzung von kommunalen Unternehmen von der Ämterverwaltung wird in dieser Arbeit nicht vorgenommen. Die Ausführungen beziehen sich auf verselbstständigte Einrichtungen gegenüber der Ämterverwaltung, die zur Verfolgung eines bestimmten Zwecks eine organisatorische Selbstständigkeit gegenüber der sog. "unmittelbaren Kommunalverwaltung" aufweist. Vgl. Cronauge (2003), Rn. 1, S. 23 ff.

164 Aus rechtlicher Sicht bildet die "Gemeinde" als Körperschaft des öffentlichen Rechts einen besonderen Typ der juristischen Person des öffentlichen Rechts. Aufgrund ihres begrenzten räumlichen Wirkungskreises wird diese auch als "Gebietskörperschaft" bezeichnet. Vgl. Chmielewicz (1989), S. 772, Schnaudigel (1995), S. 40. Für NRW §§ 1 und 2 GO NRW. Vgl. GO NRW (2009).

Kreisen, um vielfältige Aufgaben im Rahmen der *"Daseinsvorsorge"*[165] zu bewältigen.[166] Der kommunale Aufgabenbestand wurde als umfangreich beschrieben und unterliegt den sich wandelnden gesellschaftlichen und politischen Auffassungen über den Umfang und die Notwendigkeit der zu bewältigenden Tätigkeiten.[167] Zur Erfüllung der Daseinsvorsorge werden kommunale Unternehmen in den Bereichen der Freizeitgestaltung (Hallenbäder), im Kulturbereich (Theater, Opern), der medizinischen Versorgung (Krankenhäuser) oder in der interessierenden Energiewirtschaft[168] gegründet.[169]

Einer Kommune steht es bei ihrem wirtschaftlichen Engagement grundsätzlich frei, allein oder gemeinsam mit anderen Kommunen oder Privatpersonen ihren Aufgabenbestand zu erfüllen. Dazu können sich diese auch in Form einer "interkommunalen Zusammenarbeit"[170] gemeinsam mit anderen Städten, Kreisen, Gemeinden bzw. Gemeindeverbänden der Aufgabenerfüllung widmen. Diesen steht es grundsätzlich frei, sich dabei einer öffentlich-rechtlichen oder privatrechtlichen Form zu bedienen. Die Aktivitäten des gegründeten Unternehmens müssen sich jedoch jederzeit an der kostengünstigen Leistung zum unmittelbaren Nutzen für die Bürger orientieren.[171]

165 Der Begriff geht auf Ernst Forsthoff zurück. Dieser formulierte im Jahre 1938: "Die Daseinsvorsorge, deren Zweck die Befriedigung allgemeiner Bedürfnisse zu sozial angemessenen Bedingungen ist, ist Teil der öffentlichen Verwaltung." Der wesentliche Unterschied der Daseinsvorsorge zur privatwirtschaftlichen Betätigung liegt in der Verpflichtung zur Bedürfnisbefriedigung ohne die Chance auf Gewinnerzielung. Vgl. auch Kuhnt et al. (2004), S. 37, Schmidberger (1993), S. 349, Schulte-Beckhausen (1996), S. 761 ff., Schaefer (1999), S. 28 f., Schöneich (2004), S. 37.

166 Vgl. Cronauge (1995), S. 7, Wolf/Ziche (2005), S. 55.

167 Vgl. Cronauge (1995), S. 21 ff.

168 In Form der sog. "Konzessionsabgabe" zahlen diese eine in Konzessionsverträgen festgeschriebene finanzielle Gegenleistung an Kommunen für das Recht, Straßen und Wege zu benutzen, um Kabel, Leitungen und andere Anlagen errichten zu können, die zur Versorgung des Gebiets mit Energien notwendig sind. Vgl. Konzessionsabgabeverordnung § 1 Abs. 2. Der "Konzessionsvertrag" regelt die Bedingungen zwischen EVU und Kommune über die Belieferung der Verbraucher mit Energien im Gemeindegebiet. Vgl. Kraus (2004), S. 116 f., Schmidt (1989), S. 795 ff., Konstantin (2009), S. 115.

169 Beispiele von kommunalen Unternehmen bei Cronauge (2003), S. 23 f.

170 Zu den Formen der interkommunalen Zusammenarbeit vgl. Fabry/Augsten (2002), Rn. 43, S. 27.

171 Vgl. Fischer-Heidlberger (2006), S. 2 f.

2.2.2 Wahl der Rechtsformen

Bei der Gründung oder Beteiligung an einem Unternehmen eröffnen sich den Kommunen grundsätzliche Wahlmöglichkeiten bei der Festlegung der jeweiligen Organisations- bzw. Rechtsform[172] (*"Grundsatz der Formenwahlfreiheit"*[173]). Die Organisationshoheit, d. h. die Wahl, welche öffentlich-rechtliche bzw. privatrechtliche Rechtsform sich diese zur Erfüllung ihrer Aufgaben i. Z. m. der Erfüllung der Daseinsvorsorge bedienen will, ist Bestandteil der Selbstverwaltungsgarantie. Diese Wahlmöglichkeit gilt im Rahmen der gesetzlich zu beachtenden Bestimmungen.[174]

Neben den öffentlich-rechtlichen Organisationsformen [bspw. Regie- oder Eigenbetrieb[175] ("EB")], existieren privatrechtliche Rechtsformen[176] (bspw. AG oder GmbH).[177] Eine Kommune kann auch eine Beteiligung als Aktionär an einer Kommanditgesellschaft auf Aktien eingehen, sich als Kommanditist an einer Kommanditgesellschaft beteiligen oder Geschäftsanteile an einer eingetragenen Kreditgenossenschaft erwerben. Nach Aufgabenstellung wird an dieser Stelle eine Einschränkung bei der Betrachtung vorgenommen. Der Fokus liegt auf kommunalen EVU in der privatrechtlichen Form der AG und GmbH, die sich ausschließlich oder mehrheitlich im Anteilsbesitz der öffentlichen Hand befinden. Die Eingrenzung dient der Herleitung von Empfehlungen zur Systemausgestaltung bei vergleichbaren kommunalen EVU. In den letzten Jahren war zunehmend zu beobachten, dass die privatrechtlichen Rechtsformen an Bedeutung für das wirtschaftliche Engagement von Gebietskörperschaften insbesondere in der Energiewirtschaft gewonnen haben. Diese gelten als adäquater kommunalrechtlichen Weg, die Leistungen der öffentlichen Hand *"... sowohl einer effizienten (Kosten-)Kontrolle zu unterwerfen als auch die Leistungsqualität der Verwaltung zu optimieren."*[178]

---

172 Die "Rechtsform" ist die rechtlich geregelte Organisationsform oder die Verfassung eines Unternehmens oder einer Einrichtung. Vgl. Püttner (1989), S. 1379.

173 Fabry/Augsten (2002), Rn. 17, S. 13.

174 Zu den wesentlichen Rechts- bzw. Organisationsformen vgl. Mühlenkamp (1994), S. 20, Schnaudigel (1995), S. 44 ff., Hauser (1987), S. 2 ff.

175 Regie- und Eigenbetrieb als öffentlich-rechtliche Organisationsform weisen keine eigene Rechtspersönlichkeit auf und sind Bestandteil der öffentlichen Verwaltung. Vgl. Zeiss (1989), S. 282 ff., Adamaschek (1989), S. 1390 ff.

176 Zu den Formen des privaten Rechts vgl. Cronauge (2003), S. 84. Zu den Dimensionen der Verselbstständigung der Rechts- und Organisationsformen vgl. Bremeier et al. (2006), Abb. 1, S. 9.

177 Vgl. Seibicke (2005), S. 91.

178 Häfele (2005), S. 148.

Kommunale Unternehmen können in die Kategorien des Einzelkaufmanns, in die der Personengesellschaft und die der Kapitalgesellschaft unterteilt werden. Die Betätigung als Einzelkaufmann kommt für die wirtschaftliche Betätigung der öffentlichen Hand im Allgemeinen nicht in Betracht.[179] Personengesellschaften, die personenbezogen sind und bei denen der Gesellschaftszweck und der Mitgliederbestand eng miteinander verflochten sind, und Körperschaften, bei denen der Gesellschaftszweck gegenüber den Mitgliedern verselbstständigt ist,[180] besitzen eine hohe Relevanz bei der wirtschaftlichen Betätigung von Kommunen. Diese sind "Gesellschaften im weiteren Sinne", d. h. sie sind Zusammenschlüsse, die auf vertraglicher Basis einer gemeinsamen Zweckerfüllung dienen.[181]

Die Vorteile der privatrechtlichen Formen liegen in den Bereichen der Haftungsbeschränkung, der geringeren Bindung an das öffentlich-rechtliche Haushalts- und Dienstrecht, der partiellen Begrenzung im Bereich der staatlichen Aufsicht, der schnelleren, kürzeren und klareren Entscheidungswege, der Möglichkeit zur flexibleren Zusammenarbeit mit privaten Unternehmen[182] und in der Zurückdrängung des politischen Einflusses auf die Unternehmensgeschehnisse.[183] Gemeinden in NRW bspw. dürfen sich an privatrechtlichen Unternehmen beteiligen oder diese gründen, wenn die Voraussetzungen im § 108 Abs. 1 Satz 1 bis 9 GO NRW erfüllt sind. Die Bildung eines Aufsichtsrates ist bei der GmbH grundsätzlich fakultativ, außer die Mitbestimmungsvorschriften nach dem Betriebsverfassungsgesetz oder dem Mitbestimmungsgesetz schreiben die Bildung zwingend vor. Ein Aufsichtsrat wird in der kommunalen Praxis üblicherweise zum Zwecke der Überwachung der Geschäftsführung freiwillig gebil-

---

179 Vgl. Mühlenkamp (1994), S. 31.

180 Eine "Körperschaft" ist eine juristische Person, deren "Körper" aus einzelnen natürlichen oder juristischen Personen besteht. Man unterscheidet Körperschaften des privaten Rechts (z. B. AG oder der Verein) und Körperschaften des öffentlichen Rechts, die öffentliche Aufgaben wahrnehmen, abgeleitet Hoheitsgewalt besitzen und der Aufsicht des Staates unterliegen. Vgl. Cronauge (2003), S. 25, Mühlenkamp (1994), S. 26 f., von Arnim (1989), S. 771.

181 Vgl. Fabry/Augsten (2002), Rn. 18, S. 13. Aufgrund ihrer Eigenart und wegen des haushaltsrechtlichen Gebots der Haftungsbeschränkung nur bedingt für die wirtschaftliche Betätigung von Kommunen als geeignet angesehen. Vgl. Püttner (1989), S. 1383.

182 Vgl. Kummer/Giesberts (1996), S. 1166, zitiert aus Manthey (2001), S. 20. Weitere Vorteile der privaten Rechtsformen liegen a) in den besseren Entscheidungsstrukturen, b) in der Ausblendung ökonomisch negativer Einflüsse seitens der Kommunalpolitik und c) in einem besseren Schutz von unternehmensinternen Informationen. Vgl. Bremeier et al. (2006), S. 63.

183 Vgl. Hellermann (2000), 154 f.

det.[184] Soweit die Bestellung gesetzlich nicht vorgeschrieben ist, muss durch eine entsprechende Ausgestaltung des Gesellschaftervertrags der Gemeinderat den bestellten oder auf Vorschlag gewählten Aufsichtsratsmitgliedern Weisungen erteilen dürfen.[185]

Das in der Satzung der GmbH festgelegte Stammkapital ist durch die Gesellschafter zu leisten.[186] In Haftungsfällen haftet den Gläubigern lediglich das Gesellschaftsvermögen. Die GmbH erfüllt damit die Vorgaben sämtlicher Kommunalverfassungen, wonach die Haftung bei der Gründung oder bei der Beteiligung an einem Unternehmen beschränkt sein muss.[187] Mit aus diesem Grund ist die GmbH (neben dem EB[188]) in der kommunalen Praxis die am häufigsten gewählte privatrechtliche Rechtsform. Dies liegt auch daran, weil die GmbH einer Kommune grundsätzlich für ihre wirtschaftlichen bzw. nichtwirtschaftlichen Zwecke zur Verfügung steht.[189]

Aus den Geschäftsberichten des VKU wird ersichtlich, dass der Rechtsform der GmbH (neben der öffentlich-rechtlichen Organisationsform des EB) bei der wirtschaftlichen Betätigung von Kommunen eine hohe Relevanz beizumessen ist (vgl. Abb. 7).

---

184 Nach Maßgabe des Betriebsverfassungsgesetzes von 1952 (BetrVG) ist ein AR zu bilden, wenn die Gesellschaft mehr als 500 Arbeitnehmer beschäftigt (§ 77 Abs. 1 BetrVG). Nach dem Gesetz über die Mitbestimmung der Arbeitnehmer (Mitbestimmungsgesetz, "MitbestG") ist nach den Regelungen des § 1 Abs. 1 Satz 1 und 2 MitbestG bei einer GmbH ein AR zu bilden, wenn die Gesellschaft mehr als 2.000 Arbeitnehmer beschäftigt.

185 Für NRW die Regelungen im § 108 GO NRW. Vgl. GO NRW (2009).

186 Vgl. § 5 Abs. 1 GmbHG.

187 Vgl. Fabry/Augsten (2002), Rn. 41, S. 23 f., § 108 Abs. 1 Satz 3 GO NRW. Vgl. GO NRW (2009).

188 Zu den Vor- und Nachteilen der GmbH gegenüber dem Eigenbetrieb vgl. Fabry/ Augsten (2002), Rn. 41, S. 23 f. Zur Prüfung von Jahresabschlüssen bei Eigenbetrieben vgl. Zahradnik (2003), S. 371 ff.

189 Vgl. Hauser (1987), S. 6.

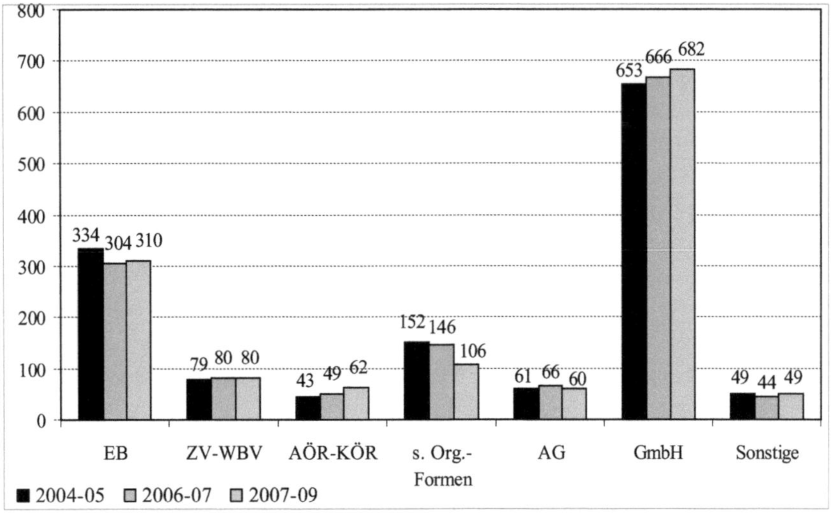

Abb. 7: Mitgliedsunternehmen des VKU unterteilt nach Rechtsformen (2004 bis 2009)[190]

Die privatrechtliche Form der AG verkörpert ebenfalls eine Gesellschaft mit einer eigenen Rechtspersönlichkeit. Diese weist ein in Aktien zerlegtes Grundkapital auf. Die Gesellschafter (Aktionäre) sind mit einem Anteil am Grundkapital in Form von Aktien beteiligt.[191] Die AG ist eine Körperschaft (eine auf Mitgliedschaft beruhende selbstständige rechtsfähige Einheit), bei der für die Verbindlichkeiten nur das Gesellschaftsvermögen haftet. Unter Berücksichtigung der bereits aufgezeigten Haftungsproblematik bei kommunalen Unternehmen ist die AG grundsätzlich als Rechtsform für wirtschaftliche und nichtwirtschaftliche Einrichtungen anwendbar. Bedingung ist an dieser Stelle, dass bei ihrer Gründung die Regelungen in den jeweiligen Kommunalverfassungen sowie die im AktG erfüllt sind und diese in der Satzung Berücksichtigung finden.

Die Organe der AG setzen sich aus Vorstand, Hauptversammlung und (im Gegensatz zur GmbH zwingend vorgeschrieben)[192] dem Aufsichtsrat zusammen.

---

190 VKU (2005b), S. 4, ebd. (2007e), S. 4, ebd. (2009), S. 4. Von den privatrechtlichen Organisationsformen wird sich eine größere unternehmerische Selbstständigkeit und Flexibilität versprochen, die zu einer wirtschaftlich effizienteren Betätigung führen soll. Anm.: EB = Eigenbetrieb; ZV = Zweckverband, WBV = Wasser- und Bodenverbände; AÖR = Anstalt des öffentlichen Rechts, KÖR = Körperschaft des öffentlichen Rechts; s. öffentl. Org.-Formen = sonstige öffentliche Organisationsformen.

191 Vgl. § 1 Abs. 1 Satz 1 und 2 AktG.

192 Vgl. § 95 AktG.

Der Vorstand hat die Gesellschaft eigenverantwortlich zu leiten.[193] Er ist (im Gegensatz zum Geschäftsführer einer GmbH) rechtsformbedingt weisungsunabhängig von den Gesellschaftern. Die Einflussmöglichkeiten der Anteilseigner auf die Geschäftstätigkeit einer AG sind dadurch stärker eingeschränkt als bei der GmbH. Dieser Umstand kann aus Sicht des Vorstands zu einer größeren Unabhängigkeit im Tagesgeschäft führen.[194]

Die Dynamik von Märkten, auf denen Kommunen sich wirtschaftlich betätigen, kann die größere Unabhängigkeit eines Vorstands einer AG bedingen und eine Gebietskörperschaft zur Wahl dieser Rechtsform veranlassen.[195] Die AG gilt als typische Rechtsform für Großbetriebe und ist i. d. R. in größeren Städten auffindbar. Der bei ihrer Gründung benötigte erhebliche Kapitalbedarf ist dafür i. d. R. ursächlich. Die AG ist in der kommunalen Praxis vielfach bei Unternehmen in der Energiewirtschaft oder im öffentlichen Personennahverkehr (öPNV) aufzufinden.

2.2.3 Geschäftsbereiche im Querverbund

Die Versorgung der Bevölkerung mit Energien wie Strom, Gas, Wasser und Wärme zählen zu den "traditionellen Geschäftsbereichen" von kommunalen EVU.[196] Aus Unternehmenssicht ist es charakteristisch, dass die Strom- und/oder Gasversorgung im sog. "Querverbund" ("QV") oftmals gleichzeitig mit der Versorgung mit anderen Energien und Wasser oder sonstigen Leistungen (z. B. Abwasserbeseitigung, EDL) stattfindet.[197] Von einem kommunalen QV i. e. S. ("Querverbundunternehmen") spricht man, wenn zwei oder mehrere betriebliche Organisationseinheiten der kommunalen leitungsgebundenen Strom-, Gas- und Wärmeversorgung, der Wasserversorgung, der Entsorgung, des öPNV sowie andere unternehmerisch geführte kommunale Dienstleistungspartner in einem Zweckverband oder einer kommunal beherrschten Kapitalgesellschaft (z. B. GmbH, AG) zusammengeschlossen sind. Ein kommunaler QV i. w. S. liegt vor,

---

193 Vgl. § 76 Abs. 1 AktG. Vgl. auch Püttner (1989), S. 1383.

194 Das notwendige Korrektiv zum Schutz der Interessen der Anteilseigner besteht durch die (obwohl wiederholbare) auf 5 Jahre begrenzte Bestellung des VO und die zwingende Maßgabe zur Einrichtung eines AR. Vgl. Fabry/Augsten (2002), Rn. 42, S. 25, Püttner (1989), S. 1383.

195 Zu den Vorteilen der GmbH und der AG als Rechtsform für die kommunalwirtschaftliche Betätigung vgl. Fabry/Augsten (2002), Rn. 42, S. 26.

196 Vgl. Schmidt (2002), S. 41, Friauf (1997), S. 765 und die in Fn. 70 angegebene Quelle. Die Orts- und Kundennähe wird den kommunalen EVU als komparativer Marktvorteil im Wettbewerb zugeschrieben. Vgl. Wagner/Kristof (2001), S. 26 ff. und Abb. 4.

197 Vgl. Brunekreeft/Keller (2003), S. 147. Zur Abgrenzung des Begriffs "EDL" als Möglichkeit zur Erweiterung der Geschäftstätigkeit vgl. Wagner/Kristof (2001), S. 7 ff.

wenn zwei oder mehrere kommunale EVU mit leitungsgebundener Strom- und Wasserversorgung, der Entsorgung etc. in einem kommunalen Konzern ("Querverbundkonzern") zusammengefasst sind.[198]

Auf kommunaler Ebene ist ein QV die Folge aus der Zusammenlegung von kleineren Betrieben oder EVU, aus denen ein größeres Unternehmen erwächst. Die Gründe für die Bildung eines kommunalen QV liegen vielfach in technischen, betriebswirtschaftlichen und steuerlichen[199] Synergieeffekten. Die Bewirtschaftung unterschiedlicher Betriebszweige unter einem Dach ist vielfach allein aus Kostengründen sinnvoll. Die Zusammenlegung (bspw. der Versorgungs-, Entsorgungs- sowie der Verkehrsplanung) erlaubt eine effiziente Verknüpfung der verschiedenen Fachplanungen mit der kommunalen Gesamtentwicklungsplanung bzw. deren Planung mit der von Nachbargemeinden.[200]

In jüngster Zeit widmen sich kommunale EVU vielfach auch neueren Geschäftsbereichen und ergänzenden Dienstleistungen.[201] Diese werden neben den Aktivitäten in den traditionellen Geschäftsbereichen gemeinsam im QV betrieben. Die Ausweitung der geschäftlichen Aktivitäten ist damit zu begründen, dass es unter den bereits angesprochenen veränderten Wettbewerbsbedingungen notwendig wird, neue Wachstumsmöglichkeiten und Geschäftsfelder zur Sicherung des Unternehmenserfolgs zu erschließen.[202] Einschränkend ist dabei zu berücksichtigen, dass eine Erweiterung der Geschäftstätigkeit jederzeit im Einklang mit den Maßgaben in der jeweils geltenden Kommunalverfassung stehen muss.

Zu den neueren Geschäftsfeldern zählen bspw. die Entsorgung, die Telekommunikation, die Unternehmensberatung und sonstige Dienstleistungen (EDL, Energieberatung[203]). Die Ausweitung der Geschäftsaktivitäten steht im Zusammenhang mit der Chance die Wettbewerbsfähigkeit zu steigern, die Wertschöpfung zu erhöhen und zusätzliche Deckungsbeiträge zu erwirtschaften, die

---

198 Vgl. Gottschalk (1995), S. 13 und die in Fn. 1 angegebenen Quellen.

199 Zur Bedeutung des steuerlichen Querverbunds für Kommunen vgl. die Ergebnisse aus einer empirischen Untersuchung von Bremeier et al. (2006), Abb. 4, S. 58. Verlustbringende Aufgabenstellungen, die den Haushalt belasten, werden an die verselbstständigten Einheiten zur Verrechnung übertragen. Vgl. ebd. (2006), S. 67.

200 Vgl. Gottschalk (1995), S. 13 f.

201 Vgl. Schorsch (2002), S. 6 ff. Nach einer nicht repräsentativen Untersuchung im Jahr 2001 waren die analysierten Stadtwerke in insgesamt über 20 verschiedenen Geschäftsfeldern tätig. Zu den neuen Geschäftsfeldern zählten bspw. das Contracting, Ökostrom, Erneuerbare Energien, Energiecontrolling, Abrechnungsdienstleistungen und das Facility-Management.

202 Anm.: Die Ausweitung der geschäftlichen Aktivitäten kann auch durch Ausweitung des Produktportfolios oder das Outsourcing von Unternehmensbereichen geschehen.

203 Zunehmend spielen Kooperationsformen i. Z. m. dem Ausbau energienaher Dienstleistungen eine Rolle. Vgl. Wagner/Kristof (2007), S. 44 f. und Abb. 6 auf S. 45.

bspw. zur Subvention von Margenverlusten in den traditionellen Geschäftsbereichen genutzt werden können. Die Bearbeitung von neueren Geschäftsfeldern kann zur Kundenbindung und zur positiven Imagebildung[204] dienen. Durch die Zusammenlegung von traditionellen und neueren Geschäftsbereichen im QV besteht die Möglichkeit, kostengünstiger und flexibler auf unterschiedliche Bedürfnisse einer differenzierter werdenden Kundengruppe zu reagieren.[205]

Einen Eindruck von den geschäftlichen Aktivitäten von kommunalen EVU verleiht das Mitgliedsverzeichnis des VKU. Aus den Angaben wird ersichtlich, welche betrieblichen Organisationseinheiten im QV zusammengeschlossen sind. 52,2 % der Mitglieder wiesen bis zum Jahr 2009 QV-Aktivitäten vorwiegend in den traditionellen Geschäftsbereichen auf. Diese hatten mindestens zwei betriebliche Organisationseinheiten (Strom-, Gas-, Wasser-, Wärmeversorgung und Entsorgung) zusammengeschlossen. Von den EVU ohne QV-Aktivitäten waren 28,3 % ausschließlich in der Sparte Entsorgung beschäftigt. Trotz leicht gesunkener Mitgliederzahlen im Zeitraum der Jahre 2004 bis 2009 (-0,1 %) wiesen die Mitglieder leicht steigende QV-Aktivitäten (+1,6 %) vornehmlich in den Sparten Wärme- (+4,7 %), Strom- (+3,9 %) und Gasversorgung (+3,5 %) auf. Die QV-Unternehmen waren mehrheitlich mit der Gas- (82,8 %), Wasser- (82,8 %) und Stromversorgung (82,0 %) beschäftigt. Insbesondere im Rahmen der Gasversorgung waren von den Mitgliedern die QV-Aktivitäten (+5,8 %) bis zum Jahr 2009 ausgeweitet worden.

2.3 Kommunale Steuerung und Public-Corporate-Governance

Kommunale EVU sind verselbstständigte Einheiten der Kommunalverwaltung. Vor diesem Hintergrund gewinnt die Frage nach der Unternehmenssteuerung aus Sicht der Gebietskörperschaften an Bedeutung, insbesondere in Zeiten, in denen diese sich zunehmend verselbstständigter Einheiten zur Erfüllung ihrer kommunalen Aufgabenstellungen bedienen. Die Dezentralisierung hat vielfach zu einer heterogenen und wenig transparenten Struktur öffentlicher Einheiten in unterschiedlichen Größenordnungen und Rechtsformen geführt.[206] Aus präskriptiver Sicht ist in den vergangenen Jahren die Diskussion um normative Vorschläge zu einer besseren Unternehmenssteuerung zu verzeichnen gewesen. Die

204 Vgl. Niedergesäß/Hemmers (2001), S. 256.

205 Vgl. Moraing (2001), S. 45, Niedergesäß/Hemmers (2001), S. 257, Seelen (2001), S. 566 ff., Schmidt (2002), S. 42 ff.

206 Vgl. Budäus (2005), S. 17.

Diskussion um eine sog. "gute CG" auch für öffentliche Unternehmen, hat in den vergangenen Jahren deutlich zugenommen.

2.3.1 Beteiligungssteuerung bei kommunalen Unternehmen

Kommunale Aufgabenstellungen werden vor dem Hintergrund einer effizienteren Erfüllung vermehrt von Gebietskörperschaften aus der Ämterverwaltung ausgegliedert.[207] Über die Entwicklung und Umsetzung neuer Steuerungsmodelle für den öffentlichen Sektor wird viel diskutiert[208] und die Steuerung[209] kommunaler Beteiligungen gewinnt an Bedeutung.[210] Diese dient der Sicherung der Zielerreichung der ausgelagerten Unternehmen, der Sicherstellung der öffentlichen Zweckverfolgung und der Erwirtschaftung angemessener Renditen. Überschüsse tragen zur Entspannung der teilweise prekären kommunaler Haushalte bei. Bei der kommunalen Steuerung gilt es zu berücksichtigen, dass im Gegensatz zu marktorientierten privaten Unternehmen die öffentlichen Unternehmen im "Spannungsfeld" zwischen Markt und Politik agieren.[211]

Wurden von einer Gebietskörperschaft kommunale Aufgabenstellungen ausgegliedert und privatisiert,[212] so ergibt sich die Frage nach der wirksamen Steuerung dieser Einheiten. Die Steuerung ist notwendig, um die Zweckerfüllung, die Sicherung des Allgemeinwohls sowie die Erhaltung der demokrati-

207 Vgl. Fürst (2003), S. 441 unter Nennung von Beispielen wie öPNV, Abfallwirtschaft, Energiewirtschaft, Freiraumpolitik etc. Als Triebkräfte für die Modernisierung des öffentlichen Sektors werden das ursprüngliche Steuerungsmodell sowie die Finanzkrise des deutschen Steuer- und Abgabenstaates genannt. Vgl. Prigge (2003), S. 3. Privatisierungen bieten die Möglichkeit, langfristige Erlöse zu erwirtschaften, die zur Konsolidierung des Haushalts beitragen. Vgl. Issing (2007), S. 43, Bogumil et al. (2002), S. 82. Eine empirische Untersuchung aus dem Jahr 2005 zeigt Trends zur Ausgliederung in deutschen Kommunen auf. Vgl. hierzu Bremeier et al. (2006), S. 25 ff.

208 Stichwort "Public Management" und "Neues Steuerungsmodell". Vgl. Bogumil (2002), S. 129 ff., ebd. (2003), S. 15 ff., Prigge (2003), S. 1, Bogumil et al. (2007), S. 7 ff.

209 Die "Steuerung" setzt sich i. d. R. aus der strategischen und operativen Komponente zusammen. Diese werden in der Folge nicht separat im Kontext betrachtet. Das kommunale Unternehmen ist das Objekt der Steuerung, Steuerungssubjekte sind die kommunalen Organe und Akteure. Vgl. Bremeier et al. (2006), S. 119. Zu den Instrumenten der kommunalen Steuerung vgl. bspw. Prigge (2003), S. 9 f. Spricht man von der Steuerung einer Organisation, so wird teilweise auch der Begriff des "performance management" verwendet. Vgl. Reichard (2004), S. 342 f.

210 Vgl. Prigge (2003), S. 6.

211 Vgl. Henke et al. (2005), S. 32.

212 Zu den Privatisierungsformen vgl. Bogumil/Holtkamp (2002), S. 76 ff.

schen Legitimation zu gewährleisten.[213] Durch Verlagerung von öffentlichen Aufgaben aus der Kernverwaltung heraus verändert sich der Charakter dieser Aufgaben nicht. Die den kommunalen Entscheidungsträgern obliegende Verantwortung für die Art und Weise sowie für die Steuerung und Kontrolle der Aufgabenerfüllung wird dadurch nicht reduziert.[214] Vor der Ausgliederung führte die enge Verbundenheit mit der öffentlichen Trägerschaft eher dazu, dass politische und kommunale Zielsetzungen durchsetzbarer waren bzw. zur Erfüllung gebracht werden konnten.

Die insbesondere in der Energiewirtschaft zu beobachtenden und vornehmlich durch die Liberalisierung hervorgerufenen Ausgliederungsentwicklungen, lassen in der Folge die kommunalen Einflussmöglichkeiten auf diese Unternehmen tendenziell eher sinken.[215] Die gemeindliche Pflicht zur Steuerung und Kontrolle ergibt sich grundsätzlich aus verfassungsrechtlichen Gründen.[216] Die kommunale Steuerung und Kontrolle durch die Politik unterliegt bestimmten Rationalitäten und einem hohen Komplexitätsgrad.[217] Diese stellt im Kern die *"... zielgerichtete und zweckorientierte, d. h. politisch-absichtsvolle Gestaltung sozialer und wirtschaftlicher Gegebenheiten ..."*[218] dar. Kommunale Steuerung und Kontrolle ist im Allgemeinen das zielorientierte Einwirken auf die ausgegliederten kommunalen Beteiligungen durch die Trägergemeinde. Die kommunale Politik und die öffentliche Verwaltung müssen trotz Ausgliederung weiterhin einen hohen Einfluss auf die unternehmerischen Aktivitäten der Unternehmen haben.[219] Nur so ist die Zweckerfüllung nach den geltenden Vorgaben zu gewährleisten. Dieser Sachverhalt wird in der Literatur unter dem Begriff der "kommunalen Beteiligungssteuerung" abgehandelt.

---

213 Vgl. Prigge (2003), S. 2.

214 Vgl. Seibicke (2005), S. 90.

215 Vgl. Monstadt (2004), S. 91. Privatisierung lässt selbst gewollte Selbstentmachtung der Kommunalpolitik entstehen, die indirekt zur Entmachtung der Bürger führt. Vgl. Bogumil/Holtkamp (2003), S. 84.

216 Das wirtschaftliche Engagement einer Kommune steht unter dem Geltungsbereich verfassungsrechtlicher Normen (Art. 28 Abs. 2 Satz 1 GG). Einer Kommune wird dadurch verwehrt, unter dem Aspekt der Privatautonomie ihren Unternehmen einen freien und unkontrollierten Aufgabenbereich zuzusprechen. Vgl. Püttner (1985), S. 136. Je nach gewählter Rechtsform sind öffentliche Beteiligungsgesellschaften in unterschiedlichem Maße der Steuerung durch die Gebietskörperschaft zugänglich. Vgl. Prigge (2003), Abb. 2, S. 10 und die genannten Quellen. Vgl. Machura (1993), S. 21 ff.

217 Vgl. Reichard (2004), S. 350.

218 Schubert (1998), S. 507.

219 Die Praxis zeigt, dass Gebietskörperschaften vielfach nur ungenügenden Einfluss auf ihre Beteiligungen ausüben. Vgl. Müller-Marqués-Berger/Srocke (2005), S. 133 und die angegebenen Quellen. Vgl. auch Häfele (2005), S. 148.

Die kommunale Beteiligungssteuerung ist Ausdruck der Leistungserwartung der Trägerschaft an die ausgegliederten Verwaltungseinheiten und in den jeweilig geltenden Kommunalverfassungen geregelt.[220] Ausgehend von der kommunalen Gesamtzielsetzung sind für die Beteiligungsgesellschaften Ziele[221] zu entwickeln, die mit dem grundsätzlichen öffentlichen Auftrag (Sachziele) im Einklang stehen und überdies wirtschaftliche Vorgaben[222] (Formalziele) beinhalten.[223] Die Zielvorgaben müssen sicherstellen, dass geltende gesetzliche sowie politische Aspekte entsprechende Berücksichtigung finden.[224] Die unternehmerische Handlungsfähigkeit der Beteiligungsgesellschaften muss jederzeit gewährleistet werden und das Gemeinwohl muss stets im Vordergrund der geschäftlichen Aktivitäten der kommunalen Beteiligungen stehen.[225] Eine kommunale Steuerung ausschließlich auf Basis wirtschaftlicher Aspekte ist grundsätzlich als unzulänglich einzustufen. Die kommunale Zielfestlegung muss sich an der wettbewerblichen Situation des Beteiligungsunternehmens orientieren. Nur so wird die unternehmerische Leistungsfähigkeit nicht beeinträchtigt.[226] Damit rangieren kommunale Unternehmen zwischen Gemeinwohlverpflichtung, der Erfüllung ihres gesetzlichen Versorgungsauftrages und den Anforderungen, die durch den Wettbewerb gestellt werden. Dies kann Zielkonflikte zwischen der Wahrung des öffentlichen Auftrages und der Erwirtschaftung eines Beitrages zur Haushaltsfinanzierung entstehen lassen.[227]

Im Zusammenhang stehend mit der Kontrolle der Erreichung der Zielvorgaben muss die noch darzustellende Prüfungspflicht gem. § 53 HGrG hervorgehoben werden. Bereits bei der Aufstellung des Jahresabschlusses haben kommunale Unternehmen unabhängig von ihrer Größe den Regelungen für große Kapital-

220 Für NRW die Regelung des § 117 GO NRW. Vgl. GO NRW (2009). Vor dem Hintergrund der zunehmenden Ausgründung von kommunalen Unternehmen und dem gleichzeitig abnehmenden kommunalen (politischen) Einfluss auf diese gewinnt die Beteiligungssteuerung zunehmend an Bedeutung. Vgl. Bogumil (2003), S. 28.

221 Problematisch ist an dieser Stelle, dass seitens der Politik vielfach keine klaren und operabel definierten und für eine Erfolgskontrolle überprüfbare Zielgrößen vorgegeben werden. Dies eröffnet dem Management große Handlungs- und Zielsetzungsspielräume. Vgl. Budäus (2005), S. 18 f.

222 Anm.: Wirtschaftliche Vorgaben werden den kommunalen Unternehmen i. d. R. durch den Stadtkämmerer vorgegeben und von dort aus kontrolliert.

223 Vgl. Ganske (2005), S. 70 f. und 381.

224 Anm.: Die rechtliche und wirtschaftliche Kontrolle erfolgt weitestgehend durch AR und WP. Zu den allgemeinen Anforderungen an die kommunale Steuerung vgl. bspw. Bremeier et al. (2006), S. 69 ff.

225 Vgl. Mahlberg (1986), S. 19.

226 Vgl. Bremeier et al. (2006), S. 69.

227 Vgl. VKU (2009), S. 13, Wagner/Kristof (2001), S. 30 f., Bremeier et al. (2006), S. 68 f.

gesellschaften zu folgen. Während der Prüfung hat der Abschlussprüfer die Ordnungsmäßigkeit der Geschäftsführung und die wirtschaftliche Situation des Unternehmens einer intensiveren Prüfung und anschließenden Darstellung zu unterziehen. Für eine Gebietskörperschaft stellen die Prüfungsergebnisse ein besonderes *"Informations- und Kontrollinstrument"*[228] dar, welches zur Beurteilung der Erreichung von Zielvorgaben herangezogen wird. Mittels der Prüfungsergebnisse soll es für diese möglich werden festzustellen, welche Ziele ggf. durch Risiken gefährdet sind bzw. welche aufgrund des Eintritts von Risiken nicht erreicht werden können bzw. nicht erreicht wurden.[229] Die sachgerechte Information aus der Prüfung gem. § 53 HGrG dient an dieser Stelle der Sicherung bzw. der Verbesserung der Beteiligungssteuerung.

Nach den Kommunalverfassungen der Bundesländer ist der Gemeinderat für die Beteiligungssteuerung verantwortlich. Dieser hat unmittelbare Steuerungsmöglichkeiten und kann direkten Einfluss über den Aufsichtsrat auf die Geschäftspolitik des kommunalen Unternehmens nehmen.[230] Vielfach ist vorgeschrieben, dass jährlich ein sog. "Beteiligungsbericht" zu erstellen ist.[231] Diesem Steuerungsinstrument ist aus kommunaler Sicht eine besondere rechtliche Bedeutung bei der Kontrolle der Beteiligungsgesellschaften zuzuschreiben,[232] da durch diesen die öffentliche Zweckverfolgung nachzuweisen ist bzw. diese überprüft werden kann.

Im Unterschied zu privatwirtschaftlichen Unternehmen, die Beteiligungen zielorientiert auf den wirtschaftlichen Erfolg ausrichten und über den Zielerreichungsgrad steuern, ist die Beteiligungssteuerung durch die öffentliche Hand auf die Erreichung des öffentlichen Zwecks, auf die Einhaltung der politischen Aufgabenstellung, den wirtschaftlichen Erfolg sowie auf die Wahrung des kommunalen Einflusses ausgerichtet.[233] Die Ziele von kommunalen Unternehmen haben sich daran zu orientieren, dass die Leistungserbringung kostengünstig erfolgt und mit einem unmittelbaren Nutzen für den Bürger verbunden ist. Ihre Zweck-

---

228 IDW (2006e), Rn. 5, S. 1452 f., vgl. Kapitel B, Punkt 2.3, S. 87 ff.

229 Vgl. Häfele (2005), S. 152.

230 Der Rat setzt sich aus dem (Ober-)Bürgermeister als Verwaltungschef und den im Rat vertretenen politischen Fraktionen zusammen. Vgl. Schäfer/Roreger (1998), S. 24.

231 Für NRW vgl. die Regelung im § 117 Abs. 1 GO NRW. Der Beteiligungsbericht ist dem Rat und den Einwohnern zur Kenntnis zu bringen. §117 Abs. 2 GO NRW. Vgl. GO NRW (2009). Gemeindeordnungen in der BRD führen nur wenige Mindestanforderungen an den Beteiligungsbericht auf. Vgl. Bremeier et al. (2006), S. 81 f.

232 Kritisch: Da vielfach nur finanzwirtschaftliche Informationen über privatwirtschaftliche Unternehmen aufgeführt werden. Vgl. Bremeier et al. (2006), S. 81 ff.

233 Vgl. Bogumil (2002), S. 132 unter Verweis auf Naschold/Bogumil (2000). Vgl. auch Bremeier et al. (2006), S. 70, Ridder (2007), S. 241 ff.

bestimmung beschränkt diese zudem in der selbstständigen Ausweitung ihrer Geschäftstätigkeit. Daher dürfen bei der Zielverfolgung monetäre Ziele nicht die vorrangige Rolle spielen. Dies zeigt die Grenzen für kommunale Unternehmen im Wettbewerb auf, so wie es i. Z. m. der Ausweitung der traditionellen Geschäftsfelder bereits angesprochen wurde.[234]

Die politische Beteiligungssteuerung und -kontrolle ist dadurch geprägt, dass eine Managementsteuerung nach Ziel- und Ergebnisvorgaben kaum möglich ist und öffentliche Organisationen und Unternehmen in aller Regel mit Zielkonflikten leben.[235] Ausgegliederte kommunale Aufgabenbereiche entwickeln i. d. R. ein "Eigenleben", indem sie bspw. versuchen zum Zwecke der Erschließung anderer Märkte sich zu diversifizieren.[236] Dabei kann es passieren, dass diese vernachlässigen zu reflektieren, inwieweit ihr Weg mit dem kommunalen Gesamtinteresse konform ist. Dem kommunalen Beteiligungsmanagement wird bescheinigt, dass es kaum dazu in der Lage ist, die kommunale Einflussnahme auf die ausgegliederten Unternehmen aufrecht zu halten.[237]

Auswirkungen hat auch, dass die Manager i. d. R. nicht Miteigentümer am öffentlichen Unternehmen sind und dadurch nicht auf einen *"... bestimmten messbaren Erfolg verpflichtet ..."* sind *"... den ein Eigentümer benötigt, um sein Unternehmen fortführen zu können."*[238] Überdies sind durch die Auslagerung die ursprünglich legitimierten Gremien nicht mehr für die Kontrolle und Überwachung der Einhaltung bzw. der Erreichung der unternehmerischen Ziele zuständig. Diese Aufgabe obliegt den verselbstständigten Einheiten (Geschäftsleitung und Aufsichtsrat).[239]

---

234 Vgl. Kapitel A, Punkt 2.2.3, S. 33 ff.

235 Als absichtsvolle und im Sinne der eigenen Intention erfolgreiche Intervention in soziale Systeme ist die politische Steuerung nicht ohne ein Steuerungsziel, ein Subjekt sowie ein Objekt der Steuerung, konkrete Maßnahmen und Instrumente und eine Vorstellung über die Wirkungsbeziehungen zwischen Steuerungsaktivitäten und -ergebnissen konzipierbar. Vgl. Bogumil/Holtkamp (2002), S. 82, Bogumil (2003), S. 24 f. unter Verweis auf Mayntz (1987), S. 89 ff. Vgl. Bremeier (1997), S. 109.

236 Vgl. Bogumil/Holtkamp (2002), S. 79. Der Umfang der zukünftigen Einflussmöglichkeit der Trägergemeinschaft wird in der konstitutiven Phase der Gestaltung der Satzung bzw. des Gesellschaftervertrages gesehen. Vgl. Müller-Marqués-Berger/Srocke (2005), S. 133.

237 Vgl. Schneider (2003), S. 117.

238 Seibicke (2005), S. 99.

239 Vgl. Giesen (1989), S. 223. Die wirksame und zielorientierte Steuerung ist von verschiedensten Faktoren abhängig. Vgl. Gavert (2001), S. 21 unter Nennung von Beispielen wie Wissensstand, Ressourcen, Steuerungsinstrumente etc. Der Grad der Verselbstständigung ist bei der AG und der GmbH als Rechtsform der kommunalen Beteiligung am höchsten. Die Möglichkeit der kommunalen Steuerung bei diesen am geringsten.

Die kommunale Beteiligungssteuerung wird aktuell daher als "bedenklich" und kaum wirksam eingestuft. Wegen der gewachsenen Komplexität der Aufgabenerfüllung und der mangelnden Transparenz über öffentliche Strukturen ist eine wirksame Steuerung und Kontrolle mit den vorhandenen Instrumenten für eine Trägerschaft kaum adäquat durchführbar.[240] Als Kontrollinstrument findet vielfach lediglich der Jahresabschluss Verwendung. Zukunftsgerichtete Steuerungsinstrumente kommen bei diesen kaum zum Einsatz. Die Unternehmenspolitik wird eher auf Ebene der Aufsichtsräte diskutiert und verabschiedet. Dies führt in der Folge zu einem Bedeutungsverlust der Gesellschafterversammlung[241] und zu einem Sinken an kommunalem Einfluss.[242] Dies kann zur Verfehlung der öffentlichen Zweckerfüllung führen. Die Darstellung des Zielerreichungsgrades sowie kommunale Kontrollmöglichkeiten hinsichtlich der Erreichung der Zielvorgaben sowie eine transparente Übersicht[243] über Soll- und Ist-Abweichungen sind heutzutage in der Praxis eher selten anzutreffen.[244]

Die eingeschränkten Kontroll- und Überwachungsmöglichkeiten von Gebietskörperschaften liegen auch in der Zusammensetzung der jeweiligen Aufsichtsräte in den Beteiligungen begründet. Die Aufsichtsratsmitglieder einer privatwirtschaftlichen kommunalen Beteiligung setzen sich i. d. R. aus allen Fraktionen des Kommunalparlaments und der Verwaltungsspitze bis hin zum Bürgermeister zusammen (Ratsmitglieder).[245] Zur Sicherung der gemeindlichen In-

---

Vgl. Prigge (2003), Abb. 3, S. 10 f. Politische Einflussnahme erfolgt bei Kapitalgesellschaften indirekt nur noch über den AR. Das operative Geschäft erfolgt über die Geschäftsführung. Vgl. Schäfer/Roreger (1998), S. 27, Budäus (2005), S. 18 f. Zur Intransparenz über die öffentliche Ressourcen- und Vermögenssteuerung vgl. Budäus (2005), S. 17.

240 Vgl. Ruter/Häfele (2007), S. 356.

241 Vgl. Bremeier et al. (2006), S. 90 ff. und 113.

242 Mit der Liberalisierung von Märkten und der Privatisierung von öffentlichen Aufgaben (Energiewirtschaft, Bahn, Post) entsteht ein neuer Regulierungsbedarf, auf den staatlich reagiert wird. Die Auslagerung von öffentlichen Aufgaben muss nicht zwangsweise zu einem Verlust an öffentlichem Einfluss führen. Vgl. Prigge (2003), S. 5.

243 Politische Entscheidungen und Ziele werden i. d. R. vage formuliert, damit ein Nichterreichen von politischen Gegnern nicht verwendet werden kann. Die Unternehmenssteuerung kann eingeschränkt sein und Ermessensspielräume für die Unternehmen entstehen lassen. Vgl. Richter (2001), S. 61.

244 Zur Logik des Parteienwettbewerbs vgl. Bogumil (2003), S. 18 ff.

245 Die Einflussmöglichkeit der Gebietskörperschaft auf ihre Beteiligungen bezieht sich insbesondere auf den AR. Ihm obliegt die Überwachung der Gesellschaft (§§ 111 Abs. 1 AktG, 52 Abs. 1 GmbHG) wodurch er eine zentrale Funktion im Rahmen der Wahrnehmung der Steuerungs- und Kontrollaufgaben einnimmt. Vgl. Müller-Marqués-Berger/Srocke (2005), S. 134. Zu den Besonderheiten bei der Bestellung der AR-Mitglieder bei öffentlichen Unternehmen vgl. Fischer-Heidlberger (2006), S. 4 ff.

teressen kann an dieser Stelle eine kommunale Einflussnahme bei der Abfassung des Gesellschaftervertrages, der Satzung oder in anderer Weise in den Grenzen des Gesellschaftsrechts erfolgen.[246] Da die privatwirtschaftlichen kommunalen Unternehmen selten unter die gesetzliche Unternehmensmitbestimmung fallen, hängt die Bestellung der Aufsichtsräte vielfach vom "Goodwill" der kommunalen Spitze ab.

Die eher zufällig als systematisch umschriebene Besetzung führt dazu, dass die Funktionen des Überwachungsorgans als nicht immer wirksam wahrgenommen werden.[247] Kommunale Vertreter in diesem Gremium gelten vielfach als überfordert. Ihnen wird nachgesagt, dass sie die zur Wahrnehmung des Amtes notwendigen betriebswirtschaftlichen Hintergründe und Kenntnisse selten besitzen.[248] Diesen wird überdies ein "Rollenkonflikt" zugesprochen. Es ist nicht auszuschließen, dass diese sich vielfältigen Interessengruppen verpflichtet fühlen. Neben der Bürgerschaft und Trägerschaft gehört dazu bspw. auch die eigene Partei. Es kann sein, dass diese ihr Wirken im Aufsichtsgremium an der kommunalpolitischen Zielsetzung ausrichten. Dies kann in Abkehr vom Unternehmensinteresse stehen.[249] Denkbar ist, dass diese in *"... konkurrenzdemokratischen Strukturen in der Regel vor allem der Wählermaximierungslogik ..."* als politische Akteure folgen. Die "parteipolitische Profilierung" steht vielfach im Vordergrund ihres Schaffens.[250] Das Gemeindewohl kann dadurch in den Hintergrund rücken. Die Verbesserung von Ausschussstrukturen, -arbeitsweisen und -kompetenzen sowie die fortlaufende Qualifizierung der Mitglieder sind hinge-

---

246 Vgl. Kapitel A, Punkt 2.2.2, S. 29 ff. Für NRW geregelt im § 108 Abs. 1 Nr. 6 GO NRW. Vgl. GO NRW (2009). Vgl. auch Schäfer/Roregor (1998), S. 24 ff.

247 Vgl. Bremeier et al. (2006), S. 89, Prigge (2003), S. 17. Größe und Besetzung des AR oftmals davon bestimmt, wie Mehrheitsverhältnisse im Rat sind und nicht unbedingt nach unternehmerischer Notwendigkeit. Vgl. Hille (2003), S. 83. Dem Rat kommt ein Vorschlagsrecht zu. Für NRW vgl. die Regelung im § 113 Abs. 3 und 4 GO NRW. Vgl. GO NRW (2009).

248 Vgl. Beyer (1997), S. 212, Reichard (2001), S. 90. Für das Anforderungsprofil sollte der Grundsatz gelten: "Unternehmer überwacht Unternehmer". Vgl. Häfele (2005), S. 159.

249 Vgl. Bogumil/Holtkamp (2002), S. 78 f. und die angegebene Quelle. Zielkonflikte entstehen, da das Ziel des privatwirtschaftlichen Handelns (bspw. Gewinnerzielung) im Widerspruch zum Ziel des Gemeinwohls steht. Vgl. Schäfer/Roreger (1998), S. 26 f. Für NRW vgl. § 113 Abs. 5 GO NRW. Vgl. GO NRW (2009).

250 Vgl. Reichard (2001), S. 90. Sog. "Machtprozess" zwischen den politisch Handelnden. Vgl. Bogumil (2003), S. 21. AR-Mitglieder können oder wollen nicht in jedem Fall die Interessen der Unternehmenseigentümer gegenüber der überwachten Geschäftsleitung wahren. Vgl. Henke et al. (2005), S. 29.

gen notwendig, um die kommunale Steuerung und Kontrolle stärker an den Bürgerinteressen auszurichten.[251]

Neuere Informationssysteme und der Aufbau eines aussagekräftigen Berichtswesens können vor dem Hintergrund der teilweise immer noch unzulänglichen steuerungsrelevanten Informationsversorgung der Politik und der Kommunalvertretung diesen bei der Erfüllung der Steuerungs- und Kontrollfunktionen helfen. Die Etablierung dieser (bspw. in Form des RCMS) insbesondere bei den privatwirtschaftlichen Rechtsformen wird für notwendig erachtet, da bei diesen aufgrund ihrer hohen Verselbstständigung gegenüber der Trägergemeinde die Steuerungsverluste am größten sein können und gleichzeitig die möglichen Gegenstrategien zum Steuerungsverlust am stärksten limitiert sind.[252] Bei diesen ist es von großem kommunalen Interesse, Informationswege und -formen zu finden, um die Gebietskörperschaft und die kommunalen Vertreter im Aufsichtsrat so frühzeitig und aufschlussreich in Kenntnis zu setzen, dass eine kommunale Steuerung und Kontrolle der Geschäftsaktivitäten wirkungsvoll und betriebswirtschaftlich zweckmäßig zur Sicherung des Allgemeinwohls stattfindet.

2.3.2 Corporate-Governance in kommunalen Unternehmen

Im vorstehenden Punkt wurde dargelegt, dass die Steuerung und Kontrolle von kommunalen Unternehmen insbesondere in der privatrechtlichen Form der AG und GmbH aus Sicht einer Gebietskörperschaft und dem Aufsichtsrat mit Schwierigkeiten behaftet sein kann. Die Frage nach Recht und Möglichkeit der Einflussnahme auf wesentliche Entscheidungen in den Beteiligungsunternehmen, wer diese trifft, beeinflusst und kontrolliert und an welchen Zielen die Beteiligung auszurichten sind, ist unmittelbar mit dem allgemeinen Begriff der "CG"[253] verknüpft.

Wie bereits eingangs skizziert wurde, führten Missmanagement und Aufsichtsrat- und Abschlussprüferversagen seinerzeit dazu, dass es zu einer Kritik an der CG in deutschen Unternehmen kam.[254] Eine allgemeingültige und anerkannte Begriffsdefinition von CG existiert jedoch bis dato nicht. Unter dem aus

251 Vgl. Bogumil (2003), S. 27 ff.

252 Vgl. Bogumil/Holtkamp (2002), S. 79.

253 Zum "CG-Begriff" vgl. Shleifer/Vishny (1997), S. 737 ff., Schneider/Strenger (2000), S. 106, Grundsatzkommission CG (2000), S. 238, Hommelhoff/Mattheus (1998), S. 249 ff., Frey (2002), S. 4 ff., Cioffi/Höpner (2006), S. 419. Zum Erfordernis einer guten CG vgl. Pfitzer/Oser (2003), S. 5 ff.

254 Vgl. Rucht (2007), S. 135.

dem angelsächsischen Sprachgebrauch stammenden Begriff wird im Allgemeinen der Ordnungsrahmen für eine auf Dauer angelegte Leistung, Überwachung und Kontrolle eines Unternehmens verstanden werden, um eine langfristige Wertschöpfung im Interesse der Kapitalanteilseigner sowie der Kunden und Mitarbeiter zu gewährleisten. Durch das KonTraG wurde die Verbesserung der CG von deutschen Publikumsgesellschaften rechtspolitisch angestoßen.[255]

Die international geführte Diskussion um die CG[256] beschäftigt sich mit der Frage, wie die Unternehmensleitung und Unternehmenskontrolle auszugestalten ist, damit ein Interessensausgleich zwischen den Anspruchsgruppen in Unternehmen erzielt wird.[257] Zielsetzung der seit rund 20 Jahren andauernden Diskussion ist es, die Probleme, die sich aus der Trennung zwischen Kapitaleigentum und Kontrolle ergeben, aufzuzeigen und Lösungen abzuleiten. Durch verbesserte Kommunikation und Zusammenarbeit von Unternehmensleitung und Kontrollorganen soll der Unternehmenserfolg für die Share- und Stakeholder transparenter dargelegt werden.[258] CG-Vorgaben sollen helfen sich ergebende wirtschaftliche Risiken für Unternehmen so klein wie möglich zu halten.

Die anhaltende Diskussion steht dabei im Kontext der gravierenden Veränderungen in der Wirtschaft in Folge der Globalisierung, dem Bedeutungsgewinn internationaler Kapitalmärkte und den Informationsansprüchen internationaler Investoren.[259] CG-Vorgaben stellen Verhaltensweisen dar, die helfen zu verhindern, dass das Management die ihm eingeräumten Verhaltens- und Ermessensspielräume zu seinen Gunsten und damit zu Lasten der Anteilseigner ausnutzt.[260] Diese sind Vorkehrung, um ein Managementversagen im Interesse der Anteilseigner im Vorfeld zu verhindern.[261] Mit der Verankerung des Deutschen-CGK

---

255 Der Startschuss zur Entwicklung der CG, wird mit Verabschiedung des KonTraG im engen Zusammenhang gesehen. Vgl. Ruter (2005), S. 164.

256 Hier stehen sich zwei unterschiedliche Perspektiven gegenüber: Zum "shareholderbasierten Outsidermodell" vgl. Friedmann (1970), S. 122 ff. Zum "stakeholderbasierten Insidermodell" vgl. Jürgens (2005), S. 47 ff. Die deutsche CG-Diskussion wurde maßgeblich durch die von der Organisation für wirtschaftliche Zusammenarbeit und Entwicklung (OECD) verabschiedeten Principles of CG beeinflusst. Vgl. OECD-Grundsätze der CG von 1999 (Stand 2004).

257 Vgl. Brozus et al. (2003), S. 19, Eberle (2007), S. 379, Henke et al. (2005), S. 29.

258 Vgl. Hopt (2000), S. 779, Rucht (2007), S. 135, Fischer-Heidlberger (2006), S. 1. Durch eine transparente und effiziente Unternehmensverfassung wird es erschwert, eine Unternehmensführung gegen die Interessen der Eigentümer vorzunehmen. Vgl. Henke et al. (2005), S. 29.

259 Vgl. Cioffi/Höpner (2006), S. 420.

260 Vgl. Freidank/Paetzmann (2003), S. 304.

261 Vgl. Frey (2002), S. 4 und die angegebenen Quellen.

("DCGK"[262]) im AktG ist die Führung (Vorstand und Aufsichtsrat) von börsennotierten Gesellschaften im Einklang mit den Prinzipien der sozialen Marktwirtschaft dazu verpflichtet worden, für den Unternehmensbestand und eine nachhaltige Wertschöpfung Sorge zu tragen.[263] Hierzu ist jährlich eine Entsprechenserklärung bei Anwendung abzugeben, die anzeigt, inwieweit den Empfehlungen der Regierungskommission DCGK entsprochen wurde und wird oder welche Empfehlungen nicht angewendet wurden oder werden und warum nicht.[264]

Der DCGK weist darauf hin, dass Vorstand und Aufsichtsrat zum Wohle des Unternehmens eng zusammenarbeiten sollen. Eine ausreichende Informationsversorgung des Aufsichtsrates stellt eine gleichsame Verpflichtung beider Parteien dar. Der Vorstand hat dazu regelmäßig, zeitnah und umfassend über alle für das Unternehmen relevanten Fragen zur Planung, Geschäftsentwicklung, der Risikolage, des RM und der Compliance den Aufsichtsrat zu informieren. Unter Angabe von Gründen muss dieser auf Abweichungen des Geschäftsverlaufs von der eigentlichen Planung eingehen.[265] Mit der Einführung des DCGK war die Hoffnung verbunden, dass sich Unternehmensleitung und -überwachung transparenter und nachvollziehbarer gestalten und sich das Verhalten der Beteiligten zum Unternehmenswohl verändert.[266] In der Präambel des DCGK wird die Befolgung des Kodex auch für nicht börsennotierte Unternehmen in Form einer freiwilligen Regulierung ("soft laws") empfohlen.[267]

In der gesamten CG-Diskussion wurden öffentliche Unternehmen hingegen weitestgehend ausgespart.[268] Angesichts der kommunalen Unternehmensvielfalt und deren Bedeutung bei der wirtschaftlichen Betätigung der öffentlichen Hand wird dieser Umstand als "erstaunlich" bezeichnet.[269] Diese Aussparung liegt zum einen darin begründet, weil öffentliche Unternehmen eigene CG-Vorgaben be-

262 DCGK (18.06.2009) letzte Fassung bekannt gemacht am 05.08.2009. Zum Entstehen des DCGK vgl. Treuner (2005), S. 39 f., Wolf/Ziche (2005), S. 52 ff., Töller (2009), S. 293 ff., Siewert (2005), S. 86.

263 Vgl. Präambel des DCGK (2009), S. 2. Zur Entwicklung der rechtlichen Neuregelung der CG und zur Entstehung des DCGK vgl. bspw. Töller (2009), S. 296 ff. Das wesentliche Motiv des DCGK ist die Schaffung von Transparenz und Effizienz in der Unternehmensführung. Vgl. Wolf/Ziche (2005), S. 61.

264 Vgl. § 161 Abs. 1 AktG. Einführung des § 161 AktG durch das Transparenz- und Publizitätsgesetz vom 19. Juli 2002. Vgl. TransPuG (2002), S. 2681 ff. Zu den Regelungen des DCGK vgl. Gehlhausen/Hönsch (2002), S. 529, Hommelhoff/Schwab (2003), S. 51 ff., Eberle (2007), S. 378.

265 Vgl. DCGK (2009), Punkt 3.1 ff., S. 5.

266 Vgl. Seibicke (2005), S. 90.

267 Vgl. DCGK (2009), S. 3.

268 Vgl. Schwintowski (2001), S. 607 f.

269 Vgl. Henke et al. (2005), S. 30.

nötigen, da diese ihre Legitimation allein aus dem (teilweise dringenden[270]) öffentlichen Zweck ableiten. Es bestehen verfassungsrechtliche Bedenken gegenüber einem einheitlichen Verhaltenskodex, da es durch die Standardisierung zu einer Einschränkung beim Subsidiaritätsgedanken kommen könnte. Aus diesen Gründen existiert kein anerkannter Public-Corporate-Governance-Kodex ("PCGK") für die interessierenden EVU, auch wenn sich zwischenzeitig Bewegung vor dem Hintergrund der weltweiten Finanzkrise zumindest auf Bundesebene eingestellt hat.[271] Vor dem Hintergrund der steigenden kommunalen Haushaltskrisen, verbunden mit einem häufig sehr kurzfristigen durch Krisenaktionismus geprägten Umgang mit öffentlichen Vermögen, Unternehmen und Beteiligungen, wird vermutet, dass von einer freiwilligen Verpflichtung zur Verfolgung eines einheitlichen Verfahrenskodex eine positive und vertrauensbildende Wirkung zu erwarten wäre.[272]

Bei der Herleitung eines bundeseinheitlichen, speziellen und gemeinwohlorientierten[273] PCGK wäre zu berücksichtigen, dass die gängige CG-Diskussion von der Unternehmenszielsetzung der Gewinnmaximierung ausgeht. Dies ist jedoch nicht der Hauptzweck von öffentlichen Unternehmen, so wie bereits mehrfach dargelegt wurde. Diese können niemals so frei agieren wie privatwirtschaftliche Unternehmen. Sie unterliegen einer Fülle an rechtlichen sowie politischen Restriktionen. Ihr Aufgabenspektrum wird grundsätzlich auf gemeinwohlorientierte Aufgaben begrenzt.[274] Eine flexible Leistungsanpassung wie bei privatwirtschaftlichen Unternehmen ist daher kaum möglich, um bspw. Umsatzverluste auszugleichen oder Gewinne nach unternehmerischen Vorstellungen auszuschütten. Das Ziel am Markt zu überleben, welches bei privatwirtschaftlichen Unternehmen zu Effizienzbestrebungen und -steigerungen führt, kann durch die *"scheinbare Konkursunfähigkeit"*[275] von öffentlichen Unternehmen beeinträchtigt sein, auch wenn die seit Jahren als dramatisch zu beschreibende kommunale Finanznot[276] die Annäherung an die privatwirtschaftlichen Praktiken unterstreicht.

Das Anliegen des DCGK besteht darin, die Unternehmenseigentümer in die Lage zu versetzen ihr Unternehmen wirksam zu steuern und gegenläufige Interessen durch das Management mittels Kontroll- und Korrekturmaßnahmen in

270 Vgl. Kapitel A, Punkt 2.2.1, S. 23 ff.
271 Vgl. PCGK des Bundes (30.06.2009), Siewert (2005), S. 80 ff.
272 Vgl. Budäus (2005), S. 16.
273 Vgl. Ruter (2005), S. 164.
274 Vgl. Ridder (2007), S. 214 ff.
275 Schwintowski (2001), S. 609.
276 Detaillierte Darstellung bei Bremeier et al. (2006), S. 19 ff.

ihrem Sinne zu beeinflussen.[277] Die gesamte CG-Diskussion geht stillschweigend davon aus, dass die Gewinnmaximierung alleiniges Ziel von Unternehmen ist. Damit blendet diese solche Eigentümer aus, die vordergründig andere Ziele verfolgen.[278] Zu diesem Eigentümerkreis gehören die Anteilseigner der hier interessierenden kommunalen EVU, die ihre unternehmerische Daseinsberechtigung durch Verfolgung des öffentlichen Zwecks erlangen. Öffentliche Unternehmen benötigen PCG-Vorgaben, die neben wirtschaftlichen Aspekten auch gesellschaftliche und soziale Aspekte berücksichtigen. Bei diesen darf sich die Kontrolle der Unternehmensgeschehnisse nicht alleine an den Marktgeschehnissen orientieren, da bei diesen im Allgemeinen und bei den hier interessierenden kommunalen EVU im Besonderen das Phänomen der Interessenpluralität besteht. Diese hat einen maßgeblichen Einfluss auf die Geschäftspolitik der Beteiligungsgesellschaften. Für kommunale EVU muss eine besondere von Agency-Konfliktpotenzialen[279] beeinflusste Unternehmenssituation unterstellt werden.

Die Anteilseigner an öffentlichen Unternehmen sind an transparenten und nachvollziehbaren Informationen über die Kapitalverwertung gegenüber den Finanzgebern (Kommune) und dem Bürgertum interessiert. Eine gute CG sollte deshalb den Blick auf die verantwortungsvolle und am Zweck des Unternehmens ausgerichtete Unternehmensleitung lenken.[280] Bei der Konzipierung eines einheitlichen Standards muss sich auswirken, dass teilweise recht unterschiedliche kommunalrechtliche Vorschriften in den einzelnen Bundesländern[281] existieren und die wirtschaftliche Betätigung von Kommunen länderspezifisch unterschiedlich geregelt ist. Die Forderung nach einem einheitlichen Standard ist zu erheben, da öffentliche Unternehmen transparente Steuerungs- und Kontrollstrukturen benötigen, um eine klare und effiziente Bereitstellung von öffentlichen Gütern zu erreichen bzw. nachweisen zu können.[282]

Bei der Herleitung eines einheitlichen PCGK kann auf das erreichte Niveau durch den DCGK[283] aufgebaut werden. Dieser sollte überdies zusätzliche anerkannte spezifische Anforderungen an öffentliche Unternehmen enthalten.[284] Wie

---

277 Vgl. Frey (2002), S. 5. Im Sinne der engen rechtlich-institutionellen Begrifflichkeit gehören Unternehmensführung und -kontrolle zu den zentralen Bestandteilen der modernen CG und sind Kernaufgaben der Beteiligungssteuerung der öffentlichen Hand. Bezogen auf die Beteiligungssteuerung des Bundes vgl. Siewert (2005), S. 80.

278 Vgl. Ganske (2005), S. 60.

279 Vgl. Kapitel A, Punkt 2.4, S. 49 ff.

280 Vgl. Ruter/Häfele (2007), S. 356.

281 Zu einem Beispiel für einen länderübergreifenden PCGK vgl. Ruter (2005), S. 167 ff.

282 Vgl. Henke et al. (2005), S. 34, Seibicke (2005), S. 99 f.

283 Vgl. Ruter/Häfele (2007), S. 356.

284 Vgl. Treuner (2005), S. 49, Wolf/Ziche (2005), S. 58 f.

solche Empfehlungen aussehen können, zeigen die Grundsätze guter Unternehmens- und Beteiligungsführung im Bereich des Bundes. Für die interessierenden kommunalen EVU gilt es Lösungen zu entwickeln, die bspw. berücksichtigen, dass im Querverbund[285] gewinnträchtige Sparten mit verlustbringenden verrechnet werden (sog. "Quersubventionierung"). Dies führt zu einer Begünstigung am Markt und zu einem Verlust an Transparenz i. S. d. Gläubigerschutzes.[286] Zu berücksichtigen gilt es, dass im Vergleich zu privaten Unternehmen für diese unterstellt werden muss, dass diese weniger effizient arbeiten[287] und sie bei Kreditinstituten einen *"Bonitätsvorteil"*[288] bei der Kapitalbeschaffung besitzen.

Gelingt es einen einheitlichen PCGK zu entwickeln, so bedarf es zum Aufbau von Vertrauen von Bürgern und Stakeholdern (neben der konsequenten Einhaltung bestehender Rechtsnormen) adäquate Kontrollstrukturen und Sanktionsmechanismen zu bestimmen. Diese sichern ein kodexadäquates Verhalten und führen zu Konsequenzen bei Nichteinhaltung.[289] Mindeststandards wären für die Leitungsorgane von Nutzen, wenn die speziellen Gegebenheiten bei kommunalen Unternehmen berücksichtigt werden.[290] Eine Entsprechenserklärung könnte analog zur Regelung im § 161 AktG an den § 53 HGrG angefügt werden. Diese wäre durch den Abschlussprüfer auf ihre Richtigkeit hin zu überprüfen.[291]

Als Prüfungsaspekt wäre bspw. eine Erklärung zur Chancenverwertung und Risikobegrenzung sinnvoll und zeitgemäß. Öffentliche Unternehmen sollten sich den Steuerungsmöglichkeiten durch freiwillige Selbstverpflichtung nicht verschließen. Dies stellt eine bessere Alternative dar als der gesetzliche Zwang und überzogene rechtliche Vorgaben durch den Gesetzgeber.[292]

---

285 Vgl. Kapitel A, Punkt 2.2.3, S. 33 ff.

286 Vgl. Ganske (2005), S. 60 f., Henke et al. (2005), 31.

287 Die geringe Effizienz lässt sich auf die schlechte Nutzung der vorhandenen Ressourcen zurückführen. Als Gründe hierfür werden bspw. die ungünstige Struktur der Eigentumsrechte, Prinzipal-Agenten-Probleme, bürokratische Ineffizienzen, die Einwirkung der Politik auf unternehmerische Entscheidungen, die abgeschwächte Kontrolle der Produktmärkte, (unerwünschte) Verteilungswirkungen usw. genannt. Vgl. hierzu Ganske (2005), S. 159 f. und die genannten Quellen.

288 Henke et al. (2005), S. 34.

289 Vgl. Budäus (2005), S. 23.

290 Vgl. Wolf/Ziche (2005), S. 61.

291 Vgl. Treuner (2005), S. 49.

292 Vgl. Henke et al. (2005), S. 35.

2.4 Prinzipal-Agenten-Beziehungen in öffentlichen Unternehmen

Die Frage nach der Steuerbarkeit von Organisationen und deren Mitglieder durch andere Organisationen und deren Mitglieder werden in der Literatur als "Prizipal-Agenten-Beziehungen" diskutiert. Die Steuerungs-, Kontroll- und CG-Probleme von Gebietskörperschaften bei der Steuerung und Überwachung ihrer privatrechtlich selbstständigen EVU werden wegen des Phänomens der Interessenpluralität rund um diese in der Folge in der Terminologie der Prinzipal-Agenten-Theorie ("PAT") kurz betrachtet. Zum besseren Verständnis ist es notwendig, im Vorfeld eine kurze wissenschaftstheoretische Einordnung der PAT vorzunehmen und deren Gegenstand zu skizzieren. Sog. "Informationsasymmetrien" und "Verhaltensunsicherheiten" im Kontext der Theorie sowie ausgewählte Lösungsansätze zum Abbau von Informationsdefiziten werden dazu aufgezeigt. Zum Schluss wird auf spezielle Prinzipal-Agenten-Probleme am Beispiel der interessierenden kommunalen EVU eingegangen. Hierbei interessieren insbesondere Verhaltensunsicherheiten zwischen der Geschäftsleitung, der Trägerschaft sowie dem Aufsichtsrat des öffentlichen Unternehmens.

2.4.1 Einordnung und Gegenstand der Theorie

Die PAT[293] ist ein Erklärungsansatz aus dem Bereich der Sozialforschung. Diese stellt in der Betriebswirtschaft ein Teilgebiet der aus der Neoklassik[294] entstammenden neuen Industrieökonomik[295] dar. Die neue Industrieökonomik beschäftigt sich mit der effizienten Ausgestaltung institutioneller Arrangements. Neben der

---

293 Die PAT wird auch als "Agency-Theorie" [vgl. Eisenhardt (1989), S. 57 ff., Mensch (1999), S. 937 ff.], "Principal-Agent-Theorie" [vgl. bspw. Picot et al. (2002)], "Prinzipal-Agenten-Theorie" [vgl. Jost (2001)] oder auch als "Agenturtheorie" [vgl. bspw. Saam (2002)] bezeichnet. Ihre Grundlagen gehen auf Jensen und Meckling zurück. Vgl. Jensen/Meckling (1976), S. 305 ff.

294 Vgl. Miller/Upton (1986), S. 1 ff., Erlei et al. (1999), S. 45 ff. Die Neoklassik wurde im deutschsprachigen Raum durch Gutenberg begründet. Vgl. Gutenberg (1929). Erste Überlegungen zu den Annahmen, die der PAT zugrunde liegen, sind bereits im 18. Jahrhundert bei Smith auffindbar gewesen. Die grundlegenden ökonomischen Prinzipien, auf denen jedes Unternehmen aufbaut, sind Arbeitsteilung und Kooperation. Vgl. Jost (2000), S. 17 ff. unter Verweis auf Smith (1776/1937).

295 Vgl. Terberger (1994), S. 47 ff., Lieske (1997), S. 6 f., Erlei et al. (1999), S. 27 ff., Picot et al. (2002). Die Neue Industrieökonomik wurde international durch die Arbeiten von Coase und Williamson beeinflusst. Vgl. hierzu Coase (1937) und Williamson (1975).

PAT gelten die Property-Rights-Theorie[296], die Transaktionskosten-Theorie[297] sowie die Verfassungsökonomik[298] als ihre wesentlichen Teiltheorien.

In betrieblichen Bereichen wie z. B. dem Controlling, dem Personal- oder dem Finanzwesen dient die PAT als Erklärungsansatz und hilft bei der Analyse von Beziehungen zwischen den Akteuren in der Unternehmensorganisation.[299] In der "klassischen" PAT werden zwei Individuen ("Prinzipal" und "Agent") betrachtet, die in einer kooperativen Beziehung zueinander stehen.[300] Prinzipal-Agenten-Beziehungen sind im Wirtschaftsleben weit verbreitet.[301] Die Beziehungen zwischen Vertragspartnern jeglicher Art bzw. zwischen Vorgesetzten und Mitarbeitern stellen solche dar.[302]

Probleme aus Prinzipal-Agenten-Beziehungen verursachen einen Mehraufwand [sog. Agenturkosten *("Acency Costs"*[303])] für Unternehmen bzw. für den Prinzipal. In einer durch Trennung von Eigentum und Kontrolle geprägten Unternehmenslandschaft wird die PAT als Erklärungsansatz für die Analyse und Klärung von Management-Problemen herangezogen.[304] Untersuchungsgegenstand der PAT[305] stellen die Delegationsbeziehungen zwischen Unternehmenseigentümern und Managern in einer durch unvollkommene Informationen und

296 Vgl. Feldmann (1999), S. 107 ff.

297 Vgl. Coase (1937), S. 390 ff., Hess (1999), S. 225 ff. Zur "Transaktionskostenökonomik" vgl. Williamson (1985). Zu den Teiltheorien der PAT vgl. bspw. Feldmann (1999), S. 4 ff.

298 Vgl. Picot et al. (2002), S. 53 ff. Zu den Ebenen der Neuen Industrieökonomik vgl. bspw. Fischer et al. (1993), S. 446 ff.

299 Zu den Anwendungsgebieten der PAT vgl. Eisenhardt (1989), S. 64 f., Kiener (1990), S. 20 ff.

300 Die Beschränkung auf die Analyse des Vertragsverhältnisses zwischen nur zwei ökonomischen Akteuren wurde in der weiteren Entwicklung der PAT überwunden ("Multi-Agenten-Modelle"). Vgl. Fabel et al. (2001), S. 183 f. und die Quellen in Fn. 1.

301 Vgl. Jost (2001), S. 12.

302 Vgl. Krafft (2001), S. 217.

303 Feldmann (1999), S. 135. Agenturkosten sind solche, die sich ausgehend von einem Idealzustand ohne Interessenkonflikt und ohne Unsicherheit und Informationsasymmetrien zwischen Prinzipal und Agent ergeben. Vgl. Jensen (1976), S. 308. Diese bestehen aus Garantie- und Signalisierungskosten ("Bonding Costs"), Überwachungs- und Kontrollkosten ("Monitoring Costs") sowie Residual- oder Wohlfahrtskosten ("Residual-Costs"). Die sog. "positive" PAT beschäftigt sich mit der Vorteilhaftigkeit von Verträgen anhand der mit diesen verbundenen Agenturkosten. Vgl. Jensen/Meckling (1976), S. 308 ff., Fama (1980), S. 288 ff., Picot et al. (2002), S. 87.

304 Vgl. Jensen/Meckling (1976), S. 307 ff., Witt (2001), S. 86 ff.

305 Vgl. Picot et al. (2001), S. 91 ff. "Normative PAT". Vgl. Jost (2001), S. 12.

durch Unsicherheiten gekennzeichneten arbeitsteiligen Umwelt dar.[306] Ihr Hauptaugenmerk richtet sich auf die Institution des Vertrages[307] und seine Bedeutung für das arbeitsteilige Zusammenwirken zwischen einem Auftraggeber (Unternehmenseigner, Aktionäre) und einem Auftragnehmer (Manager, Mitarbeiter)[308] bei Interessenkonflikten, Umweltunsicherheiten sowie Informationsasymmetrien.[309] Die Arten dieser Prinzipal-Agenten-Beziehungen sowie das Verhalten der Akteure stellen den Untersuchungsgegenstand der PAT dar. Diese analysiert, welche Rolle mögliche Anreize, Kontrollen sowie Informationen für die Verhaltenssteuerung von Agenten spielen können.

Arbeitsteilige Beziehungen entstehen, wenn einem Agenten durch einen Prinzipal die zur Erfüllung seiner Aufgaben notwendigen Entscheidungs- und Ausführungskompetenzen übertragen und diese vertraglich festgelegt werden. Die Handlungsweisen des Agenten bei der Aufgabenerledigung beeinflussen die Höhe des erzielbaren Ergebnisses und damit den Nutzen des Agenten sowie den des Prinzipals.[310] Neben der Arbeitsleistung und den Verantwortlichkeiten wird die Entlohnung des Agenten vertraglich geregelt.[311] Die PAT geht davon aus, dass aufgrund der Unvollkommenheit der geschlossenen Verträge ein Agent immer einen Informationsvorsprung gegenüber dem Prinzipal besitzt. Es wird angenommen, dass der Agent zu einem opportunistischen Verhalten neigt und zur Maximierung seiner eigenen Nutzenfunktion gewillt ist diesen auszunutzen.

Das Entstehen von Interessenkonflikten wird nach der PAT für Organisationen, in denen Eigentum und Kontrolle getrennt sind, grundsätzlich angenommen. Interessenkonflikte entstehen, wenn bspw. das Management bestrebt ist

---

306 Vgl. Hendry (2002), S. 98 ff. Die personelle Funktionstrennung zwischen Eigentümer und Auftragnehmer wird angenommen. Vgl. Berle/Means (1932). Zu den Anwendungsmöglichkeiten der PAT vgl. Ackere (1993), S. 90 ff., Beckmann (1987), S. 379 ff., Eisenhardt (1989), S. 64 f., Jensen/Murphy (1990), S. 225 ff., Mensch (1999), S. 937 ff., Witt (2001), S. 85 ff.

307 Der "Vertrag" ist als Übereinkommen zwischen mindestens zwei Parteien zu verstehen, in dem für alle möglichen Eventualitäten, die im Laufe ihrer Beziehung auftreten können, die zu leistenden Beiträge zur gemeinsamen Zusammenarbeit und die Beteiligung am Erfolg festgelegt sind. Vgl. Jost (2001), S. 13 und die angegebenen Quellen.

308 Anm.: Bspw. auch das Verhältnis zwischen Arzt (Agent) und Patient (Prinzipal).

309 In der Praxis werden Informationsasymmetrien für eine Reihe von Managementproblemen verantwortlich gemacht. Vgl. Backes-Gellner/Wolff (2001), S. 395. Die PAT folgt dem sog. "methodologischen Individualismus". Diese berücksichtigt, dass ein Unternehmen als Netzwerk von zusammenhängenden Verträgen anzusehen ist. Dieses kann in einzelne Vertragsbeziehungen differenziert werden. Vgl. Wolff (1999), S. 141 f., Ebers/Gotsch (2001), S. 210.

310 Zur gegenseitigen Beeinflussung des Nutzenniveaus vgl. Feldmann (1995), S. 48 f.

311 Vgl. Kah (1994), S. 16 ff., Jost (2001), S. 13.

Ziele zu verfolgen, die nicht zwangsläufig denen der Unternehmenseigentümerschaft entsprechen müssen. Für Unternehmenseigner kann grundsätzlich angenommen werden, dass diese ein Interesse daran haben, den Shareholder-Value des Unternehmens zu maximieren. Dem steht die Überlegung gegenüber, dass Manager als Agenten bspw. tendenziell eher den persönlichen Nutzen aus einer stressfreien Arbeitsbewältigung präferieren. Ein Interessenkonflikt entsteht bspw., wenn der Agent zu risikoaversen Handlungen neigt und zu tätigende Investitionen in der Folge dann zu geringe Renditen erwirtschaften.[312]

Die grundsätzliche Überlegung der PAT ist, dass Informationsasymmetrien[313] des Prinzipals durch den Agenten zu einem opportunistischen Verhalten genutzt werden. Die entstehenden Handlungsspielräume können zur Maximierung der Nutzenfunktion des Agenten genutzt werden. Seine Handlungen können abweichend von der Zielsetzung und der Nutzenfunktion der Prinzipale ablaufen. Ein Prinzipal kann a priori nicht davon ausgehen, dass ein Agent die ihm übertragenen Aufgaben *"... bereitwillig und bestmöglich erledigt"*[314]. Vielmehr muss er vermuten, dass das Handeln der Agenten zu Lasten seines eigenen Wohlfahrtsniveaus geht (z. B. durch Verschwendung von überlassenem Kapital oder zu geringe Ausschüttung von Gewinnen).[315]

Das Anliegen der PAT ist es, die aufgrund von Interessenkonflikten[316] und Verhaltensunsicherheiten auftretenden Probleme zu analysieren und in einem weiteren Schritt Lösungsmöglichkeiten zu entwickeln. Diese Lösungen zielen darauf ab, die Nutzenfunktionen des Agenten an die des Prinzipals anzunähern bzw. rückzubinden. Diese Lösungsansätze dienen Unternehmenseigentümern als Schutzmechanismen, um sich vor möglichen Schädigungen durch das Management zu behaupten. Den in der Folge noch darzustellenden Prinzipal-Agenten-Problemen bei kommunalen EVU ist bspw. mittels verstärkter Aufsicht, Überwachung und Kontrolle oder mittels Sanktionsmechanismen grundsätzlich zu begegnen.[317]

---

312 Vgl. ebd. (2001), S. 13 ff.

313 "Asymmetrische Informationen" sind ein Informationsdefizit des Prinzipals. Vgl. Jost (2001), S. 21.

314 Ebd. (2001), S. 15.

315 Es wird überdies angenommen, dass sich das Management nicht ausreichend genug anstrengt und risikoaverse Entscheidungen getroffen werden. Vgl. Sleifer/Vishny (1997), S. 737 ff.

316 Vgl. Jost (2001), S. 16 ff.

317 Vgl. Eisenhardt (1989), S. 57 ff., Shleifer/Vishny (1997), S. 737 ff.

2.4.2 Informationsasymmetrien und Verhaltensunsicherheiten

Die PAT erforscht die Probleme zwischen Vertragsparteien beim Vorliegen von Interessenkonflikten und Informationsasymmetrien.[318] Die asymmetrische Informationsverteilung zwischen den vorgestellten Akteuren wird als gegeben angenommen, da zu unterstellen ist, dass der Agent immer besser über seine eigenen Handlungen informiert sein wird als der Prinzipal, für den die Leistungserbringung erfolgt. Zu einer Prinzipal-Agenten-Beziehung kommt es, wenn der Agent gegenüber dem Prinzipal einen Informationsvorsprung besitzt und der Prinzipal zum Ausgleich dieses Informationsungleichgewichts positive Beschaffungskosten tragen muss.

Hinsichtlich des Eintritts von Informationsasymmetrien werden drei unterschiedliche Formen voneinander unterschieden. Diese ergeben sich aus dem opportunistischen Verhalten des Agenten und der begrenzten Rationalität des Prinzipals. In Abhängigkeit des spezifischen Informationsvorteils des handelnden Agenten unterscheidet man:

"Hidden characteristics,
Hidden action/hidden information,
Hidden intention".[319]

Die sog. hidden characteristics (verborgene Eigenschaften) treten ex ante grundsätzlich vor Vertragsabschluss auf.[320] Zu diesem Zeitpunkt ist dem Prinzipal nicht bekannt, inwieweit der Agent die notwendigen Eigenschaften zur Bewältigung einer zukünftigen Aufgabe tatsächlich besitzt.[321] Aus Eigeninteresse verfolgt der Agent das Ziel, dass es zum Vertragsabschluss kommt. Dies kann ihn dazu bewegen, bspw. falsche Tatsachen zu seiner Eignung vorzuspielen. Der Prinzipal kann auf Basis dieser dazu veranlasst sein, einen Vertrag mit dem Agenten einzugehen. Die mangelnde Eignung fällt dem Prinzipal dann ggf. erst nach Vertragsabschluss auf. Seine Verhaltensunsicherheit liegt darin, dass er

---

318 Beide Aspekte werden als die "wesentlichen Bausteine" der PAT angesehen. Vgl. Jost (2001), S. 21.

319 Zu den Formen von Informationsasymmetrien vgl. Arrow (1985), S. 37 ff., Spremann (1990), S. 566 f., Elschen (1991), S. 1002 ff., Breid (1995), S. 823 ff., Wolff (1995), S. 48 ff., Ebers/Gotsch (1995), S. 207 f., Picot et al. (1997), S. 84 ff., Jost (2001), S. 25 ff., Hartmann-Wendels (2001), Abb. 4.1, S. 119, Saam (2002), S. 19 ff.

320 Vgl. Spremann (1990), S. 567 f., Dietl (1993), S. 137 f., Demougin/Jost (2001), S. 45. Informationsasymmetrien vom Typ hidden information können auch während der Vertragsbeziehung auftreten. Vgl. Hartmann-Wendels (2001), S. 120.

321 Beispiele bei Jost (2001), S. 27.

den falschen Vertragspartner zur Aufgabenerledigung aufgrund von mangelnden Informationen auswählt (sog. *"adverse selection"*[322]).

Nach Vertragsabschluss besteht für den Prinzipal die Gefahr, dass er aufgrund mangelnder Fachkenntnisse nicht vollständig oder nur mittels hoher Informationskosten feststellen kann, wie die Leistungserbringung des Agenten sich gestalten wird und wie dessen Arbeitsergebnis (Output) erreicht wurde. Ist der Prinzipal nur in der Lage, das Endergebnis zu erfassen, und bleibt ihm die im Rahmen der Leistungserbringung getroffene Auswahl an Handlungsalternativen verschlossen, so besteht für ihn die Verhaltensunsicherheit in Form der sog. "hidden action"[323]. Eine Verhaltensunsicherheit existiert weitergehend dahin, inwieweit das Ergebnis der Leistungserbringung des Agenten ausschließlich auf seine Bemühungen zurückzuführen ist. Kann der Prinzipal die Leistungen beobachten, bleibt ihm jedoch der Output verborgen oder kann er diesen aufgrund mangelnder Fachkenntnisse nicht richtig bewerten, so liegt die Form der "hidden information"[324] (verdeckte Informationen) vor. Der in beiden genannten Fällen entstehende Informationsnachteil bietet für einen Agenten die Möglichkeit, dass er diesen für sich selbst zur Maximierung seiner Nutzenfunktion ausnutzt. Dieses "Ausnutzen" wird aus Sicht des Prinzipals als sog. *"moral hazard"*[325] bezeichnet.

Erschließt sich dem Prinzipal ex post das opportunistische Verhalten des Agenten und kann er dies jedoch aufgrund von Vorleistungen, die der Agent erbracht hat und die diesen an den Prinzipal binden, nicht verhindern bzw. unterbinden, so liegt der Fall der sog. "hidden intention" [326] vor. Der Prinzipal ist von der Leistungserbringung abhängig und befindet sich in einer erpressbaren Situation. Diese Verhaltensunsicherheit wird als *"hold up"*[327] bezeichnet.

2.4.3 Ausgewählte Lösungsansätze zu Prinzipal-Agenten-Problemen

Prinzipal-Agenten-Probleme entstehen, weil sich in der Realität Wirtschaftssubjekte nicht umfänglich, kostenlos und zeitnah informieren können. In solch einer

322 Arrow (1985), S. 40. Vgl. auch Spremann (1990), S. 574 f., Jost (2001), S. 28, Backes-Gellner/Wolff (2001), S. 396 f. Hinsichtlich der mangelnden Eignung des Agenten wird auch von "Qualitätsunsicherheit" gesprochen. Vgl. Stigler (1961), S. 213 ff.

323 Vgl. Spremann (1990), S. 571, Jost (2001), S. 25 f., Demougin/Jost (2001), S. 45.

324 Vgl. Jost (2001), S. 30 f., vgl. auch Demougin/Jost (2001), S. 45.

325 Arrow (1985), S. 38 f., vgl. auch Breid (1995), S. 824, Jost (2001), S. 27 ff.

326 Vgl. Spremann (1990), S. 569.

327 Breid (1995), S. 825.

modellhaften Situation kann kein Informationsnachteil für einen Prinzipal vor oder nach Vertragsabschluss über das Leistungsvermögen und die Leistungserbringung des Agenten entstehen. Der Agent hätte keinen Spielraum, in dem er einen Informationsnachteil ausnutzt bzw. diesen ausspielen könnte. Um die in der Realität entstehenden Verhaltensunsicherheiten zu minimieren, existieren nach der PAT vorwiegend vertragliche Lösungsansätze zur Begrenzung der Verhaltensspielräume des Agenten. Um die Interessen des Prinzipals zu wahren und um sich vor opportunistisch handelnden Agenten zu schützen, bieten sich vor Vertragsabschluss bspw. das sog. "Screening" oder das "Signalling" zur Reduktion der adverse selection an.[328] Beide Möglichkeiten können zu einer Minimierung der Informationsasymmetrien beitragen und eine Interessenangleichung zwischen den handelnden Akteuren herleiten.

Das sog. Screening steht für die vorvertragliche Überprüfung der Bewerber (z. B. Tests) hinsichtlich ihrer Eignungen, um mögliche Informationsdefizite vorvertraglich zu reduzieren.[329] Bei dem Versuch des Prinzipals aktiv die Eigenschaften des Agenten aufzudecken, können sich Probleme bei der Informationsbeschaffung und der anschließenden Informationsauswertung ergeben. Ergebnisse aus Tests sind vielfach nur über Zusatzkosten zu erhalten. Diese können aufgrund der mangelnden Vergleichbarkeit der Daten ggf. nur wenig aussagekräftig sein. Beim Signalling übernimmt der Agent die vorvertragliche Initiative. Dieser versucht die aus den Verhaltensunsicherheiten resultierenden Gefahren für den Prinzipal durch eigene Beiträge und unter Übernahme der entstehenden Kosten zu reduzieren. In der Situation der hidden characteristics kann es sich anbieten, seine besonderen Fähigkeiten und Eignungen (bspw. mittels Referenzen) anzupreisen. Auf diese Weise kann sich dieser von anderen Agenten mit schlechteren Eignungen abgrenzen[330] und die eigenen Chancen auf einen Vertragsabschluss erhöhen.

Neben den beiden genannten Alternativen existieren auch solche, die nach Vertragsabschluss zu einem Abbau von Informationsnachteilen genutzt werden können. Zur Reduktion von moral hazard bieten sich Informations-, Anreiz- und Kontrollsysteme an. Informationssysteme[331] ermöglichen dem Prinzipal seinen Informationsstand über den Agenten zu verbessern und Informationsnachteile zu reduzieren. An dieser Stelle unternimmt dieser den Versuch die asymmetrische Informationsverteilung durch aktives Monitoring des Agenten und seiner Eigen-

328 Vgl. Jost (2001), S. 28 f., Backes-Gellner/Wolff (2001), S. 397 f.

329 Vgl. Spremann (1990), S. 575 f., Jost (2001), S. 28 f., Picot (2002), S. 91 ff.

330 Vgl. Spence (1976), S. 53 ff., Jost (2001), S. 29 f., Picot et al. (2002), S. 98 f. Das Signalling von guten Eigenschaften kann zur Verhandlung von Vertragskonditionen durch den Agenten genutzt werden.

331 Vgl. Arrow (1985), S. 45 f., Kiener (1990), S. 25 ff.

schaften auszugleichen.[332] Informationssysteme helfen die Möglichkeiten des zum opportunistischen Verhalten veranlagten Agenten zu beschneiden. Dies gelingt aber erst, wenn der Prinzipal solche Informationen erhält, die ihn in die Lage versetzen, auf den Leistungsprozess und den Input des Agenten sowie auf seinen Output Rückschlüsse zu ziehen.

Ein durch das Management regelmäßig an die Shareholder vorzunehmendes Berichtswesen kann ein solches Informationssystem sein. Ein Berichtswesen über wesentliche unternehmerische Aspekte (Risiken und Chancen) kann zur Reduktion von Informationsasymmetrien zwischen den Akteuren beitragen.[333] Mittels Ziel- und Kennzahlensystemen kann sich ein Prinzipal über die Leistungserbringung des Managements informieren. Hier erfolgt die Performancemessung über den Grad der Ziel- bzw. Kennzahlenerreichung und nicht über die Beschränkung von Handlungsspielräumen.[334]

Anreizsysteme[335] und Kontrollsysteme[336] tragen zum Abbau von moral hazard bei. Mittels Anreizsystemen werden dem Management Erfolgs- oder Kapitalbeteiligungen gewährt. Durch Beteiligung am Unternehmenserfolg wird versucht, eine Angleichung an die Interessen der Eigentümer herbeizuführen. Anreize sollen den Agenten dazu bewegen, freiwillig die Ziele des Prinzipals zu verfolgen, da beide im Rahmen ihrer Nutzenfunktion gleiche Unternehmensinteressen präferieren. Die sich ergebene Reduktion bei den Interessenkonflikten betrifft die Fälle von hidden information und hidden action. Kontrollsysteme können hingegen zur Reduktion von moral hazard beitragen. Der Prinzipal kann dem Agenten vertraglich vorgeben, wie die Leistungserbringung zu erfolgen hat. Mittels Kontrolle der Leistung wird selbst oder durch Dritte ein Abgleich des Arbeitsergebnisses mit den festgelegten Normen bzw. Verhaltenseinschränkungen vorgenommen.

Auf die Unternehmenspraxis übertragen lautet die Empfehlung, wirksame CG-Mechanismen einzuführen und diese durch wirksame Anreiz- und Kontroll-

---

332 Je besser über die Leistungserbringung des Agenten durch ein Informationssystem informiert wird, umso eher wird der Agent die Interessen des Prinzipals wahrnehmen. Vgl. Eisenhardt (1989), S. 60.

333 Der Jahresabschluss ist ein Informationssystem, der durch das jährliche AP-Testat an Glaubwürdigkeit gewinnt. Vgl. Wagenhofer (2001), S. 440. Dem AP kommt dabei die Funktion eines "Informationsintermediärs" zu. Vgl. Ewert/Stefani (2001), S. 147 ff. Vgl. auch Busse von Kolbe (1993), 11 ff. Weitere Beispiele wie AR-Berichte, Gutachten etc. zu finden bei Witt (2001), S. 90.

334 Vgl. Pfaff/Pfeiffer (2001), S. 361.

335 Vgl. Spremann (1990), S. 581 ff., Wang (1997), S. 75 ff. Vgl. Backes-Gellner/Wolff (2001), S. 411 unter Verweis auf Berle/Means (1932).

336 Vgl. Kiener (1990), S. 145.

systeme zu ergänzen. Auf diese Weise können die Interessen des Managements an die der Prinzipale angeglichen werden[337] und es kommt zu einem Abbau an Informationsasymmetrien auf Seiten des Prinzipals.

2.4.4 Prinzipal-Agenten-Beziehungen in kommunalen Unternehmen

Um Prinzipal-Agenten-Probleme zu reduzieren, sollten Trägergemeinden von öffentlichen Unternehmen CG-Mechanismen einführen, die in der Konsequenz die Handlungen insbesondere der Manager[338] an die eigenen Interessen rückbinden. Es wurde herausgestellt, dass bei diesen das Unternehmensinteresse identisch sein muss mit dem vordergründigen Gesellschafterinteresse.

Durch Globalisierung, Liberalisierung, Regulierung und einem stetig zunehmenden Wettbewerb ist es denkbar, dass kommunale EVU[339] wachsen und so die Distanz zur Gebietskörperschaft als Geldgeber, den Bürgern als Konsument oder Arbeitnehmer größer wird. Es kommt vor, dass nicht zu bewältigende Aufgaben an kommunale Unternehmen oder durch Auslagerung an Dritte abgetreten werden. Die Prinzipal-Agenten-Ketten werden so länger und die Möglichkeiten der Verfolgung der Eigeninteressen von Agenten werden größer.[340]

Die Beziehungen der Kommune, der kommunalen Organe und der in den Organen agierenden Personen zu den kommunalen Unternehmen werden im Blick der PAT als *"komplexer Spezialfall"*[341] angesehen (vgl. Abb. 8).

---

337 Vgl. Jensen/Meckling (1976), S. 305 ff.

338 Anm.: Aufgrund der Nähe zum täglichen Geschäft besitzen diese detailliertere Informationen über das Unternehmen und sein Marktumfeld. Die Eigentümer sind i. d. R. weniger gut informiert und können die verfolgte Strategie selten adäquat bewerten bzw. bei Fehlentwicklungen entsprechend sanktionieren. Vgl. Henke et al. (2005), S. 28.

339 Anm.: Beispielsweise durch die Erschließung von neuen Geschäftsfeldern oder durch Ausweitung der Querverbundaktivitäten.

340 Vgl. Frey (2002), S. 4.

341 Bremeier et al. (2006), S. 119 f. und die angegebenen Quellen. Überdies ist zu berücksichtigen, dass Politiker und Manager grundsätzlich der Zielsetzung folgen, ihren individuellen Nutzen zu maximieren. Vgl. Budäus (2005), S. 19.

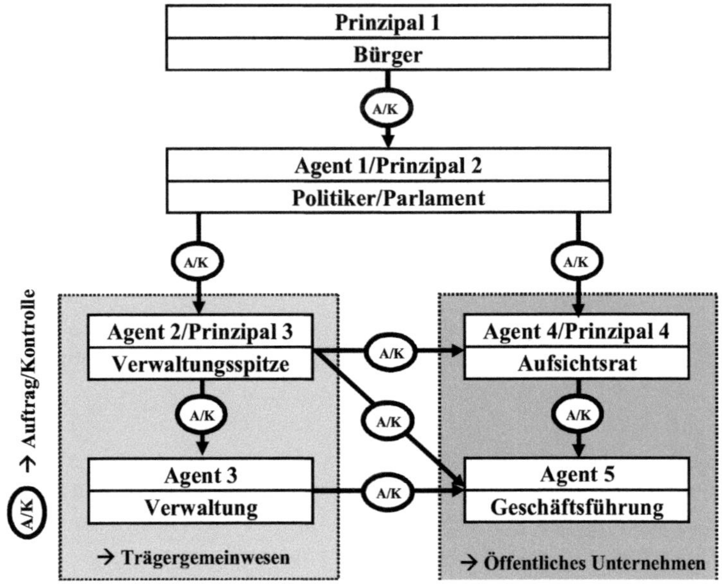

Abb. 8: Prinzipal-Agenten-Beziehungen bei kommunalen Unternehmen[342]

Hier existieren mehrfache Auftrags- und Kontrollbeziehungen zwischen der Bürgerschaft, der Kommune sowie zwischen der kommunalen Leitung und dem Unternehmen. Diese Mehrfachbeziehungen führen im Gegensatz zu privaten Unternehmen zu einer größeren Gefahr an Intransparenzen.[343] Folglich ist die Gefahr von Informationsasymmetrien zwischen den handelnden Akteuren höher. Unterschiedliche Szenarien zu spezifischen Informationsasymmetrien sind denkbar. Die politischen Prinzipal-Agenten-Beziehungen zwischen Gemeindevertretung und kommunaler Leitung gilt es überdies mit zu berücksichtigen. Sich all diesen Prinzipal-Agenten-Beziehungen in Summe zu widmen, wäre ein nicht zielkonformes Unterfangen im Rahmen dieser Arbeit. In den vorangegangenen Ausführungen wurde darauf abgestellt, dass die Einflussnahme der Gebietskörperschaft auf die ausgegliederten Bereiche im Mittelpunkt des Interesses steht. Die Prinzipal-Agenten-Beziehungen im Vierecksverhältnis zwischen Politiker/Parlament, des Trägergemeinwesens als Ganzes sowie dem Aufsichtsrat und der Geschäftsleitung des kommunalen Unternehmens stehen im Fokus.

342 In Anlehnung an Pfitzer/Oser (2003), S. 415 f. und Frey (2002), Abb. 3, S. 8.

343 Vgl. Henke et al. (2005), S. 32.

Die Auftrags- und Kontrollbeziehungen beginnen damit, dass die wahlberechtigten Bürger[344] den Politikern im Parlament als deren Interessenvertreter durch Stimmabgabe in den Wahlen einen Auftrag erteilen. Die gewählten Politiker übergeben als Interessenvertreter der Bürgerschaft Aufgaben zur Zweckerfüllung weiter an das Gemeinwesen. Als Träger überträgt dieses spezifische Aufgaben an ihre öffentlichen Unternehmen, die sich wirtschaftlich oder nichtwirtschaftlich betätigen. Exekutive und parlamentarische Gremien nehmen als Repräsentanten der Bürger Steuerungs- und Überwachungsaufgaben im öffentlichen Unternehmen wahr.[345] Der Bürger ist dadurch quasi Auftraggeber und Eigentümer am öffentlichen Unternehmen zugleich.[346] Verglichen mit dem Verhältnis von Aktionären zu privatwirtschaftlichen AGs bestehen für die Bürger im politischen Bereich ähnliche Restriktionen. Diese können mittels "exit" aus einer Gebietskörperschaft wegziehen oder mittels "voice" können sich diese in den politischen Wahlen für eine politische Fraktion entscheiden. Auf diese Weise steuern die Bürger die öffentliche Hand mittels ihrer eigenen Präferenzen.[347]

Die Realität für privatwirtschaftliche sowie für öffentliche Unternehmen ist grundsätzlich durch unvollständige Verträge sowie durch unterschiedliche Ziele und Zielkonflikte geprägt. Aus diesem Grund können Informationsasymmetrien zwischen den Handelnden auftreten.[348] Die Geschäftsleitung[349] eines öffentlichen Unternehmens wird mit der Erfüllung des öffentlichen Zwecks durch die Trägergemeinde beauftragt. Zur Zweckerfüllung werden durch das politisch-administrative System Budgets und Zuschüsse gewährt. Zum Zwecke der Überwachung der Geschäftsleitungstätigkeiten wird ein weitestgehend aus den Mitgliedern der Verwaltung und des Rates bestehendes Aufsichtsorgan gebildet. Wie in den vorstehenden Punkten bereits umrissen wurde, können durch diese Auftragsbeziehungen Probleme im Bereich der CG und der Steuerung und Kontrolle von kommunalen Unternehmen entstehen.[350]

344 Das Bürgertum ist nicht nur Adressat der Dienstleistungen des öffentlichen Unternehmens, sondern auch teilweise oder ganz dessen Eigentümer. Vgl. Plamper (2005), S. 73. Die öffentliche Hand verwaltet treuhänderisch das Geld für den Steuerzahler. Vgl. Seibicke (2005), S. 99.

345 Vgl. Fischer-Heidlberger (2006), S. 8.

346 Vgl. Henke et al. (2005), S. 32, Plamper (2005), S. 73.

347 Vgl. Frey (2002), S. 7, Plamper (2005), S. 74.

348 Vgl. Witt (2001), S. 111 f.

349 Anm.: Das kommunale Unternehmen wird im vorliegenden Modell als Agent stellvertretend durch die Geschäftsführung verkörpert. Weitere Prinzipal-Agenten-Beziehungen zwischen den Mitarbeitern und der Unternehmensleitung bleiben in der vorliegenden Betrachtung unberücksichtigt.

350 Vgl. Kapitel A, Punkt 2.3, S. 35 ff.

Kontrollaktivitäten über die Geschäftsleitung können sich problematisch gestalten. Wegen ihrer Nähe zum Tagesgeschäft besitzt diese immer einen Informationsvorsprung gegenüber dem Aufsichtsrat und der Trägergemeinde. Eine Geschäftsleitung könnte die wirtschaftlichen Unternehmensaktivitäten entsprechend ihrer eigenen Nutzenfunktion beeinflussen. Deren Zielsetzung kann sich von der der Trägergemeinde unterscheiden.[351] Diese Möglichkeit des Managements wird überdies durch die bereits dargestellten eingeschränkten Kontrollrechte und -möglichkeiten des Trägergemeinwesens erleichtert. Ein abweichendes Verhalten bleibt aufgrund der bereits angesprochenen Steuerungs- und Kontrollprobleme in deren Beteiligungsmanagement schwerlich erkennbar und folglich schwerlich sanktionierbar.[352]

Die teilweise unvollständigen und nicht unbedingt zeitgemäßen bzw. aktuellen Satzungen von öffentlichen Unternehmen lassen überdies einen Informationsvorsprung des Managements entstehen. Dies führt in der Folge zu den angesprochenen Gefahren aus "moral hazard". Man darf jedoch nicht grundsätzlich unterstellen, dass ein Informationsvorsprung gegenüber der Trägergemeinde bzw. dem Aufsichtsorgan zur Erreichung der eigenen persönlichen Ziele verwendet wird. Vielmehr ist eine von der kommunalen Zielsetzung abgewandte Unternehmenspolitik denkbar. Die wesentlichen Prinzipal-Agenten-Probleme bei kommunalen Unternehmen rühren vielfach daher, dass die Prinzipale (Politik/Parlament, Verwaltung, Aufsichtsrat) nicht dazu in der Lage sind, die Ziele und den öffentlichen Auftrag des Unternehmens ausreichend genug zu spezifizieren und zu überwachen.[353] Fraglich ist, ob deutsche Kommunen über ausreichend Personal mit einem entsprechenden Know-how verfügen und überdies adäquate Instrumente und Ressourcen besitzen, um eine zielorientierte Beteiligungssteuerung sicherzustellen.[354]

Nach Auffassung von *Frey* verschärfen sich Prinzipal-Agenten-Probleme, wenn zwischen den Managern und der Politik "Verfilzungen" bestehen. Politik und Management haben als Agenten in diesem Fall die Möglichkeit ihre jeweiligen Prinzipale "auszubeuten". Unter "Ausbeuten" ist nicht zu verstehen, dass Informationsdefizite im Sinne einer persönlichen Bereicherung ausgenutzt wer-

351 Es gilt das sog. "Primat" der Unternehmensleitung. Vgl. Häfele (2005), S. 148.

352 Vgl. Behnke (2003), S. 61.

353 Vgl. Henke et al. (2005), S. 33. Ziele sind selten quantitativ definiert was die Frage aufwirft, wie man Manager, Aufsichtsräte und die Gesellschafterversammlung zu solch einem Verhalten bewegt, dass der Absicht der öffentlichen Hand gefolgt wird. Vgl. Seibicke (2005), S. 99.

354 Vgl. Gravert (2001), S. 21.

den.[355] Vielmehr wird unterstellt, dass diese ihre Informationsvorteile dazu benutzen, das Unternehmen möglichst eigenständig zu führen bzw. selbstständiger im Rahmen der Entscheidungsfindung[356] oder der Mittelverwendung zu werden.

Da sich der Aufsichtsrat i. d. R. aus Politikern des Kommunalparlaments und der Verwaltung zusammensetzt, die ihr Mandat vorrangig ihrer öffentlichen Funktion und nicht ihrer unternehmerischen Erfahrung verdanken,[357] ist fraglich, inwieweit die Entscheidungen des Aufsichtsgremiums durch das einzelne Mitglied getragen werden können. Aus diesem Grund sollte jedes Aufsichtsratsmitglied einen grundlegenden Wissensstand in den Themengebieten Betriebs- und Volkswirtschaft sowie Recht und Technik besitzen. Gerade den Räten aus Politik und Verwaltung wird ein Wissensdefizit[358] bescheinigt. Ohne einen ausreichenden Grad an grundlegenden Fachkenntnissen ist nicht davon auszugehen, dass Entscheidungen der Unternehmensleitung auf Schwachstellen und Risiken hin sachgerecht zu überprüfen sind.[359] "Moral-hazard"-Probleme sind zu unterstellten, da Politik und Management verschiedene Ziele verfolgen.[360]

Die ergebnisabhängige Vergütung des Managements wird als Lösung zum Abbau von Informationsasymmetrien als nicht ausreichend bzw. wirksam genug angesehen. Empfohlen wird, ein solches Anreizsystem durch ein Kontrollsystem zu ergänzen. Sind Maßnahmen zum Abbau von Informationsasymmetrien initiiert, so können mittels flankierender Prüfung und Berichterstattung gem. § 53 HGrG die nicht an der Unternehmensleitung beteiligten Stakeholder in der gesamten Prinzipal-Agenten-Kette sachgerecht über relevante Geschehnisse in Kenntnis gesetzt werden. Es bietet sich an, dass Berichte an den Aufsichtsrat so zu verfassen sind, dass ein "normaler Aufsichtsrat" sich ein zutreffendes Bild von der wirtschaftlichen Unternehmenslage verschaffen kann.[361]

In Richtung der Abschlussprüferseite wird gefordert, dass dieser seine Hauptaufgabe – den Aufsichtsrat im Rahmen seiner Überwachungsfunktion zu

---

355 Das Zusammenspannen von Politik und Interessenorganisationen ist auf dem sog. "Rent-Seeking" ausgerichtet, d. h. darauf, für die eigenen Mitglieder Einkommen zu generieren, ohne das dafür reale wirtschaftliche Leistungen erbracht werden. Vgl. Frey (2002), S. 7, Budäus (2005), S. 17.

356 Unternehmerische Entscheidungsträger können, animiert durch persönliche Interessen, Ehrgeiz, durch die Kapitalmärkte, den schnellen Unternehmenserfolg etc. die Unternehmenssteuerung nach ihren Vorstellungen gestalten. Vgl. Henke et al. (2005), S. 29.

357 Vgl. Fischer-Heidelberger (2006), S. 10.

358 Vgl. Kapitel A, Punkt 2.3.1, S. 36 ff.

359 Vgl. Pfitzer/Oser (2003), S. 420. Zur besonderen Problemstellung durch die Arbeitnehmermitbestimmung in privatrechtlich organisierten öffentlichen Unternehmen vgl. bspw. Henke et al. (2005), S. 32.

360 Vgl. Budäus (2005), S. 18 und die genannte Quelle.

361 Vgl. Häfele (2005), S. 158 f.

unterstützen – jederzeit erfüllen muss. Die gängige kommunale Praxis der langjährigen Bestellung lässt die Gefahr entstehen, dass es hinsichtlich der Objektivität und der Qualität der Leistungen zu Einschnitten kommt und sich eine Betriebsblindheit einstellt.[362] Wegen des geringen Wettbewerbs und der Erbringung von Beratungsdienstleistungen kann es zu Einschnitten bei der kritischen Unbefangenheit kommen.[363] Prinzipal-Agenten-Probleme zwischen Trägergemeinde, Aufsichtsrat und Management können sich dadurch vergrößern.

Informationsdefizite können durch ein einheitliches Rechnungs- und Prüfungswesen[364] abgebaut werden. Befindet sich der Anteilsbesitz an einem kommunalen Unternehmen in wenigen Händen, so werden der Möglichkeit der Begrenzung der vorstehend skizzierten Probleme gute Chancen eingeräumt.[365] Ein qualifiziertes Berichtswesen, die Verbesserung der Ausschussstrukturen und der Arbeitsweise sowie die fachliche Eignung der Räte leisten einen weiteren Beitrag zum Abbau von Informationsasymmetrien.[366]

2.5 Zusammenfassung

Die sichere und preisgünstige Energieversorgung besitzt einen wesentlichen Einfluss auf das Wirtschaftswachstum in jeder Volkswirtschaft und auf den Wohlstand der Bevölkerung. Unternehmen, die Energie an andere liefern, ein Energienetz betreiben oder an einem Energieversorgungsnetz als Eigentümer die Verfügungsbefugnis besitzen, werden als EVU bezeichnet. An einem kommunalen EVU besitzt die Gemeinde aufgrund der Höhe ihrer Kapitalbeteiligung oder aufgrund von besonderen rechtlichen Regelungen die Direktionsgewalt.

Für diese auch als Stadtwerke bekannten Unternehmen ist es charakteristisch, dass sie sich in unterschiedlichen Energieversorgungssparten unter einem Dach in Form des QV beschäftigen und auch neuere Geschäftsfelder (z. B. Energieberatung) bearbeiten. Stadtwerke sind Teil des öffentlichen Sektors und ausgelagerte Verwaltungseinheiten einer Gebietskörperschaft. Zur Erfüllung der Daseinsvorsorge sind diese mit der Strom-, Gas- und Wasserversorgung im Gemeindegebiet beschäftigt. Ihre angebotenen Leistungen müssen mit der öffentlichen Zweckverfolgung im Einklang stehen.

EVU in Deutschland können in verschiedener Weise voneinander unterschieden werden. In Abhängigkeit von den Beteiligungsverhältnissen sind diese

---

362 Vgl. ebd. (2005), S. 154.
363 Vgl. § 319 a Abs. 1 Satz 1 Nr. 4 HGB.
364 Vgl. Henke et al. (2005), S. 33 f.
365 Vgl. Teichmann (2001), S. 645 ff.
366 Vgl. Häfele (2005), S. 157, Bogumil (2002), S. 144 ff.

in öffentliche Unternehmen, in gemischt-öffentliche oder in gemischt-wirtschaftliche Beteiligungsgesellschaften unterscheidbar. Solange durch den Anteil der Kapitalbeteiligung oder aufgrund der Stimmenmehrheit gewährleistet ist, dass eine Kommune einen beherrschenden Einfluss ausüben kann, ist die Begriffsdefinition von einem "kommunalen Unternehmen" eindeutig.

Im Rahmen der Selbstverwaltungsgarantie hat eine Kommune Wahlfreiheit bei der Entscheidung, mittels welcher Rechts- bzw. Organisationsform diese ihr wirtschaftliches Engagement betreiben will. Die maßgeblichen Bedingungen hierzu sind in den Kommunalverfassungen geregelt. Neben der öffentlich-rechtlichen Form des EB besitzt die privatrechtliche GmbH einen hohen Stellenwert bei der Gründung bzw. beim Betrieb eines kommunalen EVU.

Um im Rahmen der vorliegenden Arbeit vergleichbare Aussagen zur Ausgestaltung eines RCMS zu treffen, wurde der Fokus auf Kapitalgesellschaften in der Rechtsform der GmbH und AG gelegt. Zu begründen ist diese Einschränkung bei dem Untersuchungsobjekt "kommunales EVU" damit, dass in den letzten Jahren nicht zuletzt durch den zunehmenden Druck aus dem europäischen Wirtschaftsraum hinsichtlich der Deregulierung der öffentlichen Verwaltungsstrukturen in den Mitgliedsländern ein Bedeutungsgewinn bei diesen zu verzeichnen war. In der Energiewirtschaft gelten diese zunehmend als ein "besserer Weg" als die öffentlich-rechtlichen Organisationsformen, um öffentliche Leistungen in der Energieversorgung anzubieten. Diesen wird als Vorteil zugesprochen, dass sie aufgrund der Entfernung zur öffentlichen Verwaltung die öffentlichen Leistungen einer besseren und effizienteren Kostenkontrolle unterwerfen und die Leistungsqualität optimieren können. Ihr Bedeutungsgewinn wird aus Sicht von Gebietskörperschaften auch i. Z. m. der Haftungsbeschränkung vor dem Hintergrund leerer öffentlicher Kassen gesehen. Die geringere Bindung an das öffentlich-rechtliche Haushalts- und Dienstrecht bietet die Möglichkeit zu kürzeren und schnelleren Entscheidungswegen in einer durch Liberalisierung und Globalisierung geprägten Unternehmensumwelt. Schließlich bieten diese die Möglichkeit zur flexiblen Zusammenarbeit mit privatwirtschaftlichen Unternehmen und den überregionalen und regionalen EVU. Aus Sicht von Gebietskörperschaften stellen GmbHs und AGs eine Lösung dar, um der stetig zunehmenden Marktdynamik in der Energiewirtschaft zu begegnen. Die größere Unabhängigkeit der Geschäftsleitung von der kommunalen Verwaltung ist in den Zeiten des steigenden Wettbewerbsdrucks eine Antwort darauf, den öffentlichen Unternehmensauftrag sicherstellen.

Die sich aus der größeren Unabhängigkeit ergebenden Prinzipal-Agenten-Probleme können jedoch vielschichtiger für eine Gebietskörperschaft sein als bei den öffentlich-rechtlichen Rechtsformen. Es kann bei den priorisierten privatrechtlichen Formen zu größeren Schwierigkeiten bei der Beteiligungssteuerung und -überwachung kommen. Es ist zu vermuten, dass es um die Steuerung und Kontrolle der ausgegliederten Verwaltungseinheiten und um die Unternehmensüberwachung bei diesen eher schlecht bestellt ist. Es ist anzunehmen, dass die Unternehmensrealität bei diesen tendenziell eher als bei den öffentlich-rechtlichen Organisationsformen durch unvollständige Verträge sowie durch Zielkonflikte zwischen Trägerschaft und kommunalen EVU geprägt ist.

Das Wirken von unterschiedlichen Interessengruppen rund um privatwirtschaftliche kommunale EVU macht es notwendig, dass von diesen implizit nicht nur wirtschaftliche, sondern auch nichtwirtschaftliche Interessen verfolgt werden und dabei jederzeit der öffentliche Auftrag gewahrt bleibt. Deren Geschäftsführer müssen im Spannungsfeld der aufgezeigten Prinzipal-Agenten-Beziehungen interagieren und den sorgsamen Umgang mit den ihnen anvertrauten Mitteln nachweisen sowie die Aufrechterhaltung der Funktionsfähigkeit des Unternehmens jederzeit darlegen können. Diese Aufgabe kann sich wegen der Distanz zur öffentlichen Verwaltung schwieriger gestalten als bei den öffentlich-rechtlichen Formen. Aus betriebswirtschaftlichem Blickwinkel können Unternehmensentscheidungen dazu nicht optimal erscheinen bzw. getroffen worden sein. Dies liegt nahe, wenn sich die politische Ebene mit in Unternehmensentscheidungen einmischt und Managemententscheidungen parteipolitisch und weniger unternehmenspolitisch ausfallen. Aus diesen Gründen erscheint die Geschäftsführungsprüfung gem. § 53 HGrG sinnvoll und notwendig und ist als Besonderheit bei den im Mittelpunkt der Betrachtung stehenden kommunalen EVU anzusehen. Diese kann zum Abbau von Informationsdefiziten auf Seiten der Trägergemeinde und des Aufsichtsrates und zu einer Reduktion von Prinzipal-Agenten-Problemen beitragen.

Damit den Anforderungen gem. § 53 HGrG entsprochen wird, bietet sich an, mittels eines einheitlichen Rechnungs- und Prüfungswesen den Quellen für Prinzipal-Agenten-Probleme entgegenzuwirken. Dies setzt die fachliche Eignung des Abschlussprüfers und seine kritische Unbefangenheit voraus. Ein effektives und effizientes Berichtswesen, welches auf Risiken und Chancen der ausgelagerten Verwaltungseinheiten gleichgewichtig und detailliert einzugehen hat, wird als geeignete Maßnahme eingestuft, um einer Trägergemeinde die wirksame Steuerung und Kontrolle ihrer Beteiligungen zu erleichtern. Mit seiner Hilfe können Informationsdefizite abgebaut und der Gefahr von "moral hazard" entgegen gewirkt werden. Das propagierte RCMS wird als Antwort angesehen, um den Problemen die durch die privatwirtschaftlichen Rechtsformen entstehen können, aus Sicht einer Gebietskörperschaft zu begegnen.

Kapitel B: Modell eines Risiko- und Chancenmanagementsystems (RCMS)

Die fortlaufende Aktualität des Themas RM hat in Theorie und Praxis auch zu einer fortlaufenden Diskussion zu dem geführt, was unter den zentralen Begriffen "Risiko" und "RM" zu verstehen ist.[367] Die Diskussion wurde zu Zeiten des KonTraG weitergehend dadurch genährt, dass der Gesetzgeber in seiner Gesetzesbegründung zum § 91 Abs. 2 AktG keine klaren Vorstellungen von dem geäußert hatte, was er unter den Zentralbegriffen zweifelsfrei versteht. Dies ließ in den Jahren nach der Gesetzesverabschiedung die Diskussion um eine einhellige Begriffsauffassung mannigfaltig entfachen.

Für die Bearbeitung der Themenstellung ist es notwendig, eine eigene, zeitgemäße Definition zu den zentralen Begriffen herzuleiten. Diese Abgrenzung wird in einem ersten Schritt im vorliegenden Kapitel vorgenommen. Überdies ist es notwendig, auf die gesetzliche Verpflichtung zur Implementierung und Prüfung des RFS einzugehen und die Veränderungen in der Berichterstattungspflicht im Lagebericht darzustellen. An dieser Stelle interessiert besonders die gesetzliche Verpflichtung zur Implementierung und Prüfung des RFS nach der erweiterten Geschäftsführungsprüfung gemäß § 53 HGrG. Die gesetzlichen Grundlagen werden im zweiten Teil des vorliegenden Kapitels B behandelt.

In einem abschließenden Schritt wird im Kapitel B die Herleitung eines Modells zu einem in ein RCMS integrierten RFS erfolgen. Das Modell und ein daraus abzuleitender Kriterienkatalog zu Sachverhalten, anhand deren ein angemessenes und wirksames System kenntlich gemacht werden kann, bilden den Schluss des Kapitels. Dieses Modell stellt die Grundlage für die weitergehenden Untersuchungen im Kapitel C dar.

1 Abgrenzung der grundlegenden Begriffe

1.1 Der Risiko-Begriff

Wie dargelegt wurde, sind Vorstände seinerzeit durch den § 91 Abs. 2 AktG dazu verpflichtet worden, ein unternehmensweites ÜWS einzurichten, damit den Fortbestand der Gesellschaft "gefährdende Entwicklungen" früh erkannt werden können. Im betriebswirtschaftlichen und teilweise auch im rechtswissenschaftli-

367 Der Risikobegriff zieht sich wie ein "roter Faden" durch die Regelungen des KonTraG. Vgl. Schulze (2001), S. 17.

chen Sprachgebrauch findet für den Begriff der "Entwicklung" auch der Begriff des "Risikos" Verwendung.[368]

Nicht erst seit Verabschiedung des KonTraG hat sich die Literatur in vielfältiger Weise darum bemüht, eine einhellige Abgrenzung zum Risikobegriff herzuleiten.[369] Keiner dieser auffindbaren Versuche hat bis dato zu einer allgemein anerkannte und verbindliche Begriffsdefinition geführt.[370] Der vielschichtige und nicht greifbare Risikobegriff wird als "unglückliches Wort" beschrieben, welcher umgangssprachlich und im wissenschaftlichen Sprachgebrauch in einer Unmenge von verschiedenen Bedeutungen benutzt wird.[371] Die Auseinandersetzung mit den auffindbaren Definitionsversuchen lässt vermuten, dass dieses Forschungsfeld ein eigenständiges Teilgebiet der BWL darstellt.[372]

Der Begriff "Risiko" steht im Kontext des KonTraG als Oberbegriff, der weiter in die "Gefahr" und die "Chance" zu unterteilen ist. In der behandelnden Literatur sind zwei unterschiedliche "Hauptströmungen" bei der Abgrenzung auffindbar. Bei fast allen Abgrenzungsversuchen wird auf eine Systematik verwiesen, die von *Kless* propagiert wird. Dieser unterteilt den Begriff in das sog. "reine" und "spekulative" Risiko.[373]

Wirtschaftssubjekte bilden im Hinblick auf die Ergebnisse ihrer Handlungen Erwartungen, von denen die zukünftig tatsächlich realisierten Ergebnisse abweichen können. Das zukünftige Ergebnis kann besser oder schlechter ausfallen als ursprünglich angenommen.[374] Risiken entstehen, weil die Auswirkungen von gegenwärtigen unternehmerischen Entscheidungen in der Zukunft nicht vorhersehbar sind. Diese gehen einher mit jeder unternehmerischen Entscheidung und ihr Naturell ist "dynamisch"[375] konstituiert.

---

368 Vgl. Hillebrand (2005), S. 15, Ernst et al. (1998), S. 54. Zur etymologischen Herkunft des Risikobegriffs vgl. Nicklisch (1938), S. 1464, Duden (2005), S. 677. Zur Systematisierung betrieblicher Risiken vgl. Kupsch (1995), S. 531 f. Zur Abgrenzung von Ungewissheit, Unsicherheit und Risiko vgl. Blum/Gleißner (2006), S. 157 f.

369 Vgl. bspw. die Untersuchungen von Philipp (1976), Schuppisser (1978), Imboden (1983), Fasse (1995), Neubeck (2003), S. 13 ff., Wall (2003), S. 461 ff., Hillebrand (2005), S. 14 ff.,

370 Vgl. Braun (1982), S. 22.

371 Vgl. Karten (1966), S. 15 mit Verweis auf Burrau (1924), S. 74. Burrau kam seinerzeit zu dem Ergebnis, dass es im Jahre 1924 bereits sieben gebräuchliche Begriffsdefinitionen von "Risiko" gab.

372 Vgl. Braun (1984), S. 22.

373 Vgl. Kless (1998), S. 93 und die angegebenen Quellen. Zur Unterteilung in "endogene" und "exogene" Risiken vgl. Reichmann/Form (2000), S. 192.

374 Vgl. Kless (1998), S. 93, Scholz/Schuler (2006), Rn. 988, S. 429.

375 Wenn sich eine Verlustgefahr realisiert, interagieren in der Folge zumeist quantitative und qualitative Wirkungen in vielfältigster Weise. Einzelrisiken sind i. d. R. weit weni-

Umstände, durch die das Unternehmensvermögen unmittelbar gemindert wird (Naturkatastrophen, Brand etc.), gehören nach *Kless* zu den reinen (weitestgehend versicherbaren) Risiken.[376] Solche, die erst durch das unternehmerische Handeln eintreten, gehören zu den spekulativen Risiken. Diesen wird die Eigenart zugesprochen, dass sich ihre Wirkungen entweder mindernd oder mehrend auf das Unternehmensvermögen auswirken (bspw. durch Veränderung von Preisen, Kosten, der Nachfrage etc.).[377] Spekulative Risiken werden in das sog. "Risiko im engeren Sinn" (Risiko i. e. S.) und das "Risiko im weiteren Sinn" (Risiko i. w. S.) untergliedert.

Das Risiko i. e. S. steht dafür, dass eine getroffene unternehmerische Entscheidung schlechter verläuft als sie ursprünglich im Entscheidungszeitpunkt geplant wurde. Es steht für die Verlustgefahr und beschreibt alle unsicheren Ereignisse, die sich zukünftig vermögensmindernd auswirken können. Ereignisse, die sich zukünftig mehrend auf das Vermögen auswirken, werden unter dem Begriff des Risikos i. w. S. subsumiert. Das Risiko i. w. S. steht für Chancen, die sich aus dem unternehmerischen Handeln zukünftig ergeben können. Eine Chance bezeichnet ein ursprünglich beschlossenes Ziel, welches erreicht bzw. übererfüllt wird.[378] Für Unternehmen verkörpern Chancen sich bietende Möglichkeiten i. S. von Erfolgspotenzialen.[379] Von diesen geht ein positiver Effekt auf das Unternehmensergebnis aus.

Wegen der bereits angesprochenen fehlenden gesetzlichen Konkretisierung wurde von der behandelnden Literatur bei der Suche einer allgemein gültigen Begriffsdefinition im Kontext des § 91 Abs. 2 AktG vielfach die enge sowie die weitere Risiko-Begriffsauffassung analysiert und diskutiert.[380] Bei einer engen Gesetzesauslegung dient den Befürwortern[381] bspw. die Regelung des § 252 Abs. 1 Nr. 4 HGB als Argumentationsbasis. Danach wird Kaufleuten vorgeschrieben, alle vorhersehbaren Risiken und Verluste, die bis zum Abschlussstichtag entstanden sind, im Jahresabschluss mit zu berücksichtigen. Die verlustorientierte Sichtweise entspricht dem Vorsichtsprinzip in der deutschen Rechnungslegung und der enthaltenen allgemeinen Gläubigerschutzfunktion.

---

ger unabhängig voneinander als erwartet. Diese sind über sensible Wechselwirkungen und Rückkopplungen miteinander verbunden. Vgl. Allenspach (2001), S. 185.

376 Vgl. Farny (1978a), S. 21.

377 Vgl. Kless (1998), S. 93 und die angegebene Quelle.

378 Vgl. Farny (1978), S. 93 f., Franz (2000), S. 54.

379 Vgl. Halek (2001), S. 125 ff.

380 Zur Abgrenzung von Risiko in der betriebswirtschaftlichen Entscheidungstheorie und nach dem KonTraG vgl. bspw. Wall (2002), Abb. 4, S. 23 f.

381 Vgl. Kromschröder/Lück (1998a), S. 1573, Lück (1998b), S. 1925, Spannagl/Häßler (1999), S. 1827, Broll/Milde (1999), S. 516, Lück/Unmuth (2006), Abb. 1, S. 16.

Als weiteres Argument dient diesen, dass der Gesetzgeber in seiner Begründung von "Entwicklungen" spricht, die eine bestandsgefährdende Natur (den "Fortbestand der Gesellschaft gefährdende Entwicklungen") besitzen. Hierzu gehören insbesondere risikobehaftete Geschäfte, Unrichtigkeiten der Rechnungslegung und Verstöße gegen gesetzliche Vorschriften, die sich auf die Vermögens-, Finanz- und Ertragslage eines Unternehmens wesentlich auswirken können.[382] Eine Bestandsgefährdung bezieht sich auf eine Überschuldung oder Zahlungsunfähigkeit und ist gleichzusetzen mit der negativen Abweichung des unternehmerischen Handlungsergebnisses vom Handlungsziel. Mit dieser Sichtweise hatte der Gesetzgeber seinerzeit eine klare Abgrenzung zum Risikobegriff vorgenommen. Nach Meinung der Befürworter einer engeren Gesetzesauslegung stellte der § 91 Abs. 2 AktG ausschließlich auf mögliche Gefahren[383] ab unter gleichzeitiger Ausblendung der sich bietenden Chancen.[384]

Neben dieser Auffassung sind solche Meinungen in der behandelnden Literatur auffindbar, die die Grenzen einer engen und weiten Risiko-Begriffsauffassung als fließend umschreiben. An dieser Stelle wird eine weitergehende Sichtweise zum Risikobegriff propagiert, so wie sie bspw. von *Bürgel* bereits Ende der siebziger Jahre des letzten Jahrhunderts vertreten wurde. Dieser sieht die unternehmerische Risikosituation als *"Spektrum"* bzw. *"Kontinuum"* an *"... welches neben den Risiken eben auch die Chance kennt, neben dem Verlust den Gewinn, neben der Überlebenswahrscheinlichkeit auch den Konkurs."*[385]

Den Befürwortern dient überdies als Argument, dass durch eine Fokussierung auf Risiken i. e. S. die Chancen als Kehrseite der Medaille[386] unberücksichtigt bleiben. Durch Unterlassung von risikobehafteten Geschäften und die damit einhergehende Nichtrealisierung von Chancen können unternehmerische Verlustgefahren entstehen. Dies ist denkbar, wenn sich bspw. ein Wettbewerber den offen gelassenen Chancen annimmt.[387] Es wird argumentiert, dass dies seinerzeit nicht i. S. d. Gesetzgebers gewesen sein kann. Durch eine zu starke Fokussierung auf Risiken i. e. S. kann es zu einer systematischen Vernachlässigung von Chancen kommen. Lenkt sich das Augenmerk bei wichtigen und für den Unternehmenserfolg bedeutsamen Entscheidungen zu stark auf Verlustgefahren, so kann dies nachträglich problematisch sein. Das systematische Ausweichen von

---

382 Vgl. Ernst et al. (1998), S. 53, IDW (1999a), Rd. Nr. 3, S. 658, Schwintowski (2006), Rn. 1206 bis 1209, S. 533 ff. "Bestandsrisiken" gefährden den Selbsterhalt eines Unternehmens. Vgl. Schüz (2002), S. 59 f., Giese (1998), S. 451.

383 Vgl. Lachnit/Müller (2001), S. 367.

384 Vgl. Lange (2001), S. 136.

385 Bürgel (1978), S. 40. Vgl. auch Dörner/Doleczik (2000), S. 197.

386 Vgl. Weber et al. (1999a), S. 11 f.

387 Vgl. Dörner/Doleczik (2000), S. 197 f.

Risiken kommt dem systematischen Ausweichen von Chancen gleich. Diese Vermeidungsstrategie würde das Unternehmertum infrage stellen.

Ein zu stark auf Verlustrisiken fokussiertes ÜWS kann selbst zu einem Unternehmensrisiko mutieren.[388] Unternehmen mit einer starken "Risikoaversion" gehen überdies häufig noch ein anderes Risiko ein. Diese sind oftmals nicht dazu in der Lage, Erfolgspotenziale rechtzeitig zu erkennen, diese nutzbar zu machen bzw. diese in angemessener Weise zu steuern.[389] Mahnende Stimmen weisen darauf hin, dass ein KonTraG-konformes ÜWS sich nicht ausschließlich auf Risiken i. e. S. konzentrieren darf. Es wird empfohlen, das gesetzlich geforderte System so auszugestalten, dass jederzeit eine Auseinandersetzung mit allen Risiken und den diesen gegenüberstehenden Chancen möglich ist.[390]

1.2 Der Risikomanagement-Begriff

Die Vorstandspflicht, für ein angemessenes RM und eine angemessene IR zu sorgen, wurde seinerzeit mit der Regelung des § 91 Abs. 2 AktG konkretisiert.[391] Unter einem "RM" ("Risk-Management") wird im Allgemeinen die Gesamtheit aller organisatorischen Maßnahmen und Regelungen zur Risikoerkennung und zum Umgang mit den sich aus der unternehmerischen Tätigkeit ergebenden Risiken verstanden.[392]

Der Begründung zum § 91 Abs. 2 AktG ist zu entnehmen, dass durch das Ergreifen von geeigneten Maßnahmen, insbesondere durch ein ÜWS, Vorstände dazu in die Lage versetzt werden sollen, alle bestandsgefährdenden Entwicklungen rechtzeitig zu einem Zeitpunkt zu erkennen, an dem diese die drohende Bestandsgefährdung noch abwehren können.[393] Konkrete (d. h. "operationalisierbare"[394]) Anforderungen dahingehend, wie das geforderte ÜWS auszugestalten ist, sind weder im Gesetzestext noch in der Gesetzesbegründung auffindbar. Der Gesetzgeber ließ lediglich erkennen, dass das ÜWS von der Größe, Branche, Struktur, dem Kapitalmarktzugang usw. eines Unternehmens abhängig auszu-

388 Vgl. Weber et al. (1999b), S. 1711.

389 Vgl. Krystek/Müller (1999), S. 182 f.

390 Vgl. bspw. Hahn/Krystek (2000), S. 75 f.

391 Vgl. Ernst et al. (1998), S. 53.

392 Vgl. IDW (1999a), Rn. 4, S. 658. Zur Abgrenzung von "Risiko-Politik" und "Risk-Management" vgl. Stremitzer, (1979), S. 24 ff. Zum Begriff des "strategischen RM" vgl. Gleißner (2000a), S. 1625 ff., Blum/Gleißner (2006), S. 170 f.

393 Vgl. Ernst et al. (1998), S. 52.

394 Vgl. Eggemann/Konradt (2000), S. 503.

gestalten ist.[395] Mit diesen allgemeinen Hinweisen wollte dieser den verpflichteten Unternehmen die Möglichkeit zur Entwicklung von individuellen Lösungen geben.[396] In diesem Kontext ist die im § 53 HGrG verwendete Formulierung "ein den Verhältnissen des Einzelfalles angemessenes RFS" zu verstehen.[397]

Die fehlenden Hinweise zur Systemausgestaltung haben zur Formulierung der Elemente des ÜWS und seiner Teilbereiche aus betriebs- und teilweise rechtswissenschaftlichen Gesichtspunkten heraus geführt. Die Suche nach einem einhelligen Lösungsansatz (sog. *"Best Practice"*[398]) hatte dabei vielfach zu unterschiedlichen Ansätzen in der Literatur geführt. Das ÜWS nach dem KonTraG wird grundsätzlich als ein *"Multi-Kontext-Problem"*[399] beschrieben, welches in der Theorie anhand von unterschiedlichen Erklärungsansätzen behandelt bzw. betrachtet wurde.[400] Da die Diskussion um die Systemausgestaltung rund dreizehn Jahre nach Verabschiedung des KonTraG als weitestgehend abgeschlossen anzusehen ist, wird den folgenden Ausführungen der vielfach propagierte systemtheoretische Erklärungsansatz zu Grunde gelegt.

Aus systemtheoretischen[401] Überlegungen heraus wird das ÜWS als ein Subsystem der Unternehmensführung mit Querschnittsfunktionen verstanden. Dieses hat die Aufgabe, unternehmensweit auftretende Risiken zu erfassen, zu bewerten und zu steuern. Die Gesamtsystemverantwortung für das System besitzt die Unternehmensleitung. Diese hat dafür Sorge zu tragen, dass dieses dazu geeignet ist, jederzeit das Unternehmensrisiko und die existierenden Einzelrisiken zu analysieren und zu überwachen.[402] Bei der Ausgestaltung bzw. Differenzierung des ÜWS wird vielfach auf den Ansatz von *Lück* verwiesen. Dieser war einer der ersten Autoren, der im Zuge der Diskussion um die Systemausgestaltung schlussfolgerte, dass der Gesetzgeber folgende Instrumente ("Elemente", "Teilsysteme"[403]) forderte:

- Risikomanagementsystem ("RMS"),

---

395 Vgl. Ernst et al. (1998), S. 53. Nach Geschäftsumfang gilt es angemessene Lösungen zu implementieren und stabil durchzuführen. Vgl. Scholz/Schuler (2006), Rn. 985, S. 426.

396 Vgl. Dobler (2001), S. 2087.

397 Vgl. Kapitel A, Punkt 1.1, Abbildungen 1 und 2, S. 6 und 8.

398 Eggemann/Konradt (2000), S. 505.

399 Pollanz (1999b), S. 393.

400 Bspw.: "Entscheidungsorientierter Ansatz", vgl. Wall (2001), S. 207 ff. "Vertragstheoretischer Ansatz", vgl. Picot/Schuller (2001), S. 236 ff. "Kapitalmarktorientierter Ansatz", vgl. Schneider (2001), S. 181 ff.

401 Der "Systemansatz" steht im Zusammenhang mit den Arbeiten von Ulrich. Dieser sieht ein System als geordnete Gesamtheit von Elementen an, zwischen denen irgendwelche Beziehungen bestehen oder herausgestellt werden können. Vgl. Ulrich (1970), S. 105.

402 Vgl. Pollanz (1999b), S. 394 sowie die angegebenen Quellen.

403 Vgl. Hahn/Krystek (2000), S. 80 unter Verweis auf Hahn (1987), S. 137 ff.

- Internes Überwachungssystem ("IÜS", einschl. Revision),
- Controlling,
- Frühwarn-("Früherkennungs-")system.[404]

Die Grundanforderungen an das ÜWS und seine Teilsysteme knüpfen an der Unvermeidlichkeit von unternehmerischen Risiken an. Da diese nicht zu vermeiden sind, sollten diese erfasst, begleitend überwacht und spätestens zu dem Zeitpunkt abgewehrt werden, an dem von ihnen ein wesentlicher Einfluss auf die wirtschaftliche Lage eines Unternehmens ausgeht.[405] Es wird empfohlen, dass das ÜWS in Form eines sog. *"effizienten RMS"*[406] gewährleistet, dass bestehende (reale), bereits vorhandene, versteckte (latente) und in der Zukunft mögliche (potenzielle) Risiken aufdeckt und somit kalkulierbar werden.[407] Überdies muss gewährleistet werden, dass alle Ursachen für das Entstehen von Risiken erhoben und somit analysiert werden können. Nur so ist ihr tatsächliches Schadensausmaß bestimmbar. Eine Unternehmensleitung sollte dazu durch schriftlich fixierte Richtlinien ("Rili") festlegen, wie erfasste, analysierte und bewertete Risiken zu beeinflussen bzw. zu steuern sind.

Als Teilsystem des RMS umfasst das IÜS[408] neben organisatorischen Sicherungsmaßnahmen und laufenden in die betrieblichen Prozesse integrierten ("prozessabhängige") Überwachungsmaßnahmen mittels Kontrollen auch die IR ("prozessunabhängige" Überwachungsmaßnahmen).[409] Das IÜS wird auch als "Risikoüberwachungssystem" bezeichnet. Dessen Kernaufgaben werden aus der jeweiligen Gesetzesbegründung zu den §§ 91 Abs. 2 AktG und 317 Abs. 4 HGB i. d. F. des KonTraG ersichtlich. Als wichtige Säule des RMS kommt diesem die Aufgabe zu, die Zuverlässigkeit der ermittelten Daten zu gewährleisten und überdies die Einhaltung der getroffenen Maßnahmen im Zeitverlauf sicherzustellen. Das IÜS ist für die Sicherung vor Vermögensverlusten verantwortlich.[410]

---

404 Vgl. Lück (1998b), S. 1925, ebenso Spannagl/Häßler (1999), S. 1826, Lengerke (2002), S. 97 f. Ergänzend Hahn/Krystek (2000), S. 79. Die Teilsysteme sind um die Versicherung von Risiken zu ergänzen. Vgl. Horváth/Gleich (2000), S. 99. Differenzierte bei Schmidbauer (2000), S. 153, Weyel (1999), S. 79 f.

405 Vgl. Brebeck/Herrmann (1997), S. 381 f.

406 Lück (1998b), S. 1925.

407 Vgl. Hahn/Krystek (2000), S. 79, Lück (1998b), S. 1925.

408 Der Begriff des "IÜS" geht auf das amerikanische "Inernal Control-Konzept" zurück. Dieses umfasst das gesamte System der betrieblichen Überwachung, bestehend aus Kontrollen und IR. Vgl. Horváth (1998), S. 754, Buderath/Amling (2000), S. 129, Freiling/Lück (1986), S. 977 f.

409 Zur "Kontrolle" als Funktion des RM vgl. Mikus (2001b), S. 88 ff. Zum "IÜS" vgl. Lück/Henke (2004), Abb. 4, S. 9 f.

410 Vgl. Neumann (1998), S. 723, Brebeck/Herrmann (1997), S. 387, Bitz (2000a), S. 237, Buderath/Amling (2000), S. 129, Lachnit/Müller (2001), S. 367.

Gemeinsam mit dem sog. "Internen Steuerungssystem" bildet das IÜS das sog. "Interne Kontrollsystem" ("IKS") im Unternehmen ab (vgl. Abb. 9).[411]

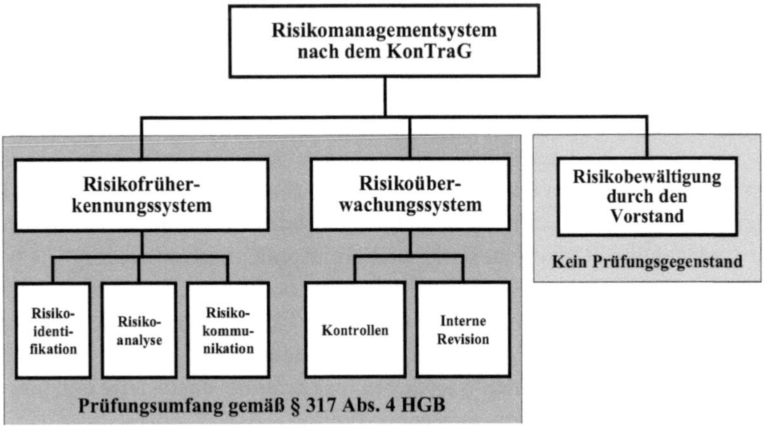

Abb. 9: Teilsysteme des RMS nach dem KonTraG[412]

Als weiteres Teilsystem des ÜWS wird das Controlling[413] als Querschnittsfunktion[414] in Form eines sog. "Risiko-Controlling"[415] ("Risiko-Subsystem") genannt. Sein Aufgabenbereich ist aus den Grundfunktionen des betrieblichen Controlling (Planung, Kontrolle, Steuerung und Informationsversorgung) herleitbar. Dem Risiko-Controlling wird eine zentrale Stellung[416] innerhalb des ÜWS zugesprochen, da es aus dem betrieblichen Controlling risikorelevante Aspekte herausgreift, diese behandelt[417] und so einen Beitrag zur Bewahrung vor

411 Zum "IKS" vgl. Schartmann/Lindner (2006), S. 33 ff., IDW (2006d), Rn. 19 ff., S. 1437 ff. Ein unzureichendes IKS kann ein "latentes Risiko" sein. Vgl. Giese (1998), S. 452.

412 In Anlehnung an IDW (1999a), Rn. 4 und 5, S. 658, Emmerich (1999), S. 1078 f.

413 Vgl. zum "Controlling-Begriff" Auffermann, (1957), S, 42 ff., Scherm (2000), S. 30 ff., Weber/Schäffer (1999), S. 731 ff., Müller/Grotheer (2002), S. 214 f. Zu den Controlling-Konzeptionen vgl. Buchner (1982), S. 133 ff., Pietsch/Scherm (2001), S. 206 ff.

414 Vgl. Diedrichs/Richter (2001), S. 137.

415 Vgl. Bitz (2000b), S. 61.

416 Vgl. Reichmann (2001), Rn. 377, S. 287.

417 Es existiert keine einheitliche Definition zum Begriff des "Risiko-Controlling". Zu begründen ist dies damit, dass es in der Literatur keine einheitliche Sichtweise zum Controlling-Begriff gibt. Bei der Abgrenzung kommt erschwerend hinzu, dass es eine Vielzahl an unterschiedlichen Auffassungen hinsichtlich der Begriffe "Risiko" und "RM" gibt. Vgl. Götze et al. (2001), S. 98 f. Das Risiko-Controlling wird als elementarer

Vermögensverlusten leistet. Es gewährleistet, dass ein wie auch immer ausgestaltetes ÜWS in all seinen Phasen controllingseitig unterstützt wird.[418] Seine Bedeutung für die Wirksamkeit des ÜWS wird damit begründet, weil es neben der Beschaffung von risikorelevanten Informationen bspw. auch in den Prozess der Steuerung und Kontrolle von Risiken mit einzubinden ist. Dadurch trägt es maßgeblich zur Wirksamkeit des IÜS bei. Durch ein wirksames Risiko-Controlling besitzt das übergeordnete betriebliche Controlling eine Mitverantwortung für die Wirksamkeit des gesetzlich geforderten ÜWS.[419]

Das ÜWS gilt es um ein FWS zu ergänzen. Unter einem FWS[420] ist im Allgemeinen ein umfassendes System zur Informationserfassung, der -verarbeitung und der -mitteilung zu verstehen.[421] Die in der Regelung des § 91 Abs. 2 AktG kodifizierte Verpflichtung, Maßnahmen zu ergreifen, die helfen sollen bestandsgefährdende Entwicklungen frühzeitig aufzuzeigen, weisen auf die Notwendigkeit eines FWS im einzelwirtschaftlichen Bereich hin. Mit seiner Hilfe sollen "latente", d. h. im Verborgenen liegende und bereits vorhandene, bestandsgefährdende Risiken bzw. grundsätzliche Verlustpotenziale mittels des Einsatzes von geeigneten FWI[422] mit zeitlichem Vorlauf angezeigt werden.[423] Dem "Zeitbezug" kommt i. Z. m. der Frühwarnung eine besonders hohe Bedeutung für die Wirksamkeit des ÜWS zu. Das FWS muss gewährleisten, dass zukünftige Ereignisse mit Relevanz "vorab", d. h. zu einem Zeitpunkt, der als "rechtzeitig" zu definieren ist, erkannt werden können. Nur so sind Entscheidungsträger in der Lage, einem möglichen Schaden noch vor dessen Eintritt mittels geeigneter Gegenmaßnahmen entgegenzutreten. Können Ereignisse mit Relevanz nicht rechtzeitig angezeigt werden, können diese ggf. nicht abgewehrt bzw. in ihrer Wirkung nicht abgemildert werden.[424] Die Wirksamkeit des FWS und die des gesamten ÜWS wären an dieser Stelle in Frage zu stellen.

Im Kontext der Regelung des § 91 Abs. 2 AktG steht die Früherkennung i. Z. m. mit der rechtzeitigen Aufdeckung von bestandsgefährdenden Risiken.

Funktionsbaustein des RM beschrieben. Vgl. Diedrichs/Richter (2001), S. 137 f., Reichmann (2001), Rn. 378, Abb. 2, S. 288.

418 Vgl. Horváth/Gleich (2000), S. 108.

419 Vgl. Keitsch (2000), S. 75. Ähnlich Pollanz (1999b), S. 398.

420 Vgl. Krystek/Müller (1999), S. 182. Zur Bedeutung von FWI vgl. Müller (2001), S. 212 ff. Zu den vier Generationen der Früherkennung vgl. Baisch, (2000), S. 33 ff., Weigand (2000), S. 11. Zur Frühaufklärung vgl. Krampe/Müller (1981), S. 384 ff.

421 Vgl. Neumann (1998), S. 725, Hammer (1992), S. 175, Lück (1999b), S. 163, Giese (1998), S. 452 und die in Fn. 11 angegebene Quelle.

422 Beispiele zu FWI zu finden bei IDW (2006b), Rn. 42, S. 1608 f.

423 Vgl. Neumann (1998), S. 725, Krystek (1999), S. 146.

424 Vgl. Gleißner/Füser (2000b), S. 933, Pollanz (1999b), S. 398.

Dieser Teil des ÜWS wird als das RFS bezeichnet. Dies ist Gegenstand der Prüfung gem. § 53 HGrG. Seine Kernaufgabe besteht darin sicherzustellen, dass Risiken und deren Veränderungen im Zeitverlauf, die den Fortbestand eines Unternehmens gefährden können, rechtzeitig erfasst und aufgezeigt werden können. Bei § 53 HGrG unterliegenden Unternehmen ist, wie bereits dargelegt wurde, unabhängig von deren Rechtsform und Größe ein den Verhältnissen des Einzelfalls angemessenes RFS zu implementieren.[425] Geschäftsführer von Unternehmen im Anteilsbesitz von Gebietskörperschaften sollen mit seiner Hilfe ihrer besonderen Verpflichtung zum sorgsamen Umgang mit den ihnen anvertrauten öffentlichen Mitteln nachkommen können. Dazu gilt es Risiken, die öffentliches Vermögen gefährden können, zu erkennen und beherrschbar zu machen. Nur so ist die Aufrechterhaltung der Leistungserbringung des öffentlichen Unternehmens zu gewährleisten.

Das RFS ist so auszugestalten, dass Risikoinformationen so schnell an die Entscheidungsträger (Geschäftsführer, Vorstände etc.) kommuniziert werden, dass diese noch in geeigneter Weise auf eine mögliche Bestandsgefährdung reagieren können.[426] Hinsichtlich der Informationsbeschaffung und -weiterleitung existieren Berührungspunkte zu dem bereits skizzierten Aufgabenbereichs des Risiko-Controllings. Neben RFS und Risikoüberwachungssystem besteht das in der Literatur vielfach als RMS gekennzeichnete ÜWS aus einem sog. *"Risikobewältigungssystem"*[427]. In diesem gilt es die bereits ergriffenen und möglicherweise noch zu ergreifenden Maßnahmen zur Bewältigung von erkannten und möglichen Risiken abzubilden.

Nach Auffassung der behandelnden Literatur sollten die Teilsysteme des ÜWS als kontinuierlicher Prozess ein Unternehmen gesamtheitlich in all seinen Bereichen und betrieblichen Prozessen kontinuierlich und fortlaufend durchlaufen. Dieser als "RM-Prozess" ("RMP") bezeichnete Regelkreis soll helfen, alle unternehmerischen Risiken fortlaufend zu identifizieren, zu analysieren und zu bewerten.[428] Nur so ist es möglich, allen relevanten Entwicklungen gegensteuernde Maßnahmen zuzuordnen. Die Einhaltung der Maßnahmen im RMP sollten durch das Risikoüberwachungssystem regelmäßig überprüft werden.[429]

425 Vgl. Kapitel A, Punkt 1.1, Abb. 2, S. 8.

426 Vgl. IDW (1999a), Rn. 5, S. 658, Wehner (1999), S. 245.

427 Lachnit/Müller (2001), S. 367.

428 Vgl. Dobler (2001), S. 2087, Scholz/Schuler (2006), Rn. 1029, Abb. 8, S. 447 ff.

429 Sofern von Tochtergesellschaften den Fortbestand der Muttergesellschaft gefährdende Entwicklungen ausgehen können, sind unter Berücksichtigung der gesellschaftsrechtlichen Möglichkeiten die Maßnahmen zum ÜWS konzernweit auszugestalten. Vgl. Ernst et al. (1998), S. 53. Zum "konzernweiten RFS" vgl. IDW (1999a), Rn. 34 bis 37, S. 661.

Wie bereits bei der Risiko-Begriffsabgrenzung angeklungen war, erntete die Fokussierung auf Risiken i. e. S. in der Diskussion um die Ausgestaltung des ÜWS[430] berechtigte Kritik. Die Fokussierung auf Verlustgefahren kann zu einem Nicht-Nutzen von Chancen führen. Das ÜWS kann dann selbst zu einem Unternehmensrisiko erwachsen. Berechtigter Weise wird gefordert, dass sich das System daher nicht "nur" auf das rechtzeitige Erkennen von bestandsgefährdenden Risiken beschränken soll. Es sollte vielmehr zu einem vorausschauenden ("antizipierenden") ÜWS ausgestaltet werden[431] und von der Bedeutung her nachrangige Risiken sowie Chancen gleichsam berücksichtigen. Als "integriertes"[432] System in Form eines Risiko- und Chancenmanagementsystems ("RCMS") kann das ÜWS als Teil des Wertemanagements fungieren. Dazu sind den Verlustpotenzialen die korrespondierenden Chancenpotenziale gegenüberzustellen.[433]

Ein solches, nicht ausschließlich auf die Bewältigung von vergangenheitsorientierten Risikoinformationen ausgelegtes RCMS kann Bestandteil der strategischen Unternehmensführung sein.[434] Es ermöglicht die zukunftsbezogene risiko- und chancenbewusste Unternehmensführung.[435] Es hilft Wettbewerbsvorteile zu generieren[436] und leistet einen Beitrag zur Unternehmenswertsteigerung.[437] Ein solches zukunftsorientiertes System leistet einen Beitrag zur Verbesserung der Beteiligungsüberwachung von Gebietskörperschaften. Durch die systematische Versorgung mit relevanten Informationen über Gefährdungs- und Ertragspotenziale, wird mit seiner Hilfe ein tiefergehender Einblick in die Geschäftstätigkeit der ausgelagerten Verwaltungseinheit gegeben. Mit seiner Hilfe kann den hohen Informationsanforderungen einer Gebietskörperschaft nachgekommen werden. Das RCMS leistet damit einen Beitrag zur Reduktion von Prinzipal-Agenten-Problemen in öffentlichen Unternehmen. Die Gleichbetrachtung von Risiken und Chancen ist ein Beitrag zur Wahrung des wirtschaftlichen Unternehmenserfolges. Eine zu risikoaverse bzw. risikofreudige Geschäftspolitik kann mittels der gleichgewichtigen Informationsversorgung über Risiken und

430 Als "spezielles RM" bezeichnet. Vgl. Mikus (2001a), S. 10.

431 Vgl. Claassen (1999), S. 2.

432 Innerhalb der ordentlichen Geschäftsprozesse hat es kontinuierlich optimale Entscheidungsinformationen zu Risiken und Chancen zur Verfügung zu stellen. Vgl. Hoeve/Schweizer (2001), S. 108 f.

433 Unabhängig vom jeweiligen Schadens- bzw. Ertragspotenzial. Vgl. Weber et al. (1999b), S. 1711. Auch als "generelles RM" bezeichnet. Vgl. Mikus (2001a), S. 11.

434 Vgl. Burger/Buchhart (2002), S. 595 ff.

435 Vgl. Wall (2002), S. 4.

436 Vgl. Wittmann/Spannagl (2000), S. 38.

437 Vgl. Remmler (2004), S. 739. Zur Kopplung von RM und "Balanced Scorecard" vgl. bspw. Zimmermann/Jöhnk (2002), S. 895 ff.

Chancen aufgedeckt werden. Eine Beurteilung hinsichtlich des adäquaten Einsatzes von öffentlichen Mitteln erscheint zutreffender möglich. Das im Leistungsumfang über die noch darzustellende gesetzliche Verpflichtung hinausgehende RCMS leistet einen positiven Beitrag zur Aufrechterhaltung der Funktionsfähigkeit der vorliegend interessierenden öffentlichen Unternehmen.

1.3 Zusammenfassung

Die Geburtsstunde des KonTraG liegt mittlerweile rund dreizehn Jahre zurück. Seither hat sich eine Vielzahl von Autoren darum bemüht, einen Lösungsansatz zur Ausgestaltung des gesetzlich geforderten ÜWS in der Theorie und in der Praxis herzuleiten. Im Ergebnis sind dabei unterschiedliche und mehr oder weniger praxistaugliche Konstrukte entwickelt worden. Für die im Rahmen dieser Arbeit im Fokus stehenden kommunalen EVU hat sich in den letzten Jahren das wirtschaftliche und rechtliche Umfeld grundlegend verändert. Korrespondierend hierzu erfuhr deren Risiko- und Chancenlandschaft eine grundsätzliche Umwälzung. Die Prinzipal-Agenten-Probleme in diesen sind als vielschichtig zu beschreiben. Informationsasymmetrien können dem öffentlichen Zweck und den wirtschaftlichen Zielen entgegenwirken.

Den eigenen Überlegungen zur Ausgestaltung eines den Verhältnissen des Einzelfalles angemessenen ÜWS wurde auferlegt, kein vergangenheitsorientiertes und lediglich auf Risiken i. e. S. ausgelegtes System zu generieren. Vielmehr wird in Abkehr davon ein zeitgemäßer und aus Sicht der interessierenden EVU als sinnvoll erachteter Systemansatz zu Grunde gelegt. In Anlehnung an die dargestellte Kritik wird ein antizipierendes und in ein RCMS integriertes RFS propagiert. Im RCMS liegt der Hauptfokus auf bestandsgefährdenden Risiken. Darüber hinaus werden aber auch von der Bedeutung her nachgelagerte Risiken und zu diesen korrespondierende Chancen sowie deren Wechselwirkungen und Interdependenzen gleichsam betrachtet. Durch die Gleichbehandlung soll der Tatsache Rechnung getragen werden, dass sich für die interessierenden kommunalen EVU in den letzten Jahren die Wettbewerbsbedingungen maßgeblich verändert haben und die kommunale Steuerung von ausgegliederten Verwaltungseinheiten besondere Probleme mit sich bringt. Kommunale EVU dürfen aufgrund ihres öffentlichen Auftrages nicht "nur" daran interessiert sein, bestandsgefährdende Entwicklungen zu erkennen und zu bewältigen. Diese müssen gleichsam ein Interesse daran haben, neben den Gefährdungspotenzialen die Ertragspotenziale im Rahmen von unternehmerischen Entscheidungen mit berücksichtigen zu können. Nur so ist der Nachweis zu erbringen, dass von einem sorgsamen Umgang mit den anvertrauten Mitteln auszugehen ist. Dabei steht nicht nur die sorgsame "Verwaltung" von öffentlichen Geldern im Fokus einer Gebietskörperschaft, sondern auch die angemessene Verzinsung der eingesetzten bzw. überlassenen öffentlichen Mittel. Auf diese Weise wird der Beitrag zur Aufrechterhaltung der Funktionsfähigkeit des öffentlichen Unternehmens sichtbar.

Der zu entwickelnde Lösungsansatz zu einem RCMS muss die interessierenden kommunalen EVU in die Lage versetzen, jederzeit der gesetzlichen Verpflichtung gem. § 53 HGrG zu entsprechen. Dazu muss das RCMS so ausgestaltet sein, dass von einer wirksamen Behandlung und Berichterstattung aller bestandsgefährdenden Risiken jederzeit auszugehen ist. Die Teilsysteme des ÜWS sind hierzu um den Aspekt der Chancen zu erweitern. Die Chancen sind mit den korrespondierenden Gefährdungspotenzialen in Bezug zu bringen. Das RCMS muss es einer Unternehmensleitung ermöglichen, dass diese jederzeit über alle betrachtungswürdigen positiven sowie negativen Entwicklungen rechtzeitig informiert wird. Überdies müssen Veränderungen in den Entwicklungen im Zeitverlauf in zutreffender Weise angezeigt werden können. Nur so ist zu gewährleisten, dass diese in jedem Fall noch ausreichend Zeit besitzt, um wirksame Maßnahmen zur Abwehr bzw. zur Nutzung von Entwicklungen von Bedeutung initiieren zu können. Über eine gleichgewichtige Berichterstattung über Risiken und Chancen kann diese in den Gremien bzw. gegenüber den Organen die Basis für eine verbesserte kommunale Beteiligungssteuerung schaffen. Mittels des RCMS wird ein Beitrag zur Verbesserung der CG und zum Abbau von Informationsdefiziten auf Seiten der Trägerschaft und des Aufsichtsrates geleistet.

2 Einrichtungs-, Prüfungs- und Berichterstattungspflichten

In der vorliegenden Arbeit interessieren privatwirtschaftliche kommunale EVU in der Rechtsform der GmbH und AG. Im vorliegenden Abschnitt wird unabhängig von der Branchenzugehörigkeit die Pflicht zur Implementierung und Prüfung des RFS bei Unternehmen in der Rechtsform der AG und GmbH dargestellt. Im Anschluss daran wird auf die besondere Situation von öffentlichen Unternehmen, die der Prüfungspflicht gem. § 53 HGrG unterliegen, eingegangen, bevor die veränderte Berichterstattungspflicht im Lagebericht aufgezeigt wird.[438]

438 Wird in der Folge vom "Lagebericht" gesprochen ist gleichsam der Lagebericht gem. § 289 HGB und der Konzernlagebericht gem. § 315 HGB gemeint.

2.1 Implementierung, Überwachung und Prüfung des RFS bei AGs

Einleitend wurde aufgezeigt, dass mit der Regelung des § 91 Abs. 2 AktG Vorstände deutscher AG seinerzeit dazu verpflichtet wurden, ein unternehmensweites RFS einzurichten, damit den Fortbestand der Gesellschaft gefährdende Risiken früh erkannt werden können.[439] Diese Verpflichtung hatte aus Sicht des Gesetzgebers lediglich einen klarstellenden (deklaratorischen) Charakter.[440] Nach seiner Auffassung gehörte es schon immer zu den Vorstandspflichten,[441] Entwicklungen zu erkennen, aufzuspüren und zu bewältigen, die den Fortbestand der Gesellschaft gefährden können. Wegen den in der Öffentlichkeit stark diskutierten Unternehmensschieflagen wurde seinerzeit mit der aktienrechtlichen Regelung ein notwendiger und wichtiger Schritt zur Stärkung der CG insbesondere in deutschen Aktiengesellschaften getan.

Die Initiierung des § 91 Abs. 2 AktG wurde als wesentliche Neuerung in den Vorstandspflichten bewertet.[442] Durch die Forderung zur Implementierung des ÜWS wurde dem Kernproblem der CG im Fall der reinen Anteilseignerorientierung[443] entgegengetreten. Vorstände haben seither ihre Managementaktivitäten transparenter darzulegen. Aufgrund der gestalterischen Freiheit bei der

---

439 Zu den Pflichten von VO, AR und des AP vgl. Peermöller/Keller (1997), S. 1986 ff., Henselmann (2001), S. 32 ff. Zu den Konzerndimensionen des KonTraG vgl. Reuter (1999), S. 2250 ff.

440 Vgl. IDW (1999a), Rn. 1, S. 658.

441 Die Einrichtung des ÜWS gehörte seit jeher zu den Organisationspflichten des VO gem. § 76 Abs. 1 AktG. Vgl. Ernst et al. (1998), S. 53, Hommelhoff/Mattheus (2000), S. 11 f., Kindler/Pahlke (2001), Rn. 209-210, S. 67 f., Nipken (2001), S. 172 f.

442 Vgl. Salzberger (2000), S. 756. Die Verletzung der Organisationspflicht kann zur Schadensersatzpflicht führen. Vgl. Ernst et al. (1998), S. 53. Ist strittig, ob die Sorgfaltspflicht i. Z. m. der Implementierung des Überwachungssystems verletzt wurde, so trifft den Gesamt-VO die Beweislast. Vgl. § 93 Abs. 2 Satz 2 AktG, Kau/Kukat (2000), S. 1046. Die Beweislastumkehr stellte eine Haftungsverschärfung dar. Der Versuch der Exkulpation durch Verweis auf unternehmensinterne Zuständigkeiten könnte VO-Mitglieder im Schadensfall in "Rechtfertigungssdruck" bringen. Vgl. Salzberger (2000), S. 756, Hommelhoff/Mattheus (1998), S. 251, Vogler/Gundert (1998), S. 2378.

443 Die Aktionäre haben ein Eigeninteresse daran, das Management dazu zu motivieren, dass diese einen bestmöglichen Arbeitseinsatz leisten, sodass der Unternehmenswert steigt und das Ergebnis. Der Aktionär geht davon aus, dass es einen direkten Zusammenhang zwischen Arbeitseinsatz des Managements und des Unternehmenserfolgs gibt. Er kann den Arbeitseinsatz jedoch nicht beobachten und muss befürchten, dass dieser zu gering ausfällt oder das Management eigene Ziele verfolgt, die seinen zuwider laufen (moral hazard). Vgl. ausführlich Witt (2001), S. 87.

Konzipierung des geforderten RFS wurden die Maßnahmen des ÜWS in der Literatur eingehend diskutiert und Lösungskonzepte als Handlungsempfehlung für Unternehmensleiter konzipiert. Die "Eignung" des unternehmensindividuell auszugestaltenden ÜWS wird grundsätzlich dann unterstellt, wenn es dazu in der Lage ist, einem Unternehmensleiter alle notwendigen Informationen über bestandsgefährdende Risiken zu einem Zeitpunkt zukommen zu lassen, in dem dieser noch in der Lage ist entsprechende Maßnahmen einzuleiten und diese abzuwenden. Die getroffenen Maßnahmen unterstreichen ihre Eignung, wenn diese dem Vorstand bei der "systematischen Aufdeckung" einer Bestandsgefährdung helfen[444] und zur Aufdeckung einer "schleichenden" Bestandsgefährdung beitragen.[445] Die Eignung der getroffenen Maßnahmen ist auch daran festzumachen, ob das gesamte ÜWS und die Summe seiner Teilbereiche als standardisierter und routinemäßiger Prozess das Gesamtunternehmen durchlaufen. Ist dies nicht der Fall, so können Risiken ggf. übersehen werden, die bspw. unterjährig neu auftreten. Ein ÜWS, welches sich flexibel und fortlaufend an die sich verändernden unternehmensindividuellen und externen Rahmenbedingungen zum Erhalt seiner Wirksamkeit anpasst,[446] unterstreicht seine Eignung und Wirksamkeit i. S. d. Gesetzes. Die Etablierung des § 91 Abs. 2 AktG führte zu einer deutlichen Verbesserung des CG-Niveaus[447] bei Publikumsgesellschaften in Deutschland, da nicht zuletzt die Zusammenarbeit zwischen Vorstand, Aufsichtsrat und Abschlussprüfer dadurch deutlich verbessert wurde.

Insbesondere die Überwachungstätigkeit des Aufsichtsrates[448] erfuhr eine deutliche Förderung. Ein Vorstand hat gem. § 90 Abs. 1 AktG den Aufsichtsrat mindestens einmal jährlich über die beabsichtigte Geschäftspolitik und andere grundsätzliche Fragen zur unternehmensweiten Planung zu unterrichten.[449] Dieser muss dabei insbesondere auf Abweichungen in der tatsächlichen Unternehmensentwicklung von früher berichteten Zielen eingehen. Solche Abweichungen können durch Risiken oder Chancen entstehen. Wegen der Dynamik im Unter-

444 Vgl. Salzberger (2000), S. 758. Das praktizierte RM ist methodisch und systematisch durchzuführen. Vgl. Giese (1998), S. 452.

445 Vgl. AK (2000), S. 2.

446 Zur Wahl der sachgerechten Organisationsform vgl. PwC (2000), S. 16.

447 Vgl. Lück (1998b), S. 1925, Pahlke (2002), S. 1680 ff.

448 Die Überwachungspflicht des AR ist das "Kernelement" der deutschen CG. Vgl. Hommelhoff/Mattheus (1998), S. 251. Zu den Akteuren im Rahmen der Risikoüberwachung und -berichterstattung nach dem KonTraG vgl. Wall (2003), S. 467 ff. und die Abb. 4, S. 468, Ludewig (2000), S. 634 ff., Schwintowski (2006), Rn. 1233 bis 1236, S. 544 f.

449 Das KonTraG zielte auf eine Stärkung der Kontrollfunktion des AR ab und auch die des AP ab. Vgl. Schindler/Rabenhorst (1998a), S. 1886, Brebeck/Förschle (1999), S. 172 f. Zum Gefüge der Überwachungsorgane vgl. von Hohnhorst (2002), Abb. 1, S. 96.

nehmensumfeld von AG kann dies in Einzelfällen eine laufende Berichterstattung erforderlich machen. Der Aufsichtsrat hat das Recht und die Pflicht, sich in solch eine Lage versetzen zu lassen, dass dieser eine zukunftsgerichtete Aufsicht und Beratung gegenüber dem Vorstand vornehmen kann.[450]

Gem. § 111 Abs. 1 AktG hat der Aufsichtsrat die Geschäftsführung zu überwachen. Er hat das Recht zur umfassenden Einsichtnahme in die Unterlagen der Jahresabschlussprüfung und ein erweitertes Informationsrecht gegenüber der Geschäftsführung. Die Pflicht zur Implementierung des RFS steht unmittelbar mit dem Überwachungsauftrag des Aufsichtsrates in Verbindung und ist zwingender Bestandteil seiner Überwachungstätigkeit.[451] Zur Sicherstellung einer guten CG obliegt es diesem zu überprüfen, ob der Vorstand die ihm obliegenden Maßnahmen in geeigneter Form getroffen hat und ob die Reaktionen auf bestandsgefährdende und sonstige Risiken als wirtschaftlich und zweckmäßig bzw. "effektiv" einzuschätzen sind. Fehleinschätzungen bzw. -entscheidungen können auf diese Weise aufgedeckt werden. Auf diese muss der Aufsichtsrat reagieren und diesen steuernd entgegenwirken, um so den Unternehmensfortbestand bzw. -erfolg nachhaltig zu sichern.[452]

Im Zuge der bereits aufgezeigten Bemühungen zur Verbesserung der CG bei Publikumsgesellschaften wurde seinerzeit auch der Gegenstand und Umfang der Jahresabschlussprüfung gem. § 317 HGB verändert.[453] Die wesentlichen Veränderungen betrafen die Ausrichtung der Prüfung auf Unrichtigkeiten und Verstöße gegen gesetzliche Vorschriften und die ergänzenden Bestimmungen des Gesellschaftervertrages oder der Satzung,[454] die Ausdehnung der Prüfungspflichten i. V. m. dem (Konzern-)Lagebericht[455] sowie die Pflicht zur Prüfung[456] des imp-

---

450 Vgl. AK (2000), S. 2. Mittels Risikoberichts über die wesentlichen Risiken, ihre Veränderungen sowie die eingeleiteten Abwehrmaßnahmen. Der Bericht sollte auch Aufschluss über die Überwachungsmaßnahmen und deren Wirksamkeit enthalten. Vgl. PwC (2000), S. 21.

451 Vgl. Gampenrieder/Kittelberger (2002), S. 222.

452 Vgl. Salzberger (2000), S. 756 f., Vogler/Gundert (1998), S. 2378. Kommt der AR seiner Pflicht nicht nach, so gelten in Haftungsfällen die gleichen Bedingungen wie für den VO (Beweislastumkehr). Vgl. Kau/Kuckat (2000), S. 1048, Kindler/Pahlke (2001), S. 60 ff., Pahlke (2002), S. 1680 ff., Schichold (2001), S. 397 ff. Zur "Kataloghaftung" des AR durch Veränderung der Regelung des § 111 Abs. 4 Satz 2 AktG durch das Transparenz- und Publizitätsgesetz (TransPuG) vgl. Lange (2003), S. 376 ff.

453 Zur Verbesserung der Zusammenarbeit zwischen AR und AP vgl. Dörner (2000), S. 101 ff., Müller (2002), S. 1301 ff.

454 Vgl. § 317 Abs. 1 Satz 3 HGB.

455 Vgl. § 317 Abs. 2 HGB i. d. F. des KonTraG. Vgl. Ernst et al. (1998), S. 94.

456 Vgl. Gampenrieder/Kittelberger (2002), S. 222, Lenz/Ostrowski (1997), S. 1523 ff., Schindler/Rabenhorst (1998b), S. 1939 ff., Dörner (1998), S. 1 ff. Zur Prüfung nach §

lementierten RFS ausschließlich bei börsennotierten AG.[457] Durch die Veränderung der Prüfungspflicht wurde ein Beitrag zur "engeren" Zusammenarbeit zwischen Aufsichtsrat und Abschlussprüfer geleistet.[458] Mittels der Prüfungstätigkeit und der Prüfungsergebnisse des Abschlussprüfers werden dem Überwachungsorgan nützliche Zusatzinformationen zur Verfügung gestellt.

Der Abschlussprüfer hat sich bei seiner Prüfung des RFS an die Maßgabe des IDW Prüfungsstandards: *"Die Prüfung des Risikofrüherkennungssystems nach § 317 Abs. 4 HGB (IDW PS 340)"* zu orientieren.[459] Er muss zu einer Beurteilung gelangen, ob der Vorstand die ihm obliegenden Maßnahmen in geeigneter Form getroffen hat und ob das System seine Aufgaben erfüllen kann.[460] Diese funktionale Systemprüfung erstreckt sich auf das Vorhandensein des RFS sowie auf die Eignung und Wirksamkeit der Risikofrüherkennung im Prüfungszeitraum. Das Prüfungsergebnis gibt dem Aufsichtsrat Hinweise darauf, ob der Vorstand seinen Pflichten angemessen nachgekommen ist. Die Reaktionen auf erkannte Risiken gehören ebenso wenig zum Prüfungsumfang wie eine Beurteilung dahingehend, ob die vom Vorstand durchgeführten Handlungen zur Risikobewältigung sachgerecht bzw. wirtschaftlich waren.[461] Eine solche Einschätzung hat der Aufsichtsrat eigenverantwortlich zu treffen.

Die erweiterte Prüfungspflicht gem. § 317 Abs. 4 HGB i. V. m. § 91 Abs. 2 AktG dient dazu, den Vorstand in die Lage zu versetzen, möglichst frühzeitig Risiken zu erkennen, um Gefährdungen des Fortbestandes des Unternehmens zu vermeiden.[462] Sie dient gleichzeitig dazu, dem Aufsichtsrat einen möglichen Handlungsbedarf zur weiteren Systemverbesserung und zur Förderung der Wirksamkeit des Systems aufzuzeigen. Nicht prüfungspflichtige Gesellschaften sollten aus "eigenem Interesse" heraus durch Erweiterung des Prüfungsauftrages regelmäßig eine Systembeurteilung beauftragen.[463] Eine zweite fachkundige Meinung zur Wirksamkeit des RFS wird in den Zeiten des globalen und wirtschaftlichen Wandels und der Dynamik als wichtig erachtet. Schließlich leisten

317 Abs. 4 HGB i. d. F. des KonTraG vgl. Pollanz (2001), S. 1317 ff., Böcking/Orth (2000), S. 242 ff., Dörner (2000), S. 103, IDW (2006b), Rn. 65-97, S. 1615 ff. Zu Gesellschaften, die der Regelung des § 317 Abs. 4 HGB nicht unterliegen, vgl. IDW (1999a), Rn. 2, S. 658.

457 Vgl. § 317 Abs. 4 HGB. Zum Begriff der "börsennotierten" AG vgl. § 3 Abs. 2 AktG.

458 Vgl. Scheffler (2002), S. 1289, Brebeck/Förschle (1999), S. 182 ff.

459 Vgl. IDW (1999a), S. 658 ff.

460 Vgl. § 317 Abs. 4 HGB. Vgl. auch IDW (2005d), Rn. 104, S. 123.

461 Keine "Geschäftsführungsprüfung". Vgl. IDW (1999a), Rn. 19, S. 660, Schindler/Rabenhorst (2001), Rn. 86, S. 162 und die in Fn. 16 angegebenen Quellen. Zur Berichterstattung über die Systemprüfung vgl. IDW (2006c), Rn. 104 ff., S. 123.

462 Vgl. Ernst et al. (1998), S. 96.

463 Vgl. Vogler/Gundert (1998), S. 2378.

die Prüfungsergebnisse nicht zuletzt einen Beitrag zur Aufrechterhaltung der wirksamen Überwachungstätigkeit durch den Aufsichtsrat.

Zur sachgerechten Durchführung der Systemprüfung ist es unabdingbar, dass der Abschlussprüfer entsprechende Kenntnisse über die Geschäftstätigkeit sowie über die wirtschaftlichen und rechtlichen Verhältnisse des geprüften Unternehmens besitzt. Dazu hat sich dieser regelmäßig über das zu prüfende Unternehmen zu informieren und in Kenntnis zu setzen. Sollten diese Voraussetzungen nicht vorliegen, so drohen Fehleinschätzungen hinsichtlich der Ausgestaltung des RFS. Die Folge daraus können Informationsasymmetrien in Richtung des Aufsichtsrates und der Trägergemeinde sein. Der Abschlussprüfer muss daher bei seiner Prüfungsplanung sicherstellen, dass sich dieser über die reine Prüfungszeit hinaus ein ausreichendes Verständnis von den getroffenen Maßnahmen zum RFS verschaffen kann.[464] Sind diese aus seiner Sicht als geeignet einzustufen, so hat er diese in Stichproben auf deren Wirksamkeit und deren kontinuierliche Anwendung hin zu überprüfen.[465]

Ziel der Systemprüfung ist es festzustellen, ob es sich bei der geprüften Systemlösung um ein "lebendiges" System handelt.[466] Die Prüfungsergebnisse sind in einem besonderen Teil des Prüfungsberichts darzustellen.[467] Bei der Abfassung des Berichts muss der Abschlussprüfer sicherstellen, dass Aussagen zu möglichen Mängeln[468] eindeutig als solche zu verstehen sind. Ist die Geschäftsleitung nach Auffassung des Abschlussprüfers ihrer gesetzlichen Verpflichtung im Prüfungszeitraum nicht ausreichend genug nachgekommen,[469] so hat er dies klar und eindeutig zu adressieren. Dieser hat den Aufsichtsrat über seine Prüfungsfeststellungen unmittelbar in Kenntnis zu setzen.

2.2 Implementierung des RFS bei GmbHs

Es wurde bereits kurz angesprochen, dass der Gesetzgeber seinerzeit keine konforme Regelung zum § 91 Abs. 2 AktG in das GmbHG mit aufgenommen hat-

464 Vgl. IDW (1999a), Rn. 20 und 22, S. 660. Zur Qualitätssteigerung der AP vgl. Böcking et al. (1998), S. 357.

465 Bspw. mittels Durchsicht der Unterlagen zur Risikoerfassung. Vgl. ebd. (1999a), Rn. 31, S. 661.

466 Vgl. Wolz (2001), S. 793.

467 Vgl. § 321 Abs. 4 HGB. Zum BV gem. § 322 HGB vgl. Lehwald (2000), S. 259 ff.

468 Er hat auf Maßnahmen zur Verbesserung des Systems einzugehen. Vgl. § 321 Abs. 4 Satz 1 und 2 HBG, IDW (1999a), Rn. 2, S. 658 und 32, S. 661.

469 Vgl. ebd. (1999a), Rn. 32, S. 661. Aus der Prüfung gem. § 317 Abs. 4 HGB und der Berichterstattung gem. § 321 Abs. 4 HGB ergibt sich unmittelbar eine verbesserte Unterrichtung des AR hinsichtlich der Wirksamkeit des implementierten RFS.

te.[470] Formal gesehen ergab sich dadurch keine Erweiterung für die Organisations- und Sorgfaltspflichten von Geschäftsführern von GmbHs und anderen Gesellschaftsformen.[471] Der Gesetzgeber ließ jedoch in der Gesetzesbegründung erkennen, dass für Gesellschaften mit beschränkter Haftung je nach Größe, Komplexität ihrer Struktur usw. nichts anderes gilt und die aktienrechtliche Regelung eine "Ausstrahlungswirkung" auf den Pflichtrahmen der Geschäftsführer anderer Gesellschaftsformen hat.[472] Die GmbH als bevorzugte Rechtsform von mittelständischen Unternehmen und von kommunalen EVU wurde damit direkt angesprochen.[473] Diese Feststellung führte seinerzeit zu einer als beträchtlich eingestuften "Verunsicherung" in der deutschen Unternehmenslandschaft. Eine Organhaftung aus einer möglichen Nichtbeachtung der Regelung des § 91 Abs. 2 AktG wurde insbesondere von GmbH-Geschäftsführern befürchtet.

Unter dem Begriff der "Ausstrahlungswirkung" wird in den Rechtswissenschaften ein *"... methodischer Vorgang unterhalb der Analogiebildung ..."*[474] verstanden. Danach ist eine Norm auf einen bestimmten Regelungskomplex nicht analog anwendbar. Ihre bloße Existenz beeinflusst den Regelungskomplex allerdings dahingehend, dass Rechtsfragen gleich oder zumindest ähnlich entschieden werden können.[475] Nach einer strengen Auslegung der Gesetzesbegründung schlussfolgerten einige Autoren, dass für GmbHs, die aufgrund ihrer Größe, Komplexität und Struktur auf umfangreiche Kontroll- und Überwachungsmechanismen angewiesen sind, der Pflichtrahmen des GmbH-Geschäftsführers dem des Vorstands gleichzusetzen ist.[476] Seinerzeit wäre es danach gleichsam zu einer Präzisierung der Kontroll- und Überwachungspflichten von GmbH-Geschäftsführern durch den § 91 Abs. 2 AktG gekommen.[477]

Gegenteilige Stimmen entgegnen, dass von einer generellen Übernahme der aktienrechtlichen Pflichten nicht auszugehen ist. Diese argumentieren, dass es für den Gesetzgeber schließlich ein Leichtes gewesen wäre, seinerzeit eine entsprechende Verpflichtung auch für andere Gesellschaftsformen vorzugeben. Die

470 Zur Entstehung des KonTraG vgl. Seibert (2000), S. 426 ff., Birgel (2004), S. 108 f.

471 Vgl. Remme/Theile (1998), S. 914.

472 Vgl. Gesetzesbegründung zum § 91 Abs. 2 AktG, einzusehen bei Ernst/Seibert/Stuckert (1998), S. 53. Vgl. auch IDW (1999a), Rn. 1, S. 658.

473 Zur AP nach dem KonTraG bei einer GmbH vgl. Behre/Nöcker (2000), S. 445 ff. Zur Gesetzesauswirkung auf andere Gesellschaftsformen vgl. Klar (1997), S. 685 ff.

474 Drygala/Drygala (2000), S. 300.

475 Vgl. ebd. (2000), S. 300.

476 Vgl. Kuhl/Nickel (1999), S. 133. Zu den Besonderheiten beim RFS von kleinen und mittelständischen Unternehmen vgl. IDW (2007), S. 53 ff.

477 Vgl. Birgel (2004), S. 109. Eine analoge Prüfungspflicht nach § 317 Abs. 4 HGB existiert weder für GmbHs noch für andere Gesellschaftsformen.

Ausstrahlungswirkung fand Erwähnung, weil der Gesetzgeber die Reichweite der Norm jenseits der AG der Entwicklung in Literatur und Rechtsprechung überlassen wollte.[478] Weiter wird angeführt, dass insbesondere eine analoge Übertragung des Anwendungsbereichs des § 91 Abs. 2 AktG nicht für GmbHs stattfinden darf, da das KonTraG mit der "gewichtigen" Formulierung im AktG an ein bestimmtes Organisationsbild anknüpfte. Dieses weist zwingend eine festgelegte Organisationsstruktur mit Leitungs- und Überwachungsorgan auf, welches bei einer GmbH eben nicht gesetzlich geregelt ist.[479] Mit einer strengen Auslegung der Gesetzesbegründung und der analogen Übertragung auf die GmbH wäre die "falsche Person" betroffen, da mit der aktienrechtlichen Verpflichtung das Leitungsorgan der AG verpflichtet wird, welches in dieser Form bei einer GmbH nicht existiert.[480]

Das Organisationsbild einer AG ist durch Trennung von Führung (Vorstand) und Überwachung (Aufsichtsrat) ("Two Tier System") gekennzeichnet. Unabhängig von der Unternehmensgröße ist ein Aufsichtsrat zu bilden. Weitgehend unabhängig von den Gesellschaftern nimmt der Vorstand seine Führungsaufgabe wahr. Die Gesellschafter vertreten ihre Rechte in der Hauptversammlung.[481] Von dieser Organisationsverfassung unterscheidet sich die der GmbH grundlegend. Bei dieser ist die Geschäftsführung den Gesellschaftern untergeordnet.[482] Die Gesellschafter können ihre Interessen aufgrund der weitergehenden Weisungsbefugnisse selbst wahrnehmen.[483] Einer analogen Übertragung der aktienrechtlichen Regelung auf den Pflichtrahmen von GmbH-Geschäftsführern wird daher widersprochen.[484]

Dieser aufgrund der Eigentümerstellung herzuleitenden formellen Befreiung von der Implementierungspflicht bei GmbHs wird entgegnet, dass diese an den allgemeinen Sorgfaltspflichten eines GmbH-Geschäftsführers scheitern muss. Es wird angeführt, dass die Regelung des § 43 Abs. 1 GmbHG das gleiche ausdrückt wie die entsprechende Regelung für Vorstände im § 93 Abs. 1 Satz 1 AktG.[485] Danach haben sich GmbH-Geschäftsführer jederzeit über alle unternehmenspolitischen Umstände und Entwicklungen mit Unternehmensbelang in

478 Vgl. Drygala/Drygala (2000), S. 300.

479 Vgl. Kirchner (2002), S. 191.

480 Vgl. Drygala/Drygala (2000), S. 301, Hommelhoff (2000), S. 377, Hommelhoff/Mattheus (2000), S. 11 f.

481 Vgl. §§ 118, 119 AktG.

482 Vgl. Hommelhoff (2000), S. 377, Kirchner (2002), S. 191.

483 Vgl. §§ 37, 45, 46, 49 GmbHG. Vgl. auch Gampenrieder/Kittelberger (2002), S. 223.

484 Vgl. Hommelhoff (2000), S. 377-378, Hommelhoff/Mattheus (2000), S. 28.

485 Vgl. Gampenrieder/Kittelberger (2002), S. 223, Scharpf (1997), S. 737. Vgl. Altmeppen (1999), S. 301, Böcking/Orth (1999), S. 420.

Kenntnis zu setzen. Gleichsam wie Vorstände müssen diese jederzeit in der Lage sein, sich ein genaues Bild von der aktuellen Unternehmenssituation zu verschaffen. Dazu müssen diese für eine Organisation sorgen, mit deren Hilfe ihnen jederzeit die Wirtschaftlichkeit und die finanzielle Situation der Gesellschaft offenbart werden kann. Nur so ist es möglich, Entscheidungen und Maßnahmen zur Unternehmenssteuerung sorgfältig vorzubereiten und zu planen. GmbH-Geschäftsführer, die an dieser Stelle ihrer Organisationspflicht nicht nachkommen, haften im Schadensfall der Gesellschaft solidarisch.[486]

Im Zuge der Diskussion um die Ausstrahlungswirkung wurden neben der Eigentümerstellung und den Sorgfaltspflichten die bereits aufgezeigten Kriterien Unternehmens- "Größe", "Komplexität" und "Struktur" hinsichtlich eines "Greifens" der Ausstrahlungswirkung diskutiert. Insbesondere die in der Regelung des § 267 HGB normierten Größenklassen für Kapitalgesellschaften wurden als möglicher Erklärungsansatz diskutiert. Schließlich hatte sich der Gesetzgeber bei der Normierung des § 91 Abs. 2 AktG von dem Bild der AG als ein großes (und zumindest potenziell auf den Kapitalmarkt abzielendes) Unternehmen leiten lassen. Die aus der Regelung des § 53 GmbHG resultierende Pflicht wurde insoweit konkretisiert, dass bei der Anwendung des § 267 HGB ein ÜWS zumindest nicht von kleinen und mittelgroßen GmbHs eingerichtet werden muss.[487] Unterlassen diese kleineren Gesellschaften die Implementierung, so ist dies in der Folge nicht als pflichtwidriges Verhalten zu bewerten.

Ein weiteres Greifen der Ausstrahlungswirkung wird für den Fall angenommen, wo eine GmbH den Kapitalmarkt zur Aufnahme von Fremdkapital in Anspruch nimmt. Werden Schuldverschreibungen, Genussscheine o. Ä. emittiert, die zum Handel an der Börse zugelassen sind, so kommt der im AktG verankerte Gedanke des Anlegerschutzes zum Tragen. Geschäftsführer solcher "Nicht-AGs" sind verpflichtet, ein wie auch immer ausgestaltetes Kontrollsystem einzurichten.[488] Bei der Konzeption des Systems wird eine annähernd analoge Vorgehensweise wie bei dem nach § 91 Abs. 2 AktG geforderten ÜWS unterstellt.[489]

Hinsichtlich des Kriteriums der "Überwachungsstruktur" wird für Gesellschaften, die mehr als 2.000 Arbeitnehmer beschäftigen, angenommen, dass die Unterschiede in den Organisationsverfassungen der AG und der GmbH zusammenschmelzen. Wegen der "gesamtwirtschaftlichen Bedeutung" wäre die GmbH

---

486 Vgl. Scharpf (1997), S. 737 mit Verweis auf § 43 Abs. 2 GmbHG.

487 Vgl. Drygala/Drygala (2000), S. 302, Stelzer (1999), S. 55, Seibert (1999), S. 10.

488 Vgl. Hommelhoff/Mattheus (2000), S. 29.

489 Vgl. Kirchner (2002), S. 191.

an dieser Stelle zur Einrichtung eines Aufsichtsrates verpflichtet[490]. Hier wird davon ausgegangen, dass eine analoge und uneingeschränkte Verantwortlichkeit zur Implementierung des RFS existiert.[491] Eine GmbH weist hier die wesentlichen "Seriösitätsmomente" der aktienrechtlichen Organisationsverfassung auf, da bspw. die Bestellung des Geschäftsführers durch den Aufsichtsrat vorgenommen wird und nicht durch die Gesellschafter.[492]

Als weitere Abgrenzungskriterien werden die "Komplexität" sowie die "Dynamik" diskutiert. Unter "Komplexität" kann die *"... Kompliziertheit und Unübersichtlichkeit eines Sachverhalts ..."*[493] verstanden werden. Aus unternehmerischer Sicht ist die Komplexität als die Zahl der zu berücksichtigenden Faktoren, deren Verschiedenartigkeit und deren Verteilung in verschiedenen Umweltsegmenten zu verstehen. Unterliegt ein Unternehmen einer hohen Zahl an zu berücksichtigenden Umweltfaktoren, die zudem stark verschiedenartig sind und die möglicherweise aus mehreren Umweltsegmenten resultieren, so muss ein erhöhter Anspruch an die Selbstorganisation durch die Unternehmensverantwortlichen gesetzt werden. Für GmbHs mit einer hohen Komplexität und einer hohen Dynamik kann sich die Notwendigkeit zur Implementierung eines KonTraG-konformen ÜWS ergeben.[494] Diese Forderung ist ggf. auch auf mittelgroße oder kleine GmbHs übertragbar. Es wird angenommen, dass je komplexer und dynamischer die Geschäftstätigkeit ist, umso höher können die damit verbundenen Risiken sein und desto höher sind letztlich die an das ÜWS zu stellenden Systemanforderungen.[495]

490 "Obligatorischer AR". Zu unterscheiden vom "fakultativen AR", der aufgrund von Regelungen im Gesellschaftervertrag freiwillig eingerichtet wird. Vgl. Bremer (1999), S. 116, Hommelhoff/Mattheus (2000), S. 29 mit Verweis auf § 6 Abs. 1 i. V. m. § 1 Abs. 1 MitbestG.

491 Vgl. ebd. (2000), S. 28.

492 Vgl. Hommelhoff (2000), S. 379 mit Verweis auf die Regelungen der § 25 Abs. 1 Satz 1 i. V. m. § 31 MitbestG. Vgl. auch Hommelhoff/Mattheus (2000), S. 27. Eine gleichsame Verpflichtung wird angenommen, wo der Gesellschaftervertrag die Einrichtung des AR vorschreibt. Vgl. Kirchner (2002), S. 191.

493 Weber/Liekweg, (2001), Rn. 67, S. 479.

494 "Dynamik" ist die Veränderung der Zustände in der Unternehmensumwelt und im Unternehmen selbst im Hinblick auf die Zeit. Vgl. Weber/Liekweg (2001), Rn. 69, S. 479.

495 Vgl. Hillebrand (2005), S. 65. Nach dem Prinzip der Gesamthaftung ist jeder Geschäftsleiter für das RFS verantwortlich. Vgl. Hommelhoff/Mattheus (2000), S. 31.

2.3 Implementierung und Prüfung des RFS gemäß § 53 HGrG

Nach Themenstellung interessieren privatwirtschaftliche kommunale EVU, die der Regelung des § 53 HGrG unterliegen. Befindet sich die Mehrheit der Anteile eines Unternehmens in einer Rechtsform des privaten Rechts im Besitz einer Gebietskörperschaft, oder gehört ihr mindestens der vierte Teil der Anteile und steht ihr zusammen mit anderen Gebietskörperschaften die Mehrheit der Anteile zu, so hat das zuständige Organ der Gesellschaft auf Verlangen der Gebietskörperschaft(en) den Abschlussprüfer mit einer Erweiterung der Abschlussprüfung gem. § 53 HGrG zu beauftragen. Der Abschlussprüfer hat die Ordnungsmäßigkeit der Geschäftsführung zu prüfen und die wirtschaftlichen Verhältnisse darzustellen.[496] Dies ist eine Erweiterung der Abschlussprüfung gem. § 316 i. V. m. § 317 HGB. Die Erweiterung der Abschlussprüfung, die sich ansonsten "nur" auf die Ordnungsmäßigkeit der Rechnungslegung erstreckt, wurde im Jahr 1969 kodifiziert.[497] Die erweiterte Prüfung und Berichterstattung wird als "Spezialität" der Abschlussprüfung angesehen. Mittels dieser Geschäftsführungsprüfung[498] wird eine Geschäftsleitung einer besonderen Beurteilung unterzogen.

Die Prüfung verfolgt das Ziel, der(n) am öffentlichen Unternehmen beteiligten Gebietskörperschaft(en) ein zusätzliches *"Informations- und Kontrollinstrument"*[499] zur Verfügung zu stellen. Die bereits dargelegte besondere Notwendigkeit zur Informationsversorgung von Gebietskörperschaften wurde seinerzeit mit der Regelung des § 53 HGrG auf eine einwandfreie gesellschaftsrechtliche Grundlage gestellt.[500] So wurde die Möglichkeit geschaffen, insbesondere den Aufsichtsrat eines kommunalen Unternehmens weitergehend im Rahmen seiner Überwachungstätigkeit zu informieren und zu unterstützen. Die Geschäftsführungsprüfung stellt grundsätzlich eine Erweiterung und Verschärfung der klassischen Jahresabschlussprüfung dar.

Im Kapitel A wurde darauf verwiesen, dass die Notwendigkeit zur weitergehenden Informationsversorgung einer Gebietskörperschaft aus den unterschiedlichen Auftrags- und Kontrollbeziehungen in und um kommunalen Unternehmen und ihren Share- und Stakeholdern resultiert. Die Gefahr von Intransparenzen und Informationsasymmetrien zwischen kommunaler Trägerschaft und

496 Vgl. IDW (2006e), Rn. 1, S. 1452. Zur Abgrenzung der Begriffe "Geschäftsführung" und "Ordnungsmäßigkeit" gem. § 53 HGrG vgl. Kaufmann (1995), S. 55 ff. und 70 ff.

497 Vgl. Loitz (1997), S. 1835.

498 Zur den Gegenständen bei der Geschäftsführungsprüfung vgl. Loitz (1997), S. 1836 ff.

499 IDW (2006e), Rn. 5, S. 1452 f.

500 Vgl. Eibelshäuser (1994), S. 922.

kommunalen Unternehmen bedingt besondere Informationsmöglichkeiten der Organe. Diese müssen über die aus der "einfachen" Jahresabschlussprüfung hinausgehen.[501] Die Prüfung gem. § 53 HGrG dient der Sicherung des gemeindlichen Vermögens und der Wahrung der Funktionsfähigkeit des öffentlichen Unternehmens.[502] Der Abschlussprüfer hat eine Aussage dahingehend zu treffen, ob die Geschäftsführung ihre Aufgaben im Prüfungszeitraum i. S. d. Gebietskörperschaft(en) (i. S. d. Bürger) erfüllt hat und ob von der nachhaltigen Erfüllung der öffentlichen Aufgaben auszugehen ist. Damit leistet dieser einen weitergehenden Beitrag zur Unterstützung der Überwachungstätigkeit des Aufsichtsrates.[503]

Es wurde aufgezeigt, dass die Kontrollaktivitäten der Organe gegenüber der Unternehmensleitung von kommunalen Unternehmen problembehaftet sein können. Durch die Auslagerung und Trennung von Aktivitäten aus der öffentlichen Verwaltung besitzt die Unternehmensleitung immer einen Informationsvorsprung gegenüber dem Aufsichtsrat und der Trägergemeinde. Diese könnte die wirtschaftlichen Unternehmensaktivitäten in Abkehr vom eigentlichen öffentlichen Zweck entsprechend ihrer eigenen Nutzenfunktion beeinflussen. Dieses abweichende Verhalten ist schwerlich erkennbar und daher schwerlich sanktionierbar. "Moral-hazard"-Probleme zwischen Management und den Share- und Stakeholdern können unterstellt werden, da die Zielsetzungen der Handelnden vielfach unterschiedlich ausgestaltet sind bzw. voneinander divergieren. Das Prüfungsergebnis gem. § 53 HGrG dient dem Aufsichtsrat und der Gebietskörperschaft als weiteres Kontrollinstrument, um sich über die Erfüllung einer am öffentlichen Zweck orientierten Geschäftstätigkeit zu informieren. Der Jahresabschlussprüfer ist an dieser Stelle Erfüllungsgehilfe für den Erkenntnisgewinn.

Zur Bestimmung des Umfangs der Prüfung gem. § 53 HGrG wurde durch Mitglieder des Fachausschusses für öffentliche Unternehmen und Verwaltung (ÖFA), durch Vertreter des Bundesfinanzministeriums, des Bundesrechnungshofes sowie der Landesrechnungshöfe der IDW-Prüfungsstandard: "*Fragenkatalog zur Prüfung der Ordnungsmäßigkeit der Geschäftsführung und der wirtschaftlichen Verhältnisse nach § 53 HGrG (IDW PS 720)*" erarbeitet und am 14.02.2000 verabschiedet.[504] Dieser präzisierte als erstes mittels 21 Fragenkreisen den Prüfungsumfang gem. § 53 HGrG und schuf damit eine einheitliche Prüfungsgrundlage für öffentliche Unternehmen. Bis heute wurde eine Überarbeitung der Inhalte des IDW PS 720 vorgenommen. Am 06.10.2006 wurde der IDW-Prüfungsstandard: *"Berichterstattung über die Erweiterung der Ab-*

501 Vgl. Kapitel A, Punkt 2.5, S. 62 ff.

502 Vgl. Kaufmann (1995), S. VI.

503 Vgl. Loitz (1997), S. 1835. Zur Erteilung des BV bei kommunalen Wirtschaftsbetrieben vgl. IDW (2008), S. 9 ff.

504 Vgl. IDW (2000a), S. 326 ff., ebd. (2000b), S. 73 ff.

schlussprüfung nach § 53 HGrG (IDW PS 720)" verabschiedet.[505] Seither ist die Ordnungsmäßigkeit der Geschäftsführung, des Geschäftsführungsinstrumentariums und der Geschäftsführungstätigkeit mittels 16 Fragenkreisen zu prüfen.

Bei der Anwendung des Fragenkatalogs sind im Einzelfall die Größe, die Rechtsform und die Branche des jeweils zu prüfenden Unternehmens in angemessener Weise mit zu berücksichtigen.[506] Bei einer normalen Entwicklung der Geschäftslage ist es nicht immer erforderlich, bei jeder Abschlussprüfung die Einzelfragen in gleicher Intensität zu beantworten. Dem Abschlussprüfer obliegt es, ggf. in Abstimmung mit dem Aufsichtsrat rollierende Prüfungsschwerpunkte jährlich festzulegen. Nach pflichtgemäßem Ermessen sind Art und Umfang der im Einzelfall erforderlichen Prüfungshandlungen in Eigenverantwortung zu bestimmen.[507] Maßgeblichen Einfluss darauf hat die jeweilige Situation des zu prüfenden öffentlichen Unternehmens sowie die Zielsetzung des § 53 HGrG.[508] Es kann sich das Erfordernis ergeben über die Beantwortung der Einzelfragen hinaus auf ergänzende Sachverhalte einzugehen.[509]

Es wurde einleitend angesprochen, dass der Personenkreis, der mit der Unternehmenskontrolle beschäftigt ist, sich mit der Verabschiedung des KonTraG erweitert hatte. Veränderungen im Gegenstand und Umfang der Abschlussprüfung sowie hinsichtlich der Berichterstattung waren die Folge. Diese Veränderungen beeinflussten auch die erweiterte Prüfung und Berichterstattung gem. § 53 HGrG. Der Abschlussprüfer hat im Rahmen seiner Prüfung festzustellen, ob durch die Geschäftsführung ein den Verhältnissen des Einzelfalles angemessenes RFS implementiert wurde. Er muss beurteilen, ob dieses geeignet ist seine Aufgaben zu erfüllen.[510] Seine Prüfungsfeststellung hat er mittels der Beantwortung von vier Teilfragen im IDW PS 720 zu treffen.[511] Bei seiner Prüfung kann er sich an den Maßgaben des IDW PS 340 orientieren.

Der Abschlussprüfer hat nach der ersten Teilfrage a im Fragenkreis 4 des IDW PS 720 zu beurteilen, ob die Geschäfts-/Konzernleitung der zu prüfenden Gesellschaft nach Art und Umfang Frühwarnsignale definiert und Maßnahmen ergriffen hat, mit deren Hilfe bestandsgefährdende Risiken rechtzeitig erkannt werden können. Das Vorhandensein von wirksamen FWI zu bestandsgefährdenden Risiken und die vollständige Zuordnung muss er positiv bestätigen können. Gibt es keine FWI zu bestandsgefährdenden Risiken müssen andere wirksame

505 Vgl. ebd. (2006e), S. 1452 ff.
506 Vgl. ebd. (2006e), Rn. 3, S. 1452.
507 Vgl. ebd. (2006e), Rn. 9, S. 1453.
508 Vgl. ebd. (2006e), Rn. 5, S. 1452 f.
509 Vgl. ebd. (2006e), Rn. 4, S. 1452 und Rn. 16-17, S. 1453 f.
510 Vgl. ebd. (2006e), Rn. 8, S. 1453.
511 Vgl. ebd. (2006e), Rn. 20, S. 1454 f.

Maßnahmen vorzufinden sein, mit deren Hilfe diese von der geprüften Gesellschaft überwacht werden können. Ist ihm dies möglich hat er darzulegen, ob die identifizierten Maßnahmen aus seiner Sicht ausreichend erscheinen und geeignet sind ihren Zweck zu erfüllen (Teilfrage b). Eine Aussage darüber dient insbesondere den Organen von öffentlichen Unternehmen als wesentliche Information darüber, ob die eingesetzte Geschäftsleitung alle ihr zur Verfügung stehenden Maßnahmen ergriffen hat, um die Funktionsfähigkeit des Unternehmens aufrecht zu erhalten. Der Abschlussprüfer kann mittels Wirksamkeitstests sein Prüfungsergebnis untermauern. Mittels einer aktuellen und transparenten Dokumentation zum RFS kann eine Geschäftsleitung den Nachweis erbringen, inwieweit die eingesetzten FWI im Zeitverlauf dazu in der Lage waren, rechtzeitig eine mögliche Bestandsgefährdung aufzuzeigen.

Im Vergleich zur alten Version des IDW PS 720 (Stand 14.02.2000) hat ein Abschlussprüfer nach der neuen Fassung (Stand 06.10.2006) darüber hinaus darauf einzugehen, ob er Anhaltspunkte im Rahmen seiner Prüfung dafür gefunden hat, dass die Maßnahmen zum RFS im Betrachtungszeitraum nicht durchgeführt wurden. Die kontinuierliche Durchführung gilt es festzustellen. Ein Hinweis für die nicht kontinuierliche Anwendung ergibt sich bspw. daraus, wenn der Abschlussprüfer bei der Bewertung von Risiken zu anderen Ergebnissen kommt als die Vertreter der zu prüfenden Gesellschaft. Für eine Gebietskörperschaft wäre das als Indiz dafür anzusehen, dass Handlungsbedarf zur Verbesserung der Wirksamkeit des RFS unmittelbar besteht.

Nach der Teilfrage c muss der Abschlussprüfer feststellen, dass die ergriffenen Maßnahmen im Prüfungszeitraum ausreichend dokumentiert wurden. Eine schriftliche Darstellung der Verfahrensweisen, die helfen sollen bestandsgefährdende Risiken rechtzeitig zu erkennen, sollte grundsätzlich vorzufinden sein. Diese Forderung weist auf eine standardisierte und schriftlich dokumentierte Anlage hin, die aufzeigt, wie aus Sicht einer Unternehmensleitung im RFS zu verfahren ist. Auf die Frage, ob die Beachtung und Durchführung dieser Verfahrensweisen in der Unternehmenspraxis sichergestellt wurde, ist nach der neuen Version des IDW PS 720 nicht mehr einzugehen. Dieser Sachverhalt ergibt sich nunmehr aus den Veränderungen in der Teilfrage b.

Eine schriftliche Systemdokumentation zum RFS gibt dem Abschlussprüfer grundsätzlich einen Einblick über die ergriffenen Maßnahmen zum RFS. Diese dient überdies den Mitgliedern im Aufsichtsrat als Grundlage zur Überwachung der Geschäftsleitung. Eine entsprechende Systemdokumentation kann zum Abbau von Informationsdefiziten auf Seiten der Trägerschaft und des Aufsichtsrats führen. Die Kontrolle des RFS durch den Aufsichtsrat gestaltet sich einfacher, wenn das System auf seine Wirksamkeit hin überprüft werden soll. Nach Maßgabe des IDW PS 720 muss der Abschlussprüfer überdies zu einer Einschätzung dahingehend gelangen, ob die Frühwarnsignale und die Maßnahmen zum RFS kontinuierlich und systematisch mit dem aktuellen Geschäftsumfeld sowie mit den Geschäftsprozessen und den Funktionen abgestimmt und angepasst wurden (Teilfrage d). An dieser Stelle hat dieser die Veränderlichkeit des RFS im Zeitverlauf zu beurteilen. Er muss einschätzen, ob veränderte Einflussfaktoren ausreichend genug durch die Geschäftsleitung bei der Systemmodifikation berücksichtigt wurden.

Eine entsprechende Beurteilung gem. § 53 HGrG bedingt u. U. die Sichtung der Dokumentation zum RFS über den eigentlichen Prüfungszeitraum hinaus. Es wurde bereits angesprochen, dass die interessierenden kommunalen EVU durch Globalisierung und Liberalisierung einem stetigen Wandel in ihrem Unternehmensumfeld unterliegen. Neben ihrem Engagement in den traditionellen Geschäftsbereichen versuchen diese auch neuere Geschäftsbereiche zu erschließen. Deren Risiko- und Chancenlandschaft unterliegt einer stärkeren Veränderung als vor der Liberalisierung. Dieses gilt es beim Systembetrieb und bei der Systemmodifikation mit zu berücksichtigen. Der Abschlussprüfer muss zu einer Einschätzung gelangen, ob die den bestandsgefährdenden Risiken zugeordneten FWI stets aktuell und wirksam erscheinen und diese der kontinuierlichen Überwachung unterliegen. Hinsichtlich einer Beurteilung zur Einhaltung der getroffenen Maßnahmen muss dieser feststellen, dass diese unternehmensweite Gültigkeit besitzen und fortlaufend zur Anwendung gelangen. An dieser Stelle kann bspw. die Prüfungsdokumentation der IR Aufschluss über die kontinuierliche und systematische Anwendung bzw. Anpassung der Maßnahmen geben.

Die jeweiligen Antworten im Fragenkatalog gem. IDW PS 720 können sich aus den Sachverhalten im Lagebericht und dem Prüfungsbericht ergeben. Das Prüfungsergebnis zum RFS muss an dieser Stelle im Einklang mit den sonstigen Prüfungsergebnissen stehen. Da sich für alle öffentlichen Unternehmen i. d. R. das Erfordernis[512] zur Aufstellung des Lageberichts ergibt und im Prüfungsbericht (§ 321 HGB) detaillierte Ausführungen über die Prüfung anzugeben sind, ist bei der Fragenbeantwortung auf die einschlägigen Ausführungen zu verweisen.[513] Die Prüfungsergebnisse sind in einem gesonderten Abschnitt im Prüfungsbericht darzustellen.[514]

Die detaillierte Darstellung der Prüfungsfeststellungen zum RFS kommt den weitergehenden Informationsbedürfnissen einer Gebietskörperschaft nach und dient als zusätzliches Informations- und Kontrollinstrument. Da bei der Prüfung

512 Für NRW vgl. die Regelung des § 108 Abs. 1 Nr. 8 GO NW. Vgl. GO NRW (2009).

513 Vgl. IDW (2006e), Rn. 17, S. 1454.

514 Es ist auch darauf einzugehen, ob die geprüfte Gesellschaft den Beanstandungen bzw. Empfehlungen aus Vorjahresprüfungen Rechnung getragen hat. Vgl. ebd. (2006e), Rn. 18, S. 1454.

gleichsam wie bei der gem. § 317 Abs. 4 HGB der Fokus auf bestandsgefährdenden Risiken i. e. S. liegt, bleibt eine Beurteilung hinsichtlich der Behandlung von Chancen außen vor. Zweifel bestehen dahingehend, ob ein Nachweis zum sorgsamen Umgang mit den anvertrauten öffentlichen Mitteln und zur Aufrechterhaltung der Funktionsfähigkeit des Unternehmens vor dem Hintergrund der drastischen Veränderungen in der Unternehmensumwelt von kommunalen Unternehmen zutreffend "lediglich" auf Basis einer Aussage zur Bewältigung von bestandsgefährdenden Risiken erbracht werden kann.

Unter Berücksichtigung der dargestellten Prinzipal-Agenten-Probleme wird eine weitergehende Aussage zur Behandlung von nachgelagerten Risiken und Chancen für sinnvoller und zeitgemäßer erachtet, um den hohen Informationsanforderungen einer Trägerschaft in notwendiger Weise zu entsprechen. Eine gleichgewichtige Aussage zur Chancen- und Risikohandhabung würde die besondere Beurteilung der Geschäftsführung durch den Abschlussprüfer komplettieren. Eine Beurteilung dahingehend, ob eine Geschäftsführung ihre Aufgaben im Prüfungszeitraum i. S. einer Gebietskörperschaft und der Bürger erfüllt hat, erscheint ansonsten kaum zutreffend möglich.

2.4 Chancen- und Risikoberichterstattung

Für kommunale EVU ergibt sich aus den Kommunalverfassungen i. d. R. die Verpflichtung zur Aufstellung des Lageberichts. In Deutschland müssen mittelgroße und große Kapitalgesellschaften, diesen gleichgestellte Unternehmen sowie Mutterunternehmen neben dem Jahresabschluss einen Lagebericht aufstellen und diesen offenlegen.[515] Der Lagebericht gilt als Instrument der Rechenschaftslegung der Unternehmensleitung als Verwalter fremden Vermögens, der mit dem Jahresabschluss zusammen die von den Adressaten der Rechnungslegung benötigten Informationen vermitteln soll. Als *"externes Rechnungslegungsinstrument"*[516] ist dieser die zweite eigenständige Säule[517] in der deutschen Rechnungslegung. Durch seine Informationen wird der Jahresabschluss ergänzt bzw. in seiner Aussage verdichtet. Er dient einem Adressaten, sich ein Bild von der tatsächlichen Unternehmenslage zu verschaffen.[518] Neben betriebswirtschaft-

515 Vgl. §§ 264, 264a, 290 HGB, dem PublG sowie andere Spezialvorschriften.

516 Selch (2000), S. 357.

517 Vgl. IDW (1998b), Rn. 2, S. 653 f., Kirsch/Scheele (2005) und die Quellen in Fn. 1, S. 1149. Die "Eigenständigkeit" des Lageberichts wurde im Bilanzrichtlinien-Gesetz ("BilRiLiG") im Jahre 1986 in den §§ 264 Abs. 1 Satz 1 und 290 Abs. 1 HGB kodifiziert. Vgl. Buchheim/Knorr (2006), S. 414.

518 Zur "Rechenschaftsfunktion" vgl. Marten et al. (2007), S. 585 f.

lichen Aspekten können auch technische oder rechtliche Aspekte bei der Lageberichterstattung von Bedeutung sein. Traditionell wird den Lagebericht bei der externen Unternehmensanalyse eine hohe Bedeutung beigemessen.[519]

Wie bereits angesprochen wurde, hatte der Gesetzgeber im Zuge des KonTraG neben der Verpflichtung gem. § 91 Abs. 2 AktG korrespondierende Änderungen bei der Lageberichterstattung vorgenommen.[520] Die inhaltliche Erweiterung der zukünftigen Berichterstattung stand dabei im Fokus,[521] deren Aufstellungspolitik vormals bisweilen "stiefmütterlich"[522] betrieben wurde. Durch die Veränderungen hatte die Berichterstattung eine "bedeutsame Aufwertung" erfahren,[523] da verpflichtete Gesellschaften fortan "auf die Risiken der künftigen Entwicklung" in Form eines "Risikoberichts"[524] einzugehen hatten.[525]

Die unbestimmte Gesetzesformulierung "Risiken der künftigen Entwicklung" verweist auf Sachverhalte, *"... die sich auf die Lage des Unternehmens ungünstig auswirken können und die mit einer erheblichen, wenn auch nicht notwendigerweise überwiegenden Wahrscheinlichkeit erwartet werden."*[526] Bei diesen handelt es sich um Nettovermögensminderungen gegenüber prognostizierten Werten, die aus möglichen Planabweichungen der Prognosedeterminanten resultieren[527] und "Gefahren der künftigen Entwicklung" kennzeichnen.[528] Der Wortlaut "einzugehen" bedeutet, dass es nicht ausreicht, ein bestehendes Risiko lediglich zu benennen. Eine weitreichende Beschreibung, insbesondere

---

519 Wegen ihrer "relativ" hohen Verlässlichkeit durch die Prüfungspflicht gem. § 316 HGB. Vgl. Fink/ Keck (2004), S. 1083.

520 Vgl. §§ 289, 315 HGB i. d. F. des KonTraG, Ernst et al. (1998), S. 92 und 93 f.

521 Vgl. Dörner/Bischof (1999b), S. 445.

522 Vgl. ebd. (1999a), S. 371 unter Verweis auf Streim (1995), S. 707 f.

523 Vgl. Remme/Theile (1998), S. 910, Adam (2002), S. 858.

524 Vgl. Küting/Hütten (1997), S. 251 ff., Baetge/Schulze (1998), S. 939, Böcking/Orth (1998), S. 358 f., Selch (2000), S. 362, Kajüter (2001a), S. 205, Lück/Bungartz (2004), S. 1789 ff. Der Risikobericht führte zu einem Anwachsen der Bedeutung der externen Berichterstattung. Vgl. Lange (2004), S. 981. Der Bedeutungsgewinn kam durch Verabschiedung des "IDW Rechnungslegungsstandard: Aufstellung des Lageberichts (IDW RS HFA 1)" und des "IDW Prüfungsstandard: Prüfung des Lageberichts (IDW PS 350)" zum Ausdruck. Vgl. IDW (1998b), S. 653 ff. [aufgehoben durch ebd. (2005b), S. 902, ebd. (1998a), S. 663 ff. (aktualisiert durch ebd. (2006a), S. 1293 ff. (Stand 06.09.2006].

525 Bei der Berichterstattung hat man sich an den Grundsätzen ordnungsmäßiger Lageberichterstattung ("GoL") zu orientieren. Vgl. Selch (2000), S. 363, Baetge/Richter (2001), S. 2 f., Buchheim/Knorr (2006), S. 416 ff., Marten et al. (2007), S. 591.

526 IDW (1998b), Rn. 29, S. 657, Baetge/Schulze (1998), S. 937 ff., Dörner/Bischof (1999a), S. 387 ff.

527 Vgl. Baetge/Schulze (1998), S. 940 und 948, Baetge/Richter (2001), S. 4.

528 Vgl. ebd. (2001), S. 4.

eine Einschätzung zur Eintrittswahrscheinlichkeit des Risikos, ist vorzunehmen.[529] Risikoangaben waren klar, eindeutig und verständlich vorzunehmen und durften keine vagen Angaben enthalten. Vor der Veränderung der Lageberichterstattung durch das KonTraG waren Risiken lediglich "implizit", nach den Veränderungen "explizit" darzustellen.[530] Der Risikobericht musste alle Risiken enthalten, die dem Berichtsadressaten für die Erstellung eines persönlichen Bildes von der Lage der Gesellschaft dienlich waren. Dazu waren mindestens jene zu berichten, von denen eine Bestandsgefährdung ausging oder von denen die Vermögens-, Finanz- und Ertragslage spürbar beeinträchtigt wird.[531] Risikofelder, zwischen denen wesentliche Zusammenhänge bestehen, lösen gleichsam eine Berichtspflicht aus.[532]

Korrespondierend zur Erweiterung der Lageberichterstattung wurde der Abschlussprüfer durch das KonTraG dazu verpflichtet, im Rahmen der Jahresabschlussprüfung die Berichterstattung dahingehend zu prüfen, ob diese insgesamt eine zutreffende Vorstellung von der Unternehmenslage vermittelt und ob die Risiken der künftigen Entwicklung zutreffend dargestellt wurden.[533] Seither ist über das Prüfungsergebnis im Bericht sowie im Bestätigungsvermerk Auskunft zu geben.[534] Die veränderten Regelungen in den §§ 289 Abs. 1 und 317 Abs. 2 HGB i. d. F. d. KonTraG dienten dazu, den Aufsichtsrat umfassender über die Unternehmenslage zu unterrichten und ein besonderes Augenmerk auf aktuelle Gefährdungspotenziale zu lenken.

In der Folgezeit wurde der Anwendungsbereich des § 289 HGB durch das Kapitalgesellschaften- und Co-Richtlinie-Gesetz ("KapCoRiLiG"[535]) auf einen größeren Unternehmenskreis erweitert.[536] Empirische Untersuchungen zur Risikoberichterstattung deutscher Unternehmen zeigten seinerzeit, dass teilweise "erhebliche Mängel" in der Risikoberichterstattung[537] auszumachen waren. Dies

529 Vgl. Wiechers (2000), S. 131.

530 Vgl. Selch (2000), S. 362.

531 Die Berichterstattungspflicht wird durch den "Grundsatz der Wesentlichkeit" auf bedeutsame Risiken beschränkt. Vgl. Baetge/Schulze (1998), S. 948, IDW (1998b), Rn. 29, S. 657, Dörner/Bischof (1999a), S. 389. Als "zeitlichen Umfang" bei der Risikonennung ist auf ca. 2 Jahren abzustellen. Vgl. Kriete/Padberg (2005).

532 Vgl. Wiechers (2000), S. 131 f. Zur Berichtspflicht vgl. auch Adam (2002), S. 858.

533 Vgl. Ernst et al. (1998), S. 94, IDW (1998a), Rn. 3, S. 663. Zur Prüfung des Lageberichts gemäß KonTraG vgl. Schindler/Rabenhorst (1998a), S. 1890 ff.

534 Vgl. IDW (1998a), Rn. 3, S. 663 und 21 bis 26, S. 665 f.

535 Zum Lagebericht nach dem KapCoRiLiG vgl. ausführlich Selch (2000), S. 364 f. Zur Ausweitung der Aufstellungs- und Offenlegungspflichten durch das KapCoRiLiG vgl. Kirsch (2002), S. 745 f.

536 Vgl. Lange (2004), S. 981.

537 Vgl. Kajüter (2001b), S. 105 ff.

führte in der Folge zu einer Kritik an der Lageberichtsprüfung[538] und unterstrich den weiteren Bedarf zu einer Konkretisierung bei der Risikoberichtspflicht.[539]

Die inhaltlichen und formalen Anforderungen an die zukunftsgerichtete Lageberichterstattung wurde durch das Deutsche Rechnungslegungs Standard Committee (*"DRSC"*[540]) vorgenommen.[541] Durch Verabschiedung des *"Gesetzes zur Einführung internationaler Rechnungslegungsstandards und zur Sicherung der Qualität der Abschlussprüfung"* (Bilanzrechtsreformgesetz, "BilReG"[542]) (am 9. Dezember 2004) sowie des *"Gesetzes zur Kontrolle von Unternehmensabschlüssen"* (Bilanzkontrollgesetz, kurz "BilKoG"[543] am 15. Dezember 2004) wurde eine Stärkung der Unternehmensintegrität und des Anlegerschutzes herbeigeführt.[544] Mit dem BilReG wurden die Vorschriften zur handelsrechtlichen Lageberichterstattung *"... umfassend erweitert und neu strukturiert"*.[545] Das Gesetz führte zu einer Erweiterung und Konkretisierung[546] der handelsrechtlichen Lageberichterstattung, so wie sie durch das KonTraG vormalig initiiert wurden. Ziel war es, das Qualitätsniveau (hinsichtlich Informationsgehalt und Vergleichbarkeit) der publizierten Lageberichte weiter zu verbessern und deren Aussagekraft zu erhöhen.[547] Durch den DRS 15 und das BilReG erfuhr die Lageberichterstattung[548] seinerzeit die *"größte Reform"*[549] seit mehr als zwanzig Jahren.

Die induzierten Ergänzungen und Veränderungen durch das BilReG betrafen im Kern die Ausführungen zum Umfang der Analyse des Geschäftsverlaufs,

538 Vgl. ebd. (2002), S. 243 sowie die Quelle und die Anmerkungen in Fn. 5.

539 Vgl. ebd. (2001b), S. 105.

540 Zur Rolle des DRS vgl. Kirsch (2002), S. 747 f.

541 Vgl. die Regelungen in den DRS 5 (2001) und DRS 15 (2004).

542 Das BilReG und das VO-Vergütungs-Offenlegungsgesetz (VorstOG) führten zu Änderungen im Jahresabschluss und Lagebericht. Vgl. BilReG (2004), S. 3166 ff. und VorstOG (2005), S. 2267 ff.

543 Vgl. BilKoG (2004), S. 3408 ff.

544 Vgl. Heuser/Theile (2005), S. 201, Kirsch/Scheele (2004), S. 1 ff.

545 Kirsch/Scheele (2005), S. 1149. Das Bilanzrecht wurde an die internationalen Rechnungslegungsstandards (IAS/IFRS) angepasst. Vgl. Frye (2005), S. 10, Hüttemann (2004), S. 203 ff. Zur Neuregelung der Unabhängigkeit des AP vgl. Ring (2005), S. 197 ff., Hoensch (2005), S. 231 ff.

546 Vgl. Fink/Keck (2004), S. 1078.

547 Vgl. ABI EU (2003a), S. 17 ff., Kirsch/Scheele (2005), S. 1150.

548 Anpassungserfordernisse ergaben sich auch aus der "Vair-Value-Rili" und der "Schwellenwert-Rili". Vgl. ABI EU (2001), S. 28 ff. und ABI EU (2003b), S. 22 ff. Mit der Schwellenwert-Rili ging die Neuregelung der Größenkriterien im § 267 HGB für die Einordnung von Kapitalgesellschaften einher. Vgl. Wendlandt/Knorr (2004), S. 47 ff., Kaiser (2005), S. 405.

549 Buchheim/Knorr (2006), S. 413, Kirsch/Scheele (2005), S. 1150 f.

die Erweiterung der zukunftsorientierten Berichterstattung sowie die Ergänzung der Sollbestandteile um risikospezifische Angaben bei der Verwendung von Finanzinstrumenten.[550] Das BilReG führte zu einer Veränderung des Verhältnisses von Prognose- und Risikobericht.[551] Der Prognosebericht[552] wurde in den § 289 Abs. 1 HGB verschoben, wo er gemeinsam mit dem Risikobericht normiert wurde.[553] Die Berichterstattung über Risiken der künftigen Entwicklung wurde stärker aufgewertet und ausgeweitet[554] und um den Aspekt der Chancenberichterstattung ergänzt.[555] Diese Ergänzung wurde als "fundamentale" Erweiterung bei der Berichterstattung eingestuft.[556] Bestand nach Verabschiedung des KonTraG "lediglich" die Verpflichtung auf Risiken der künftigen Entwicklung einzugehen, so muss seit Verabschiedung des BilReG die voraussichtliche Entwicklung der Gesellschaft mit ihren wesentlichen Chancen und Risiken beurteilt und erläutert werden. Die zugrunde liegenden Annahmen sind anzugeben[557] und transparent darzustellen. Auf beide Aspekte der künftigen Entwicklungen ist

---

550 Vgl. Kaiser (2005), S. 405.

551 Vgl. Kirsch/Scheele (2005), S. 1153, IDW (2006a), S. 1293 ff., ebd. (2005a), S. 531 ff., ebd. (2005c), S. 1234 f., ebd. (2006c), Rn. 28 ff., S. 116.

552 Zum Prognosebericht nach altem und neuem Recht vgl. Kaiser (2005), S. 409 ff.

553 Zur Diskussion um die strickte Trennung von Prognose- und Risikobericht nach DRS 5 und DRS 15 vgl. Kirsch/Scheele (2005), S. 1153 f., Buchheim/Knorr (2006), S. 421 ff. Bezogen auf den Konzernlagebericht wurde die vormalig normierte Risikoberichtspflicht in § 315 Abs. 1 HGB a. F. mit der in § 289 Abs. 2 Nr. 2 HGB a. F. enthaltenen Prognoseberichterstattung zusammengefasst.

554 Vgl. Dißars (2005), S. 636, Kirsch/Scheele (2005), S. 1151 und 1154.

555 Der Gesetzentwurf zum BilReG enthielt außerdem die zu den zukunftsgerichteten Angaben korrespondierende Berichtspflicht über Ziele und Strategien der Unternehmensleitung. Dieses Element wurde mit der Begründung gestrichen. Vgl. Buchheim/Knorr (2006), S. 415 f. Eher kritisch Kaiser (2005), S. 407 f.

556 Durch Integration von Prognose- und Risikobericht wurde die zukunftsorientierte Lageberichterstattung gebündelt. Vgl. Kirsch/Scheele (2005), S. 1153 sowie Fn. 44.

557 § 289 Abs. 1 Satz 4 HGB. Vgl. Heuser/Theile (2005), S. 206, Kajüter (2004b), S. 427 ff. In der Altregelung konnte das Berichtserfordernis über Chancen lediglich aus dem allgemeinen Lage- oder Entwicklungsverständnis oder aus einer umfassenden Risikodefinition heraus abgeleitet werden. Vgl. Krawitz/Hartmann (2006), S. 1265.

gleichgewichtig einzugehen.[558] Der Abschlussprüfer muss beurteilen, ob die Darstellung zutreffend erscheint.[559]

Die Veränderungen in der Berichterstattung sollten den Gehalt an entscheidungsrelevanten Informationen deutlich erhöhen. Potenziellen Investoren sollten ihre Anlageentscheidungen durch einen verbesserten Soll-Ist-Vergleich vereinfacht werden.[560] Eine zusammenfassende Beschreibung der voraussichtlichen Unternehmensentwicklung soll helfen, wesentliche Einflussfaktoren zu erkennen und aus diesen unterstützende oder bedrohliche Auswirkungen auf den Unternehmenserfolg abzuleiten. Solche Informationen sind für einen Aufsichtsrat wichtige Informationen, um sich ein möglichst zutreffendes Bild über die den Gefährdungspotenzialen gegenüberstehenden Ertragspotenziale zu verschaffen. Durch die explizite Verbindung der Beurteilung und Erläuterung der voraussichtlichen Entwicklung mit ihren wesentlichen Chancen und Risiken wurden die Grundsätze der klaren, deutlichen und übersichtlichen Lageberichterstattung betont.[561] Um dem Klarheitsgrundsatz der GOL zu entsprechen, dürfen Risiken und Chancen jedoch nicht wahllos miteinander vermischt werden.[562] Die zu einseitige Berichterstattung über negative bzw. positive Entwicklungen gilt es zu vermeiden.[563]

Die Ausgewogenheit der Chancen- und Risikoberichterstattung steht seither im Vordergrund der Lageberichterstattung.[564] Unternehmensleitungen, deren Gesellschaften zur Berichterstattung verpflichtet sind, wurden [für (Rumpf-)Geschäftsjahre beginnend nach dem 31. Dezember 2004] quasi dazu gezwungen, ein System zu installieren, um Unternehmensrisiken und -chancen zu erfassen und sich mit den Unternehmenszielen auseinanderzusetzen.[565] Neben der

---

558 Die im Zusammenhang von DRS 15.91 und DRS 5.32 f. aufgestellt Forderung nach Berücksichtigung von Chancen im Prognosebericht und einer davon getrennten und eigenständigen Risikoberichterstattung wurde widersprochen, da diese im Widerspruch zum Gesetzestext steht, der eine Zukunftsberichterstattung unter gemeinsamer Nennung von Risiken und Chancen fordert. Vgl. hierzu Krawitz/Hartmann (2006), S. 1265 und die Quellen in Fn. 28.

559 Vgl. § 289 Abs. 2 Satz 2 HBG.

560 Unter Wettbewerbsgesichtspunkten kritisch betrachtet bei Heuser/Theile (2005), S. 206.

561 Vgl. Kaiser (2005), S. 410.

562 Vgl. DRS 5.26 sowie DRS 5.26 und DRS 15.12. Vgl. DRS 5 (2001) und DRS 15 (2004).

563 Vgl. Kirsch/Scheele (2005), S. 1153.

564 Bei der Risiko- und Chancenberichterstattung sollten Ursachen und Wirkungen beschrieben werden. Betragsmäßige Angaben werden als nicht erforderlich angesehen. Vgl. Dißars (2005), S. 636 und die in der Fn. 39 angegebenen Quellen.

565 Anm.: Gem. § 289 Abs. 1 Satz 5 HGB müssen die gesetzlichen Vertreter der zur Berichterstattung verpflichteten Gesellschaft im Lagebericht die Versicherung abgeben,

"Inventur der Risiken" wurde die Notwendigkeit zu einer vergleichbaren "Inventur der Chancen" herausgestellt.[566]

Für Großunternehmen, die gem. § 91 Abs. 2 AktG ein ÜWS zu implementieren haben, sollte die Durchführung der Risikoinventur keine Herausforderung darstellen. Was die Durchführung einer Chanceninventur anbelangt, liegen bisher keine Forschungsergebnisse vor, die Auskunft darüber geben, wie die verpflichteten Gesellschaften ihrer Berichterstattungspflicht nachkommen. Offen ist die Frage, wie ein Abschlussprüfer zu einer zutreffenden Beurteilung hinsichtlich der Chancenberichterstattung gelangen kann, wenn er kein adäquates System vorfindet. Offen bleibt auch die Frage, wie er ohne ein entsprechendes System Informationen erhält, um Wirksamkeitstests zur Untermauerung seiner Prüfungsergebnisse durchzuführen. Der § 289 Abs. 1 Satz 4 HGB betrifft alle Unternehmen, die einen Lagebericht aufstellen müssen. Angesichts der vorherrschenden Umstände in kleinen und mittelgroßen Unternehmen stimmt es bedenklich, inwieweit diese ernsthaft dazu in der Lage sind, eine gleichgewichtige und ausgewogene Berichterstattung über Chancen und Risiken vorzunehmen. Zwar wirkt sich erleichternd für diese aus, dass sich der Umfang der Darstellung von Risiken und Chancen durch die Unternehmensgröße bestimmt.[567] Das Erfordernis zur vollständigen und aussagekräftigen Berichterstattung bleibt davon jedoch unbeeinflusst.[568]

Die Erweiterung der Chancenberichterstattung steht i. V. m. der Veränderung der Regelungsinhalte des § 289 Abs. 2 Nr. 2a und b HGB. Berichtspflichtige Unternehmen haben danach ihre RM-Ziele und RM-Methoden, einschließlich derjenigen zur Absicherung aller Arten von Transaktionen, im Rahmen der Bilanzierung von Sicherungsgeschäften anzugeben. Preisänderungs-, Ausfall- und Liquiditätsrisiken sowie Risiken aus Zahlungsstromschwankungen sind jeweils in Bezug auf die Verwendung von Finanzinstrumenten[569] darzustellen.

Die Erläuterungspflichten beziehen sich nicht auf das gesamte RFS gem. § 91 Abs. 2 AktG bzw. gem. § 53 HGrG, sondern nur auf diejenigen Risiken,

---

dass nach bestem Wissen und Gewissen u. a. die wesentlichen Risiken und Chancen zutreffend dargestellt wurden.

566 Vgl. Kirsch/Scheele (2005), S. 1153.

567 Vgl. Dißars (2005), S. 636.

568 Vgl. Kaiser (2005), S. 413. Zur Prüfung des RFS i. Z. m. der Prüfung der Chancen und Risiken der künftigen Entwicklung im LB vgl. IDW (2006b), Rn. 88 ff., S. 1619 ff.

569 Vgl. IDW (2005a), Rn. 4, S. 531. Die Angaben im Lagebericht erstrecken sich nicht nur auf Finanzanlagen, Wertpapiere etc., sondern auch auf Risiken und Maßnahmen des RM bei Forderungen oder Verbindlichkeiten. Vgl. ebd. (2005a), Rn. 32, S. 533, Dißars (2005), S. 637, Krawitz/Hartmann (2006), S. 1265.

die i. V. m. der Verwendung von Finanzinstrumenten entstehen können.[570] Die Berichterstattung erfordert Aussagen zur Risikobereitschaft, die Darstellung von Sicherungszielen, eine Beschreibung der gesicherten Grundgeschäfte[571] und sollte überdies eine Aussage über die i. V. m. den Finanzinstrumenten stehenden Chancen beinhalten. Die Berichterstattung sollte in Abhängigkeit von der Art, dem Umfang und der Struktur der Risiken vorgenommen werden.[572] Danach sind bspw. Preisänderungs-, Ausfall- und Liquiditätsrisiken aufzuzeigen.[573] Dies vereinfacht eine transparente Zuordnung der korrespondierenden Chancen. Offene Risiken, die nicht durch konkrete Sicherungsgeschäfte gedeckt sind, gilt es zu erläutern und zu begründen, warum diese gehalten werden.[574]

2.5 Zusammenfassung

Derzeitig gibt es keine gesetzliche Verpflichtung zur Implementierung eines gleichsam auf Risiken und Chancen ausgelegten ÜWS in der deutschen Rechnungslegung. AGs haben seit Inkrafttreten des KonTraG ein auf bestandsgefährdende Risiken ausgerichtetes RFS zu implementieren. Börsennotierte AGs haben dieses jährlich durch den Abschlussprüfer beurteilen zu lassen. Über die Ausstrahlungswirkung ist insbesondere für GmbHs eine gleichsame Implementierungspflicht für Einzelfälle herleitbar. Die im § 43 Abs. 1 GmbHG kodifizierten allgemeinen Sorgfaltspflichten sprechen dafür, dass GmbH-Geschäftsführer ein gleichsames System implementieren müssen, falls diese ansonsten nicht dazu in der Lage sind, sich jederzeit über alle Umstände und Entwicklungen mit Unternehmensbelang zu informieren. Eine Implementierungspflicht ist für große GmbHs zur Vermeidung eines möglichen Organverschuldens ebenfalls herleitbar. In Fällen, wo eine GmbH zum Handel an der Börse zugelassene Papiere am Kapitalmarkt zur Aufnahme von Fremdkapital in Anspruch nimmt, ergibt sich ebenfalls das Erfordernis zur Einrichtung eines RFS. Die gleichsame Pflicht besteht für GmbHs, die aufgrund ihrer Größe oder der Regelungen im Gesellschaftervertrag zur Einrichtung eines Aufsichtsrates verpflichtet sind. Unterliegt eine GmbH einer hohen Komplexität und Dynamik im Unternehmensumfeld, so kann sich die Implementierungspflicht gleichsam ergeben.

570 Vgl. IDW (2005a), Rn. 31, S. 533, ebd. (2006a), Rn. 29, S. 1296. Als Prüfungshandlung kommt die Durchsicht von Berichten des Controllings, des RM und Unterlagen der IR in Betracht. Vgl. ebd. (2006a), Rn. 31, S. 1297.

571 Vgl. IDW (2005a), Rn. 33, S. 533 unter Nennung von weiteren Beispielen.

572 Vgl. ebd. (2005a), Rn. 34, S. 533.

573 Vgl. Frye (2005), S. 13, IDW (2005a), Rn. 36, S. 534.

574 Beispiele bei ebd. (2005a), Rn. 37, S. 534.

Öffentliche Unternehmen unterliegen gem. § 53 HGrG der Verpflichtung, ein angemessenes RFS zu implementieren und dies jährlich durch den Abschlussprüfer beurteilen zu lassen. Geschäftsführer von öffentlichen Unternehmen haben der Trägergemeinde nachzuweisen, dass diese vom sorgsamen Umgang mit den überlassenen öffentlichen Mitteln und von der Funktionsfähigkeit des Unternehmens ausgehen können. Die Prüfungsfeststellungen dienen einer Gebietskörperschaft als erweitertes Informationsinstrument im Rahmen der Steuerung und Kontrolle der Geschäftstätigkeit der Unternehmensleitung. Die Ergebnisse dienen dem Aufsichtsrat als Zusatzinformation im Rahmen seiner Überwachungstätigkeit. Diese müssen ein zutreffendes Bild über die Wirksamkeit und Angemessenheit des RFS vermitteln. Sie sind eine sinnvolle und notwendige Unterstützung, wenn berücksichtigt wird, mit welchen Prinzipal-Agenten-Problemen bei öffentlichen Unternehmen gerechnet werden muss. Mittels des RFS können bestehende Prinzipal-Agenten-Probleme reduziert werden, die insbesondere zwischen Aufsichtsrat und Unternehmensleitung zu vermuten sind. Dem Abschlussprüfer kommt an dieser Stelle die Rolle des Informationslieferanten und Erfüllungsgehilfen des Aufsichtsrates zu.

Die Vorschriften zur Lageberichterstattung wurden durch das KonTraG verändert und unterlagen in der Zwischenzeit bis heute mehreren gesetzlichen Veränderungen. In der geltenden Form haben zur Berichterstattung verpflichtete Gesellschaften auf die voraussichtliche Entwicklung der Gesellschaft mit ihren wesentlichen Chancen und Risiken einzugehen. Neben bestandsgefährdenden Risiken und solchen, die für die Vermögens-, Finanz- und Ertragslage gefährlich sein können, ist jährlich ausgewogen auf Chancen in einer transparenten und ausführlichen Form einzugehen. Die zugrunde liegenden Annahmen gilt es anzugeben. Die zutreffende Darstellung ist durch den Abschlussprüfer zu prüfen und zu bestätigen und dieser hat darüber gesondert zu berichten. Durch das BilReG wurden zur Berichterstattung verpflichtete Gesellschaften quasi dazu gezwungen, ein System zu installieren, welches die Möglichkeit bietet Unternehmensrisiken und -chancen gleichsam zu erfassen und einzuschätzen. Anders erscheint die zutreffende Lageberichterstattung nur schwerlich möglich. Ohne entsprechendes System erscheint eine wirksame Lageberichtsprüfung in angemessener Zeit für den Abschlussprüfer kaum durchführbar.

Für die interessierenden kommunalen EVU wäre es sinnvoll, dass die Risiko- und Chancenberichterstattung zutreffend und transparent vorgenommen werden kann. Ohne RCMS erscheint die im Lagebericht notwendige gleichgewichtige Behandlung von Chancen und Risiken kaum möglich. Eine Berichterstattung lediglich auf Basis der Informationen aus dem RFS könnte zu einem Ungleichgewicht und zu Nachteilen in Richtung der Chancenberichterstattung führen. Dies stellt einen Widerspruch zur Zielsetzung der Geschäftsführungsprüfung gem. § 53 HGrG dar. Ohne RCMS kann den besonderen Informationsanforderungen einer Gebietskörperschaft in den Zeiten der Globalisierung und Liberalisierung nicht in notwendiger Weise entsprochen werden. Das auf Risiken i. e. S. ausgelegte RFS sollte vielmehr korrespondierend zur veränderten Berichterstattungspflicht in Richtung eines RCMS betrieben werden. Eine entsprechende Verpflichtung, kann durch Anpassung geltenden Rechts erfolgen oder durch freiwillige Verpflichtung der betroffenen Unternehmen im Rahmen des für notwendig erachteten PCGK für öffentliche Unternehmen.

3 Ausgestaltung eines wirksamen RCMS

Die vorliegende Arbeit widmet sich der Ausgestaltung eines in ein RCMS integrierten RFS bei kommunalen EVU in der privatrechtlichen Form der AG und GmbH, die der Prüfungspflicht nach § 53 HGrG unterliegen. Im vorstehenden Punkt 2 wurden Gründe aufgezeigt, warum die Ausweitung des gesetzlich geforderten RFS zu einem RCMS für die interessierenden kommunalen EVU für notwendig erachtet wird. Die Möglichkeit der Reduktion von Prinzipal-Agenten-Problemen sowie die Sicherstellung der Informationsanforderungen von Gebietskörperschaften vor dem Hintergrund der veränderten rechtlichen Anforderungen an die Lageberichterstattung und der stetig steigenden Anforderungen im Umfeld der Unternehmen wurden dabei herausgestellt.

Im vorliegenden Punkt 3 steht die Konzipierung eines Lösungsansatzes zur Ausgestaltung des RCMS im Fokus. Die Kriterien, die an ein angemessenes und wirksames System zu stellen sind, gilt es zu erarbeiten und in Form eines Modells darzustellen. Mit Hilfe des RCMS sollen betroffene Gesellschaften und deren Vertreter ihrer gesetzlichen Verpflichtung vor dem Hintergrund der sich veränderten Rahmenbedingungen sowie den veränderten Berichterstattungspflichten nachkommen können. Mittels Integration des RFS in das RCMS soll der gesetzlichen Verpflichtung und den sich fortlaufend verändernden Umweltzuständen von kommunalen Unternehmen und den besonderen Informationsansprüchen von Gebietskörperschaften Rechnung getragen werden.

Wie bei der RM-Begriffsabgrenzung aufgezeigt wurde, ist das Teilsystem des ÜWS, welches den Unternehmensfortbestand als (Risiko-)FES sicherzustellen hat, als ein kontinuierlicher Prozess im Unternehmen zu etablieren. Dieser Regelkreislauf muss sicherstellen, dass bestandsgefährdende Risiken so rechtzeitig erfasst werden können, dass in geeigneter Weise noch auf diese mögliche

Bestandsgefährdung reagiert werden kann. Diese rechtzeitige Informationsversorgung steht im Fokus der Regelung des § 91 Abs. 2 AktG.[575]

Als fester Bestandteil der betrieblichen Organisation muss der Prozess eine eigene Ablauforganisation besitzen. Aus institutioneller Sicht kann die Aufgabe auch durch eine Unternehmenseinheit[576] oder eine Stelle ausgeführt werden. Es wurde herausgestellt, dass die konkrete Ausgestaltung des Prozesses eine unternehmerisch-individuelle Ermessensentscheidung darstellt.[577] Eine Unternehmensleitung hat grundsätzlich die Verantwortung und muss festlegen, mittels welcher Organisationsform ihr Leitungsauftrag bestmöglich erfüllt wird.[578]

Die folgenden Ausführungen orientieren sich an den Prozessphasen (auch "Schritte" oder "Stufen" genannt) des vielfach in der Literatur diskutierten RMP. Die Anforderungen bei der Ausgestaltung der Einzelphasen werden anhand der Hinweise in der einschlägigen Literatur analysiert und diskutiert. Nach Themenstellung orientieren sich die Ausführungen nicht ausschließlich am Risikoaspekt, sondern berücksichtigen explizit die gleichgewichtige Behandlung von Chancen. Auf diese Weise wird das hier propagierte RCMS in Form eines belastbaren Modells am Ende des Kapitels B hergeleitet. Die dem klassischen RMP zugehörigen Prozessschritte werden in der Literatur vielfach unterschiedlich dargestellt[579] bzw. voneinander abgegrenzt. Es lassen sich jedoch einheitliche Grundzüge auffinden.[580] Ausgehend von einer von der Unternehmensleitung festzulegenden Strategie können die Phasen wie folgt unterschieden werden:

- Identifikation, Erkennung,
- Analyse und Messung,
- Bewertung und Steuerung,
- Kommunikation und Überwachung.[581]

---

575 Vgl. IDW (1999a), Rn. 5, S. 658.

576 Z. B. durch das Controlling. Vgl. Dobler (2001), S. 2087.

577 Vgl. Kindler/Pahlke (2001), Rn. 214, S. 70 unter Verweis auf Hommelhoff/Mattheus (2000), S. 14 f.

578 Vgl. PwC (2000), S. 19.

579 Obwohl die Prozessschritte anders "zugeschnitten" wirken. Vgl. Wall (2001), S. 213.

580 Vgl. Vogler et al. (2000), S. 1427, Eggemann/Konradt (2000), S. 504, Weber et al. (1999b), S. 1712, Lück (1998b), S. 1929.

581 Vgl. Kromschröder/Lück (1998b), S. 240, Spannagl/Häßler (1999), S. 1827 f., Dobler (2001), S. 2087, Ziegenbein (1992), S. 27 ff. Unterteilung des RMP in einen RM-"kernprozess" und einen "serviceprozess" bei Gampenrieder/Kittelberger (2002), S. 224 unter Verweis auf Happel/Liebwein (2000), S. 230, Mikus (2001a), S. 13 ff., Weber et al. (2001), S. 52 ff., Lück/Unmuth (2006), Abb. 3, S. 20. Auch "Risikocontrolling-Prozess" genannt. Vgl. Elfgen (2002), Abb. 2, S. 320. Differenzierte Betrachtung bei Pritzer (1999), Abb. 3, S. 157, Hölscher (2002), S. 12 f., von Hohnhorst (2002), Abb. 2, S. 101, Seifert (1980), S. 10 ff.

Wesentliches Merkmal der Prozessphasen ist, dass diese ungeachtet ihrer jeweiligen Bezeichnung nicht isoliert nebeneinander stehen. Diese bilden eine Einheit (Regelkreis) und von diesen geht eine wechselseitige Beeinflussung aus und sie bauen aufeinander auf.[582] Der Prozess darf keine einmalige oder sequenzielle Abfolge der Phasen darstellen. Dieser sollte als kontinuierlicher Prozess ein Unternehmen fortlaufend durchlaufen und auf Risiken und Chancen hin überwachen.[583] Nur so wird gewährleistet, dass von der kontinuierlichen Einhaltung der getroffenen Maßnahmen auszugehen ist. Handelt es sich nicht um einen kontinuierlichen Prozess, so kann ein Abschlussprüfer schwerlich feststellen, ob das RFS geeignet ist seine Aufgaben zu erfüllen.[584]

Der um den Chancenaspekt erweiterte Risiko- und Chancenmanagementprozess (kurz "RCMP") hat alle Aktivitäten zum systematischen Umgang mit Risiken und Chancen zu umfassen.[585] Die Einzelphasen des propagierten RCMP lassen sich wie folgt darstellen (vgl. Abb. 10).

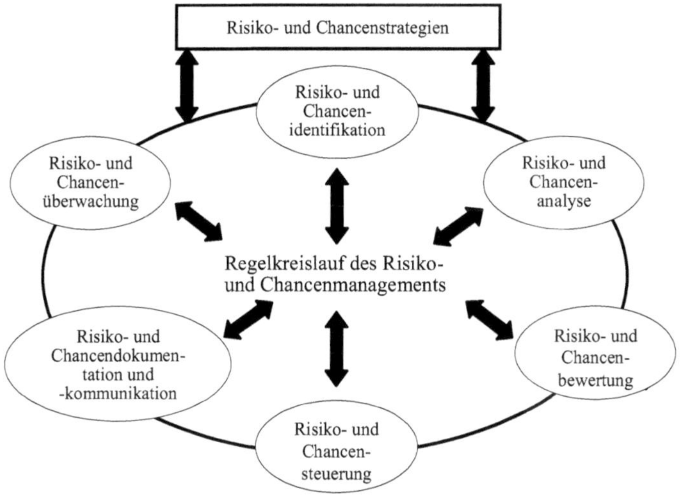

Abb. 10: Einzelphasen des Risiko- und Chancenmanagementprozesses (RCMP)

Der Gesamtprozess verfolgt die Zielsetzung, alle gegenwärtigen und zukünftigen positiven und negativen Entwicklungen so früh wie möglich zu identifizieren, zu analysieren, zu bewerten, zu kommunizieren, zu steuern und fortlau-

582 Vgl. Eggemann/Konradt (2000), S. 504, IDW (2006b), Rn. 27, S. 1604 f.

583 Vgl. Wall (2001), Rn. 120, S. 213.

584 Vgl. Spannagl/Häßler (1999), S. 1826.

585 Vgl. bspw. Gampenrieder/Greiner (2002), S. 284.

fend zu überwachen, sodass eine Unternehmensleitung noch einen ausreichend langen Zeitraum besitzt, um auf diese entsprechend ihrem Gefährdungs- und Erfolgspotenzials adäquat reagieren zu können. Dies schließt die aktive Abwehr von Risiken sowie die Nutzbarmachung von Chancen gleichsam mit ein. So wird gewährleistet, dass es den interessierenden kommunalen EVU auf lange Sicht gelingt, sich den stetig verändernden Umweltbedingungen anzupassen und den sorgsamen Umgang mit den anvertrauten Mitteln sowie die Funktionsfähigkeit des Unternehmens jederzeit nachzuweisen. Eine Gebietskörperschaft erhält auf diese Weise notwendige Zusatzinformationen im Rahmen der Beteiligungssteuerung hinsichtlich der Erwirtschaftung einer angemessenen Rendite, der Zielerreichung der ausgelagerten Verwaltungseinheit, der Bestandssicherung sowie der Wahrung der öffentlichen Zweckverfolgung.

3.1 Risiko- und Chancenstrategie

Ausgangs- und Endpunkt des hier betrachteten RCMP ist die von der Unternehmensstrategie abzuleitende Risiko- und Chancenstrategie ("RC-Strategie"). Der Strategiebegriff verkörpert eine *"... Vorgehensweise grundsätzlicher Art zur Erreichung spezifischer Ziele ..."*.[586] Eine Strategie kennzeichnet den unternehmerischen Weg, der zeitlich gesehen in der Zukunft zu gehen ist, um die festgelegten Ziele zu erreichen. Eine Unternehmensstrategie konkretisiert im Kontext der internen und externen Rahmenbedingungen die durch eine Unternehmensleitung angenommenen Handlungsmaßnahmen zur Realisierung bspw. einer Unternehmenswertsteigerung.[587]

Aus den Unternehmensstrategien sind zwingend die Ziele eines RMS bzw. eines RCMS abzuleiten.[588] Dies ist notwendig, da von diesen maßgeblich beeinflusst wird, welche Risiken und Chancen aus den zum Zwecke der Zielerreichung gewählten Unternehmensaktivitäten in der Zukunft entstehen können.[589]

---

586 Hahn (1991), S. 4. Zum Strategie-Begriffs vgl. Gälweiler (1990), S. 65 ff.

587 Vgl. Reichmann/Form (2000), S. 191. Maßgeblichen Einfluss auf die Unternehmensstrategie wird der sog. "Vision" zugesprochen. Diese zielt als Gedankengebäude auf eine potenzielle Entwicklungsrichtung eines Unternehmens ab und ist ein Kommunikationsmedium der Führungsebene im Hinblick auf Mitarbeiter, Anteilseigner und die Umwelt. Vgl. Wolf/Runzheimer (2003), S. 35.

588 Vgl. ebd. (2003), S. 35.

589 Vgl. Lück (2001), S. 2312, ebd. (1999b), S. 146. ebd. (2000a), S. 1475, IDW (2006b), Rn. 35, S. 1606. Das IDW stellt klar, dass zur Erreichung der Unternehmensziele verschiedene Strategien verfolgt werden können, die jeweils unterschiedliche Verhältnisse von Chancen und Risiken aufweisen. Aufgabe einer Geschäftsleitung ist es, den Grad der Risiko- bzw. Chancenbereitschaft (Risiko- bzw. Chancenneigung) festzulegen. Da-

Die Basis eines RFS bzw. RCMS ist immer die geschäftspolitische Zielsetzung.[590] Diese muss vor der Konzeption des RMS bzw. RCMS bekannt sein. Da die Unternehmenszielsetzung stets individueller Natur ist, ist folglich auch das hier propagierte RCMS stets unternehmensindividuell.[591]

Zwischen den Unternehmensstrategien und den RC-Strategien existieren eindeutige "Wechselwirkungen".[592] RC-Strategien sind unternehmensweite Vorgaben, die die "grundsätzlichen Einstellungen"[593] im Umgang mit Risiken und Chancen (sog. "risiko- und chancenpolitische Grundsätze"[594] (kurz "RC-Grundsätze") regeln.[595] Zur Aufrechterhaltung der Wirksamkeit des Gesamtsystems gilt es diese stets einzuhalten. Diese sollten durch die Unternehmensleitung festgeschrieben und an die Mitarbeiter kommuniziert werden. Dies fördert die nachhaltige unternehmensweite Beachtung und die kontinuierliche Anwendung der ergriffenen RCM-Maßnahmen.[596] Diese gilt es in Abhängigkeit vom jeweiligen Ausmaß der existierenden Risiken und Chancen, der unternehmensindividuellen Risiko- und Chancenanfälligkeit[597] sowie der Risiko- bzw. Chanceneinstellung des Managements zu formulieren.[598]

Die RC-Grundsätze sind Rahmengrundsätze für die gesamte Risiko- und Chancenpolitik ("RC-Politik") eines Unternehmens.[599] Inhaltlich treffen diese eine Aussage darüber, welche Risiken eingegangen werden dürfen, um die diesen gegenüberstehenden Chancen zu nutzen. Sie legen fest, welches Verhältnis zwischen Risiken und Chancen mindestens einzuhalten ist und ab welchen möglichen Verlustgrenzen bzw. Ertragspotenzialen Maßnahmen zur Steuerung ein-

---

mit wird bestimmt, inwieweit Risiken eingegangen und Chancen genutzt werden, um so die Unternehmensziele zu erreichen ("Risiko- und Chancenstrategie"). Vgl. ebd. (2006b), Fn. 56, S. 1606.

590 Im Rahmen der Zielbildung werden alle relevanten Ziele identifiziert, die Beziehung zwischen diesen analysiert und Prioritäten von Zielen festgelegt und diese operationalisiert. Vgl. Wall (2002), S. 6, Lück (2000b), S. 326 f.

591 Vgl. Happel/Liebwein (2000), S. 228, PwC (2000), S. 20.

592 Vgl. Vogler/Gundert (1998), S. 2379.

593 Vgl. Wall (2001), Rn. 122, S. 214. Bspw. das Sicherheitsstreben.

594 Stellen die Art und Weise dar, wie Risiken im Unternehmen aufzufassen und zu handhaben sind. Vgl. Hornung et al. (1999), S. 319.

595 Vgl. Füser et al. (1999), S. 753. Kless (1998), S. 94, Bitz (2000b), S. 19. Zur Risikostrategie vgl. Lück (1998b), S. 1926. Zur Chancenstrategie vgl. bspw. ebd. (2001), S. 2312 f., Weber et al. (2001), S. 53.

596 Vgl. Hornung et al. (1999), S. 319, Kromschröder/Lück (1998a), S. 1573.

597 Vgl. Vogler/Gundert (1998), S. 2379, Kless (1998), S. 94, Lück (1998b), S. 1926.

598 Vgl. Ziegenbein (1992), S. 26 f.

599 Vgl. Kless (1998), S. 94 und die angegebenen Quellen.

zuleiten sind.[600] Hier gilt der Grundsatz, dass je höher und wahrscheinlicher ein Risiko ist, desto stärker muss eine Unternehmensleitung alle Maßnahmen ausschöpfen, um dieses zu beeinflussen und diese in ihrem Gefährdungspotenzial zu reduzieren.[601] Analog für Chancen gilt, dass je höher und wahrscheinlicher diese sind, desto stärker muss eine Unternehmensleitung alle Maßnahmen versuchen auszuschöpfen, um das sich bietende Ertragspotenzial nutzbar zu machen.

RC-Grundsätze haben einen wesentlichen Einfluss auf die sog. Risiko- und Chancenkultur ("RC-Kultur") im Unternehmen. Neben der systematischen und kontinuierlichen Auseinandersetzung mit Risiken und Chancen wird eine positive RC-Kultur als wesentliche Stellgröße für eine erfolgreiche Unternehmensführung angesehen. Aus diesem Grund sollte diese unternehmensweite Verbreitung finden. Die RC-Kultur kennzeichnet das bestehende gemeinsame Normen- und Wertegerüst der Organisationsmitglieder in einem Unternehmen. Diese regelt, wie Risiken und Chancen zu handhaben sind. Sie beeinflusst ganz wesentlich deren bewusste Wahrnehmung durch die Organisationsmitglieder, indem sie die Sensibilität gegenüber Gefährdungs- und Erfolgspotenzialen erhöht. Inhaltlich und zeitlich gesehen beeinflusst diese die Art und Weise, wie Informationen über Risiken und Chancen unternehmensweit kommuniziert werden.[602] Die Anpassung eines wie auch immer ausgestalteten RFS bzw. RCMS an die sich stetig verändernden Rahmenbedingungen für Unternehmen und eine nachhaltige Existenzsicherung gelingt nur dann, wenn eine als positiv[603] zu umschreibende RC-Kultur existiert.

Entscheidend für die Wirksamkeit des RCMS ist, wie das System durch die Mitarbeiter "gelebt" und von einer Unternehmensleitung "vorgelebt" wird. Eine Unternehmensleitung sollte ein Steuerungsumfeld schaffen, welches eine positive RC-Kultur erzeugt bzw. aufrechterhält. So werden die Mitarbeiter für das Thema "Risiko- und Chancenmanagement" sensibilisiert.[604] Deren Bereitschaft

---

600 Zum Risikoaspekt vgl. Lück (1998b), S. 1926, Bitz (2000b), S. 19. Zum Chancenaspekt vgl. Lück (2001), S. 2313. Ähnlich Wall (2001), Rn. 122, S. 214.

601 Vgl. Füser et al. (1999), S. 753, Lück (1998b), S. 1926, Kless (1998), S. 94, Lück (2001), S. 2313.

602 Vgl. Lück (2000a), S. 1477 unter Verweis auf Wittmann (1999), S. 142. Ähnlich von Hohnhorst (2002), S. 98 f.

603 Vgl. Diedrichs/Richter (2001), S. 138.

604 Entscheidend ist, ob das RCM als "notwendiges Übel" oder vielmehr als Beitrag zur Steigerung des Unternehmenswertes angesehen wird. Eine unternehmensweite Risikokultur und ein ausgeprägtes Risikobewusstsein werden bedeutsam für den Erfolg des RCM angesehen. Vgl. IDW (2006b), Rn. 32-33, S. 1605 f., Mikus (2001a), S. 11 und die angegebenen Quellen in Fn. 42.

zur Einhaltung der getroffenen Maßnahmen wird erhöht und gleichzeitig das Bewusstsein im Umgang mit Risiken und Chancen ("RC-Bewusstsein") geschärft. Zu diesem Zweck ist es erforderlich, die verfolgten Unternehmensziele und die jeweils zugehörigen Erfolgsfaktoren an die Mitarbeiter zu kommunizieren. Diese Einbindung kann auch das notwendige Verständnis für die unverzichtbare Systemüberwachung fördern bzw. erzeugen.[605] Eine positive RC-Kultur als Teil der Unternehmenskultur trägt dazu bei, das Sinnverständnis für Risiko- und Chancenaspekte sowie für Haftungsfragen zu verbessern.[606]

In der behandelnden Literatur werden die RC-Strategien vielfach auch als die finale Phase im Prozessablauf dargestellt. In der vorliegend betrachteten Ablauforganisation des RCMP wird den RC-Strategien zur besseren Abgrenzung eine dem RCMP vorgeschaltete Position zugedacht. Grund dafür ist, dass von diesen wesentliche Einflüsse i. Z. m. der Aufbau- und Ablauforganisation des RCMP ausgehen. Ist der RCMP durchlaufen, so bilden diese gleichzeitig den Endpunkt des Prozesses und damit den "Sollwert" für die vorgegebenen Ziele im RCMS ab. Die im Prozess realisierten Ergebnisse sind die "Istwerte".[607] Diese gilt es mit den Sollwerten abzugleichen. Werden so Abweichungen festgestellt, so kann dies zu einer Überarbeitung der RC-Strategien und ggf. zu einer Remodellierung des gesamten RCMP führen.

Prozessveränderungen an dieser Stelle verfolgen das Ziel, die Maßnahmen zum RCM fortlaufend zu verbessern[608], zu optimieren und an die RC-Strategien auszurichten. RC-Strategien bestimmen die Maßnahmen und den Umfang der Tätigkeiten im RCMP. Überdies haben diese einen wesentlichen Einfluss auf die sog. "Wesentlichkeitsgrenzen". RC-Strategien legen auch fest, ob und in welchem Umfang neben einer Unternehmensleitung weitere "Verantwortlichkeiten" im RCMS zu etablieren sind.

605 Regelmäßige Rückmeldungen über die Aktivitäten im RCM an die Mitarbeiter sind ein probates Mittel zur Steigerung des RC-Bewusstseins. Vgl. IDW (2006), Rn. 34, S. 1606, Reichmann (2001), Rn. 371, S. 285, PwC (2000), S. 20. Anm.: Verständnis kann auch hinsichtlich eines höheren Arbeitsaufwands durch das RCMS geweckt werden.

606 Zur Bedeutung der Risikokultur für den Erfolg des RM vgl. Lück (2000a), S. 1477.

607 Anm.: Die tatsächliche Risiko- und Chancenlandschaft zu einem bestimmten Zeitpunkt.

608 Vgl. Lück (1998b), S. 1926, ebd. (2001), S. 2313.

3.1.1 Wesentlichkeitsgrenzen und Verantwortlichkeiten

"Wesentlichkeitsgrenzen"[609] legen fest, ob eine Unternehmenseinheit ein Risiko bzw. eine Chance selbst zu tragen hat oder ob eine hierarchisch höher angesiedelte Instanz mit dieser Aufgabe zu beauftragen ist. Diese stellen "Grenzwerte" dar, die als monetäre Größe das Schadenspotenzial eines Risikos bzw. das Erfolgspotenzial einer Chance beziffern. Wesentlichkeitsgrenzen sind wichtige Bausteine[610] eines RCM, da diese die Verfahrensweisen zur Behandlung von Risiken und Chancen kenntlich machen. Wegen ihrer Relevanz für die Wirksamkeit des RCMS sollten diese durch die Unternehmensleitung festgelegt und regelmäßig durch diese auf ihre Eignung hin überprüft werden.

Bevor Wesentlichkeitsgrenzen zu bestimmen sind gilt es in einem ersten vorgelagerten Schritt diejenigen "Felder" bzw. Bereiche ausfindig zu machen, aus denen Risiken und Chancen in einem besonderen Maße im Unternehmen resultieren können. Obwohl die Ausgestaltung eines RCMS betrachtet wird, liegt das Hauptaugenmerk an dieser Stelle in einem ersten Schritt auf denjenigen Unternehmensbereichen, aus denen Risiken in einem besonderen Maße resultieren, die nach Art und Umfang (ggf. im Zusammenspiel mit anderen Risiken) eine Bestandsgefährdung auslösen können.[611] Für nachrangige Risiken und Chancen, die i. d. R. außerhalb dieser "Beobachtungsbereiche" liegen, gilt es Verfahrensweisen zu entwickeln, die sicherstellen, dass diese ebenfalls im RCMP behandelt werden.[612] Bei der Festlegung von Wesentlichkeitsgrenzen muss die Frage beantwortet werden, ab welchen Grenzen (Verlust- bzw. Ertragspotenzialen)[613] das Management über Risiken und Chancen informiert werden will bzw. ab welchen nicht.[614]

Was die Höhe von Wesentlichkeitsgrenzen für Risiken anbelangt ist zu beachten, dass zu niedrige Grenzen in der Folge ggf. zu einer Vielzahl von zu berichtenden Risiken führen können. Eine Risiko-Berichterstattung kann dadurch

---

609 Zur Bedeutung und Ermittlung von Wesentlichkeitsgrenzen vgl. Vogler/Gundert (1998), S. 2381 f. Auch Toleranzgrenzen, Limite oder Schwellenwerte genannt. Vgl. Weber et al. (1999b), S. 1712, Scharpf (1998), S. 14.

610 Vgl. Vogler/Gundert (1998), S. 2381.

611 Vgl. IDW (1999a), Rn. 7, S. 659.

612 Vgl. Schindler/Rabenhorst (2001), Rn. 94, S. 164 f. Die Autoren verweisen auch auf die Notwendigkeit der regelmäßigen Überprüfung und ggf. Anpassung der festgelegten RC-Felder. Zur Prüfung der Festlegung von Beobachtungsbereichen durch den AP vgl. bspw. Giese (1998), S. 454.

613 Anm.: Es gilt zu bestimmen, ob es sich um Grenzen handelt, die anzeigen, ob der Gewinn oder das Vermögen gefährdet bzw. positiv beeinflusst wird.

614 Anm.: Wesentlichkeitsgrenzen besitzen großen Einfluss auf die Prozessphase der Kommunikation.

erschwert oder verlangsamt werden. Bei einer Flut an berichtswürdigen Risiken kann ein RCMS im schlimmsten Fall seine Handlungsfähigkeit verlieren. Ähnliches gilt bei zu geringen Wesentlichkeitsgrenzen für Chancen. Produziert das RCMS zu viele nicht relevante RC-Informationen, so kann dies das Management von den eigentlich bedeutsamen Entwicklungen ablenken. Zu hohe Wesentlichkeitsgrenzen bergen die Gefahr, dass Risiken u. U. nicht "angemessen" berücksichtigt werden. Risiken von Relevanz werden ggf. erst gar nicht betrachtet und auch Chancen mit einem geringen Erfolgspotenzial bleiben ggf. unberücksichtigt. Dies birgt die Gefahr, dass Einzel- oder Kumulrisiken zum Tragen kommen, die dann eine Überschuldung bzw. eine Illiquidität auslösen.[615] Der Erfolgsbeitrag von kleineren Einzelchancen kann in Summe einen positiven Effekt auf das Gesamtergebnis haben[616] der dann unberücksichtigt bleibt.

Die Festlegung von Wesentlichkeitsgrenzen steht im unmittelbaren Zusammenhang mit der noch darzustellenden Bewertungsphase im RCMP. Risiken und Chancen, die unterhalb der festgelegten Wesentlichkeitsgrenzen liegen, sollten nicht "in Vergessenheit" geraten. Sie sollten vielmehr Verantwortungsträgern zur Behandlung übergeben werden. Auf diese Weise ist festzustellen, ob sich diese im Zeitverlauf nicht ggf. doch noch zu einer betrachtungswürdigen Entwicklung mausern und Wesentlichkeitsgrenzen überschreiten. Für solche Risiken und Chancen, die Wesentlichkeitsgrenzen überschreiten, gilt grundsätzlich, dass die Informationen über diese zur weiteren Entscheidungsfindung an Entscheidungsträger weiterzuleiten sind. Wesentlichkeitsgrenzen bedingen eine Kopplung mit Verantwortungsträgern. Mit aufsteigend immer höheren Grenzwerten sollten sich diese durch alle Instanzen in der Aufbauorganisation eines Unternehmens ziehen. Üblicherweise sind dabei entsprechende Entscheidungsträger bzw. Verantwortlichkeiten nach Hierarchieebenen an diese zu koppeln. In den Fällen, wo die Unternehmensleitung nicht allein für die Durchführung des RCM operativ verantwortlich ist, sollte eine entsprechende Kopplung in nachweisbarer Form stattfinden.

Die Funktionsfähigkeit des RCMS wird in entscheidender Weise davon abhängig gemacht, ob es eine klare Zuordnung von Verantwortlichkeiten und Funktionsträgern im System gibt.[617] Hierarchieübergreifende Wesentlichkeitsgrenzen gewährleisten, dass nur solche Risiken und Chancen an die Unterneh-

615 Vgl. Claassen (1999), S. 6.

616 Wesentlichkeitsgrenzen zu Chancen sollten in der Art bestimmt werden, dass eine effiziente Nutzung dieser möglich wird. Vgl. Lück (2001), S. 2312.

617 Vgl. Schindler/Rabenhorst (2001), Rn. 98, S. 166.

mensleitung berichtet werden, über die diese auch informiert sein will.[618] So wird eine Überflutung mit Informationen über Bagatellrisiken[619] und -chancen vermieden und die Handlungsfähigkeit gewahrt.[620] Die Bewältigung von der Bedeutung her nachgelagerter Risiken und Chancen geschieht dann in der Linie. Wesentlichkeitsgrenzen helfen, eine konsequente Bewältigung aller als betrachtungswürdig eingestuften Gefährdungs- und Ertragspotenziale sicherzustellen.

Die Wirksamkeit des RCMS hängt an dieser Stelle davon ab, ob ein Informationsaustausch über bekannte Risiken und Chancen im Gesamtunternehmen stattfindet. Insbesondere dem Austausch von Risiko-Informationen ist vor dem Hintergrund der Regelungen der §§ 91 Abs. 2 AktG und § 53 HGrG eine hohe Bedeutung beizumessen. Dieser Austausch muss fortlaufend sichergestellt werden, da nur so analysiert werden kann, ob Einzelrisiken und -chancen, die unternehmensweit auftreten können und die womöglich eine nachrangige Bedeutung aufgrund geringer Wesentlichkeitsgrenzen besitzen, durch gegenseitige bereichsübergreifende Verstärkung (Interdependenzen, Wechselwirkungen) zu einem wesentlichen oder gar bestandsgefährdenden Risiko bzw. zu einer betrachtungswürdigen Chance erwachsen. Der Informationsaustausch zeigt auf, ob von Risiken und Chancen Wechselwirkungen ausgehen und diese sich ggf. abschwächen, verstärken oder gegenseitig eliminieren.[621]

3.1.2 Festlegung von Maßnahmen im Gesamtprozess

Wesentlichkeitsgrenzen haben auch einen Einfluss auf die Maßnahmen im gesamten RCMP. Diese werden maßgeblich von der sog. "Risikoakzeptanz"[622] bestimmt. Im Hinblick auf Chancen bestimmen diese, inwieweit beabsichtigt ist Erfolgspotenziale für ein Unternehmen nutzbar zu machen. Es wird grundsätzlich empfohlen, dass ein durch die RC-Strategien zu bestimmendes Verhältnis zwischen Risiken und Chancen in allen Unternehmensbereichen einzuhalten ist. Dies besitzt hohe Relevanz für die Wirksamkeit des RCMS und sollte durch eine Unternehmensleitung festgelegt werden. Die Einzelmaßnahmen im RCMP sind

---

618 Zum Schutz einer vorsätzlichen Pflichtverletzung sollte eine Unternehmensleitung genau abwägen, bevor sie entscheidet, ab welchen Wesentlichkeitsgrenzen Risiken (Chancen) berichtspflichtig werden. Vgl. Claassen (1999), S. 6.

619 Vgl. Füser et al. (1999), S. 753.

620 Vgl. Weber et al. (1999b), S. 1712.

621 Vgl. IDW (1999a), Rn. 8 und 13, S. 659.

622 Die Frage, in welchem Ausmaß ein Unternehmen bereit ist, bei der Auswahl aus mehreren Handlungsalternativen unsichere Entscheidungsmöglichkeiten in Kauf zu nehmen. Vgl. Kindler/Pahlke (2001), Rn. 214, S. 69.

dazu so *"optimal"*[623] aufeinander abzustimmen, dass eine vorgegebene maximale Verlustgrenze[624] eingehalten wird. Bekannte und zukünftige Risiken und Chancen sollen somit kontrollierbar bzw. nutzbar und kalkulierbar bleiben.[625]

Die Einzelmaßnahmen im RFS bzw. RCMS sind stets unternehmensindividueller Natur. Grundsätzlich sollte vermieden werden, dass das System durch eine "ausufernde Bürokratie"[626] überreguliert wird, da ansonsten die Wirtschaftlichkeit und Effektivität des Systems gefährdet sein kann.[627] Die Einzelmaßnahmen können zwischen vergleichbaren Unternehmen stark divergieren und einen unterschiedlichen Grad an Komplexität besitzen. Unabhängig davon müssen diese zu jeder Zeit gewährleisten, dass das Management über alle aus seiner Sicht relevanten Entwicklungen zeitnah informiert wird. Allgemeingültige Aussagen dahingehend, wie dies bewerkstelligt werden kann, gibt es in der behandelnden Literatur nicht. Lediglich der nachweisbaren Risiko- und Chanceninformationsversorgung zwischen den Prozessschritten wird eine hohe Bedeutung für die Wirksamkeit des Gesamtsystems beigemessen.[628]

3.2 Ausgestaltung der Phasen im RCMP

3.2.1 Risiko- und Chancenidentifikation

Sind Beobachtungsbereiche, Wesentlichkeitsgrenzen, Verantwortlichkeiten und Einzelmaßnahmen im RCMS festgelegt worden, so beginnt der Prozessablauf des RCMP mit der Phase der Risiko- und Chancen-Identifikation ("RC-Identifikation" bzw. RC-Erkennung[629]). Ziel dieser Phase ist es, über eine strukturierte und unternehmensweite Beobachtung der Unternehmensbereiche und betrieblichen Prozesse die Erfassung aller bestehenden sowie potenziell[630] möglichen internen und externen Gefahrenquellen[631] und Ertragspotenziale sicherzu-

623 Lück (2000b), S. 327.

624 Auch "Risikotragfähigkeit" genannt. Sie kennzeichnet die Fähigkeit, Verluste aus eingetretenen Gefahren (Risiken) zu tragen ohne in Insolvenz zu geraten. Vgl. Baetge/Jerschensky (1999), S. 171.

625 Vgl. Lück (2000a), S. 1475.

626 Vgl. Vogler/Gundert (1998), S. 2379. Vgl. auch Löhr (2000), S. 312.

627 Zum Aspekt der Wirtschaftlichkeit des RM vgl. PwC (2000), S. 16.

628 Vgl. Lück (1998b), S. 1926, ebd. (2001), S. 2313. Dem Risiko-Controlling wird bei der Informationsbeschaffung bzw. -versorgung eine wesentliche Bedeutung für die Wirksamkeit des Systems beigemessen. Vgl. Kapitel B, Punkt 2.1, S. 78 ff.

629 Vgl. Emmerich (1999), S. 1079 ff., Kromschröder (1986), S. 246.

630 Vgl. IDW (1999a) Rn. 9, S. 659.

631 Vgl. Wolz. (2001), S. 792.

stellen. Auch wenn der Verlauf eines RCMP betrachtet wird, muss zur Einhaltung der gesetzlichen Verpflichtung an dieser Stelle das Erkennen von bestandsgefährdenden Risiken stets im Vordergrund stehen.

Um eine Fokussierung auf bestimmte bzw. offensichtliche Risiken und Chancen zu vermeiden, sollten alle existierenden und theoretisch denkbaren Gefährdungs- und Ertragspotenziale unabhängig von ihrer individuell empfundenen Bedeutung in einem ersten Schritt gesammelt und erfasst werden.[632] Zu begründen ist dies damit, dass auf diese Weise existierende und mögliche Wechselwirkungen zwischen diesen "Zielabweichungspotenzialen" leichter aufzudecken sind. Diese Informationen gilt es eingehender in der anschließenden Analysephase[633] zu untersuchen. Beobachtungsbereiche helfen dabei, die in allen als relevant eingestuften Unternehmensbereichen existierenden Risiken und Chancen in systematischer Weise aufzuzeigen bzw. aufzunehmen.[634] Neben den offensichtlichen Risiken und Chancen muss ein besonderes Augenmerk auf Entwicklungen gelegt werden, deren Erscheinungsbild[635] und deren Ort des Auftretens nicht vordefiniert werden kann.

Was den Zeitpunkt der RC-Identifikation anbelangt wird gefordert, dass diese nicht sporadisch erfolgen darf. Diese ist vielmehr als standardisierter und routinemäßiger Vorgang im Gesamtunternehmen zu verstehen. Ansonsten besteht die Gefahr, dass Risiken und Chancen mit Relevanz möglicherweise übersehen werden bzw. gänzlich unentdeckt bleiben. Eine wiederkehrende und unterjährig mehrmals stattfindende RC-Identifikation wird zum Zwecke der Aufrechterhaltung der Wirksamkeit des RCM als notwendig angesehen. Einer einmaligen, jährlich zum Bilanzstichtag vorgenommenen Erhebung von Zielabweichungspotenzialen wird hingegen eine deutliche Absage erteilt. Zu begründen ist dies damit, dass aufgrund der Veränderlichkeit von Risiken und Chancen unter Berücksichtigung des gesetzlich geforderten Aspekts der rechtzeitigen Weiterleitung von relevanten Informationen dies einen zu langen Zeitraum darstellt.[636]

Die RC-Identifikation verfolgt das Ziel, eine möglichst vollständige Erhebung und Explikation aller Gefahrenquellen[637] und Erfolgspotenziale im Unternehmen vorzunehmen. Alle Zielabweichungspotenziale müssen in systematischer und kontinuierlicher Form erkannt und erfasst werden. Nur so ist der Unternehmenserfolg auf Zeit sicherzustellen.[638] Wesentliche Voraussetzung dafür

632 Vgl. Gampenrieder/Kittelberger (2002), S. 224.

633 Vgl. Kapitel B, Punkt 3.2.2, S. 118 ff.

634 Vgl. Löhr (2000), S. 313, Wittmann (2001), Rn. 323, S. 273, Lück (1999b), S. 147.

635 Vgl. IDW (1999a), Rn. 9, S. 659, ebd. (2006b), Rn. 36, S. 1606.

636 Vgl. Brebeck/Herrmann (1997), S. 384.

637 Vgl. Kromschröder (1986), S. 246.

638 Vgl. Happel/Liebwein (2000), S. 230, Wittmann (2001), Rn. 325, S. 274.

ist die Kenntnis über die auf die Hierarchieebenen heruntergebrochenen Unternehmensziele und die dazugehörigen Erfolgsfaktoren. Dies unterstreicht die bereits erhobene Forderung, dass zur Förderung einer positiven RC-Kultur den Mitarbeitern die Unternehmensziele bekannt sein sollten.[639] Im Rahmen der RC-Identifikation wird geprüft, welche betrieblichen Prozesse und Unternehmensbereiche mit Risiken behaftet sind (mittels der sog. *"Risikoinventur"*[640]) und welche unternehmerischen Aktivitäten Chancen (mittels der sog. *"Chanceninventur"*[641]) beinhalten. Der Unternehmenserfolg ist entscheidend davon abhängig, wie vollständig diese Sammlung ausfällt. Nur so können Zielabweichungspotenzialen im RCMP adäquate Maßnahmen zur Steuerung zugeordnet werden.[642] Die Risiko- und Chanceninventur ("RC-Inventur") ist als Bestandsaufnahme zu verstehen, die möglichst vollständig alle aktuellen, zukünftigen, potenziellen und theoretisch denkbaren Zielabweichungspotenziale beinhaltet.[643]/[644] Die Umsetzung des Aspekts der "Vollständigkeit" gilt als das *"methodische Zentralproblem"*[645] in dieser Prozessphase. Die stets individuelle Risiko- und Chancenlandschaft (kurz "RC-Landschaft") beinhaltet solche Verlust- und Ertragspotenziale die jedem Unternehmen immanent[646] sind. Es kommen solche hinzu, die von der Geschäftstätigkeit[647] (z. B. der Branchenzugehörigkeit) bestimmt werden. Eine vollständige Erfassung von strategischen Risiken kann sich aufgrund ihres starken Zukunftsbezuges schwieriger gestalten als die von operativen Risiken.[648]

---

639 Vgl. Kapitel B, Punkt 3.1, S. 104 ff.

640 Lück (1998b), S. 1926.

641 Ebd. (2001), S. 2313.

642 Unter Verweis auf eine Untersuchung von Delmar bemerkt Lück, dass insbesondere solche Unternehmen erfolgreich sind, die sich über die Risiken ihres unternehmerischen Engagements auch bewusst sind. Vgl. Lück (1999b), Fn. 29, S. 146 mit Verweis auf Delmar (1996), S. 17 ff.

643 Eine vollständige Erfassung scheint aus Sicht von Kohlhoff et al. unmöglich. Die Grenze der Aufnahme wird durch den Grundsatz der Wirtschaftlichkeit terminiert. Vgl. Kohlhoff et al. (2000), S. 4. Eine sichere Methode zur vollständigen Erfassung existiert nicht. Vgl. Kindler/Pahlke (2001), Rn. 214, S. 69. Mit zunehmendem Grad an Sicherheit nehmen die Präventionskosten überproportional zu unter Abnahme der Schadenskosten. Schnittpunkt dieser Kostenkurven stellt das Sicherheitsoptimum dar, das durch das RCM einzuhalten ist. Vgl. Wolf/Runzheimer (2003), S. 41.

644 Vgl. Kromschröder (1986), S. 246, Weitekamp (1997), S. 1759, Diedrichs/Richter (2001), S. 138, Reichmann (2001), Rn. 371, S. 285, Becker et al. (2004), S. 1579 und die angegebene Quelle, Wall (2001), Rn. 123, S. 214, Marten et al. (2007), S. 288.

645 Becker/Janker/Müller (2004), S. 1580. Vgl. auch Lachnit/Müller (2001), S. 370.

646 Bspw. Rechts- und Finanzrisiken. Vgl. Baetge/Jerschensky (1999), S. 172.

647 Vgl. Eggemann/Konradt (2000), S. 505. Marktmachtstellung als Beispiel, vgl. IDW (2006b), Rn. 40, S. 1607. Vgl. auch Kindler/Pahlke (2001), Rn. 214, S. 69.

648 Vgl. Horváth/Gleich (2000), S. 111.

Vor dem Hintergrund der eingehend dargestellten gesetzlichen Verpflichtung zur Implementierung eines RFS wird als Mindestanforderung an diese Prozessphase gestellt, dass in dieser die Möglichkeit besteht zumindest alle bestandsgefährdenden Risiken und solche, die in Wechselwirkung eine Bestandsgefährdung auslösen können, vollständig zu erfassen.[649] Um die Vollständigkeit der RC-Identifikation zu gewährleisten, werden in der Literatur unterschiedliche Verfahren und Vorgehensweisen diskutiert. Exemplarisch werden der "Top-Down"- und der "Bottom-Up"-Ansatz betrachtet. Beim Top-Down-Ansatz werden ausgehend von einem auf Ebene der Unternehmensleitung vorzunehmenden Workshop diejenigen Risiken und Chancen erfasst, die augenscheinlich im Unternehmen existieren (können). Diese gilt es in einem zweiten Schritt um diejenigen zu ergänzen, die entlang der Wertschöpfungskette auftreten (können) oder zumindest dort zu vermuten sind. Dabei sollte ein besonderes Augenmerk auf kumulierende Entwicklungen mit Bedeutung gelegt werden. Grund dafür ist, dass diese i. d. R. ihre volle Ausprägung erst entlang der gesamten Wertschöpfungskette entfalten.[650]

Beim Bottom-Up-Ansatz wird eine erste RC-Identifikation auf operativer Unternehmensebene vorgenommen. Die erhobenen Risiken und Chancen gilt es in einem zweiten Schritt dann um diejenigen zu ergänzen, die durch die Unternehmensleitung abschließend zu benennen sind.[651] Bei der Suche orientiert man sich ausgehend von der untersten bis zur obersten Hierarchiestufe. Der abschließenden Befragung der Unternehmensleitung wird entgegnet, dass diese aufgrund ihrer "Entfernung" vom operativen Geschehen nicht geeignet erscheint, die im ersten Schritt Bottom-Up erhobenen RC-Informationen zu plausibilisieren. Dieser wird lediglich die Eignung zugesprochen, zu einer Ergänzung der RC-Landschaft beizutragen. Das *IDW* bemerkt, dass bei der Bottom-Up-Erhebung die Gefahr besteht, dass das spezielle Know-how auf operativer Ebene nur unzureichend Berücksichtigung findet.[652] Es besteht die Gefahr, dass es zu einer nicht sachkundigen Relativierung der Einschätzungen von Risiken und Chancen im Nachgang durch die Unternehmensleitung kommt.

Eine RC-Inventur sollte in einem ersten Schritt Top-Down durchgeführt und dann durch eine Bottom-Up gerichtete Suche ergänzt werden.[653] Die auf Ebene der Unternehmensleitung erhobenen Zielabweichungspotenziale würden so um diejenigen ergänzt werden, die aus Sicht der Mitarbeiter[654] gesehen werden und

649 Vgl. Brebeck/Herrmann (1997), S. 384.
650 Vgl. Marten et al. (2007), S. 288.
651 Vgl. Füser et al. (1999), S. 754.
652 Vgl. IDW (2006b), Rn. 41, S. 1608.
653 Vgl. Horváth/Gleich (2000), S. 110, von Hohnhorst (2002), S. 101 f.
654 Anm.: Diejenigen, die in der operativen Verantwortung stehen.

die dazu in der Lage sind, die aus dem Geschäft resultierenden Gefährdungs- und Ertragspotenziale am besten zu kennen.[655] Um eine strukturierte, detaillierte und möglichst vollständige RC-Landschaft herzuleiten wird angeraten, alle wie auch immer erhobenen Zielabweichungspotentiale in sachlicher und zeitlicher Hinsicht[656] in unterschiedliche Kategorien ("RC-Kategorien") einzuordnen.[657] So wird vermieden, dass Risiken und Chancen unvollständig und mehrdeutig in ihrer Darstellungsweise werden.[658] RC-Kategorien gelten überdies als wirksame Maßnahme zur Darstellung von Wirkungszusammenhängen zwischen Risiken und/oder Chancen.

Hilfsmittel ("Instrumente"[659], "Methoden"[660]) für die RC-Inventur sind bspw. Analyseverfahren, Befragungen, Beobachtungen, Brainstorming bzw. -writing, Checklisten, Dokumentenanalysen, Erfassungsbögen, Workshops.[661] Frühwarn-, Früherkennungs- und Frühaufklärungssysteme werden als die wichtigsten Instrumente[662] angesehen. Speziell diesen wird i. Z. m. den Regelungen der §§ 91 Abs. 2 AktG und 53 HGrG eine "ausschlaggebende Bedeutung"[663] für die Leistungsfähigkeit des geforderten RFS zugesprochen.[664] Diesen wird eine besondere Eignung zur Aufdeckung einer schleichenden (latent vorhandenen) Bestandsgefährdung zugesprochen. FWS stellen die "ursprünglichste Form" von Informationssystemen dar, die bei der Aufdeckung von latent vorhandenen Verlustpotenzialen helfen können.[665] Ihre Entwicklung wurde vom Wunsch getragen "...

655 Vgl. Vogler/Gundert (1998), S. 2380. Die Vollständigkeit sollte durch laufende Kontrollen, Anreizsysteme sowie Sanktionsmechanismen sichergestellt werden. Vgl. auch Marten et al. (2007), S. 288.

656 Vgl. Kromschröder (1986), S. 246, Lachnit/Müller (2001), S. 370.

657 Vgl. Eggemann/Konradt (2000), S. 505. Die Systematik kann durch Darstellung von Risiken und Chancen anhand der Unternehmensbereiche, nach Art und Ausmaß oder nach Beeinflussbarkeit erreicht werden. Vgl. Kless (1998), S. 95 unter Verweis auf Kromschröder (1986), S. 246. Ähnlich Becker et al. (2004), S. 1579. Zur Systematik vgl. auch Claassen (1999), Abb. 2, S. 5.

658 Vgl. Hornung et al. (1999), S. 320, Diedrichs/Richter (2001), S. 138.

659 Vgl. Gabriel/Rockel (2001), S. 109.

660 Vgl. Becker et al. (2004), S. 1579 f. mit Beispielen.

661 Vgl. IDW (2006b), Rn. 42, S. 1608 f., Wolf/Runzheimer (2003), S. 44, Kohlhoff et al. (2000), S. 4, Löhr (2000), S. 313, Happel/Liebwein (2000), S. 230, Horváth/Gleich (2000), S. 111, Gampenrieder/ Kittelberger (2002), S. 224.

662 Vgl. Lück (2000a), S. 1476.

663 Vgl. Löhr (2000), S. 313.

664 Vgl. bspw. Eggemann/Konradt (2000), S. 505, Lück (2001), S. 2313.

665 Vgl. Hahn/Krystek (2000), S. 76, Gleißner/Füser (2000b), S. 933.

überlebenskritische Gefährdungen, Bedrohungen oder Risiken frühzeitig ..."[666] im Vorfeld zu erkennen.[667] Diese eignen sich gleichsam zur Aufdeckung von latent vorhandenen Chancen. I. Z. m. der Sicherstellung der Unternehmensfortführung wird FWS eine herausragende Bedeutung beigemessen.[668] Wird wie in dieser Arbeit der Betrachtungshorizont des FWS auf den Chancenaspekt ausgeweitet, so erhöht sich der Umfang der Aufklärungsfunktionen des Systems. In diesem Fall wandelt sich das FWS zum sog. "Früherkennungssystem"[669] ("FES"). Wird die Aufklärungsfunktion weiter um die *"... informationelle Sicherung der Einleitung von Planung, Steuerung und Kontrolle relevanter Strategien und Maßnahmen ..."* erweitert, so wandelt sich das FES definitionsgemäß zu einem sog. "Frühaufklärungssystem"[670] ("FAS").

Sog. "indikatororientierten"[671] FWS zeichnen sich durch *"... eine systematische Suche und Beobachtung von relevanten Ereignissen und Entwicklungen innerhalb und außerhalb des Unternehmens mittels ausgewählter Frühwarnindikatoren ..."*[672] aus. FWI[673] sind vorauslaufende Indikatoren. Sie helfen Entwicklungen aufzuzeigen und zu überwachen in den für die Ergebnisse ursächlichen Bereichen.[674] Diese sind kombiniert quantitativ/qualitativ orientierte Maßgrößen für latent vorhandene Risiken[675] und Chancen. Erfahrungen aus den Prüfungen des RFS zeigten in der Vergangenheit, dass verpflichtete Gesellschaften

---

666 Krystek/Müller (1999), S. 178. Das sog. "Konzept der schwachen Signale" wurde von Ansoff entwickelt. Vgl. Ansoff (1976), S. 129 ff. Vgl. Krampe/Müller (1981), S. 385 f. und die angegebenen Quellen, Hammer (1992), S. 216 ff., Hahn/Krystek (2000), S. 83 f.

667 Das frühzeitige Erkennen und ein Reagieren setzt die Lösung schwieriger Probleme organisatorischer und psychologischer Art voraus. Vgl. Gernert (1979), S. 147. Von dieser Form eines Informationssystems ging der Gesetzgeber im Rahmen des § 91 Abs. 2 AktG aus. Zur Gesetzesbegründung vgl. Ernst et al. (1998), S. 53.

668 Vgl. Krystek/Müller (1999), S. 178, Hammer (1992), S. 176 f.

669 Vgl. Krystek/Müller (1999), S. 178.

670 Hahn/Krystek (2000), S. 76, Krystek/Müller-Stewens (1993), S. 23, Krystek/Müller (1999), S. 178, Müller (2001), Abb. 3, S. 214.

671 Davon sind bspw. kennzahlenorientierte FWS abzugrenzen. Vgl. Krystek/Müller (1999), S. 178. Zum Aufbau eines indikatorgestützten FES vgl. Krampe/Müller (1981), Abb. 2, S. 387 ff., Müller (2001), Abb. 5, S. 216.

672 Holst/Holtkamp (2000), S. 815.

673 Vgl. Hahn/Krystek (2000), S. 82, Krystek/Müller (1999), S. 179.

674 Vgl. Baisch (2000), S. 34.

675 Vgl. Krystek/Müller (1999), S. 179. Beispiele bei Wall (2000), Rn. 152, S. 221. Zu den Auswahlkriterien zu FWI vgl. Krystek/Müller (1999), S. 179.

vielfach FWI besaßen und diese auswerteten. Es mangelte jedoch an einer Kopplung von FWI an die bekannten Risiken.[676]

Wegen der Veränderlichkeit von Risiken und Chancen im Zeitverlauf ist eine RC-Inventur immer als eine Momentaufnahme von der RC-Landschaft zu verstehen. Diese kann aufgrund der sich kontinuierlich verändernden internen und externen Umweltbedingungen der stetigen Veränderung unterliegen.[677] Die RC-Identifikation ist daher "zwangsweise" als kontinuierliche Aufgabe zu verstehen. Bestenfalls wird diese mit in die betrieblichen Unternehmensabläufe integriert. Diese wird dadurch Teil des allgemeinen Steuerungsinstrumentariums eines Unternehmens.[678]

Ein gutes RC-Bewusstsein wird für das Gelingen einer vollständigen RC-Inventur als Voraussetzung genannt.[679] In Bezug auf die Erfassung von Risiken verweist *Fasse* darauf, dass der gesetzlichen Forderung nach einer frühzeitigen und vollständigen Identifikation von bestandsgefährdenden Risiken und solchen, die in Wechselwirkung mit anderen zu einer Bestandsgefährdung führen können, nicht selten ein mangelndes Risikobewusstsein der Verantwortungsträger und Mitarbeiter entgegensteht.[680] Dies gilt es durch eine positive RC-Kultur sowie durch Maßnahmen, die das RC-Bewusstsein bei den Mitarbeitern und Verantwortungsträgern steigern, zu vermeiden.[681]

---

676 Vgl. IDW (2006b), Rn. 42, S. 1609. Hinzu kam vielfach eine unzulängliche Dokumentation der Sachverhalte. Dies scheint nach Auffassung des IDW vor allem bei mittelständischen Unternehmen der Fall zu sein. Aus Kapazitäts- und Kostengründen scheint bei diesen Unternehmen nicht in allen Bereichen ein entsprechendes Indikatorenwesen Verwendung zu finden. Die Definition von leistungsfähigen Indikatoren kann in der Praxis Probleme bereiten, da diese subjektive Einschätzungen der Entscheidungsträger beinhalten. Vgl. auch Wolz (2001), S. 792.

677 Vgl. Hornung et al. (1999), S. 320.

678 Vgl. IDW (2006b), Rn. 41, S. 1607. Das IDW verweist darauf, dass durch die Integration gleichzeitig die Mitarbeiterakzeptanz gesteigert wird bei gleichzeitiger Reduktion des erforderlichen Aufwands.

679 Vgl. Schindler/Rabenhorst (2001), Rn. 95, S. 165. Dem Vorhandensein eines entsprechenden Bewusstseins, insbesondere im Umgang mit Risiken, ordnet das IDW eine "herausragende Bedeutung" zu, um die Vollständigkeit der Risikoinventur zu gewährleisten. Vgl. IDW (2006b), Rn. 44, S. 1609, ebd. (1999a), Rn. 9, S. 659. Ähnlich auch Fürer (1990), S. 66, Jacob (1998), S. 1046. Der Wachsamkeit der Mitarbeiter wird im Umgang mit nicht vorhersehbaren Risiken eine besonders große Bedeutung beigemessen. Vgl. Giese (1998), S. 455.

680 Vgl. Fasse (1995), S. 79.

681 Vgl. Kapitel B, Punkt 3.1, S. 104 ff.

Die gesammelten Ergebnisse aus der RC-Identifikation bilden die "Arbeitsgrundlage" für die weiteren Phasen im RCMP.[682] Diese RC-Landschaft sollte eine möglichst vollständige Auflistung an betrachtungswürdigen Unternehmensrisiken[683] und -chancen sein, die nach Maßgabe der Wesentlichkeitsgrenzen zu behandeln sind. Darin sollten auch diejenigen Zielabweichungspotenziale enthalten sein, die bereits zu einem früheren Zeitpunkt erkannt worden waren und die ggf. durch Steuerungsmaßnahmen bereits "behandelt"[684] wurden. So zeigt die RC-Landschaft eine zutreffende Übersicht über die Gefährdungs- und Ertragspotenziale zu einem bestimmten Stichtag auf.

3.2.2 Risiko- und Chancenanalyse

Die zweite Phase des hier betrachteten RCMP ist die Risiko- und Chancenanalyse ("RC-Analyse"). Hier gilt es die erhobenen Risiken und Chancen eingehender zu analysieren. Bei der Abgrenzung der Einzelphasen der Identifikation, der Analyse und der Bewertung zeigt die behandelnde Literatur teilweise ein uneinheitliches Bild. Die Analysephase wird z. T. als immanenter Bestandteil der RC-Identifikation[685] oder als Teil der noch darzustellenden Risiko- und Chancenbewertung ("RC-Bewertung") angesehen. Zum Zwecke der detaillierten Abgrenzung der Inhalte und Maßnahmen in den Prozessphasen wird sie als eigenständiger Prozessschritt betrachtet.[686] Grundsätzlich ist jedoch zu sagen, dass alle drei genannten Prozessphasen bei der praktischen Durchführung einer RC-Inventur unmittelbar miteinander verbunden und deren Übergänge als "fließend" zu umschreiben sind.[687]

Verfahren wie die Ursachenanalyse[688] kommen in dieser zweiten Prozessphase zum Einsatz. Unabhängig von der Methodik werden die Ursachen und Wirkungen der identifizierten Zielabweichungspotenziale ausfindig gemacht und genauer analysiert.[689] Ziel ist es, diejenigen Risiken und Chancen zu bestimmen, die aus unternehmerischer Sicht als "Schwerpunkte" anzusehen sind. Im Kontext des KonTraG sind dies die bestandsgefährdenden Einzelrisiken und diejenigen, die in Wechselwirkung miteinander ein wesentliches oder gar

682 Vgl. Wittmann (2001), Rn. 322, S. 273.

683 Vgl. Kindler/Pahlke (2001), Rn. 197, S. 62, Lück (2001), S. 2313.

684 Vgl. Vogler/Gundert (1998), S. 2380. Ein wirtschaftliches System sollte sich auf bestandsgefährdende Risiken reduzieren. Vgl. hierzu Wolf/Runzheimer (2003), S. 41.

685 Vgl. IDW (1999a), Rn. 9 und 19, S. 659 und 660.

686 So wie bspw. bei Kless (1998), S. 95, Lück (1999b), S. 147 f.

687 Vgl. Marten et al. (2007), S. 288.

688 Vgl. Lück (2000a), S. 1476.

689 Vgl. Scharpf, (1998), S. 14.

bestandsgefährdendes Risiko entstehen lassen. Da der RCMP im Mittelpunkt der Betrachtung steht, sind auch Chancen dazu zu zählen, aus denen ein überdurchschnittliches Erfolgspotenzial hervorgeht. Mittels der RC-Analyse sollen die nach Maßgabe der Wesentlichkeitsgrenzen als betrachtungswürdig klassifizierten Risiken und Chancen von denjenigen abgegrenzt werden, die zu vernachlässigen sind (Grundsatz der *"Materiality"*[690]).

Die Ursachen für das Entstehen von Risiken und Chancen werden danach abgegrenzt, ob diese durch ein Unternehmen beeinflusst werden können oder ob diese resistent gegen eine Beeinflussung sind.[691] Auf Basis einer ersten Einschätzung aus der RC-Identifikation und der vorgenommenen RC-Klassifizierung hat die RC-Analyse die Aufgabe, diese Einschätzung mittels Ursachenanalyse zu detaillieren und ggf. anzupassen.[692] Dies ist notwendig, um eine *"... möglichst vollständige und detaillierte Abbildung der Kausalzusammenhänge ..."* in der RC-Landschaft herzuleiten.[693] Die Ergebnisse der Ursachenanalyse können auch zu einer Überprüfung und ggf. zu einer Anpassung der getroffenen RC-Strategien führen.[694] Dies würde notwendig werden, wenn ein vordefiniertes Verhältnis zwischen Risiken und Chancen im RCM nicht einzuhalten wird. Die Ergebnisse können auch einen Beitrag zur Beurteilung von Steuerungsmaßnahmen zu Risiken und Chancen leisten. In der RC-Analyse können bereits Aussagen hinsichtlich der möglichen Auswirkungen von Steuerungsmaßnahmen auf die zukünftige RC-Landschaft (sog. "Prognoseaspekt") getroffen werden.[695] Hinsichtlich des Erfordernisses einer möglichst vollständigen Herleitung der RC-Landschaft kann die RC-Analyse auch dabei helfen, diese im Nachgang zur RC-Identifikation zu vervollständigen.

So wie die RC-Identifikation ist die RC-Analyse als dauernde und prozessbegleitende Aufgabe zu verstehen.[696] Diese muss sicherstellen, dass identifizierte Risiken und Chancen fortlaufend und kontinuierlich untersucht werden.[697] Diese Prozessphase hat die Aufgabe, Abgrenzungskriterien für die Untersuchung der

---

690 Lück (1999b), S. 147 f.

691 Zu den Ursachen von Risiken vgl. Lück (1998b), S. 1927, Wall (2001), Rn. 124, S. 214. Zu den Ursachen von Chancen vgl. Lück (2001), S. 2313.

692 Vgl. Kromschröder/Lück (1998a), S. 1574.

693 Diedrichs/Richter (2001), S. 139.

694 Vgl. Lück (1998b), S. 1927, ebd. (1999b), S. 148, ebd. (2000a), S. 1476.

695 Vgl. Kromschröder/Lück (1998b), S. 242, Lück (1999b), S. 148.

696 Vgl. Kless (1998), S. 95 und die angegebenen Quellen. Vgl. auch Lück (1999b), S. 148 unter Verweis auf Scharpf (1997), S. 740.

697 Mögliche Faktoren von Risiken und Chancen sollten fortlaufend beobachtet werden und bereits identifizierte sowie mögliche neue Risiken und Chancen oder deren Ursachen sind wiederkehrend neu zu untersuchen. Vgl. Kromschröder/Lück (1998b), S. 242, Kapitel B, Punkt 3.2.1, S. 111 ff.

Auswirkungen von Zielabweichungspotenzialen zu entwickeln und festzulegen. In Abhängigkeit der Schwerpunktrisiken und -chancen, ist eine Rangordnung (*"Priorisierung"*[698]) derselben in Bezug auf einen möglichen Handlungsbedarf[699] zu bestimmen.[700] Die RC-Analyse liefert Erkenntnisse über die Tragweite der Berücksichtigung bzw. Nichtberücksichtigung von Risiken und Chancen sowie über die Wahrscheinlichkeit ihres Eintritts und die Folgen aus diesen.[701] An dieser Stelle wird ihre Verbundenheit mit der RC-Bewertung deutlich.[702]

Die aufgedeckten Interdependenzen, Wechselwirkungen, Kumulations- und Diversifikationseffekte zwischen Risiken und/oder Chancen sollten bereits in dieser Phase mit ihren Wirkungen auf die Unternehmensziele dargestellt werden.[703] Hierbei interessieren insbesondere die Wirkungsgefüge von Risiken, die ein bestandsgefährdendes Risiko entstehen lassen (können). Überdies gilt es solche Entwicklungen darzustellen, aus denen Chancen mit einem überproportionalen Ertragspotenzial hervorgehen (können). Was diese Fähigkeit anbelangt, wird der RC-Analyse unter Risikoaspekten eine "herausragende Rolle" für die Wirksamkeit des RFS zugesprochen. Erklärend wird darauf verwiesen, dass es das Wesen von Risiken ist, dass sich diese i. d. R. *"... nicht auf einen begrenzten Unternehmensbereich auswirken und in den seltensten Fällen ausschließlich das Ziel der Existenzsicherung gefährden"*[704]. Genau dieses Wirkungsgefüge gilt es im Rahmen der RC-Analyse transparent und kontinuierlich aufzuzeigen.

Die RC-Analyse sollte eine erste Operationalisierung der identifizierten Zielabweichungspotenziale vornehmen. Dazu sind die RC-Informationen über Art, Zeit und Höhe zu formalisieren und Eintrittswahrscheinlichkeiten sowie Verlust- bzw. Ertragspotenziale in Form einer ersten Risiko- und Chancenmessung ("RC-Messung") festzuhalten.[705] Diese erste qualitative Klassifikation sollte in Vorbereitung auf die anschließende Bewertungsphase vorgenommen werden.[706] So sind Hinweise auffindbar, ob Maßnahmen und Strategien im Rahmen

698 IDW (2006b), Rn. 48, S. 1610.

699 Vgl. ebd. (2006), Rn. 46, S. 1610.

700 Vgl. Wittmann (2001), Rn. 330, S. 275.

701 Vgl. Banse/Bechmann (2001), S. 24.

702 Hornung et al. fassen die Analyse- und Bewertungsphase in eine sog. "Beurteilungsphase" zusammen. Diese dient der zielgerichteten Analyse und Bewertung interner und externer Risiko-Potenziale. Vgl. Hornung et al. (1999), S. 320 f.

703 Vgl. Diedrichs/Richter (2001), S. 139, IDW (2006b), Rn. 46, S. 1610, Lachnit/Müller (2001), S. 373, Wittmann (2001), Rn. 330, S. 275.

704 Diedrichs/Richter (2001), S. 139.

705 Vgl. Gampenrieder/Greiner (2002), S. 284, IDW (1999a), Rn. 10, S. 659.

706 Der quantitativen Messung ist grundsätzlich der Vorzug zu erteilen. Dies setzt jedoch Vorstellungen über Wahrscheinlichkeiten über den zukünftigen Eintritt von Verlust- oder Gewinnsituationen voraus. Vgl. Kromschröder/Lück (1998b), S. 241.

der Risiko- und Chancensteuerung ("RC-Steuerung"[707]) zur Anwendung gelangen bzw. nicht existent sind.[708] Die so aufgenommenen RC-Informationen werden bestenfalls in Form einer sog. "Risk-and-Chance-Map" ("RC-Map"[709])zusammenfassend dargestellt. Diese Inventarisierung der bestehenden und für möglich erachteten Risiken und Chancen fördert die Übersichtlichkeit über die RC-Landschaft. Gleichzeitig stellt dieses RC-Inventar die Basis für die Arbeit der kommenden noch darzustellenden Prozessphasen im RCMP dar.

3.2.3 Risiko- und Chancenbewertung

Zu Beginn der dritten Phase im RCMP liegt in optimaler Weise eine RC-Map über die inventarisierte RC-Landschaft vor. Die aufgelisteten RC-Informationen sollten insoweit konkretisiert sein, dass die Ergebnisse aus der RC-Messung vorliegen. Mittels geeigneter Methoden[710] wird an dieser Stelle versucht eine weitergehende Quantifizierung der gemessenen Einzelrisiken und -chancen vorzunehmen.[711] Die *"Bewertungsproblematik"*[712] stellt den eigentlichen Kern dieser Prozessphase dar.

Die RC-Bewertung ist der Versuch eine Verbindung zwischen qualitativ operationalisierten Risiken und Chancen mit den Unternehmenszielen herzuleiten.[713] Zu den bereits in der RC-Analyse aufgezeigten Handlungsoptionen sollen hier weitere gesicherte Erkenntnisse zu Risiken und Chancen abgeleitet und in der Folge an die Entscheidungsträger kommuniziert werden.[714] Dies geschieht, indem die Wirkungen der Zielabweichungspotenziale auf den Unternehmenserfolg messbar dargestellt werden. Ein vorrangiger Handlungsbedarf wird so konkreter und gesicherter aufgezeigt als in der RC-Analyse.[715]

---

707 Vgl. Kapitel B, Punkt 3.2.4, S. 129 ff.

708 Vgl. Lück (1998b), S. 1927, ebd. (2001), S. 2313.

709 Die "RC-Map" dient dazu, meldepflichtige Sachverhalte zu strukturieren. Vgl. Löhr (2000), S. 313, Becker et al. (2004), S. 1580, Eggemann/Konradt (2000), S. 505 und 508. Auch "Risiko-Matrix" oder "Framework" genannt. Vgl. Horváth/Gleich (2000), S. 111, Wyss (2000), S. 182. Ein Beispiel bei PwC (2000), S. 13.

710 Bspw. Szenariorechnung, Sensitivitätsanalysen, Risiko- und Chancensimulationen Vgl. Eggemann/Konradt (2000), S. 505.

711 Vgl. Füser et al. (1999), S. 755, Kromschröder (1986), S. 246, Baetge/Jerschensky (1999), S. 172, Weber et al. (2001), S. 57.

712 Füser et al. (1999), S. 755.

713 Vgl. Gampenrieder/Kittelberger (2002), S. 224, Happel/Liebwein (2000), S. 232.

714 Vgl. Wall (2001), Rn. 125, S. 214.

715 Vgl. Becker/Janker (2004), S. 1580, Lachnit/Müller (2001), S. 371. Ermittlung des Gefährdungs- bzw. Ertragspotenzials von Risiken und Chancen und die Darstellung der vermeitlichen Wirkung auf Größen wie bspw. Umsatz bzw. Ertrag. Auf Risiken bezo-

Die quantitative Bewertung von Eintrittswahrscheinlichkeiten und Schadens- bzw. Ertragspotenzialen stellt die notwendige Bedingung dafür dar, um im weiteren Verlauf des RCMP wirksame Gegenmaßnahmen und Strategien herleiten bzw. einleiten zu können.[716] Nur durch eine quantitative Bewertung wird es für möglich erachtet, die im Mittelpunkt der gesetzlichen Regelungen des § 91 Abs. 2 AktG und des § 53 HGrG stehenden bestandsgefährdenden Risiken in Form einer gesicherten Priorisierung von den als nachrangig einzustufenden negativen Unternehmensentwicklungen abzugrenzen.[717] Im Hinblick auf die Priorisierung von Chancen gilt es diejenigen abzugrenzen, denen ein überdurchschnittliches, durchschnittliches oder lediglich ein unterdurchschnittliches Ertragspotenzial beizumessen ist.[718] Der enge Zusammenhang zwischen der Bewertungs- und Steuerungsphase im RCMP wird durch den Grundsatz geprägt: *"Nur ein bewertetes Risiko* [eine bewertete Chance] *kann auch gesteuert werden"*.[719]

Das Ausmaß von Risiken und Chancen lässt sich durch die drei Komponenten "Vorhersehbarkeit", "Höhe" und "Häufigkeit"[720] ausdrücken.[721] Die Vorhersehbarkeit (Eintrittswahrscheinlichkeit, "probability"[722]) ist der erste risiko- bzw. chancenbeschreibende Parameter,[723] der das Maß für den Eintritt in der Zukunft kennzeichnet.[724] Die Schadens- bzw. Ertragshöhe ist das Maß für das Gefährdungs- bzw. Ertragspotenzial. Mit der Höhe wird der negative oder positive Effekt auf den Unternehmenserfolg ausgedrückt. Die Häufigkeit zeigt an, wie oft ein Risiko bzw. eine Chance pro Zeiteinheit (bspw. Kalenderjahr) auf- bzw. eintreten kann.

Auf Risiken bezogen gilt es zu berücksichtigen, dass ein realistischer Höchstschaden, der eine Bestandsgefährdung auslöst, i. d. R. nur sehr selten auftritt. Mittlere und kleinere Schäden treten im Vergleich dazu viel häufiger auf. Chancen mit einem überproportionalen Ertragspotenzial entstehen i. d. R. seltener als Kleinstchancen mit nur geringen Möglichkeiten auf einen Erfolgszu-

---

gen geht es darum, ein Bild von der "spezifischen Verletzbarkeit" eines Unternehmens zu erhalten. Vgl. Allenspach (2001), S. 184.

716 Vgl. Lück (2000a), S. 1476, Eggemann/Konradt (2000), S. 505, Lange (2001), Rn. 33, S. 140, Diedrichs/Richter (2001), S. 139, Becker et al. (2004), S. 1580.

717 Vgl. Kromschröder/Lück (1998b), S. 242, Lange (2001), Rn. 33, S. 140.

718 Vgl. Lück (2001), S. 2313.

719 Ebd. (1999b), S. 148 und die angegebene Quelle in Fn. 46.

720 Vgl. Wolf/Runzheimer (2003), S. 58 f.

721 Risiken und Chancen können mittels der "Methode des Exposure" quantifiziert werden. Vgl. Ziegenbein (1992), S. 29, Diedrichs/Richter (2001), S. 139.

722 Vgl. Diedrichs/Richter (2001), S. 139.

723 Vgl. Hornung et al. (1999), S. 321.

724 Auch "Intensität" bzw. "Quantität" genannt. Vgl. Brebeck/Herrmann (1997), S. 384.

wachs. Die Normierung möglicher Gefährdungs- und Chancenpotenziale sollte auf einen fest definierten Bezugszeitpunkt erfolgen. So ist die annualisierte Schadens-(Ertrags-)höhe berechenbar.[725] Die Festlegung des Bezugszeitraums sollte aufgrund seiner Bedeutung für die Wirksamkeit des RFS bzw. RCMS durch die Unternehmensleitung erfolgen.

Bei der Bestimmung von quantitativen Eintrittswahrscheinlichkeiten (Vorhersehbarkeit) und Schadens- bzw. Ertragspotenzialen kann es in der Praxis zu Schwierigkeiten kommen. Die behandelnde Literatur verweist darauf, dass die quantitative Bestimmung der Komponenten "Vorhersehbarkeit" und "Höhe" vielfach schwierig ist. Quantitative Eintrittswahrscheinlichkeiten sind geprägt von subjektiven und objektiven Wahrscheinlichkeiten.[726] Damit im Rahmen der RC-Steuerung aus unternehmerischer Sicht "vernünftige" Entscheidungen getroffen werden können, wird i. d. R. das Wissen über quantitative Wahrscheinlichkeiten als Voraussetzung für diese Prozessphase genannt. Eine objektive Schätzung kann sich schwierig gestalten, da vielfach keine Referenzwerte existieren. Aus diesem Grund ist eine Einschätzung in der Praxis oftmals nur auf Basis von subjektiven Schätzungen von Entscheidungsträgern oder mittels Erfahrungswerten aus der Vergangenheit möglich.[727]

Schwierigkeiten können überdies bei der Einschätzung der Vorhersehbarkeit von sog. "weichen" Risiken und Chancen existieren, die bspw. aus der Mitarbeiter- oder Kundenzufriedenheit resultieren. Deren zukünftige Entwicklung ist oftmals ungewiss und für diese liegen i. d. R. keine oder nur unzureichende Erfahrungswerte vor. Die Vorhersehbarkeit kann an dieser Stelle vielfach nur über Skalierungsverfahren in eine gewisse quantitative Korrektheit[728] überführt werden. Bewertungsprobleme können sich auch bei der quantitativen Bewertung von Schadens- und Ertragspotenzialen (Höhe) ergeben. Vielfach ist deren Bestimmung mittelbar nur über eine ordinale Skalierung (subjektive Einschätzung) und über die Eingliederung der geschätzten Werte in bestimmte Intervalle mög-

725 Vgl. Füser et al. (1999), S. 755 f. unter Nennung eines detaillierten Rechenbeispiels.

726 Vgl. Wolf/Runzheimer (2003), S. 58. Objektive Wahrscheinlichkeiten ermöglichen Aussagen über die Realität und verkörpern Grenzwerte der relativen Häufigkeiten. Subjektive Wahrscheinlichkeiten sind psychologische Einschätzungen und werden als nicht nachprüfbare Wahrscheinlichkeiten angesehen.

727 Vgl. Wolz (2001), S. 792, Wolf/Runzheimer (2003), S. 58. Zur Messung von subjektiven Wahrscheinlichkeiten vgl. Schneider (1979), S. 89 ff.

728 Vgl. Becker et al. (2004), S. 1580. Ebenso lässt sich ein(e) Imagerisiko(-chance) nur schwer oder gar nicht quantifizieren. Vgl. Eggemann/Konradt (2000), S. 505. Ist die Quantifizierung von Währungs- und Zinsrisiken bspw. in Form eines "Value-at-Risk" noch relativ einfach möglich, so ist die Bewertung von bspw. Branchen- oder Wettbewerbsrisiken vielfach nur über eine qualifizierte Bewertung möglich. Vgl. Wittmann (2001), Rn. 331, S. 275.

lich.[729] Sind Eintrittswahrscheinlichkeiten und Schadens- bzw. Ertragshöhen nicht quantifizierbar, so kann dies zu einer "Verzerrung" und zu einer sinkenden Qualität der Bewertungsergebnisse führen.[730] Die Wirksamkeit eines RCMS kann dadurch in Mitleidenschaft gezogen werden.

Vor dem Hintergrund der Bewertungsproblematiken ist zu berücksichtigen, dass bei der RC-Bewertung grundsätzlich der Versuch unternommen werden sollte, in einem ersten Schritt eine qualitative Bewertung vorzunehmen. Wo dies nicht gelingt, ist zumindest eine quantitative Schätzung[731] und die Klassifizierung der ermittelten Werte in bestimmte Intervalle vorzunehmen.[732] Anhand der geschätzten Werte können Risiken und Chancen zweidimensional in Form eines Portfolios[733] visualisiert werden. In Abhängigkeit der jeweiligen Vorhersehbarkeit und Höhe können diese mittels Kategorisierung und Eingliederung in verschiedene "Wirkungsklassen"[734] grafisch dann in einer sog. "Risiko- oder Chancenmatrix" (kurz "RC-Matrix") abgebildet werden. Qualitativ ermittelte Werte können bspw. in Einstufungen von niedrig, möglich, wahrscheinlich bis sehr wahrscheinlich eingegliedert werden.[735] Qualitative Werte für den wirtschaftlichen Verlust- bzw. Ertrag können in Einstufungen von gering, mittel, hoch bis existenzbedrohend eingegliedert werden.[736] Aufgrund der Bedeutung für die Wirksamkeit des RFS bzw. RCMS sollten die entsprechenden Grenzen der Wirkungsklassen unternehmensweit von der Geschäftsleitung vorgegeben werden.[737]

Die Bedeutung eines Risikos bzw. einer Chance lässt sich anhand der Eingliederung in diese Wirkungsklassen herleiten.[738] Die Grenzen der Wirkungsklassen stellen die bereits angesprochenen Wesentlichkeitsgrenzen dar, die auch als "Schwellenwerte" bezeichnet werden. Risiken, die aufgrund ihres bestandsgefährdenden Charakters besondere Aufmerksamkeit verlangen, sind regelmä-

729 Vgl. Eggemann/Konradt (2000), S. 505.

730 Vgl. Wolz (2001), S. 792.

731 Vgl. Diedrichs/Richter (2001), S. 139. Eine auf subjektiven Einschätzungen basierende Bewertung liefert wertvolle Hinweise für den RCMP. Diese ist "unverzichtbar", falls keine quantitative Bewertung möglich ist. Vgl. IDW (2006b), Rn. 55, S. 1611.

732 Vgl. Kromschröder/Lück (1998b), S. 241.

733 Vgl. Gampenrieder/Kittelberger (2002), S. 224, Elfgen (2002), Abb. 7, S. 326.

734 Vgl. Diedrichs/Richter (2001), S. 139. "Wertklassen", vgl. IDW (2006b), Rn. 51, S. 1610.

735 Vgl. Hornung et al. (1999), Abb. 5., S. 321, Gampenrieder/Kittelberger (2002), S. 224.

736 Zur Einteilung von Wirkungsklassen vgl. Hornung et al. (1999), S. 321.

737 In Abhängigkeit ihrer Risikoneigung sind diese zu definieren. Diese sollten dokumentiert und kommuniziert werden. Vgl. IDW (2006b), Rn. 51, S. 1610. In regelmäßigen Intervallen sollten die Grenzen dahingehend überprüft werden, ob diese hinsichtlich ihrer Größenordnung noch angemessen sind. Vgl. Diedrichs/Richter (2001), S. 140.

738 Vgl. Kapitel B, Punkt 3.1.1, S. 108 ff.

ßig oberhalb der höchsten Wesentlichkeitsgrenzen für die Ausprägungen Vorhersehbarkeit und Höhe im Portfolio aufzufinden.[739] Bei dieser Einordnung zeigt das jeweilige Zielabweichungspotenzial durch seine Lage in der RC-Matrix an, welcher Dringlichkeitsgrad im Hinblick auf die Einleitung von Maßnahmen im Einzelnen besteht.[740] Vorteil dieser Vorgehensweise ist, dass eine möglichst genaue Bewertung möglich ist und die Anwenderfreundlichkeit im RCMS gewahrt bleibt.[741] So wird eine Fokussierung auf die wesentlichen Gefährdungs- und Ertragspotenziale ermöglicht. Die Darstellung in Matrixform erlaubt einen schnellen und umfassenden Überblick über die aktuelle RC-Situation in einem spezifischen Beobachtungsbereich oder im Gesamtunternehmen.

Der Handlungsbedarf richtet sich danach, wie hoch der sog. Schadens- bzw. Ertrags-"Erwartungswert" zu Risiken und Chancen ausfällt.[742] Der Erwartungswert ist das rechnerische Produkt von Vorhersehbarkeit und Höhe.[743] Auf Risiken bezogen bildet der Schadenserwartungswert das *"Maß zur Risikobeurteilung"*[744] ab.[745] Der Handlungsbedarf wird umso dringender, je höher der berechnete Schadenserwartungswert (bzw. Ertragserwartungswert bei Chancen) ausfällt und die Position des einzelnen Risikos (bzw. der einzelnen Chance) in der Matrix angesiedelt ist.

Unabhängig davon, ob Eintrittswahrscheinlichkeiten und Schadens- bzw. Ertragspotenziale qualitativ oder quantitativ bestimmbar sind, wird bis hierhin nur ein erster Anhaltspunkt über den vordergründigen Handlungsbedarf je Zielabweichungspotenzial im Rahmen der RC-Bewertung aufgezeigt.[746] Nach der beschriebenen Methodik werden bestandsgefährdende Risiken mit einer geringen Eintrittswahrscheinlichkeit genauso behandelt wie solche, bei denen der wirtschaftliche Schaden als gering einzustufen ist und die mit einer hohen Ein-

---

739 Vgl. Hornung et al. (1999), S. 321.

740 Bei dieser Vorgehensweise ist nicht die 100 %ige Genauigkeit bei der Bewertung entscheidend. Die Priorisierung von Risiken steht im Vordergrund. Vgl. Wittmann (2001), Rn. 322, S. 276.

741 Vgl. ebd. (2001), Rn. 331, S. 275 f.

742 Vgl. IDW (2006b), Rn. 46, S. 1610. Zur Ermittlung der Erwartungswerte können unterstützend Methoden wie bspw. Szenariorechnungen, Sensitivitätsanalysen etc. zum Einsatz kommen. Vgl. ebd. (2006b), Rn. 49, S. 1610. Vgl. Eggemann/Konradt (2000), S. 505. Zu den Bewertungsverfahren vgl. Wolf/Runzheimer (2003), S. 60 f.

743 Vgl. Brebeck/Herrmann (1997), S. 383. Vgl. auch IDW (2006b), Rn. 46, S. 1610, Lück (1998b), S. 1927, ebd. (1999b), S. 148 f., Kless (1998), S. 95.

744 Diedrichs/Richter (2001), S. 139.

745 Zum Ertragserwartungswert vgl. Lück (2001), S. 2314.

746 Damit eine einheitliche Vorgehensweise bei der Bewertung von Zielabweichungspotenzialen zur Anwendung kommt, empfiehlt das IDW diese durch verbindliche Richtlinien durch die Geschäftsleitung vorzugeben. Vgl. IDW (2006b), Rn. 50, S. 1610.

trittswahrscheinlichkeit versehen wurden. Zu beachten ist, dass Risiken mit einer geringen Eintrittswahrscheinlichkeit eine ganz andere Handhabung benötigen als solche, denen eine hohe Vorhersehbarkeit zugeordnet werden kann.

Die vorgestellte Vorgehensweise darf auch nicht zu einem Ausblenden bzw. Vernachlässigen derjenigen Risiken führen, die in ihren Ausprägungen als nicht existenzbedrohend klassifiziert wurden. Mahnend wird darauf verwiesen, dass Risiken, denen aufgrund von subjektiven Einschätzungen eine niedrige Eintrittswahrscheinlichkeit zugesprochen wurde, durchaus *"... existenzgefährdende Konsequenzen nach sich ziehen können"*.[747] Eine Bestandsgefährdung kann ausgelöst werden von Risiken, die in Wechselwirkung zueinander stehen und zwischen denen Interdependenzen bestehen. Mit geringen Schadenserwartungswerten ausgestattete Einzelrisiken können sich durch Addition oder Kumulation zu einem erheblichen (Gesamt-)Risiko entwickeln.[748] Zur Klärung solcher Abhängigkeiten ist es wichtig, die im Rahmen der RC-Analyse aufgenommenen Wirkungszusammenhänge bei der RC-Bewertung mit zu berücksichtigen. In diesem Zusammenhang gilt es, im RCMS auch Chancen mit geringen Eintrittswahrscheinlichkeiten zu betrachten, da aus diesen durch Kumulation mit anderen Chancen größere Ertragspotenziale mit ggf. höheren Vorhersehbarkeiten erwachsen können. Dies wird angeraten, auch wenn dies möglicherweise zu einem erhöhten Arbeitsaufwand im RCMS in der Praxis führt. Zur Lösung dieses Konfliktes wird ein Kompromiss zwischen einer notwendigen genauen Abschätzung von Risiken und Chancen und dem Wirtschaftlichkeitsaspekt im System genannt.[749] Wie mit Risiken und Chancen in Abhängigkeit ihrer individuellen Ausprägungen zu verfahren ist, da diese jeweils individuelle Konsequenzen bei der Steuerung *"bedingen"*[750], muss im Zweifel durch die RC-Steuerung im Einzelfall entschieden werden.[751]

Hinsichtlich der konkret anwendbaren Methoden im Rahmen der RC-Bewertung werden unterschiedliche Vorgehensweisen diskutiert. An dieser Stelle wird auf zwei weit verbreitete Methoden eingegangen, mit deren Hilfe auch eine Aussage hinsichtlich der Wirksamkeit von bereits ergriffenen Gegenmaßnahmen und Strategien zu bekannten Risiken und Chancen getätigt werden

---

747 Diedrichs/Richter (2001), S. 140.

748 Vgl. Lange (2001), Rn. 38, S. 141 f.

749 Vgl. Becker et al. (2004), S. 1580.

750 Diedrichs/Richter (2001), S. 139.

751 Vgl. Lück (1998b), S. 1927. In Bezug auf Chancen vgl. ebd. (2001), S. 2314, Kless (1998), S. 95, Becker et al. (2004), S. 1580 und die angegebenen Quellen.

kann.[752] Namentlich handelt es sich um die sog. "Brutto-" und "Nettobewertungsmethode".[753]

Für die Bruttobewertungsmethode ("BBM") ist es charakteristisch, dass diese bereits in der RC-Analyse aufgenommene, etablierte und wirksame Maßnahmen und Strategien im Umgang mit bekannten Risiken und Chancen bei der Bestimmung von qualitativen bzw. quantitativen Eintrittswahrscheinlichkeiten und Schadens- bzw. Ertragshöhen *nicht* mit berücksichtigt. So lässt sich in einem ersten Schritt das grundsätzliche Bedrohungs- bzw. Erfolgspotenzial herleiten[754] und *"portfoliopragmatisch"*[755] visualisieren. Die bereits eingeleiteten Maßnahmen und Strategien finden in einem zweiten Bewertungsschritt bei der Nettobewertungsmethode ("NBM") Verwendung. Die kompensierenden Effekte aus den Steuerungsmaßnahmen werden von der Vorhersehbarkeit und Höhe abgezogen. Der so aus der NBW resultierende Schadens- bzw. Ertragswert zeigt das sog. "Restrisiko" bzw. die "Restchance" an (vgl. Abb. 11).[756]

Ist festzustellen, dass die Schadens- bzw. Ertragswerte nach beiden Bewertungsmethoden zum gleichen Ergebnis führen, so ist dies Ausdruck dafür, dass noch keine wirksamen Gegenmaßnahmen bzw. Strategien zur Abwehr bzw. zur Nutzung eines Risikos bzw. einer Chance initiiert wurden bzw. diese nicht existieren.[757] Es kann vorkommen, dass der Schadenserwartungswert ein bestandsgefährdendes Bedrohungspotenzial für ein Risiko anzeigt. Dies ist so lange akzeptabel, wie gewährleistet wird, dass durch entsprechend wirksame Gegenmaßnahmen das Restrisiko nach der NBM nicht mehr in den rot gekennzeichneten Wirkungsklassen rechts oberhalb von der Risikoschwelle liegt. In optimaler Weise entfällt das Restrisiko in solch einem Fall nach der NBM linksseitig in die gelb oder grün gekennzeichneten Risikofelder.

752 Vgl. Horváth/Gleich (2000), S. 111.

753 Zu den Bewertungsmethoden vgl. bspw. Eggemann/Konradt (2000), S. 505, Löhr (2000), S. 314, IDW (2006b), Rn. 52, S. 1611.

754 Vgl. Wittmann (2001), Rn. 336, S. 276. Vgl. Abb. 11, Punkt R1, S. 128.

755 Weber et al. (2001), Abb. 6, S. 58 f. Auch "Wesentlichkeitsportfolio" genannt.

756 Vgl. Wittmann (2001), Rn. 336, S. 276 f. Vgl. Abb. 11, Punkt R2, S. 128.

757 Anm.: Unterstellt man die Wirksamkeit von Gegenmaßnahmen und Strategien, so können die Ergebnisse aus der NBM nie höher ausfallen als die aus der BBM.

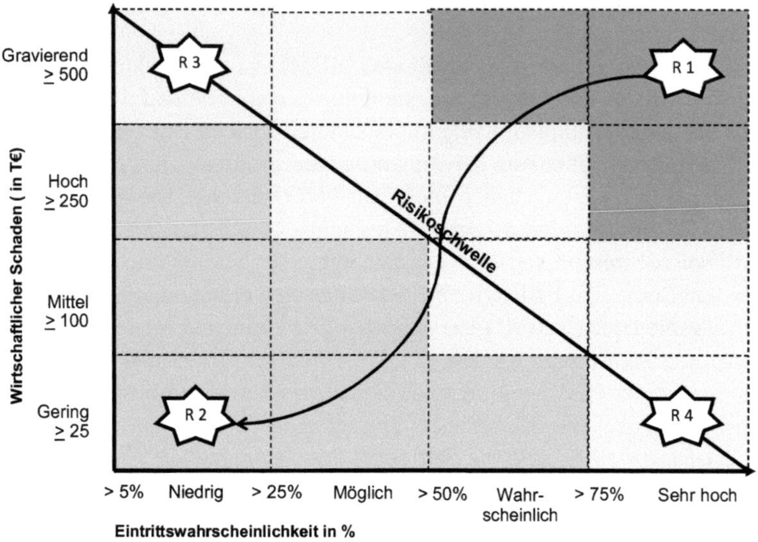

Abb. 11: Ergebnisse der Brutto- und Nettobewertungsmethode im Risiko-Portfolio[758]

Grenzwertig sind solche Fälle einzustufen, wo das Restrisiko auf die Risikoschwelle entfällt. Ihr Eingehen muss einzelfallbezogen ggf. unter Abwägung der RC-Strategien entschieden werden.[759] Zur Entscheidungsunterstützung ist es hilfreich, dass aus dem RCMS resultierende korrespondierende Chancenpotenziale in das Entscheidungskalkül mit einzubeziehen. Bei der Behandlung von Chancen ist darauf zu achten, dass solche, die rechtsseitig von der sog. "Chancenschwelle" im Chancen-Portfolio liegen, unter besondere Überwachung gesetzt werden. Nach der BBM und der NBM besitzen diese weiterhin einen hohen Ertragserwartungswert, welcher unter Berücksichtigung der korrespondierenden Risiken genutzt werden sollte. Durch diese zweigeteilte Vorgehensweise wird es den Entscheidungsträgern ermöglicht, zum einen das gesamte Ausmaß eines Risikos bzw. einer Chance zu erkennen. Mittels des Vergleichs der Ergebnisse aus der BBM und der NBM kann einer möglichen "Überschätzung" der Wirkungen von bereits getroffenen Maßnahmen vorgebeugt werden. Der Ver-

758 In Anlehnung an Horváth/Gleich (2000), Abb. 5, S. 112, Gampenrieder/Kittelberger (2002), Abb. 2, S. 225, Weber et al. (2001), S. 58.

759 Vgl. Abb. 11, Punkte R3 und R4, S. 128.

gleich lässt auch eine Beurteilung hinsichtlich der Effektivität und Effizienz der bereits ergriffenen Maßnahmen und Strategien zu.[760]

Neben der Möglichkeit sich einen Überblick über die Wirksamkeit der Maßnahmen aus der RC-Steuerung zu verschaffen,[761] können die Ergebnisse bspw. auch dem Aufsichtsrat im Rahmen seiner Überwachungspflichten wichtige Erkenntnisse über die wirtschaftliche Lage des Unternehmens vermitteln.[762] Dieser erhält so eine Entscheidungsgrundlage darüber, ob die durch eine Geschäftsleitung getroffenen Maßnahmen wirksam waren bzw. weitere Maßnahmen und Strategien zur Behandlung von Risiken und Chancen noch ergriffen werden müssen. Die Zusatzinformationen aus der BBM und der NBM können für eine Trägergemeinde hilfreich sein hinsichtlich einer Beurteilung, ob von der Sicherung des gemeindlichen Vermögens und der Wahrung der Funktionsfähigkeit des öffentlichen Unternehmens auszugehen ist. Die gewonnenen Ergebnisse zu Bedrohungs- und Ertragspotenzialen bzw. Restrisiken und Restchancen können dem Abschlussprüfer hinsichtlich der Wirksamkeit der getroffenen Maßnahmen im RFS Aufschlüsse geben.[763]

3.2.4 Risiko- und Chancensteuerung

Wie bei den vorstehenden Ausführungen bereits angeklungen ist, bestehen zwischen der RC-Steuerung ("Beeinflussung"[764], "Bewältigung"[765], "Handhabung"[766], "risiko- (und chancen-)politische Maßnahmen"[767]) und der RC-Bewertung eine enge Verbundenheit.[768] Grundsätzlich ist festzuhalten, dass die RC-Steuerung auf den Ergebnissen der vorstehend beschriebenen drei Einzelphasen im RCMP aufbaut und von diesen unmittelbar beeinflusst wird.

Es wurde darauf verwiesen, dass die ergriffenen Gegenmaßnahmen zu Risiken nicht Bestandteil des zu prüfenden RFS sind.[769] Diese sind jedoch für die Wirksamkeit des RFS unerlässlich. Mit der RC-Steuerung werden die identifizierten, analysierten und bewerteten Gefährdungs- und Ertragspotenziale im

---

760 Vgl. IDW (2006b), Rn. 52-53, S. 1611.

761 Vgl. ebd. (2006b), Rn. 53-54, S. 1611.

762 Vgl. § 111 Abs. 1 AktG. Vgl. Kapitel B, Punkt 2.1, S. 78 ff.

763 Vgl. § 317 Abs. 2 HGB. Vgl. Kapitel B, Punkt 2.4, S. 92 ff.

764 Vgl. Kless (1998), S. 95.

765 Vgl. Füser et al. (1999), S. 757.

766 Vgl. Kromschröder/Lück (1998b), S. 243, Gampenrieder/Kittelberger (2002), S. 224.

767 Vgl. Mikus (2001a), S. 16.

768 Vgl. Kapitel B, Punkt 3.2.3, S. 121 ff.

769 Vgl. Lachnit/Müller (2001), S. 375, Kapitel B, Punkt 1.2, Abb. 9, S. 72.

Rahmen der RC-Politik ("Philosophie"[770]) durch *"aktive Beeinflussung"*[771] beherrschbar gemacht.[772] Die dazu zur Verfügung stehenden Maßnahmen und Strategien sind ein Konsens des Managements über die vorhandenen risiko- und chancenpolitischen Grundsätze.[773] Die initiierten Maßnahmen müssen im Einklang mit der Gesamtunternehmensstrategie stehen.[774] Unter Risikoaspekten dienen diese dazu, *"... eine gewünschte und von der Geschäftsleitung in Abhängigkeit ihrer Risikoneigung zu bestimmende (maximale) Risikoposition einzuhalten (nicht zu überschreiten) oder wieder zu erreichen"*.[775] Hierzu kann ggf. das gesamte risiko- und chancenpolitische Instrumentarium eines Unternehmens zum Einsatz kommen, um das Gesamtunternehmensrisiko (bzw. die -chance) in einem "tragbaren" und "akzeptablen" Rahmen zu halten bzw. ein ausgewogenes Verhältnis zwischen Verlustgefahren und Ertragspotenzialen zu erreichen.[776]

Die Maßnahmen der RC-Steuerung stellen den Versuch dar, ein Unternehmen nur solchen Risiken auszusetzen, welche es auch gewillt ist einzugehen unter gleichzeitiger Nutzung der sich bietenden Chancen.[777] Dazu ist es notwendig, alle als wesentlich oder bestandsgefährdend eingestuften Schadensgefahren soweit wie möglich durch Einsatz von gezielt steuernden Gegenmaßnahmen kontrollierbar zu machen. An dieser Stelle kann sich das Erfordernis ergeben, ein je nach Schadenspotenzial und nach Vorgabe der RC-Strategien abgestimmtes und individuelles Steuerungsinstrumentarium zu ergreifen.[778] Als Entscheidungsgrundlage dient die RC-Map aus der RC-Identifikation, die durch die Ergebnisse aus der RC-Analyse und RC-Bewertung fortgeschrieben wurde.[779]

Die RC-Steuerung ist nicht nur für die Bestimmung von Maßnahmen und Strategien im Umgang mit Risiken und Chancen verantwortlich. Sie trägt überdies die Verantwortung für die Umsetzung sowie für die abschließende Erfolgskontrolle der festgelegten Steuerungsalternativen.[780] An dieser Stelle sind die Ergebnisse aus der BBM und NBM entsprechend mit zu berücksichtigen. Im

---

770 Vgl. Füser et al. (1999), S. 757.

771 Hornung et al. (1999), S. 321. Ebenso Diedrichs/Richter (2001), S. 139. Vgl. Wittmann (2001), Rn. 337, S. 277.

772 Vgl. Wall (2001), Rn. 126, S. 214, Becker et al. (2004), S. 1580.

773 Vgl. Kapitel B, Punkt 3.1, S. 104 f.

774 Vgl. Horváth/Gleich (2000), S. 112.

775 Baetge/Jerschensky. (1999), S. 172. "Risikopositionen" werden durch Festlegung von Risikolimits für einzelne Risikoarten operationalisiert.

776 Vgl. Kromschröder/Lück (1998b), S. 243.

777 Vgl. Weber et al. (2001), S. 61.

778 Vgl. Hornung et al. (1999), S. 321, Hornung/Reichmann/Form (2000), S. 156, Reichmann (2001), Rn. 373, S. 286.

779 Vgl. Diedrichs/Richter (2001), S. 139.

780 Vgl. Baetge/Jerschensky (1999), S. 172.

Umgang mit wesentlichen oder bestandsgefährdenden Risiken besteht i. d. R. das Erfordernis, solche gegensteuernden Maßnahmen zu ergreifen, die dabei helfen, diese zu vermeiden bzw. deren Gefährdungspotenzial aus dem bestandsgefährdenden Bereich heraus zu reduzieren.[781] Bei der Chancensteuerung gilt hingegen, dass Strategien zu entwickeln sind, um diese "nutzbar" zu machen bzw. deren Nutzbarmachung zumindest offenzuhalten.[782] Die RC-Steuerung stellt ein Abwägen zwischen einer möglichen Verlustgefahr und einer möglichen Gewinnrealisierung dar und ist ein jederzeit zu führender unternehmensindividueller Entscheidungsprozess.

Bei der RC-Steuerung kann es passieren, dass bei der Entscheidungsfindung eine Vielzahl von einzelnen Risiken und Chancen sowie deren Überlagerungen und Verknüpfungen zu berücksichtigen sind.[783] Nach der Initiierung von Maßnahmen und Strategien kann es bspw. dazu kommen, dass bekannte Risiken bestehen bleiben, neue Risiken auftreten und neue Chancen ermöglicht werden oder diese auszuschließen sind.[784] Die RC-Steuerung muss immer einzelfallbezogen überprüfen, welche Wirkungen von Maßnahmen und Strategien in der Zukunft ausgehen können. An dieser Stelle ist es notwendig, dass diese Informationen zu Einzelrisiken und -chancen aus den drei vorgelagerten Prozessphasen erhält. Bei der Entscheidungsfindung kann eine abschließende Entscheidung durch die RC-Strategien oder die Unternehmensleitung notwendig werden.

Die RC-Steuerung hat aus traditioneller Sicht[785] ein Spektrum an verschiedenen "ursachen-" und "wirkungsbezogenen" Maßnahmen an der Hand, um Zielabweichungspotenziale zu steuern und zu versuchen deren Schadens- und Ertragserwartungswerte in eine gewünschte Richtung hin zu beeinflussen (vgl. Tab. 6). Ursachenbezogene Maßnahmen zielen im Hinblick auf Risiken darauf ab, diese in ihrer Eintrittswahrscheinlichkeit zu reduzieren. Auf Chancen angewendet versuchen diese, deren Vorhersehbarkeit zu erhöhen. Wirkungsbezogene Maßnahmen versuchen das Schadensausmaß zu reduzieren bzw. das Ertragspotenzial zu erhöhen. Der kombinierte Einsatz von ursachen- und wirkungsbezogenen Maßnahmen ist im Rahmen der RC-Steuerung denkbar und teilweise notwendig. Welcher Maßnahmenmix zur Anwendung gelangt, ist von der Unternehmenssituation abhängig und stets individuell zu entscheiden. Bei der Festlegung der Maßnahmen muss ein *"... angemessenes und ausgewogenes Verhält-*

781 Vgl. Lück (1998b), S. 1927, Kless (1998), S. 95 mit Verweis auf Scharpf/Epperlein (1995), S. 219.

782 Vgl. Lück (2001), S. 2314.

783 Vgl. ebd. (1999b), S. 150.

784 Vgl. ebd. (1998b), S. 1927, ebd. (2001), S. 2314, Kless (1998), S. 95.

785 Vgl. Gampenrieder/Greiner (2002), S. 285, Wolf/Runzheimer (2003) Abb. 42, S. 87.

nis ..."[786] zwischen dem möglichen Ausmaß eines Risikos bzw. einer Chance und den jeweiligen Maßnahmen bzw. Strategien gewahrt bleiben. Obwohl der Verlauf eines RCMP propagiert wird, muss das Hauptaugenmerk bei der RC-Steuerung auf die Bewältigung von bestandsgefährdenden Risiken liegen.

Tab. 6: Alternativen der Risiko- und Chancensteuerung[787]

Risikosteuerung	**Chancensteuerung**
"vermeiden"	"realisieren"
"vermindern"	"teilen"
"überwälzen"	"entwickeln"
"akzeptieren"	"ignorieren"

Bei der Alternative der Risikovermeidungsstrategie wird auf *"risikoinhärente"*[788] Geschäfte verzichtet. Entscheidungen, die Risiken induzieren, werden nicht getroffen[789] und dadurch das Entstehen eines Risikos von vornherein ausgeschlossen.[790] Den Sicherheitszielen eines Unternehmens wird an dieser Stelle Vorrang gegenüber allen anderen Unternehmenszielen eingeräumt.[791] Diese Strategie ist nur auf Einzelrisiken anwendbar, da hierbei kein Risiko existiert und gleichzeitig keine Chance realisiert wird.[792] Zu risikobehafteten Geschäften, die existenzielle Risiken in sich bergen, wird vielfach als Antwort die Risikovermeidungsstrategie zugesprochen, auch wenn dies einer Nichtrealisierung der mit dem Geschäft verbundenen Chancen gleichkommt.[793] Dieser Einstellung wird entgegnet, dass hier das Risiko immanent ist eine Chance zu verpassen.[794] Die Auflösung dieses Dilemmas ist stets ein unternehmensindividuell zu führender Entscheidungsprozess. Werden bestandsgefährdende Risiken eingegangen, um sich bietende Ertragspotenziale zu realisieren, so müssen dafür sicherlich triftige Gründe durch eine Unternehmensleitung vorgelegt werden.

786 Reichmann (2001), Rn. 373, S. 286.

787 Vgl. Hornung et al. (1999), S. 321 unter Verweis auf Haller (1986), S. 9 ff. Vgl. auch Diedrichs/Richter (2001), S. 149, Eggemann/Konradt (2000), S. 506, Wall (2001), Rn. 126, S. 214. Ähnlich Horváth/ Gleich (2000), S. 113, Abb. 7, Lück (2001), S. 2314. Zur aktiven und passiven Risikobewältigung vgl. Hölscher (2002), Abb. 5, S. 14 ff.

788 Wyss (2000), S. 179.

789 Vgl. Baetge/Jerschensky (1999), S. 172.

790 Vgl. Füser et al. (1999), S. 757, Kless (1998), S. 96, Wittmann (2001), Rn. 339, S. 277.

791 Ziele wie Umsatz, Gewinn, Wachstum. Vgl. Kless (1998), S. 96, Lück (1999b), S. 150.

792 Vgl. Kless (1998), S. 96. Ebenso Lück (1998b), S. 1927, ebd. (1999b), S. 150.

793 Vgl. Hornung et al. (1999), S. 321. Anm.: Voraussetzung ist, dass die aus den Geschäften resultierenden existenzbedrohlichen Risiken als solche erkannt werden können.

794 Vgl. Wyss (2000), S. 179.

Die Risikovermeidungsstrategie entspricht der Strategie der Chancenignorierung.[795] Bestehen Zweifel bei der Wahl dieser Alternative, so muss u. U. eine abschließende Entscheidung aus den RC-Strategien hergeleitet werden. Die Vermeidungsstrategie wird als grundsätzliche Maßnahme im Rahmen der RC-Steuerung als keine sinnvolle Maßnahme angesehen.[796] Ihr wird nur eine bedingte Eignung zugesprochen.[797] Die Bemühungen, Risiken grundsätzlich zu vermeiden und damit in der Folge Chancen zu ignorieren, kommen einer Einstellung der Unternehmenstätigkeit gleich.[798] Als Konsequenz würde die Grundlage zur Sicherung des langfristigen Unternehmenserfolges bzw. des Unternehmensfortbestandes an dieser Stelle entfallen.[799]

Als weitere Maßnahme ist die Verminderungsstrategie zu nennen. Die auch als *"Reduktions-"*[800] bzw. *"Begrenzungsstrategie"*[801] genannte Alternative kommt zum Einsatz, wenn die Vorhersehbarkeit und/oder Höhe eines Vermögensverlustes reduziert werden soll.[802] Hierzu gehören Maßnahmen, die zu einer Senkung des Schadenserwartungswertes führen. Entscheidungen, die ein Risiko entstehen lassen, werden hier nicht rückgängig gemacht. Dem entstehenden Risiko wird aktiv entgegengetreten mit der Absicht, es in seinen Ausprägungen (Vorhersehbarkeit und Höhe) zu reduzieren.[803]

Bei der Reduktion geht es vorwiegend um Folgen, die aus menschlichem Fehlverhalten entstehen können.[804] Mittels unternehmenseinheitlicher Vorgaben, die das "Eingehen" von Risiken regeln, wird diesen begegnet. Richtlinien stellen die wichtigsten Maßnahmen zur Risikoverminderung dar.[805] Überdies ist eine Risikoverminderung auch mittels gezielter Diversifikation möglich.[806] Sind diese Maßnahmen so wirksam, dass die Eintrittswahrscheinlichkeit für das Entstehen eines Risikos gegen Null geht, so kann dies im Einzelfall sogar zu einer Risikovermeidung führen.[807] Mit der Wahl dieser Steuerungsalternative entscheidet ein Unternehmen selbst, wie viel Risiko es gewillt ist einzugehen. Das Maß der Re-

---

795 Vgl. Lück (2001), S. 2314.

796 Vgl. ebd. (2000a), S. 1476.

797 Vgl. ebd. (1998b), S. 1927. Ebenso Kless (1998), S. 96.

798 Vgl. Baetge/Jerschensky (1999), S. 172.

799 Vgl. Lück (2001), S. 2314.

800 Wyss (2000), S. 180.

801 Füser/Gleißner/Meier (1999), S. 757.

802 Vgl. Füser et al. (1999), S. 757, Wittmann (2001), Rn. 340, S. 277.

803 Vgl. Baetge/Jerschensky (1999), S. 172, Hornung et al. (1999), S. 321.

804 Vgl. Füser et al. (1999), S. 757.

805 Vgl. Kless (1998), S. 96 unter Verweis auf Scharpf/Epperlein, (1995), S. 220.

806 Bspw. über die Diversifikation von Märkten, Produkten und Leistungen, Technologien, Regionen. Vgl. Wittmann (2001), Rn. 340, S. 277.

807 Vgl. Füser et al. (1999), S. 757.

duktion in Form einer Erfolgskontrolle kann ein Unternehmen dabei bspw. aus Kosten-/Nutzen-Überlegungen heraus bestimmen.[808]

Die Risikoverminderungsstrategie steht im unmittelbaren Zusammenhang mit der Alternative der Chancenentwicklung. Mittels einheitlicher Richtlinien wird hierbei festgelegt, wie mit bekannten Chancen zu verfahren ist. An dieser Stelle wird geregelt, ab welchen potenziellen Ertragszuwächsen die Chancennutzung zum Zwecke der Unternehmenswertsteigerung aktiv zu erfolgen hat.[809]

Die Risikoüberwälzung (*"Risikoübertragung"*[810]) kommt zum Einsatz, wenn es einem Unternehmen nicht gelungen ist die von ihm eingegangenen Risiken zu vermindern bzw. diese von diesem nicht getragen werden können bzw. es dieses nicht will.[811] Ein risikobehaftetes Geschäft wird an dieser Stelle mit einem zusätzlichen Geschäft verbunden.[812] Dieses zusätzliche Geschäft zielt darauf ab, einen möglichen Schaden, der im Zuge des ursprünglichen Geschäfts entstehen kann, vollständig oder zumindest zu einem Teil auf andere (bspw. Unternehmen) mittels Risikotransfer zu übertragen.

Die Risikoüberwälzung stellt einen "Spezialfall" der Chancenrealisierung dar. Diese Steuerungsalternative ist auch als "Chancenteilung" bekannt. Hierbei werden ein mögliches Verlustrisiko sowie ein möglicher Ertragszuwachs mit einem anderen Unternehmen geteilt.[813] Im Falle der Risikoüberwälzung bspw. auf ein Versicherungsunternehmen erfolgt die Chancenteilung über die zu leistende Versicherungsprämie. Im Fall der Kooperation mit einem anderen Unternehmen wird ein möglicher Mehrertrag unter den am Geschäft beteiligten Unternehmen aufgeteilt.

Die genannten Steuerungsalternativen werden abschließend um die Akzeptanz komplettiert. Bei der Risikoakzeptanz hat sich ein Unternehmen aktiv dazu entschieden, ein Verlustpotenzial aus einem Risiko selbst zu tragen unter Verzicht auf die Einleitung weitergehender Steuerungsmaßnahmen.[814] Im Unter-

808 Vgl. Wyss (2000), S. 180.

809 Vgl. Lück (2001), S. 2314.

810 Wittmann (2001), Rn. 340, S. 277.

811 Vgl. Baetge/Jerschensky (1999), S. 173.

812 Vgl. Wittmann (2001), Rn. 340, S. 277. Man unterscheidet den sog. "Insurance-Risk-Transfer" durch Versicherungen und den sog. "Non-Insurance-Risk-Transfer" bspw. durch Bürgschaften. Vgl. Lück, (1999b), S. 152, Lück (1998b), S. 1927 und die angegebenen Quellen. Wyss (2000), S. 179 mit Beispielen in Fn. 4, Baetge/Jerschensky (1999), S. 173. Zum Risikotransfer durch Joint Ventures vgl. Wittmann (2001), Rn. 340, S. 277.

813 Vgl. Lück (2001), S. 2314.

814 Vgl. Wittmann (2001), Rn. 341, S. 277.

nehmensgeschehen kann es vorkommen, dass Risiken zu akzeptieren sind, da keine sinnvollen Alternativen zur Steuerung existieren.

Kann zu einem Risiko ein gegenläufiges Geschäft abgeschlossen werden, so bietet sich die sog. "Risikokompensation" (z. B. Warentermingeschäfte) an.[815] Die Risikoakzeptanz kommt der Chancenrealisierung gleich. Hier entsteht ein Anspruch auf die aus der Risikoakzeptanz resultierenden Erträge.[816] Das Akzeptieren geschieht oft unfreiwillig nach Ausnutzung der dargestellten Steuerungsalternativen und ist Ausdruck für die Risikobereitschaft einer Unternehmensleitung.[817] Als grundsätzliche Steuerungsalternative kommt diese nicht infrage. Vielmehr sollte eine aktive (bewusste)[818] Vorsorge ("Selbstversicherung"[819]) für den Fall getroffen werden, dass akzeptierte Risiken eintreten.[820] Da sich diese im Zeitverlauf verändern können, kommt der Überwachung von selbst getragenen Risiken eine hohe Bedeutung für die Wirksamkeit des RFS bei.[821]

Da zur RC-Landschaft unterschiedliche Risiko- und Chancenpräferenzen existieren können, sind ggf. bei der Steuerung unterschiedliche Alternativen in Form eines "Strategie-Mixes" zu ergreifen.[822] Da es verschiedene Strategien gibt, die Risiken und Chancen lösen, tangieren, abschwächen oder verstärken können, kann sich deren optimale Kombination schwierig gestalten. Unter Beachtung des Kosten-Nutzen-Verhältnisses sowie der Sicherheitsziele kann diese Wahl vereinfacht werden.[823] Bei der Entscheidungsfindung sind in jedem Fall die den Risiken gegenüberstehenden Chancen mit zu berücksichtigen.[824] So ist eine angemessene *"Risk-/Return-Relation"*[825] zu erzielen. Über Auswahl und Wirkungen der Steuerungsalternative sind die Entscheidungsträger regelmäßig in Form eines standardisierten Berichtswesens[826] zu informieren.

---

815 Vgl. Füser et al. (1999), S. 757, Lück (1998b), S. 1927, Kless (1998), S. 96.

816 Vgl. Lück (2001), S. 2314.

817 Sog. "passiver Aspekt der Risikoakzeptanz" Vgl. Füser et al. (1999), S. 757.

818 Vgl. Wyss (2000), S. 179.

819 Durch Rücklagen oder Reserven. Vgl. Lück (1998b), S. 1927, Haller (1986), S. 32.

820 Vgl. Baetge/Jerschensky (1999), S. 173. Grundsätzlich sollte das Risikodeckungspotenzial eines Unternehmens (primär das Eigenkapital) dem vorhandenen, selbst zu tragenden Risikoumfang entsprechen. Vgl. hierzu Füser et al. (1999), S. 757.

821 Vgl. Hornung et al. (1999), S. 321.

822 Vgl. ebd. (1999), S. 321, Baetge/Jerschensky (1999), S. 173.

823 Vgl. Wolf/Runzheimer (2003), S. 96 und die angegebenen Quellen. "Entscheidungsmatrizen" werden hier als hilfreiches Instrument zur Entscheidungsfindung genannt.

824 Vgl. Wittmann (2001), Rn. 342, S. 277.

825 Ebd. (2001), Rn. 342, S. 277. Vgl. auch Weber et al. (2001), S. 62.

826 Vgl. Gampenrieder/Greiner (2002), S. 285.

3.2.5 Risiko- und Chancendokumentation und -kommunikation

Die zu betrachtende und zusammengehörige Phase der Risiko- und Chancendokumentation ("RC-Dokumentation") und -kommunikation ("RC-Kommunikation") stellt im eigentlichen Sinn keine eigene Phase des RCMP dar. Das Erfordernis zur Dokumentation und Kommunikation von risiko- und chancenrelevanten Informationen ist vielmehr jeder Einzelphase des Prozesses immanent. Eine Verpflichtung zur Dokumentation der Ergebnisse ergibt sich weder aus der Regelung des § 91 Abs. 2 AktG noch aus der Gesetzesbegründung. Das Dokumentationserfordernis wird jedoch i. Z. m. der Erfüllung der in Tab. 7 aufgezeigten Funktionen[827] als unabdingbar angesehen.[828]

Tab. 7: Funktionen der Risiko- und Chancendokumentation[829]

"Rechenschafts-Funktion":	Ein pflichtgemäßes Verhalten ist im Schadensfall durch eine entsprechende Dokumentation von der Unternehmensleitung nachzuweisen.
"Sicherungs-Funktion":	Durch eine entsprechende Dokumentation ist die Einhaltung der getroffenen Maßnahmen zum RCM im Zeitverlauf zu gewährleistet.
"Prüfbarkeits-Funktion":	Eine Dokumentation zum RCM ist die Grundlage für die Prüfung des RFS durch den Abschlussprüfer und ggf. durch die IR.

Zur Sicherstellung der dauerhaften und personenunabhängigen Funktionsfähigkeit der getroffenen Maßnahmen im RCMS und zum Nachweis der Erfüllung der Pflichten gem. § 91 Abs. 2 AktG sind die Maßnahmen des gesamten ÜWS angemessen zu dokumentieren.[830] Das Dokumentationserfordernis erstreckt sich auf alle Elemente eines wie auch immer ausgestalteten RCMS.[831] Alle Prozessphasen, die festgelegten Vorgehensweisen zur Behandlung von Risiken und Chancen sowie die Ergebnisse aus den Einzelphasen gilt es zeitnah in Schriftform zu fixieren.[832] Nur auf diese Weise können diese in strukturierter[833] Form in der Folge an festzulegende Berichtsadressaten kommuniziert werden.

Damit die Maßnahmen zu einem RFS bzw. RCMS dauerhaft eingehalten werden, gilt es, die organisatorischen Maßnahmen zu formulieren und in Form

827 Vgl. Kromschröder/Lück (1998b), S. 247 f., Lück (1999b), S. 149 f.

828 Vgl. Kless (1998), S. 94 unter Verweis auf Brebeck/Herrmann (1997), S. 391.

829 Vgl. Brebeck/Herrmann (1997), S. 385, Löhr (2000), S. 315, Eggemann/Konradt (2000), S. 507 f.

830 Vgl. IDW (1999a), Rn. 17, S. 660, Giese (1998), S. 453, Vogler et al. (2000), S. 1430.

831 Vgl. Kless (1998), S. 94 unter Verweis auf Scharpf/Epperlein (1995), S. 219.

832 Vgl. Gabriel/Rockel (2001), S. 113.

833 Vgl. Weber et al. (2001), S. 59.

eines Handbuchs[834] ("Systembeschreibung") zu dokumentieren und unternehmenseinheitlich festzuschreiben. Sind neben der Unternehmensleitung weitere Verantwortlichkeiten im RCMS zur Aufgabenerfüllung bestimmt, so werden auf diese Weise die zugehörigen Funktionen, Kompetenzen und Zuständigkeiten eindeutig geregelt.[835] Ein entsprechendes Risiko- und Chancenmanagementhandbuch ("RC-Handbuch") stellt für eine Unternehmensleitung eine einheitliche Dokumentation zu den getroffenen Maßnahmen im RCM dar.

Von solch einer Systemdokumentation geht eine "Steuerungsfunktion" aus und sie besitzt "Richtliniencharakter". Mit ihrer Hilfe können die initiierten Maßnahmen zum RCM den operativen Einheiten verdeutlicht werden. Diese erhalten dadurch eine "Orientierungshilfe" im RM bzw. RCM. Eine adäquate Richtlinie unterstützt auch die interne und externe Überwachung, da diese tiefe Einblicke in die organisatorischen, prozessualen und instrumentellen Rahmenbedingungen des RCMS erlaubt. Eine schriftlich fixierte Systemdokumentation hilft einer Unternehmensleitung bei der Erfüllung ihrer Rechenschaftsfunktion bspw. gegenüber dem Aufsichtsrat oder bei der Erfüllung der Prüfbarkeitsfunktion gegenüber dem Abschlussprüfer. Diese gibt Auskunft darüber, wie der Fluss an risiko- und chancenrelevanten Informationen ("Informationsfunktion") abzulaufen hat und stellt diesen unternehmensweit sicher.[836] Eine Systemdokumentation fördert die personenunabhängige Funktionsfähigkeit des Systems.[837]

Damit von einer unternehmensweiten Umsetzung und Einhaltung der getroffenen Maßnahmen zum RCM auszugehen ist, sollten alle Mitarbeiter Kenntnis über die Inhalte der RCM-Richtlinie erhalten. So erhöht sich die Transparenz über die einzuhaltenden Prozesse und diese werden diese für das Thema "RCM" sensibilisiert. Eine Richtlinie trägt auch zu einer stärkeren Akzeptanz der Mitarbeiter gegenüber dem System bei.[838] So wird ein wertvoller Beitrag zur Erfüllung der gesetzlich geforderten Früherkennung von bestandsgefährdenden Risiken[839] und zur Nutzung von Erfolgspotenzialen geleistet.

---

834 Vgl. Löhr (2000), S. 314, IDW (1999a), Rn. 17, S. 660. Auch "RM-Handbuch" bzw. "RM-Rili" genannt. Vgl. Eggemann/Konradt (2000), S. 508. Empfehlungen zum Aufbau sind zu finden bei Wolf/Runzheimer (2003), S. 177 ff., Vogler et al (2000), S. 1430.

835 Bspw. Unternehmensleitung, IR sowie operative Einheiten. Vgl. Wolf/Runzheimer (2003), S. 173 ff.

836 Vgl. Wolz (2001), S. 792.

837 Vgl. Löhr (2000), S. 314.

838 Vgl. Vogler et al. (2000), S. 1430.

839 Vgl. Wolz (2001), S. 792.

Wie für das gesamte RCMS gilt auch für die Systemdokumentation, dass diese stets unternehmensindividuell auszugestalten ist.[840] Ihre Form muss in jedem Fall gewährleisten, dass sich ein sachverständiger Dritter in einer angemessenen Zeit einen zutreffenden Überblick über die Soll-Zustände im RCM verschaffen kann.[841] Die Einzelmaßnahmen sollten so dokumentiert sein, dass diese "nachvollziehbar" sind und somit "umsetzbar" werden.[842] In den Fällen, in denen eine Systemdokumentation unvollständig ist oder gar nicht vorgelegt werden kann, müssen Zweifel an der dauerhaften Funktionsfähigkeit und der Wirksamkeit des Systems erhoben werden.[843] Eine fehlende bzw. unvollständige Systemdokumentation kann bei prüfungspflichtigen Unternehmen dazu führen, dass die System- oder Geschäftsführungsprüfung durch den Abschlussprüfer nur schwerlich sachgerecht durchführbar ist.[844]

Damit die mit der Dokumentation aufgezeigten Funktionen als erfüllt anzusehen sind, sollte zum Nachweis der "kontinuierlichen Anwendung" der Maßnahmen neben einer Systemdokumentation auch eine "laufende Dokumentation"[845] über die Ergebnisse in den Teilphasen des RCMP existieren. Diese laufende Dokumentation sollte in aggregierter, gebündelter,[846] systematischer und *"objektiver Form"*[847] in regelmäßigen Zeitabständen an die Entscheidungsträger kommuniziert werden.[848] So können sich diese turnusmäßig einen umfassenden Überblick über aktuell existierende Verlust- und Ertragspotenziale verschaffen.

Bei der laufenden Dokumentation können Schwierigkeiten dahingehend entstehen, dass u. U. eine Vielzahl von Einzelrisiken und -chancen auftreten, die mehr oder weniger genau unter Berücksichtigung bestehender Wechselwirkungen und Interdependenzen analysiert und bewertet wurden. Diese gilt es zur Herleitung der RC-Landschaft abzubilden. Kernziel der laufenden Dokumentation ist es, alle als wesentlich und bestandsgefährdend eingestuften Einzelrisiken den diesen gegenüberstehenden Chancen, existierenden Interdependenzen zwischen diesen sowie die getroffenen und eingeleiteten Maßnahmen zur RC-

840 Z. B. in Abhängigkeit von Größe, Komplexität und Struktur eines Unternehmens. Zu organisatorischen Regelungen und Maßnahmen in einem Risiko-Handbuch vgl. IDW (1999b), Rn. 17, S. 660, Scharpf/Epperlein (1995), S. 210, Löhr (2000), S. 315.

841 Vgl. Scharpf/Epperlein (1995), S. 210, Kless (1998), S. 94.

842 Vgl. Brebeck/Herrmann (1997), S. 384.

843 Vgl. IDW (1999a), Rn. 18, S. 660, Dörner/Doleczik (2000), S. 205.

844 Vgl. Vogler et al. (2000), S. 1430.

845 Vgl. Kless (1998), S. 94, IDW (1999a), Rn. 18, S. 660.

846 In "konsolidierter" Form. Vgl. Horváth/Gleich (2000), S. 111.

847 Brebeck/Herrmann (1997), S. 384. "Objektiv" bedeutet, dass die Informationen die Entscheidungsträger unbeeinflusst bzw. unverfälscht erreichen.

848 Vgl. Lück (2000a), S. 1477.

Steuerung im Einzelnen und in konsolidierter Form aufzuzeigen. Nur so ist sicherzustellen, dass sich ein Berichtsempfänger ein eigenes und zutreffendes Bild von der RC-Landschaft verschaffen kann und darauf aufbauend sog. *"Risiko-Nutzen-Kalküle"*[849] herzuleiten. Zu Nachweiszwecken ist die gesamte RC-Dokumentation über einen ausreichend langen Zeitraum aufzubewahren.[850]

Die dokumentierte Priorisierung[851] von Risiken und Chancen ist die Grundlage der Risiko- und Chancenkommunikation ("RC-Kommunikation"). Die Regelung des § 91 Abs. 2 AktG verfolgt das Ziel, alle als wesentlich eingestuften Risikoinformationen zeitnah an die Berichtsadressaten in den unterschiedlichen Hierarchiestufen weiterzuleiten.[852] Zentrale Bedeutung für die Funktionsfähigkeit des gesetzlich geforderten RFS hat die rechtzeitige Weiterleitung von bedeutsamen RC-Informationen.[853] Ein entsprechender Informationsfluss sollte "Bottom-Up"-gerichtet sein und in Abhängigkeit der festgelegten Wesentlichkeitsgrenzen regelmäßig über existierende oder mögliche Risiken und Chancen sowie über deren Veränderungen unterjährig informieren.[854]

Auf Ebene der Unternehmensleitung sollte eine laufende Berichterstattung zumindest die Informationen über bestandsgefährdende Risiken sowie die über deren Veränderungen im Zeitverlauf enthalten. Betrachtet man wie im vorliegenden Fall die Ausgestaltung eines RCMS, ist diese Forderung mindestens um den Aspekt der bedeutsamen Chancen zu erweitern. Die festgelegten Wesentlichkeitsgrenzen besitzen an dieser Stelle eine "Filterfunktion". Durch diese wird gewährleistet, dass die Effizienz des RCM gesteigert wird und es zu keiner Überlastung der Unternehmensleitung bei der RC-Kommunikation kommt.[855]

Die Fähigkeit, über bedeutsame Risiken und Chancen zu berichten, beeinflusst entscheidend die Funktionsfähigkeit des RCMS.[856] Wie aufgezeigt wurde, trägt an dieser Stelle die durch die RC-Kultur geprägte Kommunikationsfähigkeit und Kommunikationsbereitschaft der Mitarbeiter entscheidend zur Wirk-

---

849 Gabriel/Rockel (2001), S. 113.

850 Vgl. IDW (1999b), Rn. 18, S. 660, Dörner/Doleczik (2000), S. 205. Empfohlen wird, die Maßgaben des § 257 Abs. 4 HGB anzuwenden. Danach wäre eine Systemdokumentation über zehn und die laufende Dokumentation über sechs Jahre aufzubewahren.

851 Anm.: Heraus aus der RC-Analyse und konkretisiert aus den Ergebnissen und den beschlossenen Maßnahmen aus der RC-Bewertung und RC-Steuerung.

852 Vgl. Eggemann/Konradt (2000), S. 505.

853 Vgl. Vogler et al. (2000), S. 1429, IDW (1999a), Rn. 11, S. 659.

854 Vgl. ebd. (2006b), Rn. 57 und 60, S. 1612 f., ebd. (1999a), Rn. 11, S. 659.

855 Vgl. Vogler et al. (2000), S. 1429. Anm.: Da keine RC-Informationen über Bagatellrisiken und -chancen bis zur Unternehmensführung kommuniziert werden.

856 Insbesondere über noch nicht bewältigte wesentliche und bestandsgefährdende Risiken. Vgl. Vogler/Gundert (1998), S. 2382, IDW (1999a), Rn. 11, S. 659.

samkeit des Systems bei.[857] Für eine offene Kommunikationsstruktur[858] sollte daher Sorge getragen werden, um insbesondere in risikoanfälligen Unternehmensbereichen das RC-Bewusstsein zu fördern.[859] Um die gestellten Anforderungen an ein FES zu erfüllen, sollten geeignete und wirksame Berichtswege und -abläufe existieren. Nur so können Entscheidungsträger rechtzeitig über relevante RC-Informationen in nachweisbarer Form[860] informiert werden.[861]

Nach Auffassung des *IDW* ist eine RC-Berichterstattung neben der laufenden Geschäftsberichterstattung (in der i. d. R. bereits Risiken und Chancen behandelt werden) aufzustellen.[862] In Form eines "formalen Risiko- und Chancenreportings" (Standardberichterstattung), welches unternehmenseinheitlich bspw. in Abhängigkeit von der Größe, Komplexität und Struktur auszugestalten ist,[863] wird so auf Basis einer aktuellen RC-Inventur regelmäßig über die RC-Landschaft und die Veränderungen in dieser informiert. Die Standardberichterstattung ist zyklisch den Berichtsempfängern zuzustellen.[864] Dadurch erhalten diese regelmäßige *"Risiko- und Chancen-Updates"*[865] über ihren Aufgabenbereich. Bestehende Berichtszyklen zu anderen Reports sollten dabei Berücksichtigung finden.[866] Auf diese Weise wird mehrfach unterjährig über bedeutsame Veränderungen in der RC-Landschaft informiert.

Die "Periodizität" bei der RC-Berichterstattung sollte sich an den jeweiligen Risiken und Chancen, deren Grad an Veränderlichkeit sowie an deren Art und Bedeutung ausrichten. Grundsätzlich gilt, dass solche, die sehr häufig und kurzfristig Veränderungen aufgrund ihrer Natur unterliegen, tendenziell eher eine häufigere Berichterstattung auslösen als solche, die sich im Zeitverlauf durch

---

857 Als "Kommunikationskultur" bezeichnet. Vgl. Lachnit/Müller (2001), S. 372 und die in Fn. 55 angegebene Quelle.

858 Vgl. IDW (2006b), Rn. 61, S. 1613.

859 Vgl. ebd. (1999a), Rn. 9, S. 659. Die Kommunikationsbereitschaft kann bspw. durch entsprechende Schulungen gefördert werden. Vgl. ebd. (1999a), Rn. 11, S. 659.

860 Vgl. ebd. (1999a), Rn. 11, S. 659.

861 Vgl. ebd. (2006b), Rn. 58, S. 1612.

862 "Integrierte Berichterstattung". Vgl. Eggemann/Konradt (2000), S. 505. Unter dem Aspekt der kostengünstigen Umsetzung kann sich die Integration der Berichterstattung und -dokumentation in die bestehenden Prozesse eines Unternehmens anbieten. Vgl. Vogler/Gundert (1998), S. 2382.

863 Vgl. IDW (2006b), Rn. 58, S. 1612.

864 Das RCM ist "empfängerorientiert". Vgl. Löhr (2000), S. 314. Anm.: Es bietet sich an, die Berichtsempfänger in der Systemdokumentation festzuschreiben.

865 Vogler et al. (2000), S. 1429.

866 Vgl. IDW (2006b), Rn. 59, S. 1613. Ein einheitliches Berichtswesen generiert Synergieeffekte. Vgl. Scholz/Schuler (2006), Rn. 982, S. 424.

eine hohe Konsistenz auszeichnen.[867] Für bedeutsame Risiken, die sich unterjährig zu einem bestandsgefährdenden Risiko entwickeln könnten, ist die unterjährig mehrfach stattfindende Berichterstattung zur Kennzeichnung eines wirksamen RCMS unverzichtbar. Der lediglich zum Bilanzstichtag vorgenommenen RC-Inventur und der anschließenden Berichterstattung wird eine Absage erteilt. Nur ein fest in die Unternehmensabläufe integrierter Berichtsprozess wird als geeignet angesehen die gesetzlichen Anforderungen zu erfüllen.[868] Eine standardisierte RC-Berichterstattung sollte sich in Form eines "Lean Data Managements" auf die wesentlichen und bestandsgefährdenden Risiken konzentrieren und um die als relevant erachteten Chancenaspekte ergänzt werden. An dieser Stelle weist *Bitz* auf die Notwendigkeit von "aggregierten Informationen" hin. Nur durch Fokussierung auf wesentliche RC-Informationen kommt es nicht zu einer Überlastung der Verarbeitungskapazitäten bei den Berichtsempfängern.[869]

Bedeutsamer Teil einer wirksamen Berichterstattung ist die Möglichkeit zur "Ad-hoc-Berichterstattung". Treten unterjährig neue wesentliche oder bestandsgefährdende Risiken sowie bedeutsame Chancen auf, so begründen diese die Eilbedürftigkeit bei der Kommunikation. I. Z. m. der Regelung des § 91 Abs. 2 AktG wird gefordert, dass Maßnahmen zur Risiko-Kommunikation festzulegen sind. Diese müssen aufzeigen, wie förmliche Berichtsstrukturen, institutionalisierte Kommunikationswege sowie Periodizitäten zu überwinden sind.[870] Die Wirksamkeit hängt davon ab, wie "flexibel"[871] die RC-Kommunikation reagieren kann. Unregelmäßige Abweichungsberichte ("Ad-hoc-Berichte") bieten sich als Lösung an. Diese gewährleisten, dass RC-Informationen zeitnah an die Berichtsadressaten kommuniziert werden.[872] Treten unterjährig Veränderungen in den Einschätzungen zu bereits erkannten Risiken und Chancen ein, so sollten Regelungen existieren, die aufzeigen, ab wann eine Ad-hoc-Berichterstattung ausgelöst wird.[873] Diese Kriterien sollten durch die Unternehmensleitung festgelegt und in der Systemdokumentation dokumentiert werden.[874]

---

867 Vgl. IDW (2006b), Rn. 59, S. 1613, ebd. (1999a), Rn. 12, S. 659.

868 Vgl. Vogler et al. (2000), S. 1429, Brebeck/Herrmann (1997), S. 384.

869 Vgl. Bitz (2000b), S. 56, Löhr (2000), S. 314.

870 Vgl. IDW (1999a), Rn. 12, S. 659, Schindler/Rabenhorst (2001), Rn. 97, S. 165.

871 Vgl. IDW (1999a), Rn. 12, S. 659, Lachnit/Müller (2001), S. 372.

872 Vgl. Eggemann/Konradt (2000), S. 505, IDW (2006b), Rn. 59, S. 1613, Wolf/Runzheimer (2003), S. 101 f. Es geht um die Erzeugung von "management attention". Vgl. Weber et al. (2001), S. 60.

873 Vgl. Vogler/Gundert (1998), S. 2382.

874 Die Dokumentation in der Systemdokumentation bietet sich an. Vgl. IDW (2006b), Rn. 59, S. 1613.

3.2.6 Risiko- und Chancenüberwachung

Der behandelte sechsphasige Verlauf des RCMP schließt mit der Phase der Risiko- und Chancenüberwachung (kurz "RC-Überwachung") ab. Die Überwachungsmaßnahmen im RCMS dienen grundsätzlich dazu, die dauernde Wirksamkeit der getroffenen Maßnahmen zur Risiko- und Chancenfrüherkennung fortlaufend sicherzustellen. Dazu sind unternehmensindividuell prozessabhängige und prozessunabhängige Verantwortlichkeiten und Maßnahmen festzulegen. Zeigen diese Abweichungen im RCMP an, so muss ggf. korrigierend eingegriffen werden ("Korrekturfunktion"). Die Überwachungsmaßnahmen müssen unter Risikogesichtspunkten sicherstellen, dass bestehende und zukünftige Risiken vermieden oder zumindest vermindert werden (sog. "Präventivfunktion"). Im Mittelpunkt der Überwachungstätigkeiten steht grundsätzlich eine Beurteilung dahingehend, inwieweit von der Einhaltung der bisher aufgezeigten Maßnahmen im RCMP in Bezug auf die Behandlung und Kommunikation von bestandsgefährdenden Risiken und bedeutsamen Chancen sowie deren Veränderungen im Zeitverlauf auszugehen ist.[875]

Eine prozessabhängige Überwachung kann bspw. durch Führungskräfte und die prozessunabhängige Überwachung durch die IR[876] erfolgen. Prozessabhängige Kontrollen stellen z. B. Vergleiche von Vorgaben aus den RC-Strategien mit den tatsächlichen Ergebnissen aus dem RCM dar. Hierbei kann eine Beurteilung hinsichtlich der Vollständigkeit der RC-Identifikation, der Richtigkeit der RC-Analyse sowie der RC-Bewertung, der Überwachung der Einhaltung von Wesentlichkeitsgrenzen ("Meldegrenzen"[877]) sowie hinsichtlich der Angemessenheit der Maßnahmen und der Strategien im Rahmen der RC-Steuerung im Fokus stehen. Sind Abweichungen zwischen der tatsächlichen RC-Situation (Ist-Situation) und der durch die RC-Strategien vorgegebenen RC-Ziele (Soll-Situation) festzustellen, so kann dies in der Folge zu einer Anpassung der RC-Strategien[878] und zu einer Modellierung des RCMP führen.

Der prozessunabhängigen Überwachungstätigkeit durch die IR wird eine besondere Bedeutung für die Einhaltung der Wirksamkeit des ÜWS zugesprochen.[879] Der Gesetzgeber hatte die Rolle der IR i. Z. m. der Sicherstellung der

---

875 Vgl. ebd. (1999a), Rn. 15, S. 659.

876 Vgl. ebd. (1999a), Rn. 16, S. 659 f. Die IR ist eine unternehmenseigene, prozessunabhängige, prüfende, beurteilende und beratende Tätigkeit, die innerhalb eines Unternehmens (Konzerns) vorgenommen wird. Vgl. ebd. (2002), Rn. 1, S. 686.

877 Vgl. ebd. (1999a), Rn. 15, S. 659.

878 Vgl. Lück (1998b), S. 1928, ebd. (2001), S. 2314 f.

879 Vgl. Funk (1988), S. 2. Die Prüfung des RM und die des IKS gehört zu den häufigsten Prüfungsfeldern der IR. Vgl. Lück/Henke (2004), Abb. 1, S. 3 f.

Funktionsfähigkeit des RFS seinerzeit besonders hervorgehoben. Eine Konkretisierung hinsichtlich der Aufgabe der IR im Rahmen der Prüfung des betrieblichen RMS[880] erfolgte bspw. durch das *Institut für Interne Revision* ("IIR"). Der Revisionsstandard Nr. 2 gibt Anhaltspunkte über die Rolle sowie die Aufgaben und Verantwortlichkeiten der IR als Bestandteil des RMS.[881] Vor dem Hintergrund der sich stetig verändernden Unternehmensumwelt wird es für notwendig angesehen, eine regelmäßige Überwachung des RFS durch die IR "anzustreben". Als Teil des Internen ÜWS hat diese bei ihrer Prüfungstätigkeit die übergeordneten Aufgaben, mögliche Mängel im System festzustellen und geeignete Verbesserungsvorschläge zu unterbreiten sowie deren Umsetzung in der Folge zu überwachen.[882] Dieser obliegt es auch, ausgehend von den RC-Strategien[883] zu beurteilen, ob ein von der Unternehmensleitung getragenes, fundiertes und dokumentiertes RCMS existiert und ob die bei der Prüfung vorgefundenen Systemabläufe denen in der Systemdokumentation aufgezeigten entsprechen. Sie muss beurteilen, ob die von der Unternehmensleitung initiierten Maßnahmen im "Systembetrieb" zur Umsetzung gelangen.[884] Darüber hinaus muss diese die gewichtige Einschätzung treffen, ob das System unter dem Aspekt der Frühwarnung als geeignet und wirksam anzusehen ist.[885]

Durch das KonTraG wurde das historische Aufgabenspektrum der IR seinerzeit um die Pflicht erweitert, das Augenmerk auch auf Unternehmensrisiken auszuweiten. Aus der im Anschluss an die Prüfung abzuleitenden Berichterstattung können sich für die Adressaten wichtige Erkenntnisse über die Angemessenheit und Wirksamkeit des RFS ergeben.[886] Als zeitgemäß wäre es zu empfinden, die Prüfungstätigkeit an dieser Stelle auf den Chancenaspekt auszuweiten. Sie hat zu beurteilen, ob eindeutige Regelungen zu Zuständigkeiten sowie Dokumentationsanforderungen existent sind und ob diese befolgt werden. Prüfungshandlungen können sich z. B. auch auf die Prüfung der Aktualität der Systemdokumentation sowie der laufenden Dokumentation, den ausreichenden Detaillierungsgrad bei der Risiko- und Chancenbeschreibung, die Einhaltung von

880 Vgl. Reinecke/Wagner (2000), S. 196 f.

881 Vgl. IIR (2001), S. 1 ff.

882 Vgl. ebd. (2001), Rz. 6, S. 3. Zu einer Checkliste zur Prüfung des RMS durch die IR vgl. Lück/Unmuth (2006), S. 23 ff. einzusehen.

883 Durch die prozessunabhängige Überwachung können sich Anhaltspunkte ergeben, dass die RC-Strategien neu zu formulieren sind. Vgl. Wall (2001), Rn. 127, S. 214.

884 Vgl. IIR (2001), Rz. 12, S. 5.

885 Vgl. IDW (2006b), Rn. 63, S. 1614.

886 Vgl. Vogler/Gundert (1998), S. 2383. Der Prüfbericht über die zyklische Prüfung des RMS durch die IR an die Geschäftsleitung kann auch als Arbeitsunterlage für den AP dienen. Vgl. Kohlhoff et al. (2000), S. 7.

Schwellenwerten im Rahmen der RC-Kommunikation und die zyklische Erfassung der RC-Landschaft erstrecken.[887] Hinsichtlich der §§ 91 Abs. 2 AktG und 53 HGrG muss eine IR beurteilen, ob das installierte unternehmensweite RFS in der Lage ist, in allen Unternehmensbereichen eine vollständige, richtige und zeitnahe Erfassung aller bestandsgefährdenden Einzelrisiken zu gewährleisten. Auf das hier propagierte RCMS ausgeweitet bedeutet dies, dass auch eine Beurteilung hinsichtlich der richtigen Behandlung von überdurchschnittlichen Chancen im Prüfungszeitpunkt stattgefunden hat. Die prozessunabhängige Überwachung muss sich auch darauf konzentrieren, ob Risiken und Chancen, zwischen denen Wechselwirkungen existieren, entsprechend ihrer Bedeutung im Rahmen der RC-Steuerung "behandelt" wurden.

Die Beurteilung der zu bestimmten Berichtsterminen gemeldeten RC-Landschaft stellt aus Sicht der IR eine *"... unabhängige Einschätzung der Sachgerechtigkeit ..."*[888] dar.[889] Neben der Überwachung der Maßnahmen in den Teilphasen des RCMP können sich weitergehende Prüfungsschwerpunkte für diese ergeben. Diese können sich auf die Zweckmäßigkeit der Maßnahmen und Strategien im Rahmen der RC-Steuerung erstrecken, auch wenn diese nicht per se als Gegenstand der Risikofrüherkennung gelten.[890] Die eigentliche Kontrollfunktion wird an dieser Stelle eher den Trägern des RCM zugeschrieben, die gegenüber den operativen Verantwortlichen ausgeübt wird, die mit der Umsetzung von Steuerungsmaßnahmen beauftragt wurden.[891]

Es bietet sich an, dass sich die prozessunabhängige Überwachungstätigkeit auf die Prüfung der eingerichteten prozessabhängigen Kontrollen erstreckt. Dadurch kann eine hinreichende Sicherheit über die Wirksamkeit der Maßnahmen und Strategien im Rahmen der RC-Steuerung hergeleitet werden.[892] Im Gegensatz zum Prüfungsauftrag des Abschlussprüfers kann die IR eine inhaltliche Beurteilung hinsichtlich der Effektivität und Effizienz der initiierten Strategien vornehmen. Durch die "kontinuierliche Überprüfung" der Durchführung der Steuerungsmaßnahmen und der daraus resultierenden Sicherstellung der Zielerreichung gewährleistet diese unmittelbar, dass eine durch die risikopolitischen Grundsätze definierte RC-Situation konform ist mit der jeweils aktuellen Situa-

887 Vgl. IIR (2001), Rz. 15-16, S. 6, Wolf/Runzheimer (2003), S. 180.

888 IDW (2006b), Rn. 63, S. 1614.

889 Zur Urteilsfindung werden eine entsprechende Qualifikation und ein fachliches Spezialwissen von den Mitarbeitern der IR eingefordert. Vgl. Brebeck/Herrmann (1997), S. 388, Tanski (1998), S. 1251. Zum Vorgehen bei der RFS-Prüfung vgl. IIR (2001), Rz. 23-25, S. 9 f., Wolf/Runzheimer (2003), S. 181.

890 Vgl. IDW (2006b), Rn. 62, S. 1614.

891 Vgl. Hornung et al. (1999), S. 321.

892 Vgl. Diedrichs/Richter (2001), S. 141.

tion.[893] Die prozessunabhängige Prüfung kann sich auch auf eine Beurteilung erstrecken, ob die systemimmanenten Kontrollen[894] eingehalten werden. Der IR obliegt es einzuschätzen, ob wirksame Frühwarn- bzw. FEI mit entsprechenden Toleranzgrenzen zum Einsatz kommen und ob das System seine Warnfunktion erfüllt. Die Prüfungstätigkeit erstreckt sich auf die Feststellung der Vollständigkeit, der Zeitnähe, der Festlegung von Verantwortlichkeiten und auf die Verständlichkeit der Dokumentation sowie auf die Rechtzeitigkeit der Kommunikation von bedeutsamen RC-Informationen.[895] Umfang, Frequenz sowie Auswahl der Überwachungsmaßnahmen werden durch die Bedeutung sowie die Komplexität der Einzelrisiken und -chancen sowie die Gesamtsituation eines Unternehmens determiniert.[896] Auf Intensität und Häufigkeit der Prüfungshandlungen haben u. a. die Komplexität der Wertschöpfung, die Unternehmensgröße sowie die Dynamik in der Unternehmensentwicklung Einfluss.[897]

Ist in einem Unternehmen keine IR existent, so sind andere wirksame Maßnahmen (z. B. Outsourcing)[898] zu treffen und zu dokumentieren,[899] die eine prozessunabhängige Überwachung des RCMS sicherstellen. Kann eine Unternehmensleitung nicht selbst die Einhaltung der Maßnahmen überwachen und ist eine IR nicht existent, so kann diese Aufgabe in Abhängigkeit von der Unternehmensgröße, der Komplexität und den Strukturen an andere geeignete Personen delegiert werden. Die Prüfung des RFS gem. § 53 HGrG sowie gem. § 317 Abs. 4 HGB durch den Abschlussprüfer stellt nach Meinung der behandelnden Literatur keine ausreichend systemunabhängige Überwachungsmaßnahme dar.[900] Zur Lösung könnte sich eine Unternehmensleitung Mitarbeitern oder Führungskräfte bedienen, die mit entsprechenden Kenntnissen ausgestattet die prozessunabhängige Überwachung in bereichsfremden Unternehmensbereichen vornehmen.

893 Vgl. ebd. (2001), S. 140, Hornung et al. (1999), S. 321 f., Gampenrieder/Kittelberger (2002), S. 225.

894 Vgl. Vogler et al. (2000), S. 1430.

895 Vgl. IIR (2001), Rz. 29-30, S. 11. Auf Risiken bezogen ist der Grad ihrer Gefährdung maßgeblich für die Prüfungsfrequenz. Vgl. Funk (1988), S. 6.

896 Vgl. IDW (2002), Rn. 9, S. 687, ebd. (2006b), Rn. 62, S. 1614.

897 Vgl. IIR (2001), Rz. 14, S. 5.

898 Soweit dies unter Risikogesichtspunkten vertretbar ist. Vgl. Haake (2000), S. 202.

899 Vgl. Kromschröder/Lück (1998b), S. 246.

900 Vgl. ebd. (2006b), Rn. 64, S. 1614.

4 Fazit: Kriterienkatalog zu einem wirksamen RCMS

In den Zeiten des stetigen Wandels in der Unternehmenslandschaft deutscher EVU leisten insbesondere kommunale EVU einen bedeutsamen Beitrag zur Sicherung der Grundversorgung mit Energien in ihrem Versorgungsgebiet und darüber hinaus. Bei kommunalen EVU, bei denen die Mehrheit der Anteile am Unternehmen in der privatrechtlichen Form der GmbH oder AG durch eine Gebietskörperschaft gehalten oder bei denen ihr mindestens der vierte Teil der Anteile gehört und ihr zusammen mit anderen Gebietskörperschaften die Mehrheit der Anteile zustehen, ist durch das zuständige Organ auf Verlangen der Gebietskörperschaft(en) der Abschlussprüfer mit der Erweiterung der Prüfung nach der Regelung des § 53 HGrG zu beauftragen. Die Geschäftsführer von kommunalen EVU sind in einem besonderen Maß zum sorgsamen Umgang mit den ihnen anvertrauten Mitteln und zur Aufrechterhaltung der Funktionsfähigkeit des Unternehmens verpflichtet. Bei § 53 HGrG unterliegenden Unternehmen muss unabhängig von ihrer Rechtsform und Größe ein den tatsächlichen Verhältnissen des Einzelfalles angemessenes RFS implementiert sein. Der Abschlussprüfer hat bei diesen im Rahmen seiner Geschäftsführungsprüfung unter Berücksichtigung des Prüfungsstandards IDW PS 720 und ggf. unter Berücksichtigung der geschilderten Vorgehensweise im Prüfungsstandard IDW PS 340 zu beurteilen, ob die Geschäftsführung ihrer Verpflichtung nachgekommen ist und ob das geprüfte RFS dazu geeignet ist, seine Aufgaben zu erfüllen.

Die vorstehenden Ausführungen im Kapitel B haben deutlich gemacht, dass für die im Mittelpunkt der Betrachtung stehenden kommunalen EVU das gesetzlich geforderte RFS notwendig und wichtig ist, um in den durch Globalisierung und Liberalisierung geprägten Zeiten sich adäquat über Risiken und auch Chancen zu informieren und schließlich im Wettbewerb bestehen zu können. Die Gefahr von Agency-Konflikten, die Steuerungsproblematik der ausgelagerten Verwaltungseinheiten aus Sicht einer Trägergemeinde sowie die Notwendigkeit der weitergehenden Informationsversorgung der Anteilseigner hinsichtlich des sorgsamen Umgangs mit den anvertrauten öffentlichen Mittel und hinsichtlich der Aufrechterhaltung der Funktionsfähigkeit der öffentlichen Beteiligung unterstreichen die Forderung nach der Implementierung eines über die gesetzliche Verpflichtung hinausgehenden RCMS.

Es wurden Argumente dafür gefunden, dass das RFS von den interessierenden kommunalen EVU als integraler Bestandteil eines RCMS betrieben werden sollte. Es wurde dargestellt, dass nach Inkrafttreten des KonTraG bereits die Forderung nach der Implementierung eines Systems zur Behandlung von Risiken i. w. S. entbrannt war. Es ist nachvollziehbar, dass ein System, welches lediglich auf die Behandlung von Verlustpotenzialen ausgelegt ist, selbst zu einem Risiko erwachsen kann. Die systematische Vernachlässigung von Chancen kann in den Zeiten des steigenden Wettbewerbs die wirtschaftliche Situation eines kommunalen EVU verschärfen. Für den Betrieb eines RCMS spricht, dass sich die Rechnungslegung in Deutschland im Zuge der Veränderung der Lageberichterstattung zukunftsorientierter und in Richtung einer stärkeren Chancenorientierung entwickelt hat. An dieser Stelle ist zu empfehlen, die Gleichbehandlung von Risiken und Chancen in Form eines RCMS zu propagieren. Dies würde im Zuge der Prüfung gem. § 317 Abs. 2 HGB zu einer Verbesserung der Prüfungsgrundlage für den Abschlussprüfer führen. Es bleibt zu vermuten, dass ohne ein funktionsfähiges und wirksames RCMS die zutreffende Darstellung von Risiken und Chancen schwierig ist und eine Beurteilung durch den Abschlussprüfer gleichsam schwierig ausfällt. Mittels des hier propagierten RCMS kann den hohen Informationsanforderungen einer Trägergemeinde ein Stück weit besser nachgekommen werden.

Die Informationsansprüche von Trägergemeinden und Organen von kommunalen EVU wurden dargestellt. Die gleichgewichtige und gesicherte Berichterstattung über Risiken und Chancen kann den zu unterstellenden Prinzipal-Agenten-Problemen bei kommunalen EVU entgegenwirken. Das RCMS kann zum Abbau von Informationsasymmetrien zwischen Trägergemeinde, Organen und dem kommunalen EVU beitragen. Die mittels des Systems mögliche weitergehende Informationsversorgung kann auch dabei helfen, die aus Sicht einer Trägergemeinde existierende Steuerungsproblematik bei der Kontrolle ihrer Beteiligungen zu reduzieren. Das RCMS hat das Potenzial, als zusätzliches Kontrollinstrument einen Beitrag zur Verbesserung der PCG zu leisten.

Die im Kapitel B formulierten Ansprüche an die Ausgestaltung eines RCMS hatten zum Zweck, ein wirksames Modell zu einem wirksamen RCMS für die interessierenden kommunalen EVU herzuleiten. Dieses Sollsystem propagiert die Gleichbehandlung von Risiken und Chancen und zwar unabhängig von deren jeweiligen Gefährdungs- und Ertragspotenzial. Mittels Integration des RFS in das RCMS ist es den interessierenden EVU möglich, ihrer gesetzlichen Verpflichtung gem. § 53 HGrG in angemessener Weise nachzukommen. Die über die Behandlung von bestandsgefährdenden Risiken hinausgehende RC-Informationsversorgung hilft überdies, den veränderten Rahmenbedingungen im Unternehmensumfeld Rechnung zu tragen.

Der Nachweis zum adäquaten Umgang mit den anvertrauten öffentlichen Mitteln sowie der Nachweis für die Aufrechterhaltung der Funktionsfähigkeit des Unternehmens erscheint aus Sicht der interessierenden kommunalen EVU mittels des RCMS zutreffender möglich. Die "lediglich" auf bestandsgefährdende Risiken fokussierte Berichterstattung erscheint als nicht mehr zeitgemäß, um den hohen Informationsanforderungen von Gebietskörperschaften zu entsprechen. Die weitergehende Informationsversorgung über von der Bedeutung her nachgelagerte Risiken und Chancen wird für sinnvoll erachtet, um den dargestellten Agency-Konfliktpotenzialen entgegenzuwirken und Informationsdefizite der öffentlichen Hand abzubauen. Mittels der Möglichkeit zur "erweiterten Berichterstattung" aus dem RCMS heraus, kann auch die Beteiligungssteuerung im Sinne der Trägergemeinde zielorientierter geschehen.

Die Ausführungen zur Ausgestaltung des RCMP zeigten, dass dieser stets unternehmensindividuell an der jeweiligen Vision, den Unternehmenszielen und den Unternehmensstrategien auszurichten ist. Die Ziele und Strategien sind maßgeblich von den spezifischen Risiken und Chancen in der jeweiligen Unternehmensumwelt beeinflusst. Die Ziele und Strategien haben einen wesentlichen Einfluss darauf, welche Risiken und Chancen entstehen können. Die aus den Unternehmensstrategien abgeleiteten RC-Strategien bestimmen, wie der Umgang mit den vorherrschenden Gefährdungs- und Ertragspotenzialen zu erfolgen hat. Diese sind Ausdruck der RC-Politik einer Unternehmensleitung. Empfohlen wurde, dass zur Sicherstellung der Sorgfaltspflichten einer Unternehmensleitung, diese in Form von RC-Grundsätzen festzuschreiben sind. Um die Wirksamkeit des RCMS zu fördern, sollten alle Mitarbeiter Kenntnis über die RC-Grundsätze erlangen. Dies fördert die Orientierung im RCMS und sensibilisiert hinsichtlich der Notwendigkeit des Systems. Lediglich auf Ebene einer Unternehmensleitung bekannte Vorgehensweisen im Umgang mit Risiken und Chancen sind als nicht ausreichend genug für die Aufrechterhaltung und Wirksamkeit des RCMS anzusehen. Durch die Festlegung der Verfahrensweisen im Umgang mit Risiken und Chancen wird bestimmt, welche Aufgaben und Verantwortlichkeiten im RCMS neben einer Unternehmensleitung festzulegen sind.

Der RCMP beginnt mit der Phase der RC-Identifikation und leitet unmittelbar über in die Phasen der RC-Analyse und die RC-Bewertung. Die ersten zwei Teilphasen gewährleisten, dass unternehmensweit alle internen und externen Risiken und Chancen erkannt und analysiert werden können. Überdies werden Interdependenzen und Wechselwirkungen zwischen diesen bspw. mittels Ursachenanalyse aufgedeckt. In Vorbereitung auf die Phase der RC-Bewertung bietet es sich an eine erste Messung der aufgenommenen Gefährdungs- und Ertragspotenziale bereits an dieser Stelle vorzunehmen. Was die Regelung von Funktionen im RCMS anbelangt, sollten in solchen Unternehmen, in denen die Unternehmensleitung nicht allein das von ihr verantwortete RCMS betreibt, delegierte Verantwortlichkeiten insbesondere zur RC-Identifikation eindeutig geregelt und klar dokumentiert werden. Ist dies nicht der Fall, ist nicht von der Systematik und der Organisation des RCMS auszugehen.

Eine hohe Bedeutung für die Wirksamkeit des RCMS besitzt ein FES mit wirksamen Toleranzgrenzen. Mittels der Zuordnung von FEI zu Risiken und Chancen gilt es, die Entwicklung von Gefährdungs- und Schadenspotenzialen im Zeitverlauf zu überwachen. FEI helfen auch dabei, neu auftretende Risiken und Chancen im Zeitverlauf anzuzeigen. In solchen Fällen, wo FEI nicht ausschließlich auf Ebene einer Unternehmensleitung überwacht werden, gilt es entsprechende Verantwortlichkeiten zur Überwachung in den Funktionsbereichen festzulegen. An dieser Stelle bietet es sich an, den identifizierten Risiken und Chancen entsprechende "Risk-and-Chance-Owner" zuzuordnen. Diese haben neben der Bewältigungsaufgabe auch die Veränderlichkeit von Zielabweichungspotenzialen zu überwachen und zu dokumentieren. Nach Maßgabe der festzulegenden Wesentlichkeitsgrenzen ist eine RC-Berichterstattung an höher in der Linie angesiedelte Verantwortungsträger von diesen vorzunehmen.

Die RC-Identifikation muss auf Einzelebene zwingend unternehmensweit und fortlaufend betrieben werden. RC-Informationen sollten zum Zwecke der Vergleichbarkeit bspw. in Form eines unternehmenseinheitlich gestalteten Erfassungsblattes dokumentiert werden. Für Risiken und Chancen, von denen Wechselwirkungen ausgehen, bietet es sich an, diese in konsolidierter Form unter Ausweis der wechselseitigen Beziehungen darzustellen. Damit keine Entwicklungen von Bedeutung unberücksichtigt bleiben, sollten alle Unternehmensbereiche und betrieblichen Prozesse regelmäßig auf das Vorhandensein und die Möglichkeit des Entstehens von Risiken und Chancen analysiert werden. Hierbei sind auch bereits erkannte und zu früheren Zeitpunkten erhobene Entwicklungen hinsichtlich der Veränderung von ursprünglich einmal getroffenen Einschätzungen hin zu überprüfen. Die lediglich auf einzelne Unternehmensteile gerichtete Suche nach neuen Risiken und Chancen wird aufgrund der Gefahr der Veränderlichkeit dieser im Zeitverlauf als nicht ausreichend genug angesehen, um von einem systematischen und wirksamen RCMS ausgehen zu können. Bereits bekannte Risiken und Chancen gilt es regelmäßig daraufhin zu überprüfen, ob vormals getroffene Einschätzungen zu Schadens- und Ertragspotenzialen noch aktuell bzw. zutreffend erscheinen. Die aus der Überprüfung gewonnenen Einschätzungen sind einheitlich zu dokumentieren, um die kontinuierliche Einhaltung der Maßnahmen zum RCMS nachzuweisen. Die laufende Dokumentation stellt die Grundlage für die weitergehenden Teilphasen im RCMP dar.

Die Quantifizierung von Schadens- und Ertragspotenzialen erfolgt in der Phase der RC-Bewertung. Dieser Prozessschritt dient dazu, mittels der durch Vorhersehbarkeit und Höhe ausgedrückten Einschätzung zu Risiken und Chancen eine Priorisierung derselben vorzunehmen. Risiken und Chancen mit dem höchsten Schadens- und Ertragspotenzial bedingen die größte Aufmerksamkeit durch das Management. Um diese zutreffend zu ermitteln, sollten diese nicht in einem aggregierten bzw. kumulierten Zustand bewertet werden. Diese sind vielmehr zwingend auf Einzelebene zu betrachten. Erst nach der Berücksichtigung von Wechselwirkungen und Interdependenzen sind diese unternehmensweit nach einheitlichen Kriterien zu konsolidieren. Die Betrachtung auf Einzelebene ist auch notwendig, um im Rahmen der RC-Steuerung diesen wirksame Maßnahmen zuordnen zu können.

Für die Wirksamkeit des RCMS ist es notwendig, dass nicht nur neu auftretende Risiken und Chancen auf Einzelebene zutreffend bewertet werden. Die vormals zu früheren Zeitpunkten erhobenen und bewerteten Risiken und Chancen gilt es gleichsam wiederkehrend auf den Prüfstand zu stellen. So wird dem Aspekt der Beobachtung der Veränderlichkeit im Zeitverlauf Rechnung getragen. Eine wiederkehrende RC-Bewertung aller bekannten und neuen Zielabweichungspotenziale ist als Indikator dafür anzusehen, dass von der kontinuierlichen Anwendung der getroffenen Maßnahmen zum RCMS auszugehen ist. Wird die RC-Bewertung nicht fortlaufend sichergestellt, so kann es zu einer Fehleinschätzung hinsichtlich des jeweils existierenden Restrisikos bzw. -chance kommen. Ebenso kann eine Einschätzung hinsichtlich der Wirksamkeit der Maßnahmen im Rahmen der RC-Steuerung nicht zutreffend ausfallen.

Der Informationstransfer im RCMP ist kein eigentlicher Prozessschritt im RCMP. Die Dokumentation und Kommunikation von RC-Informationen stellt jedoch eine notwendige Bedingung für die Wirksamkeit des Gesamtsystems dar. Die RC-Dokumentation dient grundsätzlich der Erfüllung der Rechenschafts-, Sicherungs- und Prüfbarkeitsfunktion. Ohne eine Systemdokumentation ist die Einhaltung der getroffenen Maßnahmen zum RCM nur schwerlich feststellbar. Diese sollte allen Mitarbeitern zur Kenntnis gereicht werden, da das RCM immer als Aufgabe des gesamten Unternehmens aufzufassen ist. Die laufende Dokumentation fördert den Informationsaustausch zwischen den einzelnen Prozessschritten im RCMP. Diese sollte in einheitlicher Form existieren, um RC-Informationen in vergleichbarer Form zu produzieren und auszuwerten.

Aus der laufenden Dokumentation zum RCM muss ein Berichtswesen an die Entscheidungsträger in standardisierter und routinemäßiger Form erfolgen. Auf diese Weise kann regelmäßig und aktuell über bedeutsame Entwicklungen in der RC-Landschaft informiert werden. Ein unterjähriges Risiko- und Chancen-Update dient dazu, dass sich die Berichtsadressaten ein zutreffendes Bild von der RC-Landschaft verschaffen können. Treten Entwicklungen unterjährig ein, die aufgrund ihrer Bedeutung für die gesamtwirtschaftliche Lage eines Unternehmens die Eilbedürftigkeit bei der RC-Kommunikation bedingen, sollte zwingend die Möglichkeit zur Ad-hoc-Berichterstattung an vordefinierte Berichtadressaten existieren.

Die RC-Informationen sollten nach den geltenden Aufbewahrungsfristen entsprechend lange aufbewahrt und archiviert werden. Dies hilft dabei, die im Rahmen der Dokumentation aufgezeigten Funktionen zu erfüllen. Existieren keine oder nur unvollständige Regelungen zur RC-Dokumentation und RC-Kommunikation, ist keine oder nur eine unvollständige Systemdokumentation vorhanden oder wird die Dokumentation nicht über einen ausreichend langen Zeitraum aufbewahrt, so muss dies als Zeichen für die fehlende Wirksamkeit des RCMS gedeutet werden. Wünschenswert wäre es, die dokumentierte und an die Unternehmensleitung kommunizierte RC-Landschaft, als Grundlage für die Lageberichterstattung zu verwenden.

Zur Sicherstellung der dauerhaften Wirksamkeit der getroffenen Maßnahmen gilt es, den RCMP zwingend mittels prozessabhängiger und -unabhängiger Maßnahmen wiederkehrend zu überwachen. Die Überwachungsmaßnahmen und entsprechende Verantwortlichkeiten sind an dieser Stelle eindeutig zu regeln. Dies hilft einer Unternehmensleitung bei der Erfüllung ihrer Sorgfaltspflichten. Die RC-Überwachung leistet einen Beitrag dazu, Verbesserungspotenziale im RCMP zur Steigerung der Wirksamkeit des Gesamtprozesses aufzuzeigen und zu initiieren. Sind solche in einem RCMS nicht etabliert, so muss die Wirksamkeit des RCMS als unmittelbar gefährdet angesehen werden.

Die zusammenfassenden Ausführungen zeigen, dass das Modell zu dem hier propagierten RCMS aus notwendigen und teilweise wünschenswerten Kriterien besteht. Diese Kriterien werden in Abb. 12 dargestellt. Bei diesem Kriterienkatalog gilt es zu berücksichtigen, dass das RCMS stets unternehmensindividueller Natur ist und von einem Unternehmen stets anhand der vorherrschenden Umweltbedingungen konzipiert werden muss. Die aufgelisteten Sachverhalte stellen Anforderungen dar, die an ein wirksames RCMS als Mindestmaß erhoben werden können. Diese sollten trotz der Systemindividualität in den auffindbaren Lösungen in der Praxis vorzufinden sein.

Der Kriterienkatalog gliedert sich in insgesamt 38 für notwendig erachtete und in 2 für wünschenswert erachtete Sachverhalte. Vergibt man für die als notwendig erachteten Kriterien jeweils drei und für die als wünschenswert erachteten Kriterien jeweils einen Punkt, so lässt sich ein wirksames RCMS durch einen Gesamtscorewert von 116 kenntlich machen. Dieser aus den Ausführungen im Kapitel B abgeleitete Kriterienkatalog dient zu weiteren Analysezwecken in den kommenden Ausführungen im Kapitel C.

RCMP	Kriterien:	Score-Wert
RC-Strategien	Vorhandensein von RC-Grundsätzen	3
	Kommunikation von RC-Grundsätzen an die Mitarbeiter	3
	Festlegung von Verantwortlichkeiten im RM-System	3
	Festlegung von Wesentlichkeitsgrenzen	3
RC-Identifikation	RC-Identifikation ist ein fortlaufender, standardisierter und routinemäßiger Prozess	3
	Unternehmensweite RC-Identifikation in allen betrieblichen Prozessen und Bereichen	3
	RC-Identifikation ist die Erfassung von Risiken und Chancen auf Einzelebene	3
	RC-Identifikation zeigt Wirkungszusammenhänge auf und hilft bei der Kumulierung	1
	Festlegung von Verantwortlichkeiten zur Risikoidentifikation	3
	Festlegung von Verantwortlichkeiten zur Risikohandhabung	3
	Zuordnung von FEI zu bekannten und neuen Risiken und Chancen	3
	Festlegung von Toleranzgrenzen zu FEI	3
	Vollständige Erfassung aller internen und externen Unternehmensrisiken und -chancen	3
	Wiederkehrende Überprüfung von zu früheren Zeitpunkten erhobenen Risiken und Chancen	3
	Aufnahme von erkennbaren Interdependenzen und Wechselwirkungen	3
	Unterjährig mehrfache Inventarisierung der RC-Landschaft (bspw. mittels "RC-Map")	3
RC-Analyse	Ursachenanalyse für das Auftreten von Risiken und Chancen	3
	Erste qualitative Messung der Gefährdungs- und Ertragspotenziale	3
	Erste Priorisierung von Schwerpunkten nach Gefährdungs- bzw. Ertragspotenzialen	3
	Analyse von Interdependenzen und Wechselwirkungen zwischen Risiken und Chancen	3
RC-Bewertung	Quantitative bzw. qualitative Bewertung von Risiken und Chancen	3
	Bewertung von Risiken und Chancen auf Einzelebene	3
	Berücksichtigung von Interdependenzen und Wechselwirkungen auf Einzelebene	3
	Wiederkehrende Überprüfung der zu früheren Zeitpunkten vorgenommenen RC-Bewertung	3
	Darstellung der Erwartungswerte im RC-Portfolio nach Wirkungsklassen	3
RC-Steuerung	Priorisierte Risiken und Chancen sind durch aktive Beeinflussung beherrschbar zu machen	3
	Steuerungsalternativen sollen einen ausgewogenen Konsens zwischen existierenden und potenziell möglichen Gefährdungs- und Ertragspotenzialen darstellen	3
	Wiederkehrende Veränderung von Steuerungsalternativen, falls die Ergebnisse aus der RC-Bewertung eine Veränderung der Bedeutung im Schadens- oder Ertragspotenzial anzeigen	3
RC-Dokumentation und -Kommunikation	Fortlaufende Dokumentation der aktuellen Ergebnisse in den Einzelphasen des RCMP	3
	Vorhandensein einer Systemdokumentation zum RM	3
	Kommunikation der RM-Richtlinie an die Mitarbeiter	3
	Wiederkehrende RC-Standardberichterstattung an die Entscheidungsträger	3
	Möglichkeit zur Ad-hoc-Berichterstattung an die Entscheidungsträger	3
	Einhaltung der Vorschriften zur Aufbewahrung der Systemdokumentation	3
	Einhaltung der Vorschriften zur Aufbewahrung der laufenden Dokumentation	3
	RC-Dokumentation stellt Basis für die Lageberichterstattung dar	1
RC-Überwachung	Festlegung von Verantwortlichkeiten zur prozessabhängigen Überwachung	3
	Festlegung von Maßnahmen zur prozessabhängigen Überwachung	3
	Festlegung von Verantwortlichkeiten zur prozessunabhängigen Überwachung	3
	Festlegung von Maßnahmen zur prozessunabhängigen Überwachung	3
	∑ Gesamt:	116

Scorewert 3 = wesentliches Kriterium/ Scorewert 1 = wünschenswertes Kriterium

Abb. 12: Kriterienkatalog an ein wirksames RCMS

Kapitel C: Stand der Umsetzung von RFS und ein Lösungsansatz zu einem RCMS

Die vorliegende Arbeit beschäftigt sich mit der Ausgestaltung eines RCMS bei kommunalen EVU in der privatrechtlichen Form der GmbH und AG, die der Prüfungspflicht gem. § 53 HGrG unterliegen. Der am Ende des Kapitels B formulierte Kriterienkatalog an ein solches System diente in den Jahren 2004 und 2005 als Basis für eine schriftliche Befragung bei den interessierenden EVU. Mittels der Befragung sollten Anhaltspunkte über den Stand der Umsetzung von RFS erhalten werden. Da nach der Regelung des § 53 HGrG "lediglich" die Verpflichtung besteht, dass diese öffentlichen Unternehmen unabhängig von der jeweiligen Rechtsform und Größe ein nach den Verhältnissen des Einzelfalls angemessenes RFS einzurichten haben, bezogen sich die Einzelfragen ausschließlich auf den Aspekt der Risikofrüherkennung. Die Darstellung der Vorgehensweise bei der schriftlichen Befragung sowie die Ergebnispräsentation bilden den ersten Teil des vorliegenden Kapitels C.

Im Rahmen der Analyse wurde deutlich, dass die befragten EVU im Zeitraum der Jahre 2004 und 2005 offenbar einen unmittelbaren Handlungsbedarf bei der Ausgestaltung ihres RFS besaßen. Dies wurde zum Anlass genommen, einen Lösungsweg zur Ausgestaltung eines in ein RCMS integrierten RFS zu entwickeln. Dieser Lösungsansatz wurde im Zeitraum der Jahre 2004 bis 2007 bei insgesamt sieben der in der Rücklaufgesamtheit zur schriftlichen Befragung enthaltenen kommunalen EVU implementiert. Die Darstellung der Projektvorgehensweise sowie die der -ergebnisse stehen im Mittelpunkt der Ausführungen im zweiten Teil des vorliegenden Kapitels.

Der dritte Teil des Kapitels C widmet sich der Beantwortung der Frage, inwieweit sich der aktuelle Stand zum RFS bei den interessierenden EVU bis zum Jahr 2008 weiter fortentwickelt hatte. Zu diesem Zweck wurden die in der Rücklaufgesamtheit im Jahr 2004 enthaltenen EVU mittels Telefonbefragung ein weiteres Mal zum Stand der Umsetzung ihres RFS befragt. Dabei wurde auch explizit auf die Relevanz der Chancenbetrachtung mit eingegangen.

1 Stand der Umsetzung von RFS bei kommunalen EVU

Bevor auf die Ergebnisse aus der schriftlichen Befragung im Jahr 2004 eingegangen wird, sind einige grundlegende Sachverhalte zur Vorgehensweise bei der

Befragung darzustellen. Hierbei handelt es sich um die Zielsetzung, die mit der Befragung verbunden war, die grundlegende Vorgehensweise bei der Konzipierung des Fragebogens sowie um den Ablauf der Befragung.

1.1 Vorbemerkungen

1.1.1 Zielsetzung und Ablauf der schriftlichen Befragung

Die Ergebnisse aus der schriftlichen Befragung sollten bei der Beantwortung der Frage helfen, ob bei den interessierenden EVU bis zum Befragungszeitpunkt ein als angemessen und wirksam zu bezeichnendes RFS implementiert gewesen war. Die Befragung wurde im Rahmen eines Forschungsprojekts an der Wuppertaler Universität durch den Bearbeiter dieser Arbeit durchgeführt. Grundlage der Untersuchung war ein Fragebogen, der bei den interessierenden EVU (die in der Stichprobe[901] enthaltenen EVU werden auch "kontaktierte EVU" genannt) einzelne Sachverhalte aus dem Kriterienkatalog, der am Ende des Kapitels B dargestellt wurde, unter Risikogesichtspunkten hinterfragte.

1.1.2 Konzeption und Aufbau des Fragebogens

Die kontaktierten EVU wurden gebeten auf insgesamt achtzehn Seiten in acht Fragenkreisen insgesamt 74 Einzelfragen rund um ihr RFS zu beantworten. Neben Angaben zum Unternehmen sollten diese Angaben zum Unternehmensvertreter sowie zu den interessierenden Einzelsachverhalten zu einem wirksamen RFS abgeben. Die Fragestellung konzentrierte sich aufgrund der fehlenden gesetzlichen Verpflichtung auf den Aspekt der Risikofrüherkennung. In Tab. 8 wird der inhaltliche Aufbau des verwendeten Fragebogens skizziert.

901 Vgl. Kapitel C, Punkt 1.1.3, S. 156 ff.

Tab. 8: Gliederung des Fragebogens zur schriftlichen Befragung im Jahr 2004

Gliederungspunkte:	Sachverhalte:
I. Fragenkreis:	Angaben zum Unternehmen
II. Fragenkreis:	Angaben zur Person als Unternehmensvertreter
III. Fragenkreis:	Risikobewusstsein/Risikopolitik/Risikokultur
IV. Fragenkreis:	Aufbauorganisation des RM
V. Fragenkreis:	Ablauforganisation des RM
VI. Fragenkreis:	Kommunikation der Risiken Risikoreporting
VII. Fragenkreis:	Einbindung des RMS in das Steuerungsinstrumentarium der Gesellschaft
VIII. Fragenkreis:	Überwachung des RFS

Bei der Konzeption des Fragebogens wurde Wert darauf gelegt, dass die im Kapitel B dargestellten Anforderungen an ein RFS in möglichst einfachen und verständlichen Sätzen hinterfragt wurden. Einschränkend ist zu sagen, dass nicht alle aufgelisteten Kriterien in aller Ausführlichkeit in den Einzelfragen berücksichtigt werden konnten. Dies hätte den Umfang der Befragung sowie die Bearbeitungszeit womöglich ins Uferlose getrieben.

Bei der Formulierung der Fragen fanden die von bspw. *Konradt*[902] und *Mayer*[903] aufgezeigten Empfehlungen zur Durchführung einer schriftlichen Befragung Berücksichtigung. Durch die sinnvolle und verständliche Formulierung sollte bspw. die "Ambiguität" der Alltagssprache und die Mehrdimensionalität von Fragen und Antworten vermieden werden. Ansonsten hätte u. U. die Gefahr bestanden, dass bei einer verzerrten Fragestellung dies zu unbrauchbaren Ergebnissen in der anschließenden Auswertung geführt hätte. Hinsichtlich der Bearbeitungszeit wurde darauf geachtet, dass diese so gering wie möglich für die Unternehmensvertreter gehalten wurde.[904]

Bei der Fragestellung kamen die "offene", "halboffene" und "geschlossene" zum Einsatz. Fragestellungen, die das Vorhandensein von als wesentlich erachteten Sachverhalten zu einem RFS hinterfragten, wurden in der geschlossenen Fragestellung des Typs "Ja-Nein"[905] gestellt. Auf diese Weise konnte das Vorhandensein oder das Nicht-Vorhandensein analysiert werden. So konnten quantitative Informationen gesammelt werden, die eine anschließende statistische Auswertung vereinfachten. Solche Sachverhalte, bei denen eine erschöpfende Aufzählung von Antwortalternativen nicht möglich erschien, wurden mittels halboffener ("Hybridfragen") und offener Fragestellung hinterfragt. Unter der

902 Vgl. Konradt (2001), S. 75 ff.

903 Vgl. Mayer (2004), S. 89 f.

904 Zur Dauer der Bearbeitungszeit vgl. Konradt (2001), S. 83.

905 Vgl. ebd. (2001), S. 22.

Kategorie "Sonstiges" konnte der Bearbeiter auf unternehmensindividuell zutreffende Sachverhalte zum RFS ergänzend hinweisen.[906]

Um eine Beurteilung dahingehend zu treffen, inwieweit von der Bereitschaft zur Rückmeldung der kontaktierten EVU ausgegangen werden konnte, wurde vor dem Versand der Fragebögen ein Pretest mit den Mitarbeitern am Lehrstuhl durchgeführt.[907] Der abschließend fertig konzipierte Fragebogen wurde durch ein Deckblatt ergänzt, welches neben dem Thema des Forschungsprojekts und des Bearbeitungszeitraumes auch die Kontaktdaten des Bearbeiters aufzeigte. Der komplettierte Fragebogen wurde durch ein Anschreiben ergänzt, welches neben der Rücksendeadresse Angaben zur Bearbeitung des Fragebogens enthielt. Im Anschreiben wurden die EVU um ihre Mithilfe gebeten und eine Verschwiegenheitserklärung hinsichtlich der erhaltenen Daten ausgesprochen. Dies sollte ebenfalls die Rückmeldebereitschaft fördern.

Um von einem möglichst einheitlichen Wissensstand über das jeweils implementierte RFS ausgehen zu können, wurde der Fragebogen an die jeweilige Geschäftsleitung bei den kontaktierten EVU adressiert. Da die Delegation der Bearbeitungsaufgabe an nachgeordnete Stelle nicht auszuschließen war, hatten die Unternehmensvertreter entsprechende Angaben zu ihrer Person abzugeben.[908] Auf Basis der erhaltenen Informationen zur Person wurden Rückschlüsse auf die Vergleichbarkeit der erhaltenen Daten gezogen.[909] Den kontaktierten EVU wurde im Anschreiben auch das Angebot offeriert, sich bei möglichen Schwierigkeiten bei der Bearbeitung des Fragebogens an den Bearbeiter fernmündlich wenden zu können. Diese konnten den Fragebogen schnell und anonym über die Homepage des Lehrstuhls ausfüllen. Hierdurch sollte gleichsam die Bereitschaft zur Teilnahme an der Befragung erhöht werden.

1.1.3 Auswahlgesamtheit und Repräsentativität der Daten

In der vorliegenden Arbeit liegt nach Themenstellung der Fokus auf kommunalen EVU in der Rechtsform der AG und GmbH, die der Prüfungspflicht des § 53 HGrG unterliegen. Bei diesen Unternehmen muss jährlich eine Beurteilung des

906 Vgl. Mayer (2004), S. 91.

907 Der Pretest wurde mit fünf Mitarbeitern am Lehrstuhl durchgeführt. Die durchschnittliche Bearbeitungszeit betrug 28 Minuten.

908 Anm.: Und damit die Gefahr bestand, dass die insgesamt erhaltenen Daten in der Rücklaufgesamtheit nicht vergleichbar waren und es zu einer Verzerrung bei den Untersuchungsergebnissen kommt.

909 Vgl. Kapitel C, Punkt 1.1.4, S. 159 ff.

implementierten RFS durch den zuständigen Abschlussprüfer erfolgen. Bei der Herleitung der Grundgesamtheit war es problematisch, dass es zum Zeitpunkt der Befragung keine amtlichen Daten und gesicherten Erkenntnisse dahingehend gab, auf wie viele EVU die genannten Kriterien zum Befragungszeitpunkt zutrafen. Das Fehlen einer genauen Anzahl an kommunalen EVU, die als Menge gleichartiger Untersuchungseinheiten die Grundgesamtheit der Untersuchung ausmachen, machte es im Vorfeld der Befragung nötig, eine eigene Erhebung durchzuführen. Mithilfe der einschlägigen Mitgliedsverzeichnisse des VKU, des VKS und des VDEW etc., mittels Branchenverzeichnissen sowie mittels einer umfangreichen Internetrecherche wurde eine Erhebungsgesamtheit an EVU in Deutschland erfasst, die augenscheinlich in der Energiewirtschaft tätig waren und damit als Element der Grundgesamtheit infrage kamen. In diesem ersten Schritt wurden so 829 EVU erhoben (vgl. Tab. 9).

Tab. 9: Erhebungs- und Auswahlgesamtheit, Stichprobe und Auswertungsgesamtheit

Gesellschafts-formen	Erhebungs-gesamtheit	Auswahl-gesamtheit	Stich-probe	Auswertungs-gesamtheit
GmbH:	593	593	384	91
AG:	73	73	51	8
Andere:	163	-	-	-
$\sum$	829	666	435	99

Die Erhebungsgesamtheit wurde dahingehend untersucht, ob aufgrund der offensichtlichen Beteiligungsverhältnisse eine Prüfungspflicht gem. § 53 HGrG bei diesen Unternehmen auszuschließen war. Nach Ausschluss von überregionalen und teilweise regional tätigen EVU sowie Stadtwerken, die sich nicht im mehrheitlichen Anteilsbesitz der privaten Hand befanden, verblieben 666 EVU in der Auswahlgesamtheit. Da bei diesen EVU über die Prüfungspflicht gem. § 53 HGrG keine absolute Sicherheit vorherrschen konnte, waren diese EVU nicht als Grundgesamtheit der interessierenden EVU anzusehen. Hier wurde keine direkte Möglichkeit gefunden (außer eine schriftlichen oder telefonischen Befragung), diejenigen unter ihnen zu identifizieren, die gem. § 53 HGrG das RFS jährlich prüfen lassen mussten. Um sicherzustellen, dass nur solche kommunalen EVU Einzug in die Auswertung fanden, bei denen alle genannten Untersuchungskriterien als erfüllt anzusehen waren, wurde das Kriterium der Prüfungspflicht gem. § 53 HGrG mittels Kontrollfrage im Fragebogen hinterfragt.

Die Auswahlgesamtheit beinhaltete zum Untersuchungszeitpunkt diejenigen EVU, die alle interessierenden Kriterien aufwiesen. Von den 666 EVU waren zum Befragungszeitpunkt 89,04 % in der Rechtsform der GmbH und 10,96 % in der Rechtsform einer AG firmiert. Da eine Vollerhebung aller 666 EVU aus Zeit- und Kostengründen nicht möglich war, wurde mittels einer einfachen Zufallsauswahl eine Stichprobe im Umfang von 435 EVU aus der Auswahlgesamtheit gezogen (Stichprobenumfang 65,32 %). Von diesen EVU waren 88,28 % in der Rechtsform der GmbH und 11,72 % in der einer AG firmiert.

Werden wie im vorliegenden Fall in einer statistischen Untersuchung nicht alle Elemente[910] der Grundgesamtheit direkt mit in die Untersuchung einbezogen und stattdessen eine Stichprobe durchgeführt oder ist die genaue Anzahl der Elemente in der Grundgesamtheit ungewiss und nicht eindeutig bestimmbar, so stellt sich die Frage nach der Repräsentativität der Stichprobe und die der ermittelten Ergebnisse. Eine statistische Untersuchung ist grundsätzlich nur dann als repräsentativ anzusehen, wenn die Erkenntnisse aus der Stichprobe einen Rückschluss auf die Elemente in der Grundgesamtheit zulassen. Die Stichprobe stellt in Bezug auf die Eigenschaften ein verkleinertes Bild der Grundgesamtheit dar. Dazu muss die Auswahl von Elementen aus der Grundgesamtheit für die Stichprobe mittels einer Zufallsauswahl erfolgen, bei der für jedes Element in der Grundgesamtheit die Wahrscheinlichkeit bekannt ist, mit der es in die Stichprobe gelangen kann.[911] Das Fehlen einer genauen Erkenntnis über den Umfang der Grundgesamtheit zum Zeitpunkt des Ziehens der Stichprobe hat bei einer einfachen Zufallsauswahl keinen Einfluss auf die Repräsentativität der Untersuchung, wenn die Auswahlgesamtheit eine Obermenge der Grundgesamtheit darstellt. Eine nach der Erhebung um nicht den Untersuchungskriterien entsprechenden Unternehmen bereinigte einfache Zufallsauswahl aus der Auswahlgesamtheit stellt immer noch eine einfache Zufallsauswahl aus der Grundgesamtheit dar. Würden jedoch Unternehmen der Grundgesamtheit in der Auswahlgesamtheit fehlen, würde dies mit sehr großer Wahrscheinlichkeit zu einer Verzerrung der Ergebnisse und zu einem Verlust der Repräsentativität führen. Aufgrund der detaillierten und gründlichen Recherche bei der Herleitung der Auswahlgesamtheit ist dies im vorliegenden Fall als unwahrscheinlich anzusehen.

Um von repräsentativen Ergebnissen in der Untersuchung sprechen zu können, müssen die ausgewählten EVU auch tatsächlich an der Untersuchung teilnehmen. Falls stellvertretend die Unternehmensvertreter die Teilnahme an der schriftlichen Befragung verweigern, so besteht die Möglichkeit, dass sich die verweigernden Personen von den übrigen antwortenden Personen hinsichtlich der in der statistischen Untersuchung interessierenden Merkmale in charakteris-

---

910 Anm.: Die interessierenden kommunalen EVU, die der Prüfungspflicht gem. § 53 HGrG unterliegen.

911 Zu den Problemen mit dem Stichprobendesign vgl. Dieckmann (2002), S. 357 ff.

tischer Weise unterscheiden. Ist dies der Fall, kann dies auch zu einem Verlust der Repräsentativität führen. Um zu einer Beurteilung zu gelangen, ob die abgegebenen Antworten durch die Unternehmensvertreter vergleichbarer Natur waren, sollten diese im Fragebogen entsprechende Angaben zu ihrer Person abgeben. Über die Analyse der angegebenen Positionen der Unternehmensvertreter, seiner Beschäftigungsdauer im Unternehmen etc. wurden Rückschlüsse auf die Repräsentativität der erhaltenen Daten gezogen.[912]

Anhand der Ergebnisse aus den Daten von den Rückläufern konnte nicht festgestellt werden, ob die nicht teilnehmenden EVU in der Stichprobe sich hinsichtlich der Fragestellungen charakteristisch von den teilgenommenen EVU unterschieden. Zu diesem Zweck wäre ein Abgleich mit ggf. vorhandenen Daten über die Grundgesamtheit oder gar eine Nacherhebung erforderlich gewesen. Dadurch wären weitere Kosten für die statistische Untersuchung entstanden. Es ist jedoch sehr wohl möglich, dass die Gründe für eine Nichtteilnahme bei den EVU nicht oder zumindest kaum mit den im Rahmen der statistischen Untersuchung interessierenden Merkmalen im Zusammenhang standen. Von daher besteht die Hoffnung, dass die im Folgenden dargestellten Verallgemeinerungen von Ergebnissen auf die Gesamtheit der interessierenden EVU nicht einer gewissen Grundlage entbehren. Wenn in der Folge also solche Verallgemeinerungen vorgenommen werden, so sind diese immer unter dem Vorbehalt zu verstehen, dass eine Repräsentativität der ermittelten Ergebnisse letztlich nicht beansprucht werden kann, jedoch weder für noch gegen ihr Vorliegen Nachweise erbracht werden können.

1.1.4 Rücklaufgesamtheit und Datenvergleichbarkeit

Insgesamt 136 Fragebögen aus der Stichprobe gingen am Lehrstuhl fristgerecht ein. Dies entspricht einer Rücklaufquote[913] von 31,26 %. Von den Rückläufern konnten insgesamt 20 Fragebögen nicht mit in die anschließende Untersuchung aufgenommen werden. Von diesen Rückläufern war der Fragebogen bspw. unvollständig bearbeitet worden. Die übrigen 116 Rückläufer wurden dahingehend kontrolliert, ob das antwortende EVU im Befragungszeitpunkt als GmbH oder AG firmiert gewesen war und ob dieses der Prüfungspflicht gem. § 53 HGrG unterlag. Für insgesamt 99 Rückläufer wurde dies festgestellt. Dies entspricht auf Basis des Stichprobenumfangs einer Rücklaufquote von 22,76 %. Es antworteten 91 EVU in der Rechtsform einer GmbH und acht in der der AG.

---

912 Vgl. in der Folge Punkt 1.1.4, S. 159 ff.

913 Anm.: Berechnet auf Basis der gezogenen Stichprobe.

Die Rücklaufgesamtheit wurde hinsichtlich der Vergleichbarkeit der erhaltenen Daten untersucht. Zu diesem Zweck wurden die unter den Gliederungspunkten I. und II. im Fragebogen abgegebenen Antworten zum befragten Unternehmen und zum Vertreter ausgewertet. Da der Gesetzgeber die Ausgestaltung eines angemessenen RFS von der Unternehmensgröße abhängig gemacht hatte, wurden die befragten EVU hinsichtlich ihrer Größenkriterien (gem. der Regelung des § 267 HGB) befragt. Auf Basis der erhaltenen Daten zu den Größenkriterien "Bilanzsumme", "Umsatzerlöse" sowie zur "durchschnittlichen Arbeitnehmerzahl" im Geschäftsjahr 2003-2004 gaben sich in der Rücklaufgesamtheit insgesamt sechs kleine, 47 mittelgroße und 46 große Kapitalgesellschaften zu erkennen. Da bei der vorgenommenen Größeneinteilung der Einwand erhoben werden konnte, dass die Rechtsfolgen der Merkmale in den Absätzen 1 und 3 des § 267 HGB nur dann greifen, wenn sie an den Abschlussstichtagen von zwei aufeinander folgenden Geschäftsjahren über- oder unterschritten werden, erfolgte an dieser Stelle eine differenziertere Betrachtung.

Ausgehend von der Annahme, dass die von den Rückläufern genannten Größenkriterien auch Gültigkeit für das Folgegeschäftsjahr 2004-2005 hatten, wurde analysiert, inwieweit sich eine Verschiebung von Unternehmen in der getroffenen Größenklasseneinteilung ergeben würde, wenn man von einer 10 %-Steigerung bzw. 10 %-Verringerung der genannten Größenwerte im Folgejahr ausgeht. Mittels dieses Szenarios wurde analysiert, inwieweit die auf Basis der erhaltenen Werte für das Geschäftsjahr 2003-2004 vorgenommene Größenklasseneinteilung als stabil anzusehen war.[914] Die Analyse zeigte, dass bei einer 10 %igen Erhöhung es lediglich zu einer Verschiebung von zwei EVU aus der Gruppe der mittelgroßen EVU in die Gruppe der großen EVU kam. Ursächlich wäre in beiden Fällen eine Überschreitung der Grenze bei den Umsatzerlösen gewesen. Unter der Annahme, dass es zu einer 10 %igen Verringerung bei den genannten Werten je Größenkriterium im Geschäftsjahr 2004-2005 gekommen wäre, wurde festgestellt, dass es zu einer Verschiebung von drei als ursprünglich mittelgroß eingestuften EVU in die Gruppe der kleinen EVU gekommen wäre. Ursache hierfür wäre wiederum die Reduktion bei den Umsatzerlösen gewesen. Berücksichtigt man an dieser Stelle, dass die Umsatzerlöse bei EVU in Deutschland seit Jahren aufgrund der steigenden Energiepreise als kontinuierlich steigend zu beschreiben sind, kann die auf Basis der erhaltenen Daten für das Geschäftsjahr 2003-2004 vorgenommene Größenklasseneinteilung als stabil bezeichnet werden.

---

914 Anm.: Die Szenariorechnung wurde für 92 der Rückläufer durchgeführt. Bei sieben war ein Praxisprojekt zur Implementierung eines RCMS zwischenzeitig erfolgt. Die Werte zu den Größenklassenkriterien des § 267 HGB waren bei diesen bekannt.

Neben den Unternehmensangaben wurden auch die erhaltenen Daten zu den Unternehmensvertretern einer genaueren Analyse unterzogen. So sollte eine Aussage zur Vergleichbarkeit der erhaltenen Daten getroffen werden. Obwohl die jeweiligen Geschäftsleiter in den Anschreiben als Adressat kenntlich gemacht worden waren, die aufgrund ihrer Gesamtverantwortung den besten Kenntnisstand über das betriebliche RFS besitzen sollten, konnte, wie bereits angesprochen, nicht davon ausgegangen werden, dass diese allesamt auch die Bearbeitung des Fragebogens persönlich vornehmen würden. Über die Angaben zur eigenen Position im Unternehmen, über die Gesamtbeschäftigungsdauer im Unternehmen, über die persönliche Erfahrungszeit in den Themengebieten "Controlling", "IR" und "RMS" und auch über die eigene Einschätzung, inwieweit das Thema RM zu den Haupttätigkeiten des antwortenden Unternehmensvertreters gezählt werden konnte, wurde analysiert, inwieweit von der Vergleichbarkeit der erhaltenen Daten auszugehen war. Nach Auswertung der erhaltenen Daten zur Position des Unternehmensvertreters wurde ermittelt, dass insgesamt 26,26 % der antwortenden Personen auf Ebene der Unternehmensleitung im Befragungszeitpunkt beschäftigt gewesen waren. 22,2 % waren als Unternehmensbereichs- oder Hauptabteilungsleiter beschäftigt. 26,26 % gehörten der Hierarchiestufe eines Abteilungs- bzw. Gruppenleiters an. In einer sonstigen Position waren 25,25 % der antwortenden Unternehmensvertreter beschäftigt.

Hinsichtlich der Frage, wie lange der jeweilige Unternehmensvertreter zum Befragungszeitpunkt bereits im Unternehmen beschäftigt gewesen war, wurde festgestellt, dass 54,55 % der Vertreter eine langfristige Beschäftigungsdauer von > fünf Jahren aufwiesen. Nach eigenen Angaben waren von diesen sogar 44,44 % mehr als zehn Jahre angestellt. 35,35 % der Unternehmensvertreter konnten eine mittellange Beschäftigungszeit von mehr als einem bis fünf Jahre aufweisen. Lediglich von 10,10 % der antwortenden Personen wurde eine kurzfristige Beschäftigungszeit von unter einem Jahr kenntlich gemacht. Eine Erfahrungszeit von mehr als fünf Jahren in den Themengebieten Controlling, IR und RMS konnten 47,42 % der antwortenden Unternehmensvertreter vorweisen. Von diesen gaben insgesamt 38,18 % an, dass ihre Erfahrungszeit mehr als zehn Jahre betrug. Eher als mittellang kennzeichneten 47,42 % der antwortenden Personen ihre Erfahrungszeit (mehr als ein bis fünf Jahre). Nur lediglich 5,15 % der Unternehmensvertreter konnten nur eine kurzfristige Erfahrungszeit in den benannten Themengebieten von weniger als einem Jahr anzeigen. Von den insgesamt antwortenden Unternehmensvertretern gaben 23,66 % an, dass ihre Haupttätigkeit im Unternehmen dem betrieblichen RM zuzuordnen war.

Um zu einer Beurteilung dahingehend zu gelangen, ob die von den Unternehmensvertretern abgegebenen Angaben hinsichtlich ihres in ihrem Unternehmen zum Befragungszeitpunkt implementierten RFS vergleichbar erscheinen, sprechen die erhaltenen Daten dafür, dass 74,75 % der Unternehmensvertreter in einer verantwortungsvollen Position beschäftigt waren. Den von diesen Personen abgegebenen Daten wird eine hohe Vergleichbarkeit aufgrund der langen Zugehörigkeit zugesprochen. Für die Unternehmensvertreter, die in einer sonstigen Position beschäftigt waren, konnte ein solcher Rückschluss allein über die Positionsangabe nicht getroffen werden. Diese wurden über ihre Beschäftigungsdauer, ihre Erfahrungszeit in den angegebenen Themengebieten sowie über die Zuordnung der Haupttätigkeit zum RM differenzierter betrachtet. Von diesen antwortenden Unternehmensvertretern waren rund ¼ in einer sonstigen Position beschäftigt. Diese waren ausschließlich bei den mittelgroßen und großen antwortenden EVU zum Befragungszeitpunkt beschäftigt. Konkret handelte es sich hierbei um acht Unternehmensvertreter bei den mittelgroßen und 17 bei den großen EVU. 48,00 % von diesen gaben an, langfristig im Unternehmen beschäftigt zu sein. Konkret handelte es sich hierbei um fünf Unternehmensvertreter in der Gruppe der mittelgroßen und sieben Unternehmensvertreter in der Gruppe der großen EVU. Den von diesen Personen erhaltenen Daten wird eine hohe Vergleichbarkeit unterstellt, da eine lange Beschäftigungsdauer als Kriterium dafür anzusehen ist, dass sie sich mit den Prozessen im Unternehmen gut auskennen und somit fundierte Aussagen zum RFS treffen konnten.

Für die verbleibenden 13 Unternehmensvertreter in einer sonstigen Position, die erst kurz- bis mittellang im befragten Unternehmen beschäftigt waren, wurde ermittelt, dass von diesen 15,38 % eine lange Erfahrungszeit in den Gebieten Controlling, IR und RMS vorweisen konnten. Auch den erhaltenen Daten dieser Vertreter kann eine hohe Vergleichbarkeit unterstellt werden, da eine lange Erfahrungszeit in den bezeichneten Themengebieten als Indiz dafür zu deuten ist, dass sich diese hinsichtlich des in ihrem Unternehmen implementierten RFS gut ausgekannt haben. Für die verbleibenden elf Unternehmensvertreter in einer sonstigen Position wurde ermittelt, dass von diesen lediglich 18,18 % ihre Haupttätigkeit dem betrieblichen RM zuordnen konnten. Hinsichtlich der Erfahrungszeit und der Zuordnung ihrer Haupttätigkeit wird für die erhaltenen Daten ebenfalls eine hohe Vergleichbarkeit unterstellt. Für die übrigen neun Unternehmensvertreter in einer sonstigen Position (zwei bei den mittelgroßen und sieben bei den großen EVU) konnten keine Indizien aus den erhaltenen Daten abgeleitet werden, die auf eine Vergleichbarkeit der Daten Rückschlüsse zuließen. Bei diesen EVU wurde der direkte Kontakt zu den Unternehmensvertretern gesucht. In fernmündlichen Gesprächen ergab sich, dass in sieben Fällen der Fragebogen durch Mitarbeiter im Controlling bearbeitet worden war. Dies erfolgte in allen Fällen in enger Abstimmung mit der jeweiligen Unternehmensleitung. Für die übrigen zwei Fälle ergab sich, dass der Antwortende als Stabsstelle der Unternehmensleitung fungierte. Aufgrund der Nähe und der engen Abstimmung mit der Unternehmensleitung bei der Fragenbeantwortung wird auch für diese Daten eine hohe Vergleichbarkeit unterstellt.

Insgesamt ist festzuhalten, dass auf Basis der vorstehenden Analyse von einer hohen Vergleichbarkeit und der Repräsentativität der erhaltenen Daten von den in der Rücklaufgesamtheit enthaltenen kommunalen EVU ausgegangen wird.

1.2 Ergebnisse zum Stand der Umsetzung von RFS im Jahr 2004

Die im Jahr 2004 durchgeführte schriftliche Befragung war mit 74 Einzelfragen recht umfangreich. Unter Risikogesichtspunkten wurden die am Ende des Kapitels B dargestellten Einzelsachverhalte hinterfragt, anhand deren ein wirksames RCMS kenntlich gemacht werden kann. In der folgenden Ergebnisdarstellung werden nicht alle Kriterien und deren Einzelergebnisse aus der Untersuchung dargestellt. Dies hätte den Rahmen der vorliegenden Arbeit überzogen. Die Untersuchung war mit dem Ziel verbunden, mittels eines Soll-Ist-Vergleichs Anhaltspunkte zu Schwächen in den bestehenden RFS bis zum Jahr 2004 ausfindig zu machen. Zum Zeitpunkt der Befragung wurden solche unterstellt. Zum Zwecke der Analyse wurden die im Kriterienkatalog aufgezeigten Einzelsachverhalte (Soll-System) mit den aus der Praxis erhaltenen Antworten (Ist-System) verglichen. Die Ergebnisse werden nachstehend dargestellt.

1.2.1 Vorhandensein von Risikomanagement-Grundsätzen

RM-Grundsätze sind Leitlinien, die unternehmensweit regeln, wie der Umgang mit Risiken zu erfolgen hat. RM-Grundsätze werden maßgeblich durch die Risiko-Strategien bestimmt. Ihrer Beachtung kommt eine große Bedeutung i. Z. m. der Wirksamkeit eines RFS zu. Diese sollten nicht nur auf Ebene einer Unternehmensleitung existieren, sondern auch an die Mitarbeiter kommuniziert werden. Die grundsätzliche Fähigkeit und Bereitschaft risikorelevante Informationen aufzunehmen und zu verarbeiten sowie diese weiterzuleiten wird durch die RM-Grundsätze unmittelbar gefördert. Deren Weiterleitung wird der Effekt zugesprochen, dass dadurch ein positiver Beitrag zur Verbesserung der Risiko-Kultur geleistet wird. Dies hat unmittelbar eine positive Wirkung auf die Wirksamkeit des RFS.

Die befragten EVU wurden gebeten anzugeben, ob bei ihnen bis zum Befragungszeitpunkt RM-Grundsätze existiert hatten. Auf Basis der erhaltenen Daten wurde ermittelt, dass 50,94 % der antwortenden kleinen und mittelgroßen EVU solche besaßen. Bei den großen antwortenden EVU lag der entsprechende Anteil bei 60,00 %. Damit waren bei rund jedem zweiten in der Rücklaufgesamtheit enthaltenen EVU RM-Grundsätze etabliert gewesen.

Für die verneinenden EVU bedeutet dies, dass diese u. U. bis zum Jahr 2004 der Gefahr unterlagen, dass bei ihnen Risiken nicht entdeckt werden konnten und die Maßnahmen zum RFS nicht gänzlich im Sinne einer Unternehmensleitung umgesetzt wurden. Möglicherweise konnten erkannte Risiken nicht zutreffend bewertet werden, wodurch diesen in der Folge nicht ein dem tatsächlichen Gefährdungspotenzial entsprechendes Steuerungsinstrumentarium zugeordnet wurde. Kritisch wäre der Fall einzustufen, falls das Fehlen von RM-Grundsätzen dazu geführt hat, dass wesentliche oder gar bestandsgefährdende Risiken unentdeckt blieben oder diese als solche nicht wahrgenommen wurden. Ebenfalls kritisch wäre es, falls Wechselwirkungen und Interdependenzen von Risiken nicht aufgedeckt werden konnten und diese dadurch nicht adäquat bewertet bzw. gesteuert werden konnten. In diesen Fällen wäre kein angemessenes und wirksames RFS bei den verneinden EVU etabliert gewesen.

1.2.2 Vorhandensein und Kommunikation einer Systemdokumentation

Das Erfordernis zur Dokumentation ist jeder Prozessphase im RCMP immanent. Dies wurde in der Modellbetrachtung am Ende des Kapitel B herausgestellt. Eine Systemdokumentation verschafft Übersicht über die Einzelregelungen im RCMS. Diese hat eine sensibilisierende Wirkung auf die Mitarbeiter und ist notwendige Voraussetzung dafür, dass die für das Gesamtsystem verantwortliche Unternehmensleitung ihrer Rechenschafts-, Sicherungs- und Prüfbarkeitsfunktion nachkommen kann. Über die getroffenen Maßnahmen sollten die Mitarbeiter Kenntnis erlangen. Eine rudimentär dokumentierte Verfahrensweise oder eine in einer nicht aktuellen oder unvollständigen Form vorzufindende Systembeschreibung kann Ursache dafür sein, dass eine Beurteilung des Abschlussprüfers gem. § 53 HGrG nicht uneingeschränkt ausfällt. Ihr Vorhandensein wird als notwendiges Kriterium für ein wirksames RCMS angesehen.

Die antwortenden EVU sollten angeben, ob bei ihnen bis zum Befragungszeitpunkt eine Systemdokumentation zum RFS existiert hat und ob diese an die Mitarbeiter kommuniziert worden war. Die erhaltenen Daten zeigen an, dass 64,15 % der kleinen und mittelgroßen kommunalen EVU eine entsprechende

Richtlinie besaßen. Bei den großen kommunalen EVU lag der entsprechende Anteil bei 93,48 %. Hinsichtlich der Frage, ob die Systemdokumentation an die Mitarbeiter kommuniziert worden war, konnten 76,47 % der kleinen und mittelgroßen EVU, die bereits angegeben hatten eine Richtlinie zu besitzen, diesen Sachverhalt positiv bestätigen. Bei den großen EVU lag der entsprechende Anteil bei 81,40 %.

Für die verneinenden EVU, die keine Richtlinie zum RM bis zum Befragungszeitpunkt nach eigenen Angaben besessen hatten, bedeutet dies, dass die jeweils verantwortliche Unternehmensleitung ihrer Dokumentationspflicht gegebenenfalls nicht in einem ausreichenden Maße nachgekommen war. Insbesondere bei denjenigen EVU, bei denen das RM nicht ausschließlich auf Ebene der Unternehmensleitung angesiedelt war und bei denen aufgrund der Unternehmensgröße eine Funktionstrennung im RFS notwendig gewesen wäre, kann das Fehlen möglicherweise zu Zweifeln an der Wirksamkeit des Systems geführt haben. Es sollte grundsätzlich eine Richtlinie in vollständiger und aktueller Form vorhanden sein, um Zweifel an der Erfüllung der i. Z. m. der Systemdokumentation aufgezeigten Funktionen nicht aufkommen zu lassen.

Bei den EVU, wo eine RM-Richtlinie bis zum Befragungszeitpunkt existiert hatte, diese jedoch nicht an die Mitarbeiter kommuniziert worden war, besteht die Gefahr, dass die Mitarbeiter möglicherweise nicht in einem ausreichendem Maße über die getroffenen Maßnahmen im RFS informiert bzw. sensibilisiert worden waren. Dies kann dazu geführt haben, dass die Risikolandschaft bei diesen im Rahmen der Identifikationsphase möglicherweise unvollständig blieb. Es ist denkbar, dass Risiken, die auf operativer Ebene existiert hatten, nicht oder nicht ausreichend genug analysiert, bewertet und in der Folge gesteuert wurden. Die grundsätzliche Empfehlung an dieser Stelle lautet, dass zumindest diejenigen Mitarbeiter, die als Funktionsträger im RFS fungieren, Kenntnis über den Aufbau und Ablauf des Systems besitzen müssen. Nur auf diese Weise ist der gesetzlichen Verpflichtung zur Implementierung eines angemessenen und wirksamen RFS nachzukommen.

1.2.3 Verantwortlichkeiten im RFS und zur Risikoidentifikation

Es wurde in der Modellbetrachtung zu einem RCMS herausgestellt, dass ein angemessenes und wirksames RFS nur als solches bezeichnet werden kann, wenn bei einer Funktionstrennung im System die entsprechenden Verantwortlichkeiten auch klar geregelt und kenntlich gemacht werden. Durch eine Unternehmensleitung an nachgeordnete Stellen delegierte Aufgaben im RFS müssen in nachvollziehbarer und auch überprüfbarer Form festgelegt werden (bspw. in Form der Stellenbeschreibung oder in der Systemdokumentation). Es wurde herausgestellt, dass die Festlegung von Verantwortlichkeiten zur RC-Identifikation eine hohe Bedeutung für die Wirksamkeit des Systems besitzt. Ohne eindeutige Regelungen ist an dieser Stelle nicht von einer vollständigen und richtigen Herleitung der RC-Landschaft auszugehen.

Die Rückläufer sollten angeben, inwieweit die Aufgaben und Verantwortlichkeiten der einzelnen Funktionen im Rahmen ihres RFS bis zum Befragungszeitpunkt von diesen geregelt waren. Die erhaltenen Daten zeigten, dass nur 39,62 % der kleinen und mittelgroßen EVU diesen Sachverhalt für sich bejahen konnten. Bei den großen EVU lag der entsprechende Anteil bei 67,39 %. I. Z. m der Frage, inwieweit Verantwortlichkeiten zur Risiko-Identifikation bei den antwortenden EVU festgelegt worden waren, konnten 75,00 % der kleinen und mittelgroßen EVU diesen Sachverhalt positiv bestätigen. Der entsprechende Anteil lag bei den großen EVU bei 91,30 %.

Bei der Ergebnisinterpretation gilt es zu berücksichtigen, dass die Forderung nach einer detaillierten Auflistung von Aufgaben und Verantwortlichkeiten von neben der Unternehmensleitung existierenden Funktionsträgern im RFS für die kleinen und mittelgroßen kommunalen EVU aufgrund ihrer Größe ggf. einer Überregulierung gleichkommen kann. Zur Wahrung der Wirtschaftlichkeit und Effektivität des Systems sollte dies grundsätzlich vermieden werden. Für die Fälle, wo eine Unternehmensleitung nicht als alleiniger Funktionsträger fungiert, müssen jedoch die Aufgaben und Verantwortlichkeiten der übrigen Funktionsträger im RFS klar und eindeutig geregelt sein. Zur Lösung dieses Dilemmas bietet es sich bspw. an die Systemdokumentation als Medium zur Dokumentation zu nutzen. Damit werden Kompetenzüberschreitungen bei der Risiko-Identifikation vermieden und die Systematik des Systems kann nachgewiesen werden. Werden hingegen keine entsprechenden Verantwortlichkeiten festgelegt, so zeugt dies nicht von der Systematik und der Wirksamkeit des gesamten Systems. Das Erkennen von neuen Risiken besitzt dann eher zufälligen Charakter und birgt die Gefahr, dass Entwicklungen von Bedeutung nicht zu einem Zeitpunkt erkannt werden können, an dem noch die Möglichkeit besteht, entsprechende Maßnahmen zur Abwehr zu ergreifen. In diesem Fall könnte nicht von der Wirksamkeit des Systems ausgegangen werden.

1.2.4 Zuordnung von Frühwarnindikatoren und Toleranzgrenzen

Das Vorhandensein von wirksamen FWI sowie die Existenz von zugehörigen Toleranzgrenzen sind unabdingbare Voraussetzungen dafür, ein wirksames RFS i. S. d. Gesetzes zu betreiben bzw. dieses nachzuweisen zu können. Ohne die Definition von FWI und zugehörigen Eskalationskriterien ist es kaum möglich, nach Maßgabe des IDW PS 720 (Teilfrage a) die Angemessenheit und Wirksamkeit der getroffenen Maßnahmen im RFS positiv zu bescheinigen. Überdies muss der Systembetreiber gewährleisten, dass die verwendeten FWI an die sich verändernden internen und externen Unternehmensbedingungen im Zeitverlauf regelmäßig angepasst werden.

Die antwortenden EVU wurden gebeten anzugeben, ob den von ihnen identifizierten Risiken entsprechende FWI bis zum Befragungszeitpunkt zugeordnet wurden. Die bejahenden EVU wurden überdies darum gebeten anzugeben, ob den verwendeten FWI entsprechende Toleranzgrenzen zugeordnet wurden. Nach Datenlage existierten bei 50,94 % der antwortenden kleinen und mittelgroßen EVU entsprechende FWI. Von diesen hatten 40,74 % entsprechende Toleranzgrenzen definiert. Von den großen antwortenden EVU besaßen nach eigenen Angaben 67,39 % entsprechende FWI. 54,84 % von ihnen hatten entsprechende Toleranzgrenzen eingerichtet.

Diejenigen antwortenden EVU, die keine FWI zu identifizierten Risiken besessen hatten, lassen bezweifeln, ob von der Wirksamkeit des von ihnen implementierten RFS bis zum Befragungszeitpunkt auszugehen war. Grundsätzlich ist zu unterstellen, dass FWI in jedem erfolgreichen Unternehmen verbreitet sind. Mangelt es an der Kopplung dieser an existierenden Risiken, so ist dies zwingend nachzuholen. Ohne die Kopplung ist die Wirksamkeit des RFS nicht zweifelsfrei nachzuweisen. Die Empfehlung lautet an dieser Stelle, dass zur Sicherung des Unternehmensfortbestands eine Kopplung von FWI (sofern diese existieren) an die bekannten und möglichen Gefahrenquellen erfolgen muss und diesen zu Überwachungszwecken wirksame Toleranzgrenzen zuzuordnen sind. Ansonsten können Veränderungen in der Risikolandschaft im Zeitverlauf nicht oder nicht rechtzeitig aufdeckt werden. Sollten bei den verneinenden EVU Veränderungen in der Risikolandschaft bis zum Befragungszeitpunkt aufgrund fehlender FWI unentdeckt geblieben sein, so hätte das Prüfungsergebnis gem. § 53 HGrG insbesondere dann versagt werden müssen, wenn bestandsgefährdende Risiken davon betroffen waren.

1.2.5 Zuordnung von Verantwortlichen zu identifizierten Risiken

Existiert eine Funktionstrennung im RFS und wurden Aufgaben und Verantwortlichkeiten von einer Unternehmensleitung an nachgelagerte Stellen in der betrieblichen Organisation delegiert, so bietet es sich an, den bekannten Gefährdungspotenzialen sog. "Risk-Owner" zuzuweisen. Dazu sind Mitarbeiter in den Hierarchiestufen mit der Bewältigung von Risiken zu beauftragen. Diese können auch für die Überwachung der Einhaltung von Toleranzgrenzen von FWI verantwortlich sein. In der Modellbetrachtung zum propagierten RCMS wurde darauf verwiesen, dass solche Mitarbeiter auch die Veränderungen in den Einschätzungen von bekannten und das Auftreten von neuen Gefährdungspotenzialen dokumentierten sollten. Nach Maßgabe der geltenden Wesentlichkeitsgrenzen wären diese auch für die Weiterleitung von relevanten Risikoinformationen geeignet.

Von den antwortenden kleinen und mittelgroßen EVU gaben 58,49 % an Risikoverantwortliche benannt zu haben. Der entsprechende Anteil lag bei den großen EVU bei 89,13 %. Begründet werden kann dieses Ergebnis damit, dass die Risikolandschaft bei den kleinen und mittelgroßen EVU sich im Vergleich sicherlich aufgrund der Unternehmensgröße und der geschäftlichen Aktivitäten überschaubarer gestaltet als bei den großen EVU. Ist eine Unternehmensleitung dazu in der Lage, sich jederzeit ein zutreffendes Bild von der Risikolandschaft zu verschaffen, und kann diese die existierenden Risiken alleine bewältigen, so würde die Notwendigkeit zur Einrichtung von Risiko-Verantwortlichen entfallen. Trifft dies jedoch nicht zu, so besteht das Erfordernis der Unterstützung durch weitere Verantwortliche im RFS bei der Erfüllung ihrer Sorgfaltspflichten.

1.2.6 Unternehmensweite Risikoidentifikation und RFS-Standardberichterstattung

In der Modellbetrachtung wurde aufgezeigt, dass die Risiko-Identifikation möglichst vollständig alle unternehmerischen Gefährdungspotenziale aufzeigen muss. Um dies zu gewährleisten, müssen alle Unternehmensbereiche und betrieblichen Prozesse auf das Vorhandensein und die Möglichkeit des Entstehens von Risiken überprüft werden. Nur durch die unternehmensweit gerichtete Suche ist es möglich, alle Entwicklungen von Bedeutung aufzudecken. Ein Kriterium, welches als notwendig herausgestellt wurde, um von einem wirksamen RFS ausgehen zu können.

Die antwortenden EVU wurden darum gebeten anzugeben, ob diese im Rahmen der Risiko-Identifikation eine alle Unternehmensbereiche und betrieblichen Prozesse umfassende Suche nach Risiken im RMP vornehmen. Die erhaltenen Daten sprechen dafür, dass dieser Sachverhalt für 69,81 % der antwortenden kleinen und mittelgroßen und sogar 93,33 % der antwortenden großen EVU bis zum Befragungszeitpunkt zutraf. Bei der Ergebnisinterpretation ist zu berücksichtigen, dass die Früherkennung von bestandsgefährdenden Risiken im Fokus der Regelung des § 91 Abs. 2 AktG steht. Die Anzahl von Unternehmensbereichen, aus denen solche Risiken entstehen können, ist sicherlich bei den kleinen und mittelgroßen EVU überschaubarer als bei den antwortenden großen EVU. Die kann als eine Erklärung dafür dienen, dass der Anteil bei den kleinen und mittelgroßen EVU im Vergleich eher gering ausgefallen ist.

Dennoch darf nicht außer Acht gelassen werden, dass Einzelrisiken mit einem nachrangigen Gefährdungspotenzial unternehmensweit auch bei kleinen und mittelgroßen EVU auftreten können. Waren solche bei den verneinenden EVU bis zum Befragungszeitpunkt existent, aus denen bspw. durch Kumulation ein wesentliches oder gar bestandsgefährdendes Gefährdungspotenzial hätte entstehen können bzw. entstanden ist, so hätte die Wirksamkeit des RFS infrage gestellt werden müssen. Zur Sicherung des Unternehmensfortbestands sollten auch kleine und mittelgroße EVU eine unternehmensweite Risiko-Identifikation vornehmen. Wird dies grundsätzlich verneint, so ist nicht von der Angemessenheit und Wirksamkeit des RFS auszugehen.

Die Forderung nach einer unternehmensweit gerichteten Suche nach Risiken steht i. V. m. dem Erfordernis zur einheitlichen Erfassung von berichtspflichtigen Risikoinformationen in Form einer Standardberichterstattung. So werden unternehmensweit existierende Risiken nach einheitlichen Kriterien besser vergleichbar dargestellt. Überdies können diese in der Folge einfacher konsolidiert werden. Auf diese Weise kann dem immanenten Erfordernis zur Dokumentation von Ergebnissen aus jeder Phase des RMP entsprochen werden. Die einheitliche Gestaltung der Dokumentation von berichtspflichtigen Risiken ist als Zeichen für die Systematik des gesamten RFS anzusehen.

Die antwortenden EVU wurden darum gebeten anzugeben, ob bei diesen bis zum Befragungszeitpunkt ein standardisierter Risikoerhebungsbogen für berichtspflichtige Risiken existiert hatte. Die erhaltenen Daten zeigten an, dass dies für 45,28 % der kleinen und mittelgroßen EVU zutraf. Der entsprechende Anteil lag bei den großen antwortenden EVU bei 86,36 %. Das Erfordernis einer standardisierten Dokumentation zu berichtspflichtigen Risiken besteht losgelöst von der jeweiligen Unternehmensgröße, der Komplexität und der Strukturen oder der Anzahl der zu betrachtenden Risiken. Diese hilft einer Unternehmensleitung bei der Erfüllung der Rechenschafts-, Sicherungs- und Prüfbarkeitsfunktion, indem diese einheitlich einen zutreffenden Überblick über die Risikolandschaft gibt. Der Abschlussprüfer kann mittels dieser Hinweise dafür finden, ob die Maßnahmen zum RFS als ausreichend dokumentiert anzusehen sind und diese im gesamten Prüfungszeitraum zur Anwendung gelangten. Ohne eine Standardberichterstattung zum RFS kann schwerlich die Angemessenheit und Wirksamkeit eines RFS festgestellt werden.

1.2.7 Systematische Erhebung und Aktualisierung von bekannten Risiken

Wie in der Modellbetrachtung aufgezeigt wurde, müssen die Maßnahmen zur Risikofrüherkennung fortlaufend und kontinuierlich zur Anwendung gelangen. Eine einmalig zum Bilanzstichtag vorgenommene Risikoinventur ist nicht ausreichend, um von einer kontinuierlichen Anwendung der getroffenen Maßnahmen im RFS sprechen zu können. Es ist notwendig, ein unterjähriges Scanning in allen Unternehmensteilbereichen durchzuführen, um neu auftretende Risiken zu erkennen. Sich ergebene unterjährige Veränderungen in der Einschätzung von bereits zu früheren Zeitpunkten erhobenen Risiken sind fortlaufend zu monitoren, zu hinterfragen und ggf. zu aktualisieren.

Die antwortenden EVU wurden gebeten anzugeben, ob bei ihnen eine systematische Erhebung neuer Risiken bis zum Befragungszeitpunkt vorgenommen und dokumentiert worden war. Nach Datenlage war dies nur bei 37,74 % der kleinen und mittelgroßen EVU der Fall. Der entsprechende Anteil bei den Ja-Antworten lag bei den großen EVU bei 67,39 %. Die befragten EVU sollten auch beurteilen, ob bereits zu früheren Zeitpunkten erhobene Risiken auf Veränderungen hin untersucht worden waren. Dieser Sachverhalt wurde von 62,96 % der kleinen und mittelgroßen und von sogar 91,30 % der großen antwortenden EVU positiv bestätigt.

Bei der Ergebnisinterpretation ist zu berücksichtigen, dass die Veränderlichkeit der Risikolandschaft durch unterschiedliche Einflussfaktoren bestimmt ist. Grundsätzlich sollte die Risiko-Identifikation routinemäßig und fortlaufend unternehmensweit geschehen. Die Zyklen des Scannings können aus pragmatischen Gründen davon abhängen, wie bedeutsam die Risiken in einer Risikolandschaft sind und wie stark diese im Zeitverlauf der Veränderung unterliegen. Es gilt zu berücksichtigen, wie risikoanfällig ein Unternehmen ist und wie hoch die Wahrscheinlichkeit des Eintritts neuer Risiken ausfällt. Ist die Veränderungswahrscheinlichkeit eher als konstant zu beschreiben und ist die Wahrscheinlichkeit des Eintritts neuer Risiken tendenziell eher gering, so kann eine einmalig unterjährig durchgeführte Risikoinventur ggf. ausreichend sein, um in zutreffender Weise das Management über die Veränderungen in der Risikolandschaft zu unterrichten. Wird jedoch keine systematische Erhebung von neuen Risiken durchgeführt und bereits bekannte Risiken im Zeitverlauf nicht regelmäßig auf mögliche Veränderungen hin überprüft, so muss unabhängig von der Unternehmensgröße die Wirksamkeit der getroffenen Maßnahmen im RFS ernsthaft angezweifelt werden. Es ist daher nicht auszuschließen, dass die verneinenden EVU den Aspekt der Risikofrüherkennung an dieser Stelle nicht ausreichend genug bis zum Befragungszeitpunkt erfüllt hatten. Dies kann sich unmittelbar negativ auf die Wirksamkeit des RFS ausgewirkt haben.

1.2.8 Aktualität der Risikobewertung von bekannten Risiken

Der Aktualität der Ergebnisse zu Schadenshöhen und Vorhersehbarkeiten von bereits bekannten Risiken wird eine hohe Bedeutung für die Wirksamkeit des RFS beigemessen. Risiken können sich im Zeitverlauf verändern und abschwächen oder verstärken. Ohne genaue Kenntnis der sich verändernden Vorhersehbarkeiten und Höhen von Risiken können diesen keine angemessenen Steuerungsalternativen zugeordnet werden.

Die antwortenden EVU wurden gebeten anzugeben, ob die bis zum Befragungszeitpunkt bekannten Risiken in der letzten Risikoinventur dahingehend überprüft worden waren, ob die ursprünglich zu einem früheren Zeitpunkt getroffenen Einschätzungen noch aktuell erschienen. Nach Auswertung der erhaltenen Daten war festzustellen, dass dieser Sachverhalt von 67,92 % der kleinen und mittelgroßen EVU positiv bestätigt werden konnte. Der entsprechende Anteil bei den Ja-Antworten lag bei den großen EVU bei 93,48 %.

Grundsätzlich ist an dieser Stelle zu sagen, dass ohne aktuelle Ergebnisse aus der Risiko-Bewertung es kaum vorstellbar ist, wie ein auf das jeweilige Gefährdungspotenzial abgestimmtes Steuerungsinstrumentarium den jeweils bekannten Risiken von den verneinenden EVU zugeordnet werden konnte. In der Modellbetrachtung wurde darauf verwiesen, dass Risiken im Zeitverlauf Veränderungen unterliegen können. Dies muss nicht zwingend der Fall sein, kann jedoch ohne entsprechende Überprüfung nicht mit Sicherheit ausgeschlossen werden. Insbesondere dann nicht, wenn den zu früheren Zeitpunkten bewerteten Risiken bereits gegensteuernde Maßnahmen zur Reduktion ihrer Höhe bzw. Vorhersehbarkeit zugeordnet wurden. Die regelmäßige und wiederkehrende Überprüfung des Gefährdungspotenzials dient auch dazu, die Wirksamkeit der Steuerungsalternativen im Zeitverlauf einzuschätzen. Nur durch eine regelmäßige Überprüfung ist es möglich, die bereits initiierten Steuerungsalternativen ggf.

anzupassen oder festzustellen, ob ein vormals betrachtungswürdiges Risiko als solches nicht mehr existiert oder sich zwischenzeitig ggf. verschärft hat.

Unabhängig von der Unternehmensgröße unterlagen die verneinenden EVU an dieser Stelle der Gefahr, dass Veränderungen in der Risikolandschaft sich bei diesen eingestellt hatten und diese unbeobachtet geblieben waren. Dies würde unmittelbar für die fehlende Wirksamkeit des von ihnen betriebenen RFS sprechen, sofern bei diesen eine Veränderlichkeit in der Risikolandschaft vorgelegen hatte. Wären wesentliche oder gar bestandsgefährdende Risiken an dieser Stelle betroffen gewesen, so hätte die jeweilige Unternehmensleitung ihre Sorgfaltspflichten nicht ausreichend erfüllt.

1.2.9 Erfassung von Einzelrisiken und Berücksichtigung von Interdependenzen bei der Risikobewertung

In der Modellbetrachtung im Kapitel B wurde die Erfassung von Risiken und Chancen auf Einzelebene als ein notwendiges Kriterium für die Wirksamkeit des RFS herausgestellt. Nur so kann das tatsächliche Gefährdungspotenzial eines Risikos in einem ersten Schritt aufgezeigt werden. Existierende Interdependenzen zu anderen Risiken oder Chancen sind so zutreffender herleitbar. Erfolgt eine Betrachtung und Bewertung auf Ebene von Kumulrisiken oder in konsolidierter Form, so kann dies in der Folge zu falschen Annahmen hinsichtlich der Vorhersehbarkeit und Höhe eines Risikos führen. Die Effektivität, die Effizienz und damit die Wirksamkeit des RFS wären an dieser Stelle unmittelbar als gefährdet einzustufen.

Die antwortenden EVU sollten angeben, ob diese Risiken in Einzelrisiken untergliedert hatten, um diese bewertbar zu machen und ihnen eindeutige Maßnahmen und Verantwortlichkeiten zuordnen zu können. Bis zum Befragungszeitpunkt konnten 67,92 % der kleinen und mittelgroßen EVU diesen Sachverhalt positiv bestätigen. Der entsprechende Anteil bei den Ja-Antworten lag bei den großen antwortenden EVU bei 93,48 %. Die Rückläufer wurden überdies darum gebeten anzugeben, ob das Zusammenwirken von Risiken bei der Bewertung von diesen berücksichtigt wurde. Von 54,90 % der kleinen und mittelgroßen und von 65,22 % der großen antwortenden EVU wurde dies bestätigt.

Für die verneinenden EVU bedeuten die Ergebnisse, dass diejenigen, die keine Untergliederung von Einzelrisiken vorgenommen hatten oder die keine Interdependenzen bei der Risiko-Bewertung mit berücksichtigten, hinsichtlich des tatsächlichen Gefährdungspotenzials der bekannten Risiken möglicherweise einer Fehleinschätzung unterlagen. Dies kann in der Folge dazu geführt haben, dass nicht wirksame Steuerungsmaßnahmen zu diesen ergriffen wurden und dass entweder ein zu hoher Aufwand bei der Risikobewältigung anfiel oder die Steuerungsmaßnahmen nicht ausreichend wirksam waren. Ohne Risikobetrachtung auf Einzelebene und einer expliziten Berücksichtigung von Interdependenzen bei der Risiko-Bewertung ist nicht von der Wirksamkeit des RFS auszugehen. Insbesondere dann nicht, wenn wesentliche oder gar bestandsgefährdende Risiken nicht zutreffend bewertet bzw. durch das Zusammenspiel von unterschiedlichen Risiken als solche nicht erkannt werden konnten.

1.2.10 Berichterstattung mittels Risk-Map und Ableitung der Risiken der künftigen Entwicklung

Der regelmäßigen Information des Managements über die als bedeutsam eingestuften Risiken (bspw. mittels Risk-Map) kommt eine hohe Bedeutung in einem wirksamen RFS zu. Die Forderung nach der regelmäßigen Unterrichtung der Geschäftsleitung über die Risikolandschaft zu bestimmten Zeitpunkten wird für solche Fälle erhoben, wo diese nicht alleinig als Funktionsträger im RFS fungiert und sich nicht selbst ein zutreffendes Bild über die Risikolandschaft verschaffen kann. Mittels regelmäßiger "Risiko-Updates" sollte diese regelmäßig ein aktuelles Bild von der dieser erhalten. Dies hilft ihr dabei, die i. Z. m. der RC-Dokumentation aufgezeigten Funktionen zu erfüllen und so ihren Sorgfaltspflichten zu entsprechen.

Die befragten EVU wurden gebeten anzugeben, ob die jeweilige Geschäftsleitung regelmäßig mittels einer Risk-Map über die aktuelle Risikolandschaft der Gesellschaft informiert wurde. Die erhaltenen Daten sprachen dafür, dass der Sachverhalt bei 57,69 % der kleinen und mittelgroßen EVU zutraf. Der entsprechende Anteil bei den Ja-Antworten bei den großen EVU lag bei 84,78 %.

Bei der Ergebnisinterpretation ist zu berücksichtigen, dass die Notwendigkeit der Risikoberichterstattung nur für solche Fälle zu unterstellen ist, wo die Unternehmensleitung nicht als alleiniger Funktionsträger im RFS fungiert. Es ist nicht auszuschließen, dass dieser Sachverhalt bei einigen der verneinenden EVU (insbesondere bei den kleinen und mittelgroßen) bis zum Befragungszeitpunkt vorgeherrscht hatte. Bei den übrigen verneinenden EVU, bei denen die Unternehmensleitung nicht alleiniger Funktionsträger im RFS gewesen war, lag ggf. ein ganz wesentlicher Aspekt eines wirksamen RFS nicht vor. Ohne regelmäßige Unterrichtung der Unternehmensleitung kann der Aspekt der Früherkennung im RFS bei diesen EVU ggf. als nicht erfüllt angesehen werden. In diesen Fällen wäre die Unternehmensleitung ihren Sorgfaltspflichten nicht nachgekommen, falls diese nicht einen anderen Weg gefunden hat sich über die Risikosituation zu informieren. Fraglich bleibt an dieser Stelle, inwieweit die Nachweis- und Prüfbarkeitsfunktion von diesen erfüllt werden konnte. Grundsätzlich muss die Empfehlung lauten, dass in regelmäßigen Abständen die Unternehmensleitung in die Lage versetzt werden muss, sich ein eigenes Bild von der Risikolandschaft zu verschaffen. Nur so kann diese unter dem Aspekt der Rechtzeitigkeit noch korrigierende Maßnahmen zum Erhalt des Unternehmensfortbestandes ergreifen, falls bestandsgefährdende Risiken auftreten.

Die antwortenden EVU wurden überdies befragt, ob diese bei der Erstellung des Lageberichts die Risiken der künftigen Entwicklung der Gesellschaft aus einer Risk-Map ableiten. In der Modellbetrachtung wurde der Kausalzusammenhang an dieser Stelle aufgezeigt und dieser Sachverhalt im Kriterienkatalog als ein wünschenswerter Umstand für die Kennzeichnung eines wirksamen RFS aufgeführt. Die Ableitung der Risiken der künftigen Entwicklung aus der Risk-Map wäre auch als Beitrag zur Erfüllung der weitergehenden Informationsanforderungen einer Trägergemeinde zu bewerten. Diese könnte sich detaillierte Informationen aus der Standardberichterstattung zum RFS entnehmen und diese dann als Grundlage für die Plausibilisierung der Lageberichterstattung verwenden. Für den Abschlussprüfer stellt die Standardberichterstattung mittels "Risk-Map" eine Grundlage für seine Prüfung gem. § 317 Abs. 2 HGB dar.

Die erhaltenen Daten sprachen dafür, dass 45,28 % der kleinen und mittelgroßen EVU die Risiken der künftigen Entwicklung aus der Risk-Map ableiteten. Der entsprechende Anteil bei den Ja-Antworten lag bei den großen EVU bei 65,22 %. Bei der Ergebnisinterpretation gilt es zu berücksichtigen, dass nicht alle antwortenden EVU das Medium der Risk-Map nach eigenen Angaben besaßen. Eine Standardberichterstattung zum RFS muss alle aktuellen Risikoinformationen beinhalten, die bis zu einem bestimmten Zeitpunkt im RFS ermittelt wurden. Warum also antwortende EVU zum einen eine Risk-Map im Einsatz hatten und dann daraus die Risiken der künftigen Entwicklung nicht ableiteten, kann hier nicht abschließend geklärt werden. Für die übrigen verneinenden EVU, die keine Risk-Map im Einsatz hatten, jedoch zur Lageberichterstattung verpflichtet sind, zeigt sich ein Handlungsbedarf zur Verbesserung der externen Informationsversorgung auf. Vor dem Hintergrund der diskutierten Prinzipal-Agenten-Probleme sind an dieser Stelle Informationsasymmetrien zwischen den antwortenden kommunalen EVU und der jeweiligen Trägergemeinde bzw. dem Aufsichtsorgan bis zum Befragungszeitpunkt nicht auszuschließen gewesen.

1.2.11 Archivierung der Dokumentation zum RFS

Damit ein Abschlussprüfer sich ein zutreffendes Bild von der Wirksamkeit des RFS gem. § 53 HGrG verschaffen kann, muss dieser ggf. auf Sachverhalte zum RFS aus den Vorjahren zurückgreifen (bspw. Risikoinformationen, Regelungen zur Systemausgestaltung etc.). Wie in der Modellbetrachtung dargelegt wurde, wird der Archivierung der Dokumentation (Systemdokumentation und laufende Dokumentation) über einen ausreichend langen Zeitraum eine große Bedeutung für den Nachweis eines wirksamen RFS beigemessen. Die Empfehlung lautet, die laufende Dokumentation über einen Zeitraum von sechs und die Systemdokumentation über einen Zeitraum von zehn Jahren aufzubewahren.

Die antwortenden EVU wurden gebeten anzugeben, ob die aufgezeigten Aufbewahrungspflichten eingehalten wurden. Nach Auswertung der erhaltenen Daten wurde ermittelt, dass nur 46,15 % der kleinen und mittelgroßen EVU nach eigenen Angaben eine Systemdokumentation über zehn Jahre aufbewahrten. Von lediglich 22,64 % der EVU aus der ersten Untersuchungsgruppe wurde die laufende Dokumentation zum RFS über sechs Jahre aufbewahrt. Bei den großen antwortenden EVU lagen die jeweiligen Anteile bei den Ja-Antworten bei 64,44 % bzw. 60,00 %. Bei der Ergebnisinterpretation gilt es zu berücksichtigen, dass das Dokumentationserfordernis in Form einer laufenden Dokumentation und hinsichtlich der Systemdokumentation bei verschieden großen Unternehmen unterschiedlich stark ausgeprägt sein kann. Dennoch ist die Existenz einer Systemdokumentation zum RFS unerlässlich und auch die laufende Dokumentation ist grundsätzlich notwendig zur Wahrung der Wirksamkeit des Systems. Für alle EVU besteht unabhängig von ihrer Größe das Erfordernis, die Historie zum RFS ausreichend lange aufzeigen zu können. Für die verneinenden EVU bedeutet dies, dass diese bis zum Befragungszeitpunkt ggf. der Gefahr unterlagen, dass sich der Abschlussprüfer sowie der Aufsichtsrat der Gesellschaft kein zutreffendes Bild von den ergriffenen Maßnahmen zum RFS zu unterschiedlichen Zeitpunkten verschaffen konnten. Überdies konnte den erweiterten Informationsanforderungen einer Trägergemeinde ggf. nicht ausreichend genug entsprochen werden. Ohne eine Historie zum RFS fällt es sicherlich schwer, die Angemessenheit und Wirksamkeit des RFS feststellen zu können.

1.2.12 Ad-hoc-Berichterstattung im RFS

In der Modellbetrachtung im Kapitel B wurde herausgestellt, dass die Möglichkeit zur Berichterstattung von eilbedürftigen Risikoinformationen neben der Standardberichterstattung eine hohe Bedeutung für die Wirksamkeit des RFS besitzt. Mittels Ad-hoc-Berichterstattung wird gewährleistet, dass jederzeit vordefiniert über relevante und eilbedürftige Risikoinformationen an bestehenden Berichtsstrukturen vorbei berichtet werden kann. Diese hilft, das Management in rechtzeitiger Weise über Entwicklungen von Bedeutung in Kenntnis zu setzen.

Von den antwortenden kleinen und mittelgroßen EVU gaben 73,58 % an, neben der Standardberichterstattung die Möglichkeit der Ad-hoc-Berichterstattung zu besitzen. Der entsprechende Anteil bei den Ja-Antworten bei dieser Frage lag bei den großen EVU bei 84,78 %. Der Ergebnisinterpretation ist voranzustellen, dass sich aus der Regelung des § 53 HGrG für alle EVU unabhängig von ihrer Unternehmensgröße das Erfordernis einer Ad-hoc-Berichterstattung im RFS ergibt. Durch Überwindung von existierenden formellen Berichtsstrukturen kann eine Unternehmensleitung, die nicht alleiniger Funktionsträger im RFS ist, so über alle relevanten Entwicklungen zeitnah informiert werden. Existiert die Möglichkeit der Ad-hoc-Berichterstattung nicht und existieren keine anderen Wege risikorelevante Informationen zeitnah an die Entscheidungsträger zu berichten, ist die Wirksamkeit des RFS als unmittelbar gefährdet anzusehen. Die Maßnahmen der Risikofrüherkennung wären als nicht ausreichend genug einzustufen und ein RFS wäre im Rahmen der Prüfung als nicht geeignet und wirksam anzusehen.

1.2.13 Verantwortlichkeiten und Maßnahmen zur Systemüberwachung

Die prozessabhängige und prozessunabhängige Überwachung des RFS besitzt eine hohe Bedeutung für die Wirksamkeit des Systems. Zur Sicherstellung seiner Funktionsfähigkeit müssen Verantwortlichkeiten zur Überwachung sowie die vorzunehmenden Überwachungsmaßnahmen eindeutig geregelt sein. Die Maßnahmen dienen in Summe dazu, ggf. korrigierend in den RMP eingreifen zu können. Die Überwachung gibt Sicherheit darüber, ob die Maßnahmen im RFS kontinuierlich zur Anwendung gelangen und als wirksam einzustufen sind.

Die befragten EVU sollten angeben, ob Verantwortlichkeiten und Maßnahmen zur prozessabhängigen und -unabhängigen Überwachung implementiert waren. Die erhaltenen Daten sprachen dafür, dass von den kleinen und mittelgroßen EVU 64,00 % entsprechende Verantwortlichkeiten und Maßnahmen geregelt hatten. Der entsprechende Anteil bei den Ja-Antworten auf die Frage, ob ebenso Verantwortlichkeiten und Maßnahmen zur prozessunabhängigen Kontrolle existierten, lag bei diesen bei 44,23 %. Bei den großen antwortenden EVU zeigten 73,91 % an, dass Verantwortlichkeiten und Maßnahmen zur prozessabhängigen Überwachung implementiert gewesen waren. I. Z. m. der Frage nach der Festlegung von Verantwortlichkeiten und Maßnahmen zur prozessunabhängigen Überwachung lag der Anteil bei 73,33 %.

Aufgrund der Wichtigkeit der hinterfragten Sachverhalte muss der Ergebnisinterpretation vorangestellt werden, dass eindeutige Verantwortlichkeiten und Maßnahmen zur gesamten Überwachung des RFS dazu dienen, die dauerhafte Funktionsfähigkeit des Systems im Zeitverlauf sicherzustellen. Dies hatte der Gesetzgeber seinerzeit explizit in seiner Gesetzesbegründung zum § 91 Abs. 2 AktG herausgestellt. Es besteht die Notwendigkeit, entsprechende Verantwortlichkeiten und Maßnahmen für den Fall zu definieren, wo eine Unternehmensleitung nicht dazu in der Lage ist, das RFS allein wirksam zu überwachen. Die für die Überwachungsmaßnahmen verantwortlichen Mitarbeiter sind mit Verantwortlichkeiten auszustatten, damit es nicht zu Kompetenzüberschneidungen bei der Durchführung der Maßnahmen kommt. Dadurch wird auch ein Beitrag zur Stärkung der Effektivität der Gesamtüberwachung über das RFS geleistet.

Wurden von den verneinenden EVU keine entsprechenden Verantwortlichkeiten und Maßnahmen zur Überwachung festgelegt, so kann sich dies unmittelbar nachteilig auf die Wirksamkeit des RFS ausgewirkt haben. Bei diesen EVU ist nicht auszuschließen, dass sich Veränderungen im RFS im Zeitverlauf ergeben hatten, die unentdeckt geblieben waren. Der RMP kann unerkannt abweichend von den ursprünglich festgelegten Maßnahmen abgelaufen und damit weniger effektiv und effizient gewesen sein.

Was die Festlegung von Verantwortlichkeiten und Maßnahmen zur prozessunabhängigen Kontrolle angeht ist zu sagen, dass diese Aufgabe insbesondere von der Unternehmensleitung bei den kleinen und ggf. auch bei den mittelgroßen EVU in Eigenregie zu bewältigen sein dürfte. Je nach Größe, Komplexität und Struktur des Unternehmens wird dies für möglich angesehen. Ist diese dazu nicht in der Lage, so stellt sich die Frage, wem entsprechende Verantwortlichkeiten und Maßnahmen zu übertragen sind. Bei den kleinen und mittelgroßen EVU wird regelmäßig keine IR existent sein. In solchen Fällen sind zwingend Lösungsmöglichkeiten zu entwickeln, die das Erfordernis der wirksamen prozessunabhängigen Überwachung des RFS sicherstellen. Wie bereits aufgezeigt wurde, wird die ausschließliche Beurteilung des RFS durch den Abschlussprüfer gem. § 53 HGrG als nicht ausreichend angesehen. Werden keine entsprechenden Verantwortlichkeiten und Maßnahmen an geeignete Personen übertragen und kann eine Unternehmensleitung diese Aufgabe nicht ausfüllen, so muss auch in diesem Fall die Wirksamkeit des RFS angezweifelt werden.

1.3 Zusammenfassung

Die schriftliche Befragung aus dem Jahr 2004 hatte zum Ziel, Hinweise zu Schwachstellen in den von den interessierenden EVU bis zum Befragungszeitpunkt implementierten RFS herzuleiten. Die Eingangshypothese lautete, dass es eher schlecht um die in der Praxis von kommunalen EVU vorzufindenden RFS bestellt ist. Um die Hypothese zu überprüfen, wurden von den insgesamt 40 als notwendig und wünschenswert erachteten Kriterien an ein wirksames in ein RCMS integriertes RFS, insgesamt 24 Kriterien hinterfragt. Überdies wurde über den direkten Vergleich der Antworten analysiert, ob sich Unterschiede in der Umsetzung von RFS zwischen den unterschiedlich großen interessierenden EVU herleiten ließen.

Über die Ermittlung der relativen Häufigkeiten für die Ausprägung "Ja" in den Antworten wurde abgeleitet, dass es in den bis zum Jahr 2004 implementierten RFS teilweise sehr deutliche Verbesserungspotenziale bei den kontaktierten kommunalen EVU gegeben hatte. Ohne die individuellen Gegebenheiten bei den Rückläufern in der Auswertungsgesamtheit genau zu kennen und unter Berücksichtigung der im Rahmen der vorstehenden Ergebnisinterpretationen bereits abgegebenen Anmerkungen lassen die erhaltenen Daten vermuten, dass die kleinen und mittelgroßen EVU besonders deutliche Schwächen i. Z. m. der Aufbewahrung der sonstigen Dokumentation zum RFS, mit der systematischen Erhebung neuer Risiken sowie i. Z. m. der Festlegung von Aufgaben und Verantwortlichkeiten von Funktionsträgern besessen hatten. Die ermittelten relativen Scorewerte lagen bei diesen Einzelfragen jeweils unter einem Wert von 0,4. Das bedeutet, dass mehr als jedes zweite der antwortenden kleinen und mittelgroßen EVU an dieser Stelle ein Verbesserungspotenzial besaß.

Betrachtet man insgesamt die ermittelten Scorewerte bei dieser Untersuchungsgruppe, so fällt auf, dass in keiner der Einzelfragen die abgegebenen positiven Antworten dazu geführt hatten, dass ein relativer Scorewert von > 0,8 erreicht wurde. In den meisten Fällen wurden Werte erzielt, die in einem Bereich von 0,4 bis < 0,6 lagen. In der Gesamtauswertung der beantworteten 24 Fragen konnten die kleinen und mittelgroßen EVU einen durchschnittlichen Scorewert von 0,507 erreichen. Dies untermauert die Feststellung, dass diese bis zum Jahr 2004 deutliche Verbesserungspotenziale in ihren RFS besaßen.

Bei den großen antwortenden EVU fällt unter Hinzuziehen der relativen Scorewerte auf, dass diese grundsätzlich Werte für die beantworteten Einzelfragen erreichten, die in einem Intervall von 0,6 bis < 1,0 lagen. Lediglich bei der Zuordnung von Eskalationskriterien zu FWI wurde ein Wert von nur 0,548 erreicht. In der Gesamtheit der beantworteten 24 Fragen konnten die großen EVU im Jahr 2004 einen durchschnittlichen Scorewert von 0,709 erreichen. Damit zeigen diese an, dass es um die Ausgestaltung ihres RFS bis zum Befragungszeitpunkt besser bestellt war als bei den kleinen und mittelgroßen EVU, diese dennoch ebenfalls Verbesserungspotenziale in ihren RFS besaßen.

Um über die rein deskriptive Auswertung hinaus Anhaltspunkte dafür zu finden, dass bei den unterschiedlich großen EVU in den beiden Untersuchungsgruppen Verbesserungspotenziale im RFS bis zum Befragungszeitpunkt existiert hatten und damit ein Handlungsbedarf durch den Abschlussprüfer dieser Gesellschaften gem. § 53 HGrG hätte aufgezeigt werden müssen, wurde mittels der Berechnung von Kontingenzkoeffizienten und mithilfe des exakten Tests nach Fisher analysiert, ob ein Zusammenhang zwischen der Beantwortung der Frage und der Unternehmensgröße bestand. Die Ergebnisse zeigten, dass bei elf Fragen ein vielfach hoch signifikanter Zusammenhang zwischen der Beantwortung der Frage und der Unternehmensgröße bestand. Der exakte Test nach Fisher bestätigt die Aussagen zum gleichen Niveau (vgl. Tab. 10).[915]

Tab. 10: Vergleich der kleinen und mittelgroßen mit den großen antwortenden EVU im Jahr 2004 (Kontingenzkoeffizient und exakter Test nach Fisher)

Frage	Korrelation	Signifikanz (2-seitig)	Exakter Test nach Fisher-Signifikanz	Bemerkungen
Frage 1a	0,332	**0,001**	**0,001**	1 %-Niveau signifikant
Frage 9	0,267	**0,009**	**0,009**	1 %-Niveau signifikant
Frage 15	0,223	**0,035**	**0,035**	5 %-Niveau signifikant
Frage 21	0,325	**0,001**	**0,001**	1 %-Niveau signifikant
Frage 26	0,258	**0,011**	**0,011**	5 %-Niveau signifikant
Frage 28a	0,392	**0**	**0**	1 %-Niveau signifikant
Frage 30	0,284	**0,005**	**0,005**	1 %-Niveau signifikant
Frage 31	0,305	**0,002**	**0,002**	1 %-Niveau signifikant
Frage 37	0,303	**0,002**	**0,002**	1 %-Niveau signifikant
Frage 38	0,303	**0,002**	**0,002**	1 %-Niveau signifikant
Frage 41	0,284	**0,004**	**0,004**	1 %-Niveau signifikant
Frage 43b	0,355	**0**	**0**	1 %-Niveau signifikant
Frage 53	0,196	**0,068**	**0,068**	10 %-Niveau signifikant
Frage 70	0,282	**0,004**	**0,004**	1 %-Niveau signifikant

Wie bei der vorstehenden Ergebnisinterpretation aufgezeigt wurde, gilt es zu berücksichtigen, dass insbesondere bei den kleinen und mittelgroßen EVU in der Rücklaufgesamtheit die Unternehmensleitung möglicherweise als alleiniger Funktionsträger im RFS fungiert hatte. Der formelle Aspekt des RFS ist bei diesen sicherlich als nicht so umfangreich zu beschreiben wie bei den großen EVU. Dies kann erklären, warum der Kontingenzkoeffizient einen zu einem 1 %-

915 Zum Kontingenzkoeffizient nach Pearson vgl. Martens (2003), S. 104 ff.

Niveau signifikanten Zusammenhang in der Beantwortung der Frage [bspw. nach der Existenz einer schriftlich fixierten Richtlinie zum RFS (Frage 1, Wert = 0,001), nach der schriftlichen Fixierung von Aufgaben und Verantwortlichkeiten der einzelnen Funktionen im Rahmen des RFS (Frage 9, Wert = 0,009), nach der Zuordnung von "Risk-Ownern" zu identifizierten Risiken (Frage 21, Wert = 0,001), nach der Existenz eines standardisierten Risikoerhebungsbogen für berichtspflichtige Risiken (Frage 28a, Wert = 0,000), nach der Festlegung und Dokumentation von Verantwortlichkeiten und Maßnahmen zur prozessunabhängigen Überwachung (Frage 70, Wert = 0,004) und der Unternehmensgröße anzeigt und die jeweiligen Ergebnisse durch den exakten Test nach Fisher bestätigt wurden. Unabhängig von der Unternehmensgröße muss das RFS gewährleisten, dass während eines Berichtzeitraumes eine systematische Erhebung neuer Risiken erfolgt und diese dokumentiert werden (Frage 30), zu früheren Zeitpunkten erhobene Risiken auf Veränderungen hin untersucht werden (Frage 31) und eine ursprünglich getroffene Einschätzung im Rahmen der Risikobewertung wiederkehrend auf den Prüfstand gestellt wird (Frage 38). Ansonsten ist schwerlich die Wirksamkeit des RFS feststellbar.

2 Implementierung eines RCMS bei kommunalen EVU

Die mittels der schriftlichen Befragung gewonnenen Ergebnisse zeigten, dass bis zum Befragungszeitpunkt in einigen als wesentlich erachteten Sachverhalten zu einem wirksamen RFS bei den interessierenden EVU Verbesserungspotenziale bis zum Jahr 2004 auszumachen waren. Die Eingangshypothese konnte bestätigt werden. Dies wurde zum Anlass genommen, auf Basis des zum Ende des Kapitels B dargestellten Kriterienkatalogs einen Lösungsansatz zur Ausgestaltung eines in ein RCMS integrierten RFS zu entwickeln und bei den interessierenden kommunalen EVU in der Praxis zu implementieren. Die Darstellung eines Lösungsansatzes sowie die Vorgehensweise bei der Systemimplementierung sind Gegenstand der Ausführungen im vorliegenden Punkt 2.

Es wurde bereits darauf eingegangen, dass die RM-Literatur nicht erst[916] seit Verabschiedung des KonTraG vor rund dreizehn Jahren verschiedenartige Lösungsansätze zur Ausgestaltung eines RMS i. e. S. und i. w. S. hervorgebracht hat. Auch für EVU lassen sich entsprechende Lösungsansätze vereinzelt auffinden. Diese sind jedoch eher allgemeiner Natur und beziehen sich nicht auf die im Rahmen dieser Arbeit interessierenden kommunalen EVU in der Rechtsform

916 Vgl. bspw. Bürgel (1980), S. 270 ff.

der GmbH und AG, die der Prüfungspflicht nach der Regelung des § 53 HGrG unterliegen. Da sich während der schriftlichen Befragung einige der kontaktierten EVU an den Bearbeiter mit der Bitte um Unterstützung bei der Systemausgestaltung gewendet hatten, wurde der Versuch unternommen, einen Vorschlag zu einem praxistauglichen Lösungsansatz zu konzipieren und bei den interessierenden EVU umzusetzen.

Um zu vermeiden, dass der RM-Literatur ein weiteres, wenig praxistaugliches theoretisches Konstrukt hinzugefügt wird, sollte es sich im vorliegenden Fall um einen pragmatischen Lösungsansatz handeln. Mithilfe des RCMS sollen kommunale EVU zum einen ihrer gesetzlichen Verpflichtung zur Implementierung eines RFS entsprechen können. Um über die Eignung des Systems Gewissheit zu erhalten, wurden die jeweils implementierten RFS nach Projektende durch den zuständigen Abschlussprüfer gem. § 53 HGrG beurteilt. Die Prüfungsergebnisse wurden als Indikator für die Angemessenheit und Eignung des RCMS angesehen. Zum anderen sollen die interessierenden EVU mit dem Lösungsansatz den dargestellten besonderen Informationsanforderungen von Gebietskörperschaften in notwendiger Weise nachkommen können. Mithilfe des implementierten RCMS wurde der Versuch unternommen, den interessierenden EVU ein Werkzeug an die Hand zu geben, um in adäquater und zeitgemäßer Weise auf die sich zwischenzeitig eingestellten Veränderungen in ihrem Unternehmensumfeld reagieren zu können.

2.1 Vorbemerkungen

2.1.1 Projektziele

Bei sieben der kommunalen EVU aus der Rücklaufgesamtheit zur schriftlichen Befragung im Jahr 2004 wurden im Zeitraum von Dezember 2004 bis Oktober 2007 ein RCMS implementiert. Bei der Systemkonzeption orientierte man sich am Kriterienkatalog an ein wirksames RCMS, der am Ende des Kapitels B dargestellt wurde. Zur Herleitung eines praxistauglichen Lösungsansatzes, stand bei der Systemkonzeption die Formulierung eines klaren Projektaufbaus im Vordergrund. So konnten allgemeine Empfehlungen beim Aufbau und bei der Implementierung des RCMS abgegeben werden. Die mit dem Lösungsansatz verbundenen Projektziele werden in Abb. 13 dargestellt.

Zielsetzungen zum:
"Praxisorientierten Lösungsansatz zur Ausgestaltung eines in ein RCMS integrierten RFS bei kommunalen EVU, die der Prüfungspflicht gem. § 53 HGrG unterliegen."

- Das RCMS muss im Einklang mit den Anforderungen stehen, die durch das KonTraG an ein angemessenes und wirksames RFS gestellt werden.
- Die Maßnahmen im RCMS sind so auszugestalten, dass negative und positive Entwicklungen, die den Fortbestand gefährden bzw. den Erfolg steigern können, zu einem Zeitpunkt erkannt werden können, an dem noch geeignete Maßnahmen zur Abwehr der Gefahr bzw. Nutzung des Erfolgspotenzials getroffen werden können.
- Das RCMS soll den Entscheidungsträgern helfen, ihrer gesetzlichen Verpflichtung nachzukommen. Es soll helfen, eine angemessene, systematische und gleichzeitige Betrachtung von Risiken und Chancen vorzunehmen.
- Durch ein effektives Berichtswesen wird es den Adressaten ermöglicht, sich regelmäßig und zeitnah ein zutreffendes Bild von der RC-Landschaft zu verschaffen. Mittels transparenter Darstellung soll ein Beitrag zur Verbesserung des RC-Bewusstseins geleistet werden. Die RC-Informationen sollen zu einer Verbesserung der Unternehmenssteuerung und –überwachung beitragen.
- Die Systemimplementierung soll kostengünstig und wirtschaftlich für die kommunalen EVU sein. Überbürokratisierung ist zu vermeiden damit es nicht zu einer Behinderung in den Betriebsabläufen kommt.

Abb. 13: Zielsetzung des praxisorientierten Lösungsansatzes zu einem RCMS

2.1.2 Charakterisierung der Praxisprojekte

Im Zeitraum der Jahre 2004 bis 2007 wurden sieben kommunale EVU ("betreute EVU" oder "Praxisprojekte" genannt) bei der Implementierung eines RCMS durch den Bearbeiter dieser Arbeit unterstützt. Diese waren alle in der Rücklaufgesamtheit zur schriftlichen Befragung im Jahr 2004 enthalten. Zu Projektbeginn waren diese in der Rechtsform der GmbH firmiert und unterlagen der Prüfungspflicht gem. § 53 HGrG. In allen Fällen war die jeweilige Gemeinde alleiniger Anteilseigner am kommunalen EVU. Zu Projektbeginn erfüllten sechs EVU die Größenkriterien einer mittelgroßen Kapitalgesellschaft. Eine Gesellschaft erfüllte die Kriterien einer kleinen Kapitalgesellschaft. Da nach Ergebnislage in der Auswertung zur schriftlichen Befragung Anhaltspunkte dafür gefunden wurden, dass insbesondere bei den kleinen und mittelgroßen EVU Verbesserungspotenziale im RFS bestanden hatten, standen diese EVU im Fokus der Bemühungen, einen praxisorientierten Lösungsansatz herzuleiten und diesen in der Praxis umzusetzen.

Alle Praxisprojekte waren im Querverbund mit der Wasserversorgung beschäftigt. Sechs von ihnen waren zusätzlich in der Gasversorgung tätig und vier von ihnen hatten einen Betriebszweig der Stromversorgung. Die jeweiligen Versorgungsnetze lagen allesamt im Besitz der betreuten EVU. Vier von ihnen waren in neuen Geschäftsbereichen aufgestellt oder bauten diese gerade auf. An dieser Stelle wurde bspw. die Energieberatung durchgeführt, "Bio-Gas" produziert oder "Rechenzentrums-Dienstleistungen" für andere Stadtwerke angeboten. Bei allen Praxisprojekten wurde auf Ebene der Einzelgesellschaft das nach Maßgabe des Kriterienkatalogs beschriebene RCMS implementiert.

Die eigene Motivation zur Entwicklung und Implementierung eines praxisorientierten Lösungsansatzes zur Ausgestaltung eines in ein RCMS integrierten RFS, resultierte zum einen aus den Ergebnissen, die im Punkt 1 des vorliegenden Kapitels C dargestellt wurden. Die Motivation wurde dadurch gestärkt, dass Maßnahmen zur Risiko- und Chancenbehandlung im Kapitel A als sinnvoll und notwendig für die interessierenden kommunalen EVU herausgestellt wurden. Motivationssteigernd wirkte sich auch aus, dass von den Rückläufern aus der schriftlichen Befragung, vielfach der Hinweis kam, dass Lösungen zum Aufbau bzw. zur weiteren Verbesserung des Systems gefragt waren.

2.2 Projektorganisation und Projektphasen

Die kommenden Ausführungen orientieren sich an einer gleichsam bei allen Praxisprojekten angewendeten Projektorganisation. Diese kann in drei aufeinanderfolgende Projektphasen unterteilt werden (vgl. Abb. 14).[917]

917 Zur praktischen Vorgehensweise bei der Systemeinrichtung vgl. PwC (2000), S. 27 ff., Wittmann/Spannagl (2000), S. 41 ff., Wolf/Runzheimer (2003), S. 111 ff., IIR (1999), S. 185 ff.

Vorbereitungs- und Instruktionsphase	➢ Festlegung von Unternehmenszielen, RC-Grundsätzen, Wesentlichkeitsgrenzen, Beobachtungsbereichen und RC-Kategorien. ➢ Analyse von vorhandenen Systembestandteilen zu einem RCMS. ➢ Grobkonzipierung der Aufbau- und Ablauforganisation zum RCMS. ➢ Planung der RC-Inventuren und Durchführung von Informationsveranstaltungen.
Durchführungsphase	➢ Unternehmensweite Identifikation von Risiken und Chancen und Formulierung des jeweiligen RC-Szenarios. ➢ Analyse von Wechselwirkungen und Zuordnung zu RC-Kategorien. ➢ Benennung von RC-Experten und RC-Bewertung nach der BBM und NBM. ➢ Aufnahme von bereits etablierten Maßnahmen und Strategien im Rahmen der RC-Steuerung. Bestimmung weitergehender RC-Steuerungsalternativen. ➢ Festlegung von FEI und wirksamen Toleranzgrenzen. ➢ Dokumentation der RC-Informationen. ➢ Dokumentation der getroffenen Maßnahmen in Form einer Systemdokumentation.
Abschluss- und Kontrollphase	➢ Präsentation der Ergebnisse aus der RC-Inventur gegenüber dem betreuten EVU (Geschäftsleitung, Mitarbeiter), dem Aufsichtsrat sowie gegenüber dem Abschlussprüfer. ➢ Erhalt der Ergebnisse aus der anschließenden Prüfung des RFS gem. § 53 HGrG durch den zuständigen Abschlussprüfer.

Abb. 14: Inhalte der Projektphasen

Die Projektphasen werden namentlich in die sog. "Vorbereitungs- und Instruktionsphase", die "Durchführungsphase" sowie die "Abschluss- und Kontrollphase" unterteilt. Die folgenden Ausführungen stellen die Einzelmaßnahmen in diesen Projektphasen dar. Es wird dabei aufgezeigt, wie die im Kapitel B dargestellten Kriterien an ein wirksames RCMS in der Praxis umgesetzt wurden. Obwohl die Systemimplementierung stets als unternehmensindividuell zu führender Entscheidungsprozess anzusehen ist, kam die Projektvorgehensweise weitestgehend gleichsam bei allen betreuten EVU zum Einsatz.

2.2.1 Vorbereitungs- und Instruktionsphase

Die Einzelprojekte begannen allesamt mit einem "Erstgespräch" mit der jeweiligen Unternehmensleitung. Da die Implementierung eines RCMS als *"unipersoneller Entwicklungsprozess"*[918] verstanden werden muss, waren an diesem Gespräch weitere Mitarbeiter sowie der zuständige Abschlussprüfer[919] zugegen. In einigen Fällen waren auch Vertreter des Aufsichtsrates anwesend, um sich so über die weitere Projektvorgehensweise zu informieren. Das Erstgespräch diente

918 IIR (1999), S. 187.

919 Zur Notwendigkeit der Einbindung des AP bei der Systemimplementierung vgl. Wolf/Runzheimer (2003), S. 199.

dazu, die grundlegenden und unternehmensindividuellen Rahmenbedingungen für das zu implementierende RCM festzulegen.[920]

Mit den Gesprächspartnern ("Ansprechpartner") wurde bspw. festgelegt, ob eine Funktionstrennung im RCM erfolgt oder ob die Unternehmensleitung alleinig für die operative Umsetzung der zu beschließenden Maßnahmen verantwortlich sein würde. Die Inhalte der Vorbereitungs- und Instruktionsphase dienten dazu, die Maßnahmen im RCM zu erarbeiten und zu beschließen und für die Mitarbeiter in der Folge transparent zu gestalten. Auf diese Weise wurde versucht das RCMS besser in das operative Geschehen und das Gesamtunternehmen zu verankern. Ziel war es in dieser frühen Projektphase, bereits die Weichen für eine spätere Akzeptanz des Gesamtsystems zu stellen.[921]

2.2.1.1 Unternehmensziele und risiko- und chancenpolitische Grundsätze

Wesentliche Aufgabe zu Beginn der Konzeption des RCMS stellte es dar, die Ausgangsbasis für das System durch Bestimmung der unternehmenspolitischen Zielsetzung herzuleiten. Da die aus den Unternehmenszielen und den RC-Strategien abzuleitenden RCM-Grundsätze als wesentliche Basis für ein funktionsfähiges System angesehen werden, galt es diese gemeinsam mit den Ansprechpartnern zu erarbeiten.[922] Bei der Festlegung traten vielfach Probleme auf, da diese meistens erst nach längeren Diskussionen formuliert und festgeschrieben werden konnten. Dabei standen Ziele wie die Sicherstellung der Versorgungssicherheit[923] der Bevölkerung mit Energien, die wirtschaftliche Stabilität, das positive Erscheinungsbild des Unternehmens und seiner Mitarbeiter, die Kundenzufriedenheit sowie der Erhalt und der Ausbau der Marktanteile zur Sicherung des wirtschaftlichen Erfolgs im Vordergrund.

Bei allen betreuten EVU war es auffällig, dass die jeweiligen Unternehmensziele im geringen Maß oder gar nicht an die Mitarbeiter kommuniziert worden waren.[924] Es existierten keine RC-Strategien bis auf die Maßgabe, dass bestandsgefährdende Risiken an die Unternehmensleitung formlos berichtet

920 Anm.: Unternehmensdaten, Geschäftsbereiche und die Wettbewerbssituation.

921 Vgl. Titzrath/Schmidt (2003), S. 574.

922 Vgl. Kapitel B, Punkt 3.1, S. 104 ff.

923 Als qualitativer Wertbegriff verkörpert die "Versorgungssicherheit" die Vermeidung von Deckungslücken durch geeignete Vorsorgemaßnahmen. Sie ist eines der Hauptziele in der Energiewirtschaft. Vgl. Rudolph/Wagner (1997), S. 27. Zur Diskussion um die Versorgungssicherheit auf liberalisierten Energiemärkten vgl. Steeg (1999), S. 118 ff.

924 Anm.: Ein Umstand, der bei drei der Praxisprojekte durch den jeweiligen AP im Erstgespräch teilweise bemängelt wurde.

werden mussten. Problematisch war an dieser Stelle, dass es in keinem Fall ein einheitliches Verständnis vom Begriff und der Tragweite eines bestandsgefährdenden Risikos gab. Bei keinem der betreuten EVU waren Leitlinien im Umgang mit den Unternehmensrisiken und Unternehmenschancen verfasst worden. Die Unternehmensziele ähnelten sich bei diesen sehr stark. Dies ist auf vergleichbare Umweltbedingungen für die betreuten EVU und deren vergleichbare Unternehmensgröße und -struktur zurückzuführen.

Da bei den Projekten aufgrund der Unternehmensgröße und der flachen Hierarchien ein fast täglicher Umgang der Mitarbeiter vorherrschte, wurde es durch alle Geschäftsführer für notwendig erachtet, die Einbindung der Mitarbeiter in das RCM über die RCM-Grundsätze herauszustellen. Nur durch die Einbindung der vielfach langjährigen und erfahrenen Mitarbeiter sahen diese die Möglichkeit, unter dem Aspekt der Rechtzeitigkeit die Unternehmensrisiken und -chancen frühzeitig erkennen zu können. Über die RCM-Grundsätze wurde herausgestellt, dass aufgrund des Wandels in der Energiewirtschaft, die RCM-Identifikation als eine kontinuierliche und unternehmesweite Aufgabe zu verstehen ist. Es wurde versucht, die offene und notwendige Kommunikation über alle Zielabweichungspotenziale über die RCM-Grundsätze herauszustellen.

2.2.1.2 Wesentlichkeitsgrenzen und Portfolio-Betrachtung

Da nicht alle Risiken und Chancen gleichbedeutend waren, wurden von den Ansprechpartnern Wesentlichkeitsgrenzen für als bedeutsam einzustufende Risiken und Chancen unternehmensindividuell entwickelt (vgl. Tab. 11).

Tab. 11: Wesentlichkeitsgrenzen für Schadenshöhen (in €)

Praxis-projekte	Wesentlichkeitsgrenzen für Schadenshöhen (in €)			
	Akzeptierte ("geringe") Risiken	Relevante ("mittlere") Risiken	Wesentliche ("hohe") Risiken	Bestandsgefährdende ("gravierende") Risiken
SW 1	≥ 50.000	≥ 200.000	≥ 500.000	≥ 1.000.000
SW 2	≥ 50.000	≥ 200.000	≥ 500.000	≥ 1.000.000
SW 3	≥ 25.000	≥ 100.000	≥ 300.000	≥ 750.000
SW 4	≥ 25.000	≥ 50.000	≥ 150.000	≥ 300.000
SW 5	≥ 25.000	≥ 100.000	≥ 300.000	≥ 750.000
SW 6	≥ 25.000	≥ 50.000	≥ 150.000	≥ 300.000
SW 7	≥ 25.000	≥ 50.000	≥ 150.000	≥ 300.000

In allen Fällen wurde ein Betrachtungszeitraum für Risiken von drei Jahren festgelegt. Bei der Chancenbehandlung wurde bestimmt, dass diese unabhängig von einem Betrachtungszeitraum und von ihrem Ertragspotenzial zu erfassen und zu berichten waren. In den Ausführungen im Kapitel B wurde darauf hingewiesen, dass Wesentlichkeitsgrenzen bestimmen, bis zu welchen Schadenshöhen bzw. Ertragspotenzialen eine organisatorische Einheit ein Risiko bzw. eine Chance selbst zu bewältigen hat.[925] Kommt es zu einer Überschreitung, so sind die Zielabweichungspotenziale an eine höhere Hierarchiestufe zu berichten. Es wurde festgelegt, dass "akzeptierte" Risiken durch die Fachabteilungen zu bewältigen sind. "Relevante", "wesentliche" und "bestandsgefährdende" Risiken waren Gegenstand der Berichterstattung an die Unternehmensleitung.

Neben Wesentlichkeitsgrenzen für Schadenshöhen wurden solche für Eintrittswahrscheinlichkeiten festgelegt (vgl. Tab. 12).

Tab. 12: Wesentlichkeitsgrenzen für Eintrittswahrscheinlichkeiten (in %)

Praxis-projekte	Wesentlichkeitsgrenzen für Eintrittswahrscheinlichkeiten (in %)			
	Akzeptierte ("niedrige") Risiken	Relevante ("mögliche") Risiken	Wesentliche ("wahrscheinliche") Risiken	Bestandsgefährdende ("sehr hohe") Risiken
Alle SW	≥ 5 bis < 25	≥ 25 bis < 50	≥ 50 bis < 75	≥ 75

Es wurde bestimmt, dass nur solche Risiken und Chancen durch das RCMS betrachtet werden, denen eine Eintrittswahrscheinlichkeit von ≥ 5 % zuzurechnen ist. Durch diesen "Eingangsschwellenwert" wurde vermieden, dass man sich mit sehr unwahrscheinlichen Risiken auseinanderzusetzen hat. In dieser als *"Wertgrenzensystematik"*[926] bezeichneten Vorgehensweise wurde im Umgang mit Chancen bestimmt, dass diese unabhängig von ihrer möglichen Ertragshöhe und ihrer Eintrittswahrscheinlichkeit unternehmensweit zu erfassen waren. Dies schloss auch Chancen mit ein, denen eine geringe Höhe und eine geringe Vorhersehbarkeit zuzurechnen war. Grund für diese Vorgehensweise war, dass in den Zeiten des steigenden Wettbewerbsdrucks selbst der Möglichkeit der Nutzung kleinster Erfolgspotenziale eine hohe Bedeutung beigemessen wurde. Hierzu beschlossen die mittelgroßen betreuten EVU, dass die identifizierten Chancen an den jeweiligen Fachvorgesetzten zu berichten waren, in dessen Aufgabenbereich diese fielen. Dieser hat nach pflichtgemäßem Ermessen zu prüfen und zu entscheiden, ob es sich tatsächlich um eine Chance mit einem rea-

925 Vgl. Kapitel C, Punkt 3.1.1, S. 108 ff.

926 Elfgen/Sieler (2001), Rz. 60, S. 388 f. Vgl. auch Elfgen (2002), S. 324.

listischen Ertragspotenzial handelte oder nicht. Konnte dies festgestellt werden, so waren die Chanceninformationen an die Unternehmensleitung in standardisierter Form zu berichten.[927] Bei der kleinen Gesellschaft wurden Chancen direkt an die Unternehmensleitung berichtet.

Die unterschiedliche Behandlung von Risiken und Chancen wurde bestimmt, weil insbesondere strategische Chancen für möglich gehalten wurden (z. B. Kooperationen mit anderen Stadtwerken, Ausbau neuer Geschäftsfelder im Querverbund etc.). Diese entstehen i. d. R. weniger in der Linie, sondern eher auf Ebene der Unternehmensleitung. Da die Möglichkeit des Auftretens von operativen Risiken stärker durch die Praxisprojekte gesehen wurde als die von strategischen Risiken, stellte diese Verfahrensweise eine praktikable Lösung zur Gleichbehandlung der Zielabweichungspotenziale und zur Wahrung der Wirtschaftlichkeit und Effektivität des Gesamtsystems dar.

Die festgelegten Wesentlichkeitsgrenzen zu Schadenshöhen waren maßgeblich von der Risikobereitschaft der jeweiligen Unternehmensleitung und der Größe des EVU abhängig. Wie aus der Tabelle 11 ersichtlich wird, wurden Risiken ab einer Größenordnung von ≥ 25 T€ bzw. ≥ 50 T€ betrachtet ("betrachtungswürdige Risiken"). Die Festlegung von Wesentlichkeitsgrenzen zu Schadenshöhen von bestandsgefährdenden ("gravierenden") Risiken stellte eine Herausforderung dar. Wie aufgezeigt wurde, kann eine Bestandsgefährdung für Fälle angenommen werden, in denen eine Überschuldung oder eine Zahlungsunfähigkeit vorliegt. Bei Unternehmen mit öffentlichen Anteilseignern kann dies aufgrund der besonderen Möglichkeiten bei der Kreditbeschaffung zu hohen Wesentlichkeitsgrenzen und zu Schadenshöhen führen. Davon ließ sich keine der Unternehmensleitungen beeinflussen. Die eigenen Überlegungen schlossen vielmehr ein, dass zwischen den Praxisprojekten und den Anteilseignern ein Gewinnabführungsvertrag geschlossen war. Renditeziele waren festgelegt worden und es musste eine angemessene Verzinsung der überlassenen öffentlichen Mittel als Beitrag für den kommunalen Haushalt erwirtschaftet werden. Die Gewinne waren jährlich an die Trägergemeinde zur Haushaltssicherung abzuführen. Als gravierendes Risiko wurde es angesehen, wenn ein Schaden die Gewinne aufzehren würde. Es wurde als bestandsgefährdend eingestuft, falls eine Trägerschaft als Anteilseigner in der Folge ihr kommunales Engagement in der Energieversorgung überdenkt und Anteilsverkäufe bzw. den Unternehmensverkauf vornimmt.[928]

Mittels der Wesentlichkeitsgrenzen wurde die Portfoliobetrachtung für Risiken ermöglicht. Die zu Schadenshöhen und Eintrittswahrscheinlichkeiten tren-

---

927 Vgl. in der Folge Punkt 2.2.2.1, S. 198 ff.

928 Vgl. Schmidt (2002), S. 90 f.

nen die "Risikofelder" voneinander ab. Die Summe der Risikofelder bildet die Risiko-Matrix (vgl. Abb. 15).[929]

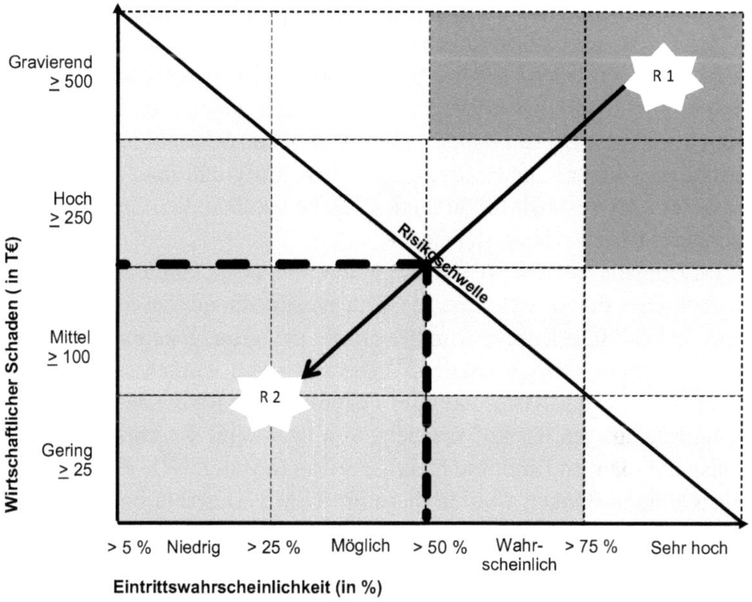

Abb. 15: Beispiel zu einem Risiko-Portfolio

Jedes Risiko wird in der Risiko-Matrix durch zwei Punkte gekennzeichnet. Deren Schnittpunkt bildet den Schadenserwartungswert, der im Rahmen der BBM und NBM berechnet wurde. Entfallen die Punkte auf das gleiche Risikofeld, so sind diesem Risiko noch keine wirksamen Gegenmaßnahmen zugeordnet worden bzw. diese nicht existent. Um Scheingenauigkeiten bei der Positionierung einzelner Risiken in gleichen Risikofeldern zu vermeiden, wurde festgelegt, dass der Verteilung und Positionierung keine Bedeutung beizumessen ist. Die Bedeutung eines Risikos ergibt sich aus den unterschiedlichen Farbgebungen in den Risiko-Feldern. Risiken, denen eine Vorhersehbarkeit von "wahrscheinlich" bzw. "sehr hoch" beizumessen und die gleichzeitig eine Schadenshöhe von "hoch" bzw. "gravierend" besitzen, zeigen das höchste Gefährdungspotenzial durch Lage an. Diese wurden in „rot“ gekennzeichnet, da diese der Klasse der bestandsgefährdenden ("gravierenden") Risiken angehören. Diese

929 Vgl. Kapitel B, Punkt 3.2.3, S. 121 ff.

zeigen aufgrund ihrer Position, dass diesen das größte Augenmerk gewidmet werden muss.

Die Risiken, die auf die gelb gekennzeichneten Risikofelder entfallen, gehören der Klasse der "wesentlichen Risiken" an. Diese besitzen keinen unmittelbaren bestandsgefährdenden Charakter, können sich jedoch im Zeitverlauf oder durch Kumulation bzw. in Wechselwirkung mit anderen Risiken zu einem solchen entwickeln. Diese können bei Eintritt einen wesentlichen Einfluss auf die Vermögens-, Finanz- und Ertragslage haben. Aufgrund ihrer "Nähe" zu den Risikofeldern der bestandsgefährdenden Risiken sollten diese im Zeitverlauf unter besonderer Überwachung stehen.

Im Umgang mit den wesentlichen und bestandsgefährdenden Risiken war es das Ziel, dass durch wirksame Steuerungsmaßnahmen diese im Zeitverlauf mit ihrem hohen Schadenserwartungswert in die grün gekennzeichneten Risiko-Felder überführt werden können.[930] Diese Risiken würden sich dann nach den Ergebnissen aus der NBM und ihrer Position in der Risiko-Matrix zu einem "betrachtungswürdigen Risiko" wandeln, von dem keine wesentlichen oder gar bestandsgefährdenden Einflüsse mehr zu erwarten wären. Wie die übrigen betrachtungswürdigen Risiken wurden diese im RCMS weiterhin beobachtet, gesteuert und überwacht. Zu den noch darzustellenden Beobachtungszeitpunkten erfuhren diese eine Aktualisierung der zu früheren Zeitpunkten getroffenen Einschätzung. Über die Veränderungen in den Einschätzungen wurde die Unternehmensleitung regelmäßig in Form eines standardisierten Reportings informiert.

2.2.1.3 Beobachtungsbereiche und Kategorisierung

Im Erstgespräch wurden diejenigen Unternehmensbereiche und betrieblichen Prozesse abgegrenzt, aus denen Risiken und Chancen entstehen konnten. Damit wurde der Forderung im Kriterienkatalog im Kapitel B entsprochen, dass alle Bereiche und betrieblichen Prozesse bestimmt werden müssen, aus denen Risiken und Chancen entstehen können. Dies stellt die Basis für eine strukturierte und unternehmensweite RC-Identifikation dar.

Mit der Herleitung der Beobachtungsbereiche wurde auch aufgezeigt, welche Unternehmensbereiche bzw. Personen im Rahmen der Ablauforganisation bestimmte Aufgaben und Verantwortlichkeiten im RCMS zu übernehmen hatten.[931] Auswahlkriterium war die Möglichkeit, dass mindestens betrachtungswürdige Risiken bzw. grundsätzliche Chancen aus einem Beobachtungsbereich entstehen konnten. Bei der Abgrenzung musste teilweise berücksichtigt werden,

---

930 Anm.: In der Abb. 15 die Verlagerung des Risikos R1 nach R 2 im Zeitverlauf.

931 Anm.: Zur Ableitung der Beobachtungsbereiche sind aktuelle Unternehmensorganigramme oder Übersichten über die Struktur der Unternehmen hilfreich.

dass Mitarbeiter in einer Doppelfunktion tätig waren und es dadurch zu Überschneidungen in den Beobachtungsbereichen kam. Dies galt es bei der Abgrenzung von Verantwortlichkeiten[932] im RCMS zu berücksichtigen.

Für die betreuten EVU existierten Beobachtungsbereiche insbesondere in den einzelnen technischen (z. B. Elektro-, Gas- und Wasseranlagen sowie Netze etc.) sowie kaufmännischen (z. B. Rechnungswesen, Auftragsabwicklung, Vertrieb etc.) Unternehmensbereichen. Zur Förderung einer systematischen und vollständigen RC-Identifikation wurden folgende RC-Kategorien festgelegt (vgl. Abb. 16).[933]

1. Interne Unternehmensrisiken und -chancen:
   a. Betriebsrisiken und -chancen:
      - *Technische Anlagen*
      - *Personal*
      - *Organisation*
   b. EDV-Risiken und -Chancen

2. Externe Unternehmensrisiken und -chancen:
   a. Marktrisiken und -chancen:
      - *Kunden*
      - *Wettbewerb*
      - *Geschäftsfeld*
   b. Umfeldrisiken und -chancen
   c. Beschaffungsrisiken und -chancen
   d. Finanzrisiken und -chancen

Abb. 16: Risiko- und Chancen-Kategorien

Ergänzend hierzu wurde teilweise eine weitergehende Kategorisierung in strategische und operative Risiken und Chancen vorgenommen.[934] Die internen und externen Unternehmensrisiken und -chancen stellen die oberste Betrachtungsebene dar. Diese beschreiben gegenwärtige und zukünftige Gefährdungs- bzw. Ertragspotenziale, die aus einem Unternehmen selbst entstehen können. Diesen wurden als Unterkategorien die technischen Anlagen, der Personalbereich, die Organisation sowie die EDV untergeordnet.

Technische Anlagenrisiken sind solche die aus den technischen Einrichtungen erwachsen können. Diese können das Ziel der Sicherung der Versorgungssi-

932 Anm.: Insbesondere Verantwortlichkeiten zur fortlaufenden RC-Identifikation.

933 Zu den Ansätzen zur Systematisierung von Risiken vgl. Mikus (2001a), S. 7 ff. Zu Risikokategorien bei EVU vgl. Schlotjunker et al. (2005), S. 121, Voß/Kramer (2000), Abb. 1, S. 575. Zu Risikoarten von EVU im wettbewerblichen Stromhandel vgl. bspw. Meißner/Scholand (2000), S. 558. Zu vertrieblichen Risiken vgl. IIR-AK (2004), S. 7 ff.

934 "Strategische Risiken bestehen darin, das Falsche zu tun. Operative Risiken bestehen darin, das Richtige falsch zu machen". Vgl. PwC (2000), S. 9.

cherheit gefährden. Als Beispiele hierfür können Schäden an den Energieverteilungs- und Wassergewinnungsanlagen, mögliche Umwelthaftungen aufgrund von technischen Störungen, Sabotage, höhere Gewalt etc. gezählt werden. Möglichkeiten zur Steigerung der Effizienz der technischen Anlagen oder solche zur Gewährleistung der Umweltverträglichkeit wurden als Chance klassifiziert.

Zu den Personalrisiken zählen solche, die bspw. aus einer geringen Zahl an qualifiziertem Personal, fehlenden Vertretungs- und Nachfolgeregelungen oder einer unzureichenden Mitarbeitermotivation resultieren können. Chancen im Personalbereich wurden mittels Weiterqualifikation der Mitarbeiter, der Arbeitsplatzgestaltung oder i. V. m. den individuellen Zielvereinbarungen gesehen.

Organisationsrisiken wurden i. Z. m. dem nicht optimalen Ablauf der betrieblichen Prozesse gesehen. An dieser Stelle besteht die Gefahr, dass betriebliche Prozesse nicht effektiv oder effizient ablaufen und es zu Mehrkosten bzw. zu einer unnötigen Mehrbelastung des Personals kommt. Chancen wurden durch die eindeutige Regelung von organisatorischen Abläufen mittels Richtlinien bzw. Arbeitsanweisungen gesehen und durch Vergabe von eindeutigen Regelungen zu Verantwortlichkeiten.

Zu den EDV-Risiken wurden solche gezählt, die im gesamten Bereich der EDV-gestützten Informationsverarbeitung, -aufbereitung und -speicherung auftreten können. Datenverluste und eine mangelnde Soft- und Hardwareausstattung gehören zu den EDV-Risiken. Chancen im EDV-Bereich wurden i. Z. m. dem Einsatz neuerer EDV-Technologien gesehen, falls dadurch z. B. die Verarbeitungsgeschwindigkeit erhöht werden konnte.

Externe Unternehmensrisiken und -chancen resultieren aus Zuständen bzw. Entwicklungen, die von außen auf ein Unternehmen einwirken.[935] Von den betreuten EVU wurden diesen die Unterkategorien der Markt-, Umfeld-, Beschaffungs- und Finanzrisiken und -chancen untergeordnet. Die Marktrisiken spiegeln die Branchensituation für ein Unternehmen im Wettbewerbsumfeld sowie dessen Situation auf der Absatz- und Beschaffungsseite wider. Da den Beschaffungsrisiken eine besonders hohe Relevanz von den betreuten EVU zugesprochen wurde, wurden diese als eigenständige Unterkategorie ausgewiesen. Die Marktrisiken und -chancen selbst wurden in die Einzelkategorien der Kunden-, Wettbewerbs- und Geschäftsfeldrisiken und -chancen weiter unterteilt. Dies wurde als Beitrag zur transparenteren Darstellung der RC-Landschaft aufgefasst.

Kundenrisiken sind in der Energiewirtschaft eng mit dem Kundenverhalten verknüpft. Sie treten ein, wenn Kunden z. B. aufgrund von Energiepreiserhöhungen oder einer unzureichenden Versorgungssicherheit oder Serviceleistung zu anderen EVU abwandern. Sie schlagen sich i. d. R. in Erlös- bzw. Margen-

935 Zu den Umfeldeinflüssen auf EVU vgl. Trunk (2002), Abb. 1, S. 160.

verlusten nieder. Maßnahmen zur Steigerung der Kundenzufriedenheit wurden als Chance angesehen. Dazu boten sich solche zur Verstärkung der Kundenbindung an. Aus diesen konnte die Chance der Neukundengewinnung resultieren.

Durch die Liberalisierung und die Regulierung entstanden insbesondere Wettbewerbsrisiken und -chancen für die interessierenden kommunalen EVU. Wettbewerbsrisiken entstehen durch den Einfluss des Marktes auf einzelne traditionelle oder auch neuere Geschäftsfelder. Der Auftritt von aggressiven Wettbewerbern sowie Verhaltensänderungen bei bekannten Wettbewerbern gehörten dazu. Chancen wurden bspw. i. Z. m. mit der Verbesserung des Dienstleistungsbereichs (z. B. Energieberatung) im Wettbewerb gesehen oder mittels strategischer Partnerschaften auf der Absatzseite.

Zu den Geschäftsfeldrisiken gehören solche, die dem direkten Umfeld der Geschäftstätigkeiten angehören. Als Beispiele hierfür kann die Veränderung der Bedingungen in den Konzessions-[936] und Durchleitungsverträgen[937] genannt werden. Insbesondere strategische Chancen i. Z. m. der Verhandlung von Verträgen wurden für möglich gehalten.

Neben den bereits genannten Marktrisiken und -chancen wurde insbesondere den Umfeldrisiken eine besonders hohe Relevanz beigemessen. Zu diesen zählen solche, die aus der Veränderung der Gesetzeslage oder aus politischen Entscheidungen entstehen können. Das "Wirken" der Regulierungsbehörde sowie die Beschneidung bei den Netznutzungsentgelten durch diese wurden vielfach benannt. Chancen im Umfeldbereich wurden dann gesehen, wenn es mit zeitlichem Vorlauf möglich war, die politische und rechtliche Zukunft von EVU herzuleiten. Die intensive Verbandsarbeit wurde als Möglichkeit an dieser Stelle genannt, um so auf Veränderungen mit zeitlichem Vorlauf und geringeren Kostendruck reagieren zu können. An dieser Stelle bestand für die betreuten EVU auch ein starker Bezug zu den möglichen Wettbewerbschancen.

Den Beschaffungsrisiken wurde eine ganz besonders große Bedeutung zugesprochen. Zu diesen werden solche gezählt, die sich i. Z. m. der Beschaffung von nicht selbst erzeugten Energien, bei der von Verbrauchsgütern (insbesondere technische Ausrüstungsgegenstände) sowie bei der Inanspruchnahme von Dienstleistungen durch Dritte ergeben können. Mögliche Folgekosten durch Qualitätsmängel bei der Montage von bspw. technischen Anlagen, Lagerfehlmengen etc. wurden ebenfalls zu den Beschaffungsrisiken gezählt. Chancen

---

936 Vgl. Kapitel A, Punkt 2.2.1, Fn. 170, S. 28.

937 Auch Netznutzungsvertrag genannt. Dieser regelt u. a. das zu zahlende Netznutzungsentgelt und alle technischen und sonstigen Bedingungen der Nutzung von fremden Netzen. Vgl. Kraus (2004), S. 142.

wurden bspw. in der Optimierung des Einkaufs von Energien und bei der Lieferantenauswahl bei der Energiebeschaffung gesehen.

Zu den Finanzrisiken ist zu sagen, dass deren Grenzen zu den bereits aufgezeigten übrigen Risiken und Chancen in den einzelnen RC-Kategorien teilweise als fließend zu umschreiben sind. Da die Wirkungen von Risiken (Schadenspotenzial) und Chancen (Ertragspotenzial) auf den Unternehmenserfolg grundsätzlich in einer finanziellen Größe (bspw. Umsatz-, Gewinn-, Margenverlust) ausgedrückt werden kann, fällt teilweise eine eindeutige Zuordnung in eine der dargestellten RC-Kategorien schwer.

Bei der Zuordnung von Finanzrisiken wurde festgelegt, dass die Ursache für das Auftreten von Risiken und Chancen bestimmt, in welche RC-Kategorie ein Zielabweichungspotenzial einzuordnen ist. Zu den Finanzrisiken selbst wurden die gezählt, die i. Z. m. der Kapitalbeschaffung, mit Forderungsausfällen oder mit Zinszahlungen stehen. Chancen wurden bspw. darin gesehen, im Rahmen der Finanzplanung die Möglichkeit von Tagegeldern in Anspruch zu nehmen.

Bei der Festlegung der RC-Kategorien war zu berücksichtigen, dass sich diese wie der gesamte RC-Prozess jederzeit ggf. an die sich verändernden Umweltbedingungen anpassen müssen. Die Möglichkeit besteht zukünftig, dass Risiken und Chancen auftreten, die den RC-Kategorien nicht zuzuordnen sind. Es ist denkbar, dass die Kategorien zukünftig nicht ausreichend sein werden bzw. nicht mehr ausreichend untergliedert sind, um alle identifizierten Risiken und Chancen strukturiert darzustellen. Die dargestellten RC-Kategorien waren daher aus Sicht der betreuten EVU keine abschließende Aufzählung der zukünftig für denkbar bzw. für möglich gehaltenen Risiken und Chancen.

2.2.1.4 Aufnahme von Systembestandteilen

Um ein erstes grobes Konzept zum RCMS herzuleiten, musste sich eine Übersicht über die bereits bei den Praxisprojekten existierenden Systembestandteile verschafft werden. Alle Praxisprojekte hatten vor Projektbeginn angegeben, kein systematisches RFS zu besitzen. Bestandsgefährdende Risiken und einzelne Chancen wurden wenn, dann lediglich auf Ebene der Unternehmensleitung betrachtet. Eine explizite Berücksichtigung von Kumulrisiken existierte nicht und die Analyse von Wechselwirkungen von Risiken und Chancen wurde nur vereinzelt und nicht systematisch vorgenommen.

Im Zuge dieser Ist-Aufnahme zu Systembestandteilen war es auffällig, dass die Unternehmensleiter gemeinsam mit dem jeweiligen Abschlussprüfer eine deutlich pessimistischere Haltung hinsichtlich des Vorhandenseins von Teilbestandteilen bzw. den Teilsystemen eines in ein RCMS integrierten RFS äußerten als die anwesenden leitenden Angestellten (z. B. kaufmännischer Leiter, Vertriebsleiter, technischer Leiter und Meister). Dies führte in den Erstgesprächen in der Folge teilweise zu lebhaft geführten Diskussionen. Insbesondere hinsichtlich der Frage, ob von der Existenz eines wirksamen Frühwarn- bzw. Früherkennungssystems auszugehen war, bestand zwischen den Ansprechpartnern ein hoher Diskussionsbedarf. Gemeinsam wurde erarbeitet, ob die in der Modellbetrachtung dargestellten Kriterien zu einem wirksamen System tatsächlich bei den betreuten EVU als erfüllt, als überwiegend erfüllt, als teilweise oder als gar nicht erfüllt angesehen werden konnten.

Hinsichtlich der Existenz eines Frühwarn- bzw. Früherkennungssystems wurde festgestellt, dass die im Kapitel B formulierten Anforderungen bestenfalls als teilweise erfüllt anzusehen waren. Obwohl es aufgrund der Eigenart der existierenden Risiken und Chancen möglich gewesen wäre und wirksame FEI bei den betreuten EVU vorhanden waren, kam es nur vereinzelt zu einer Kopplung bzw. wirksamen Überwachung.[938] Bestandsgefährdende Risiken wurden auf Ebene der Unternehmensleitung teilweise beobachtet und überwacht. Diesen wurden jedoch selten wirksame FWI zugeordnet. Falls dies doch geschah, unterlagen diese keiner regelmäßigen Überwachung. Toleranzgrenzen zu diesen waren nicht existent.[939]

Hinsichtlich der Existenz eines Controlling bzw. eines Risiko-Controlling fielen die ermittelten Ergebnisse im Rahmen der Systemaufnahme etwas besser aus. Drei der betreuten EVU besaßen einen Unternehmensbereich, der sich mit Controlling-Aufgaben beschäftigte (z. B. Berichtswesen, Betriebssteuerung). Ein EVU war zu Projektbeginn damit beschäftigt, im Hinblick auf die Anforderungen, die durch das Unbundling gestellt wurden, einen entsprechenden Bereich aufzubauen. Hier wurden regelmäßige Auswertungen über die Entwicklung der Vermögens-, Finanz- und Ertragspositionen vorgenommen und teilweise die Auswirkungen von Risikopositionen bewertet. Die Ergebnisse wurden an die Unternehmensleitung berichtet. Die Existenz eines Risiko-Controlling wurde als überwiegend erfüllt angesehen. Da jedoch keine systematische Informationsbeschaffung über Zielabweichungspotenziale vorgenommen wurde und es nicht zu einer Einbindung des Controlling bei der Identifikation, Steuerung und Kon-

938 Beispiel: Jedes der Praxisprojekte wertete Störmeldungen im technischen Bereich aus. Ein wesentliches Risiko bestand darin, dass die Stromversorgung unterbrochen wird bzw. ausfällt. An dieser Stelle wurde durch keins der Praxisprojekte eine Kopplung des Indikators "Störanfälligkeit" mit dem Risiko vorgenommen und dieser regelmäßig auf seine Veränderungen hin untersucht.

939 Anm.: Bei einem Praxisprojekt bestand ein bestandsgefährdendes Risiko darin, dass dieses aufgrund der angespannten Liquiditätslage zahlungsunfähig wird. Eine Liquiditätsvorausschaurechnung wurde nur teilweise durchgeführt. Entsprechend abzuleitende Kennzahlen zur Liquiditätslage hätten als FWI genutzt werden können.

trolle von Risiken und Chancen kam, wurde die Existenz eines Risiko-Controlling an dieser Stelle als nicht gänzlich erfüllt eingestuft. Bei den übrigen drei Praxisprojekten kam man zu dem Schluss, dass die Existenz eines Risiko-Controlling bestenfalls als nur teilweise erfüllt anzusehen war. Hier existierte bis zu Projektbeginn kein Berichtswesen über die Veränderung der Vermögens-, Finanz- und Ertragspositionen. Es existierten keine Informationen darüber, welche Auswirkungen von Risiken auf den Unternehmenserfolg zu erwarten waren. Obwohl entsprechende Fachabteilungen existierten (Rechnungswesen, Finanzbuchhaltung, Betriebssteuerung), gab es z. B. keine Möglichkeit zur Liquiditätsvorausschaurechnung. Dieser Umstand wurde insbesondere durch den verantwortlichen Abschlussprüfer als bedenklich eingestuft, da wesentliche finanzwirtschaftliche Informationen zur Unternehmenssteuerung nur durch Eigeninitiative der jeweiligen Unternehmensleitung zu generieren waren.

Hinsichtlich der Existenz eines Internen ÜWS wurde festgestellt, dass dessen Existenz bei vier Praxisprojekten als überwiegend erfüllt einzustufen war. Bei diesen war der jeweilige Abschlussprüfer sowie die Unternehmensleitung nach eigenen Angaben regelmäßig in die prozessunabhängige Überwachung mit eingebunden. Bei zwei der Praxisprojekte wurden entsprechende Überwachungstätigkeiten auch durch das Controlling vorgenommen. Durch regelmäßige Besprechungen der Unternehmensleitung mit den Bereichsverantwortlichen wurde ein Beitrag zur Überwachung aller betrieblichen Vorgänge geleistet. In diesen Gesprächen wurde auch auf Missstände im IKS sowie auf bestehende und neu identifizierte Risiken eingegangen. Bei diesen vier betreuten EVU bestanden auch Regelungen hinsichtlich eines technischen Sicherheitsmanagements ("TSM"[940]) und eines Qualitätsmanagementsystems ("QMS"[941]). Durch diese Systeme waren die Mitarbeiter auf Abteilungsleiter-Ebene dazu verpflichtet, in Form einer prozessabhängigen Überwachung die betrieblichen Prozesse regelmäßig zu überwachen. Entsprechende Berichte zu den Prüfungsergebnissen wurden in nachweisbarer aber nicht regelmäßiger Form an die Unternehmensleitung berichtet. Weitergehende Überwachungstätigkeiten, bspw. durch eine IR, waren aufgrund der Unternehmensgröße nicht vorzufinden.

Bei den übrigen drei Praxisprojekten war die Existenz eines Internen ÜWS als nur teilweise bzw. als nicht erfüllt anzusehen. Bei zweien nahm die Unternehmensleitung gemeinsam mit der Abschlussprüfung die prozessunabhängige Überwachung vor. Es existierten jedoch keine nachweisbaren Regelungen dahingehend, wann die Überwachungstätigkeit vorgenommen wurde und welche Ergebnisse in der Vergangenheit sich aus diesen Prüfungen ergeben hatten.

940 Technisches Sicherheitsmanagement. Vgl. www.dvgw.de.

941 QMS nach DIN EN ISO 9001:2000. Vgl. www.tuv.com.

Hinweise darauf, dass bspw. die Abteilungsleiter-Ebene sich aktiv an der prozessabhängigen Überwachung des RFS in ihrem Aufgabenbereich beteiligte, waren nicht auffindbar. Bei einem der betreuten EVU musste die Unternehmensleitung zugestehen, dass es ihr aufgrund der Arbeitsbelastung nicht möglich war, die prozessunabhängige Überwachung sicherzustellen. Bei diesem EVU waren darüber hinaus die Belegschaft auf operativer Ebene und die Leitungsebene stark mit der Bewältigung des Tagesgeschäfts beschäftigt. Hier konnte nicht von der Sicherstellung der prozessabhängigen Überwachung des RFS ausgegangen werden.

Insgesamt wurde festgestellt, dass umfangreiche Verbesserungspotenziale in den bis zu diesem Zeitpunkt implementierten RFS bei den Praxisprojekten existierten.

2.2.1.5 Risiko- und Chancen-Inventuren

Im Erstgespräch wurden die RC-Inventuren zur Aufnahme der RC-Landschaft in zeitlicher und organisatorischer Sicht gemeinsam mit den Ansprechpartnern geplant. Weitergehend verständigte man sich über Maßnahmen, die regelten, wie die Mitarbeiter im Vorfeld zu den Arbeiten zur RC-Inventur über die Projektinhalte näher zu informieren waren. Hinsichtlich der Grenzen zwischen der ersten und zweiten Projektphase ist zu sagen, dass die Übergänge als fließend zu umschreiben sind. In Abhängigkeit der festgelegten Beobachtungsbereiche wurden Mitarbeiter bestimmt, die an den RC-Inventuren als kundige Ansprechpartner teilzunehmen hatten.

Um zu gewährleisten, dass eine möglichst vollständige RC-Identifikation vorgenommen werden konnte, wurden im Vorfeld zu den eigentlichen Terminen zur RC-Inventur mit den jeweiligen Beobachtungsbereichen und den zugehörigen Mitarbeitern "Informations- bzw. Instruktionsveranstaltungen" zum Thema "RCMS" abgehalten. Eine "vorgelagerte Sensibilisierung" wurde für notwendig angesehen, um die Bereitschaft zur aktiven Teilnahme an den Veranstaltungen zu fördern. Dies geschah auch, um die RC-Kultur bei den betreuten EVU positiv zu beeinflussen. Konnten Mitarbeiter nicht an diesen Veranstaltungen teilnehmen, so wurden diese im Nachgang in Form von Einzelgesprächen instruiert.[942]

Während der Instruktionsveranstaltungen wurde den Mitarbeitern Raum geboten individuelle Fragen zum RCMS zu stellen. Auf diese Weise wurde versucht, die Mitarbeiter stark in das Projektgeschehen mit einzubinden und deren Bereitschaft zur aktiven Teilnahme zu erhöhen. Die grundsätzliche Vorgehensweise bei den RC-Inventuren wurde an dieser Stelle vorgestellt. Dies half dabei

942 Anm.: Zur Herleitung eines einheitlichen Kenntnisstand über das Projektvorgehen und die Vorgehensweise bei den RC-Inventuren.

zu vermeiden, dass die aus zeitlicher Sicht eng bemessenen Termine zur Fragenklärung genutzt wurden. Denjenigen Mitarbeitern, die aus Sicht der Unternehmensleitung eine besondere Aufgabe und Verantwortlichkeiten im RCMS zugeordnet bekamen, wurden im Rahmen der Instruktionsveranstaltungen hinsichtlich ihrer zukünftigen Aufgabe eingehender informiert und geschult.[943]

2.2.2 Durchführungsphase

Die Durchführungsphase kennzeichnet den Ablauf bei den RC-Inventuren. Parallel beinhaltete diese die Ausarbeitung der Organisation zum RCMS, die es galt in Form einer Systemdokumentation festzuschreiben.

2.2.2.1 Ablauf der Risiko- und Chanceninventuren

Im Kapitel B wurde aufgezeigt, dass bei der Herleitung einer möglichst vollständigen RC-Landschaft grundsätzlich unterschiedliche Hilfsmittel im Rahmen der RC-Identifikation zur Anwendung gelangen können. Bei den Praxisprojekten kamen ausschließlich die Alternativen des moderierten Workshops sowie des Interviews zur Anwendung. Gemeinsam mit den Mitarbeitern und den Verantwortlichen in den Beobachtungsbereichen wurden diese abgehalten.[944]

Gegenüber den Mitarbeitern war während der Informations- und Instruktionsveranstaltungen die Bitte geäußert worden, sich im Vorfeld zu den RC-Inventuren bereits Gedanken zu möglichen Risiken und Chancen in ihrem Aufgabenbereich und im gesamten Unternehmen zu machen. Zur RC-Inventur selbst wurde eine bereits im Vorfeld zu den Projekten erstellte "Risiko- und Chancencheckliste" ("RC-Checkliste") verwendet, mit deren Hilfe die grundsätzlichen Risiken und Chancen in den jeweiligen Aufgabenbereichen hinterfragt wurden. Diese RC-Checkliste diente dazu, die durch die Mitarbeiter vorgebrachten Risiken und Chancen ggf. zu komplettieren. Diese diente nicht als Arbeitsgrundlage, sondern als Ergänzung und als Anregung, um über weitere Risiken und Chancen gemeinsam nachzudenken.

Um eine möglichst strukturierte Erfassung von Risiken und Chancen zu gewährleisten, wurde durch den Bearbeiter im Vorfeld zu den Projekten ein Arbeitsblatt zur RC-Inventur konzipiert. Mit dessen Hilfe war es möglich, die er-

---

943 Anm.: Hierbei handelte es sich um solche Mitarbeiter, die als RC-Verantwortliche oder RC-Experten im RCMS agieren sollten.

944 Anm.: Insgesamt wurden 19 Workshops und 35 Interviews durchgeführt. Die Wahl, ob ein Workshop oder ein Interview abgehalten wurde, hing von der Größe (Anzahl Mitarbeiter) im Beobachtungsbereich ab. Workshops wurden i. d. R. halbtags anberaumt, Interviews gingen über einige Stunden.

haltenen RC-Informationen zu skizzieren. Nachdem alle RC-Informationen erfasst worden waren, wurden diese in ein standardisiertes RC-Erfassungsblatt übertragen. Die so dokumentierten Informationen pro Einzelrisiko und Einzelchance wurden anschließend zur Abstimmung an die jeweiligen Beobachtungsbereiche ausgehändigt. Ergaben sich keine weiteren Veränderungen in den erhobenen RC-Informationen, bildeten diese in Form einer RC-Map pro Beobachtungsbereich und RC-Kategorie die Basis für ein standardisiertes RC-Berichtswesen an die Unternehmensleitung.

Es wurde bereits gesagt, dass die Struktur der Vorgehensweise bei der RC-Inventur entscheidend dafür ist, dass eine möglichst vollständige RC-Landschaft hergeleitet werden kann. Aus diesem Grund wurde eine zweigeteilte Vorgehensweise bei der Durchführung der RC-Inventuren vorgenommen. Mittels einer zuerst Top-Down gerichteten Suche wurden diejenigen Risiken und Chancen erhoben, die auf Ebene der Unternehmensleitung gesehen wurden. Im Nachgang dazu wurde mit den Mitarbeitern in den Beobachtungsbereichen eine Bottom-up gerichtete Suche durchgeführt. Die dem jeweils identifizierten Zielabweichungspotenzial zugehörigen Basisannahmen wurden in Form eines "RC-Szenarios" diskutiert, erarbeitet und festgeschrieben. Auf diese Weise wurde analysiert, ob es sich tatsächlich um ein Risiko bzw. eine Chance handelte und zugleich erste Grundinformationen über eine Messung von Eintrittswahrscheinlichkeit und Höhe für die weitergehende RC-Bewertung erarbeitet. An dieser Stelle erfolgte auch die Zuordnung in einer der aufgezeigten RC-Kategorien. Im nächsten Schritt wurden die Mitarbeiter bestimmt, die den größten Bezug und dadurch den größten Kenntnisstand zu dem jeweiligen identifizierten Zielabweichungspotenzial besaßen. Diese wurden zum sog. "Risiko- und Chancen-Experten" ("RC-Experten") ernannt.

Nachdem die Schritte Identifikation, Analyse, Kategorisierung und die Zuordnung eines RC-Experten vollzogen waren, galt es, das grundsätzliche Bedrohungs- bzw. Ertragspotenzial im Rahmen der RC-Bewertung zu bestimmen. Als Methodik kam hier die dargestellte kombinierte Bewertungsmethodik aus BBM und NBM zur Anwendung. Die mittels der BBM erlangten Ergebnisse zu Eintrittswahrscheinlichkeiten und Schadenshöhen wurden anschließend in das RC-Portfolio im Arbeitsblatt zur RC-Inventur übertragen. Auf diese Weise war der "worst-" und "best-case" eines Risikos bzw. einer Chance visualisiert. Die Abgrenzung der RC-Felder wurde durch die festgelegten Wesentlichkeitsgrenzen determiniert. Obwohl eine unterschiedliche Vorgehensweise bei der Behandlung von Risiken und Chancen festgelegt wurde, wurden zur Herleitung der möglichst vollständigen RC-Landschaft alle während der RC-Inventur erhobenen Zielabweichungspotenziale auf diese Weise erfasst, bewertet und dokumentiert.

Im Nachgang zur BBM wurde die NBM durchgeführt. Als Zwischenschritt zwischen diesen beiden Bewertungsmethoden wurden die bereits etablierten und wirksamen Gegenmaßnahmen und Strategien erhoben und deren Wirkungen auf die Einzelrisiken und -chancen bestimmt. Diese Gesamtergebnisse dazu wurden anschließend in das Arbeitsblatt zur RC-Inventur übertragen. Wurde festgestellt, dass das maximale Schadenspotenzial eines Risikos bzw. das Ertragspotenzial einer Chance den gleichen Wert besaß wie das ermittelte Restrisiko bzw. die ermittelte Restchance nach der NBM, so war dies ein Zeichen dafür, dass noch keine wirksamen Gegenmaßnahmen bzw. Strategien bisher induziert worden waren bzw. werden konnten.[945]

Während der RC-Bewertung kam es vor, dass Risiken benannt wurden, die unterhalb der Eingangswerte für betrachtungswürdige Risiken lagen.[946] Um die Vollständigkeit bei der Herleitung der RC-Landschaft zu gewährleisten, wurden diese bei der RC-Inventur mit aufgenommen. Diese wurden dahingehend überprüft, ob diese in Wechselwirkung mit anderen Risiken bzw. Chancen standen. War dies nicht feststellbar, verblieben diese zur weiteren RC-Steuerung und RC-Überwachung in den zuständigen Beobachtungsbereichen.

Im Nachgang zur RC-Bewertung galt es gemeinsam mit den Teilnehmern zu analysieren, ob weitere Gegenmaßnahmen und Strategien zu den als betrachtungswürdig eingestuften Risiken und Chancen entwickelt werden konnten. Insbesondere für die Steuerung von Risiken, die nach der Nettobewertung ein wesentliches oder gar bestandsgefährdendes Gefährdungspotenzial aufwiesen, war dieser Schritt notwendig. Dadurch konnte ein Beitrag zur weiteren Reduktion von Risiken bzw. zur Nutzbarmachung von Chancen geleistet werden.

In einem letzten Schritt wurde der Versuch unternommen, den identifizierten Risiken und Chancen entsprechend wirksame FEI zuzuordnen. Die Suche nach geeigneten Indikatoren, die helfen in der Zukunft eine rechtzeitige Veränderung von bereits erkannten Risiken und Chancen aufzuzeigen, stellte sich in einigen Fällen als ein schwieriges Unterfangen dar. Bei jedem der Praxisprojekte wurde jedoch recht schnell klar, dass in den meisten Fällen entsprechend wirksame FEI vorhanden waren. Bis zu diesem Zeitpunkt hatte es jedoch an der Risiko-Kopplung gemangelt.[947] Ein weiteres Problem bestand darin, entsprechende Sollwerte und Toleranzgrenzen zu FEI zu bestimmen. Als Ergebnis ergab sich bei allen Praxisprojekten, dass eine sinnvolle Zuordnung von Sollwerten und Toleranzgrenzen zu FEI in den seltensten Fällen gelingen konnte. An

945 Anm.: Es kam nicht selten vor, dass betrachtungswürdige Risiken sowie Chancen in den RC-Inventuren erhoben wurden, die bis dato noch nicht betrachtet worden waren.

946 Anm.: Bspw. der Diebstahl von Büromaterial oder technischem Equipment.

947 Anm.: Bspw. Schadensstatistiken, Personal-Krankenstand, Fluktuationsrate, Liquiditätskennzahlen, Zahlungsmoral und Abnahmeverhalten der Kunden.

dieser Stelle spiegeln sich die in der vorstehenden Untersuchung ermittelten Ergebnisse wider. Bei denjenigen Risiken und Chancen, bei denen keine wirksamen FEI existierten, mussten andere Regelungen gefunden werden, um die Anforderungen, die an ein Frühwarn-(erkennungs-)system gestellt werden, zu erfüllen. Es wurde festgelegt, dass die zugehörigen RC-Experten zukünftig für die Überwachung der Entwicklung der Zielabweichungspotenziale verantwortlich waren. Da diese Personen i. d. R. durch ihre tägliche Arbeit den größten Bezug zu dem jeweiligen Zielabweichungspotenzial besaßen, wurden diese dazu verpflichtet, die Unternehmensleitung über erkennbare wesentliche Veränderungen im Zeitverlauf zu informieren. Der Stellenwert eines RC-Experten für die Wirksamkeit des RFS wurde dadurch maßgeblich unterstrichen. Die Entwicklung von FEI zu bestandsgefährdenden Risiken wurde ausschließlich durch die jeweilige Unternehmensleitung überwacht. Diese Vorgehensweise wurde von allen betreuten EVU als pragmatischste Lösung angesehen.

Die im Arbeitsblatt zur RC-Inventur erfassten RC-Informationen wurden im Nachgang zu den Arbeiten bei Bedarf abschließend mit den Beobachtungsbereichen abgestimmt. Diese Abstimmung war notwendig, da sich teilweise noch Ergänzungen bzw. Veränderungen in den Einschätzungen zu den identifizierten Risiken und Chancen ergaben. Die RC-Informationen wurden in das bereits angesprochene unternehmensindividuell konzipierte RC-Erfassungsblatt übertragen. Dessen Inhalt deckt die Einzelschritte ab, die vorstehend im Ablauf der RC-Inventur aufgezeigt wurden. Überdies konnten individuelle Charakteristika eines Risikos bzw. einer Chance dargestellt werden. An dieser Stelle wurden z. B. Verweise auf Wechselwirkungen mit anderen Risiken oder Chancen abgegeben.

Die Summe der RC-Erfassungsblätter bildete die RC-Map des jeweiligen Praxisprojekts ab. Die Komplettierung der RC-Map wurde gemeinsam mit der Person vorgenommen, die nach Projektende für die operativen Tätigkeiten im RCMS als Verantwortlicher fungierte. Die gemeinsame Erstellung diente der Schulung, um die RC-Dokumentation und -Kommunikation zu den festgelegten Meldeterminen im Nachgang zu den Projekten eigenständig vorzunehmen. Bei der Darstellung der RC-Landschaft in der RC-Map wurden durch die Praxisprojekte unterschiedliche Prioritäten verfolgt. In einigen Fällen wurde die Darstellung nach RC-Kategorien präferiert. In anderen Fällen wurde eine Aufgliederung nach dem Gefährdungs- bzw. Ertragspotenzial bevorzugt.

Das Ziel der RC-Map war es, die Unternehmensleitung aktuell und zeitnah über die RC-Landschaft zu informieren. Diese bildete die Ausgangsbasis für die Beobachtungsbereiche, um zu den noch darzustellenden Meldeterminen rollierend die RC-Inventur durchzuführen. Hierbei galt es, zu den Berichtsterminen zu überprüfen, inwieweit es zu Veränderungen bei den bestehenden Risiken und Chancen gekommen war. Diese Erkenntnisse waren um neu aufgenommene Risiken und Chancen zu ergänzen. Konnten neue Risiken und Chancen sowie Veränderungen festgestellt werden, so war die RC-Map um die neuen Erkenntnisse fortzuschreiben. Entfielen Risiken oder Chancen, so waren diese aus der RC-Map zu entfernen. Insbesondere im Hinblick auf die Initiierung von Gegenmaßnahmen und Strategien sowie deren Wirkungen im Rahmen der RC-Bewertung konnte sich ein Aktualisierungsbedarf ergeben. Wurden alle Veränderungen in der RC-Map zu den Meldeterminen fortgeschrieben, diente diese aktualisierte RC-Map als laufende RC-Dokumentation an die Unternehmensleitung.

2.2.2.2 Aufbau der Systemdokumentation

Parallel zu den RC-Inventuren wurde die sog. "Risiko- und Chancenmanagement-Richtlinie ("RCM-Richtlinie", Systemdokumentation) in enger Abstimmung mit der jeweiligen Unternehmensleitung konzipiert und erstellt.[948] Das RCM stellt ein sozioökonomisches System dar und weniger ein greifbares Gebilde. Die Systemdokumentation gibt einen Überblick über die Gesamtheit der festgelegten formalen Strukturen und der konkret abzuhandelnden Aktionen im RCMP.[949] Basis jeder RCM-Richtlinie war die im Erstgespräch festgelegte Grobkonzeption zur Ablauforganisation des RCMS.[950] Da das System im Zeitverlauf Veränderungen unterliegen kann, sind auch die in der Systemdokumentation getroffenen Mindestinhalte Veränderungen ausgesetzt. Es wurde bestimmt, dass entsprechende Veränderungen (bspw. im Systemaufbau oder bei den Verantwortlichkeiten) bei Bedarf fortzuschreiben waren. Diese erlangten erst nach Verabschiedung durch die Unternehmensleitung ihre Gültigkeit.

Bei allen Praxisprojekten wurde die RCM-Richtlinie an die Führungsebene (Hauptabteilungs- und Abteilungsleiter, technische Meister) sowie an die Risiko- und Chancen-Verantwortlichen kommuniziert.[951] Die vollständige Weiterleitung dieser an die Belegschaft wurde aus Praktikabilitäts- und Wirtschaftlichkeitsgründen versagt. Es wurde festgelegt, dass die Bereichsverantwortlichen die Mitarbeiter in ihren Verantwortungsbereichen über die getroffenen Maßnahmen und ihre Rolle im RCMS regelmäßig zu informieren hatten.[952]

948 Zu den möglichen Inhalten einer RM-Rili vgl. Wehner (1999), S. 245.

949 Vgl. Becker et al. (2004), S. 1579.

950 Anm.: Durch Festlegung der Beobachtungsbereiche wurde die Ablauforganisation zum RCMS maßgeblich mit beeinflusst.

951 Anm.: Falls die Verantwortungsträger im Unternehmen nicht als Verantwortungsträger im RCMS fungierten.

952 Anm.: Die Mitarbeiterinformation wurde für notwendig angesehen, um eine unternehmenseinheitliche und systematische Vorgehensweise zum gesamten RCMP zu gewährleisten, die Funktionsfähigkeit des RCMS und seine Integration in die Unternehmensabläufe sowie die prozessabhängige und prozessunabhängige Überwachung sicherzustel-

Der inhaltliche Aufbau der Systemdokumentationen bei den Praxisprojekten ähnelte sich sehr stark. Unterschiede ergaben sich bspw. in Abhängigkeit davon, ob eine Unternehmensleitung die operativen Tätigkeiten im RCMS selbst übernahm oder diese an einen RCM-Beauftragten delegierte. In einem ersten "Grundlagenteil" wurden die gesetzliche Verpflichtung zur Implementierung eines RFS und die unternehmerische Notwendigkeit zur Berücksichtigung von Chancen in Form eines RCMS aufgezeigt. An dieser Stelle war es notwendig, auch eine Definition zu den grundlegenden Begriffen vorzunehmen. Dies war mit dem Ziel verbunden, ein grundsätzliches, unternehmensweit einheitliches Verständnis zum RCM zu erzeugen. Der Geltungsbereich regelte, dass die getroffenen Maßnahmen grundsätzlich unternehmensweite Gültigkeit besaßen. Die Darstellung der verfassten RCM-Grundsätze rundete den Grundlagenteil ab.

In der Aufbauorganisation zum RCM wurde festgelegt, dass die Unternehmensleitung jederzeit für dieses die Gesamtverantwortung besitzt.[953] Diese beschließt die Maßnahmen zum RCM und hat durch Bereitstellung von Ressourcen sicherzustellen, dass diese fortlaufend eingehalten werden. Diese bestimmt auf welche Weise sie mit RC-Informationen versorgt sein will und legt fest, welche Informationen an interne und externe Adressaten kommuniziert werden.

Die Regelungen zur Aufbauorganisation zeigten das Verhältnis der Verantwortungsträger im RCM untereinander auf. Diese zeigten auch an, welche Aufgaben und Verantwortlichkeiten diesen im RCM zugeteilt wurden. Neben der in den RCM-Grundsätzen geregelten Verantwortung aller Mitarbeiter für das RCM wurden im Hinblick auf besondere Aufgaben spezielle Verantwortlichkeiten[954] und Kompetenzen durch die Unternehmensleitung vergeben. Aufgaben, Verantwortlichkeiten und Kompetenzen wurden sog. "RC-Experten", "Risiko- und Chancenverantwortlichen" ("RC-Verantwortliche") und "Risiko- und Chancen-Revisoren" ("RC-Revisoren") zugeordnet.

Die RC-Experten (i. d. R. Sacharbeiter) zeichneten sich dadurch aus, dass diese den besten Kenntnisstand über ein identifiziertes Zielabweichungspotenzial besitzen. Diesen wurde die Aufgabe zugesprochen, zu den festgelegten Meldeterminen die Aktualisierung der RC-Informationen vorzunehmen und diese an die Berichtsempfänger bzw. an den RCM-Beauftragten zu kommunizieren. Den RC-Experten wurde i. d. R. die Aufgabe zugesprochen, entsprechend wirksame FEI zu entwickeln, zu überwachen und Entwicklungen von Bedeutung an die in

---

len, die Mitarbeiter für die Notwendigkeit eines RCMS weiter zu sensibilisieren und die an die RC-Dokumentation gestellten Funktionen zu erfüllen.

953 Zur Einbindung eines RM in die betriebliche Organisation vgl. Brühwiler (1980), S. 128 ff., Gabriel/Rockel (2001), S. 118 ff.

954 Mischform zwischen einem sog. "integrativen" und einem sog. "verselbstständigten" RCM. Vgl. Mikus (2001a), S. 24 f.

der Hierarchie höher angesiedelten RC-Verantwortlichen oder die Unternehmensleitung zu kommunizieren. In einigen Fällen wurde unter Berücksichtigung der bestehenden Kompetenzregelungen in den EVU diesen auch die Aufgabe der RC-Steuerung zugesprochen. Bei den zu steuernden Risiken und Chancen handelte es sich i. d. R. um solche, die als betrachtungswürdig bzw. unterdurchschnittlich eingestuft wurden. Konnten diese neu auftretende Risiken und Chancen in ihrem Aufgabenbereich identifizieren, waren diese zur Weiterleitung der entsprechenden Informationen an die Vorgesetzten verpflichtet. Grundsätzlich bestand bei allen betreuten EVU die Möglichkeit, dass den RC-Experten weitergehende Aufgaben durch die RC-Verantwortlichen übertragen werden konnten.

Der Personenkreis der RC-Verantwortlichen setzte sich i. d. R. aus den Abteilungs- und Hauptabteilungsleitern zusammen. Da bei diesen i. d. R. eine geringe Personaldecke und flache Hierarchien vorherrschten, kam es vor, dass die Aufgaben des RC-Experten und die des RC-Verantwortlichen auf einen Verantwortungsträger entfielen. Ein RC-Verantwortlicher wurde dazu verpflichtet, die Mitarbeiter in seinem Aufgabenbereich eigenständig über die Regelungen und Maßnahmen zum RCM regelmäßig zu informieren.

Damit das RCM möglichst tief in die Unternehmenshierarchie getragen wurde, obliegt es den RC-Verantwortlichen, die operativen Tätigkeiten im RCM auf einen oder mehrere RC-Experten zu übertragen. Die Verantwortung für die Wirksamkeit der Maßnahmen zum RCM in seinem Aufgabenbereich ist nicht delegierbar. Ein RC-Verantwortlicher trägt die Pflicht, Risiken und Chancen in anderen Unternehmensbereichen anzuzeigen, falls diese dort nicht durch den zuständigen RC-Verantwortlichen aufgedeckt werden. Diese hatten i. d. R. auch die Aufgabe, die in ihrem Verantwortungsbereich gemeldeten Risiken und Chancen nach pflichtgemäßem Ermessen nach der BBM und der NBM zu bewerten. Wechselwirkungen mit anderen Risiken und Chancen waren durch diese zu analysieren. Ergeben sich Interdependenzen mit Risiken und Chancen, die unternehmensweit auftreten, so haben sich die RC-Verantwortlichen mit den zuständigen RC-Experten bzw. RC-Verantwortlichen in den ursächlichen Unternehmensbereichen zu verständigen. Als Ergebnis waren die Gesamtwirkungen von kumulierenden Risiken und/oder Chancen der Unternehmensleitung aufzuzeigen. Dieser bereichsübergreifende Informationsaustausch fand i. d. R. in den stattfindenden Leiterbesprechungen statt. Für die prozessabhängige Überwachung des RCM waren diese in ihrem Verantwortungsbereich zuständig.

Zur Entlastung der Unternehmensleitung wurden neben RC-Experten und RC-Verantwortlichen von einigen der Praxisprojekte auch RCM-Beauftragte[955] ernannt. Der RCM-Beauftragte ist in seiner Funktion unabhängig von bestehenden Weisungsbefugnissen der Unternehmensleitung direkt unterstellt. Dessen Aufgabenspektrum kann grundsätzlich mit der Koordination, Verwaltung und Weiterentwicklung des RCMS umschrieben werden. Im Wesentlichen obliegt es diesem, die zu den Meldeterminen aufgezeigten RC-Informationen zu sammeln und zu konsolidieren und in aggregierter Form zu kommunizieren. Er fungiert als Ansprechpartner für die RC-Experten und die RC-Verantwortlichen und agiert als Berater für die Unternehmensleitung. Er kann darüber hinaus einen Beitrag zur Weiterentwicklung des RCM in der Zukunft leisten, indem er Modifikationen zur Systemverbesserung vorschlägt. Er hat dafür Sorge zu tragen, dass die RC-Landschaft in Form einer RC-Map regelmäßig zu den Meldeterminen auf einen aktuellen Stand gebracht wird. Er nimmt die Dokumentation zum RCM vor und verwaltet und archiviert diese. Er ist die Auskunftsperson für den Abschlussprüfer im Rahmen der Prüfung gem. § 53 HGrG, bezogen auf das betriebliche RFS.

Im Rahmen der Ablauforganisation zum RCM wurde festgelegt, dass jeder Verantwortungsträger darauf hinzuwirken hat, dass die in der Systemdokumentation geregelten Mindestinhalte an das RCM fortlaufend eingehalten werden. Wie bereits mehrfach aufgezeigt wurde, ist nur so sicherzustellen, dass eine unternehmenseinheitliche und systematische Vorgehensweise zur Identifikation, Bewertung, Steuerung, Dokumentation und Kommunikation sowie zur Überwachung des RCM gewahrt bleibt.

Damit das RCM ein wirtschaftlich effizientes und gleichzeitig "lebendiges" System ist und bleibt, musste eine pragmatische Lösung bei der Ablauforganisation des RCM erarbeitet werden. Da die RC-Identifikation eine kontinuierliche Aufgabe ist, bestand an dieser Stelle die Gefahr einer ausufernden Bürokratie oder der Überregulierung. Ein zu hoher Arbeits- und Verwaltungsaufwand hätte zu Blockaden bei den Mitarbeitern und schließlich zu einer sinkenden Akzeptanz des RCMS führen können. Von allen Praxisprojekten wurde festgelegt, dass an zwei aufeinanderfolgenden Meldeterminen im Geschäftsjahr die Arbeiten zur RC-Inventur durchzuführen waren (vgl. Abb. 17).

---

955 Anm.: Ausschlaggebend für die Benennung eines RCM-Beauftragten war nicht die Unternehmensgröße, sondern vielmehr, ob qualifiziertes und geeignetes Personal zur Aufgabenerledigung vorhanden war.

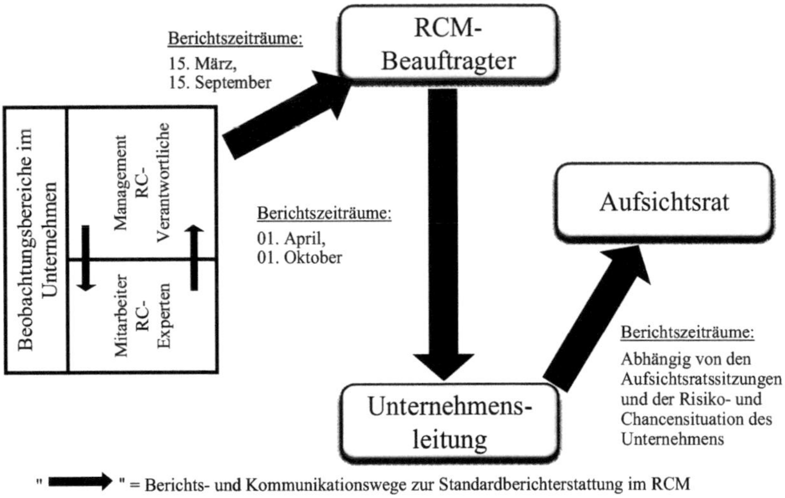

Abb. 17: Ablauforganisation zum RCMS

Die Verantwortlichen in den Beobachtungsbereichen haben zu den Meldeterminen eigenständig zu überprüfen, ob sich Veränderungen in den vormalig getroffenen Einschätzungen zu Risiken und Chancen ergeben hatten. Besonderes Augenmerk war dabei auf Veränderungen im Restrisiko bei bekannten und bereits behandelten bestandsgefährdenden Risiken zu legen. Diese Veränderungen ("Aktualisierungen") gilt es im RC-Erfassungsblatt fortzuschreiben und an den RCM-Beauftragten zu kommunizieren. Ergeben sich keine Veränderungen ("Fehlanzeige") oder ist ein Risiko bzw. eine Chance zwischenzeitig weggefallen ("Löschung"), so ist dies ebenfalls anzuzeigen. Werden neue Zielabweichungspotenziale festgestellt, ist dies kenntlich zu machen, um im Nachgang den Berichtsempfängern auf Ebene des Einzelrisikos bzw. der Einzelchance unmittelbar die Veränderung in der RC-Landschaft anzeigen zu können.

Für die Durchführung der RC-Inventur wurde den Beobachtungsbereichen i. d. R. ein Zeitrahmen von zwei Wochen zugestanden. Ergaben sich Probleme, so war die Unternehmensleitung oder der RCM-Beauftragte in die RC-Inventur mit einzubinden. Nach Eingang der aktualisierten RC-Erfassungsblätter beim RCM-Beauftragten wurde daraus die konsolidierte RC-Map erstellt.

Da sich in der Zwischenzeit zwischen zwei Berichtsterminen bedeutsame Veränderungen in der RC-Landschaft ergeben konnten, wurde auch die Möglichkeit der Ad-hoc-Berichterstattung geregelt. Ergaben sich neue Chancen, so waren diese über die RC-Verantwortlichen an die Unternehmensleitung unverzüglich zu melden. Zu bekannten Chancen lag die Eilbedürftigkeit dann vor, wenn sich nach der NBM die zugehörige Vorhersehbarkeit im RC-Portfolio von "möglich" auf "wahrscheinlich" oder "sehr hoch" verbesserte.

Hinsichtlich der Ad-hoc-Berichterstattung von Risiken wurde ein differenzierteres Vorgehen von den betreuten EVU beschlossen. Wurden neue Risiken zwischen zwei Berichtsterminen identifiziert, lag die Eilbedürftigkeit dann vor, wenn die jeweilige Schadenshöhe in eine Kategorie von "hoch" oder "gravierend" einzustufen war und gleichzeitig eine Vorhersehbarkeit von mindestens "möglich" vorliegt. Die Ad-hoc-Berichterstattungspflicht wird auch durch neue Risiken ausgelöst, wenn diese eine Schadenshöhe von "mittel" bei einer gleichzeitigen Vorhersehbarkeit von mindestens "wahrscheinlich" aufweisen. Wurden Veränderungen von bereits bekannten Risiken zwischen zwei Meldeterminen festgestellt, lag die Notwendigkeit zur Ad-hoc-Berichterstattung in den Fällen vor, wo sich die Vorhersehbarkeit von "wahrscheinlich" zu "sehr hoch" entwickelt hatte und zwar unabhängig von der jeweiligen Schadenshöhe.

Werden zwischen zwei Berichtsterminen Veränderungen in der Entwicklung von FEI ermittelt, die auf eine deutliche Verschlechterung des Schadenspotenzials bzw. eine deutliche Verbesserung des Ertragspotenzials hindeuten, so ist dies mittels des aktualisierten RC-Erfassungsblattes an die zuständigen Berichtsempfänger unverzüglich zu berichten. Obwohl zum Zwecke der Vergleichbarkeit das einheitlich konzipierte RC-Erfassungsblatt auch für Ad-hoc-Meldungen zu nutzen ist, konnte bei Eilbedürftigkeit die RC-Kommunikation in einem ersten Schritt in elektronischer oder fernmündlicher Form geschehen.

2.2.3 Abschluss- und Kontrollphase

Die letzte Projektphase begann zu dem Zeitpunkt, wo die RC-Inventuren abgeschlossen waren, die jeweilige RC-Landschaft in Form der RC-Map vorlag und die Endfassung der RCM-Richtlinie abgestimmt und verabschiedet worden war. Diese Phase diente dazu, den Verantwortungsträgern im RCM, den Mitarbeitern, dem jeweiligen Abschlussprüfer sowie dem Aufsichtsrat die Gesamtergebnisse aus den Projekten vorzustellen. Darüber hinaus wurde das implementierte RFS als Teilsystem des RCMS durch den zuständigen Abschlussprüfer im Nachgang zu den Projekten gem. § 53 HGrG beurteilt.

Die Vorstellung der Projektergebnisse sollte einen Beitrag dazu leisten, die Funktionsträger im RCMS und die übrigen Mitarbeiter auf ihre zukünftige Rolle einzustimmen. Neben dem Verständnis zu Einzelrisiken und -chancen konnte so ein Verständnis zum Gesamtrisiko bzw. zur Gesamtchance vermittelt werden.

Wichtig war an dieser Stelle den teilnehmenden Personen, auch einen Einblick in die RC-Landschaft der anderen Unternehmensteilbereiche zu geben. Dies half bei der Sensibilisierung zu bereichsübergreifenden Zielabweichungspotenzialen und hinsichtlich möglicher Wechselwirkungen zwischen diesen. Bei einigen der Praxisprojekte wurde der Aufsichtsrat über das implementierte RCMS informiert. Dies diente dazu, das Kontrollorgan über die Projektvorgehensweise in Kenntnis zu setzen und einen Überblick über die bestandsgefährdenden und wesentlichen Risiken zu vermitteln. Überdies wurden die als relevant erachteten Chancen vorgestellt. Im Zuge dieser Sitzungen wurde auch der zuständige Abschlussprüfer über die getroffenen Maßnahmen zum RFS bzw. RCM informiert.

2.2.3.1 Risiko- und Chancenlandschaft bei den Praxisprojekten

Die Gesamtbetrachtung der Ergebnisse aus den RC-Inventuren zeigte, dass vielfach Ähnlichkeiten in den Risiko-Landschaften bei den Praxisprojekten existierten. Die Chancenlandschaften waren hingegen eher individuell zu beschreiben und durch unternehmenseigene Gegebenheiten determiniert.

Bei den technischen Anlagenrisiken standen der Totalausfall von wesentlichen technischen Einrichtungen und damit die Gefährdung der Versorgungssicherheit im Fokus der genannten Einzelrisiken.[956] Die Reduktion der Kundenzufriedenheit sowie ein Versäumnis im Rahmen der Erfüllung der Sorgfaltspflichten wurden mit diesen Risiken in Verbindung gebracht. Je nachdem wie umfangreich sich der technische Ausfall und damit die Versorgungsunterbrechung gestalteten, wurde diesen Risiken ein teilweise wesentliches Gefährdungspotenzial zugesprochen. Chancen wurden i. Z. m. der Modernisierung der technischen Anlagen gesehen und mit der Initiierung von präventiven Maßnahmen (technisches Sicherheitsmanagement, Sicherheitsschulungen).

Die Personalrisiken standen vielfach i. V. m. einer unzureichenden Mitarbeitermotivation, dem unzureichenden fachlichen Know-how und der vielfach vorzufindenden dünnen Personaldecke. Je nachdem wie stark der Einfluss der Personalrisiken auf die Einhaltung der betrieblichen Abläufe einzustufen war, konnte sich aus diesen sogar ein bestandsgefährdendes Risiko entwickeln. Chancen wurden i. Z. m. der Weiterqualifikation der Belegschaft und der fehlenden Möglichkeit von Neueinstellungen gesehen.

Identifizierte organisatorische Risiken wurden i. Z. m. einem unvollständigen oder fehlenden Beauftragtenwesen oder mit dem ineffizienten[957] Ablauf von betrieblichen Prozessen in Verbindung gebracht. Risiken wurden dort gesehen, wo es nicht gelang, sich mit der eigenen betrieblichen Organisation an die sich

956 Zur "Systemverantwortung" von ÜNB vgl. Schwarz/Staschus (2003), S. 150 ff.

957 Vgl. bspw. Mombaur (2003), S. 216.

verändernden wettbewerbsorientierten Marktbedingungen anzupassen.[958] Chancen hingegen wurden hinsichtlich der Vermeidung von Doppel- und Mehrarbeiten gesehen. EDV-Risiken wurden vor allem i. Z. m. einer mangelnden Systemsicherheit und den nicht eindeutig geregelten computergestützten Prozessabläufen gesehen. Durch Serverausfälle, Datenverluste und unerlaubte Systemzugriffe konnten sich teilweise wesentliche Risiken ergeben. Chancen ergaben sich im Zuge der Anschaffung neuer Technologien (Hard- und Software) und der Beschleunigung von EDV-Arbeitsabläufen.

Die von den Praxisprojekten identifizierten Kundenrisiken standen im unmittelbaren Zusammenhang mit der Aufrechterhaltung der Kundenzufriedenheit. Alle betreuten EVU sahen es als wesentliches Risiko an, dass es zu einem Wegfall von Großkunden (oder Kundenketten) kommen konnte. Durch die gestiegene Preissensitivität von Industriekunden wurde die steigende Wechselbereitschaft bei diesen teilweise als wesentliches Risiko klassifiziert. Die zu verzeichnende Verschlechterung bei der Zahlungsmoral der SVK und TK wurde teilweise ebenfalls mit einem wesentlichen Schadenserwartungswert versehen. Chancen wurden dort gesehen, wo es gelingen konnte, die bestehenden und neuen Kundenkontakte weiter auszubauen bzw. die Kundenbindung durch individuelle Leistungen zu verstärken.[959] Chancen wurden auch i. Z. m. der transparenten Darstellung der Kostenkalkulation zu Energiebezugspreisen[960] für die Endverbraucher und mit dem Ausbau der Energieberatung gesehen.[961]

Die von den Praxisprojekten vorgebrachten Wettbewerbsrisiken standen in unmittelbarem Zusammenhang mit dem Verlust von SVK und TK. Die nicht rechtzeitigen Neuverhandlungen bei ablaufenden Energielieferverträgen konnten beim Auftritt eines aggressiven Wettbewerbers bei preissensiblen Kunden zu deren Verlust führen. An dieser Stelle bestanden starke Wechselwirkungen zu den bereits genannten Kundenrisiken. Chancen wurden insbesondere dort gese-

958 Anm.: Teilweise waren die innerbetrieblichen Strukturen bei den betreuten EVU nur in einem geringen Maße nach der Liberalisierung verändert worden. Ehemals funktionierende Strukturen werden in den Zeiten des Wettbewerbs als "schwere Hypotheken" angesehen. Vgl. Proske (2004), S. 10.

959 Durch die Nähe der Stadtwerke zu den Endverbrauchern besteht die Chance, am ehesten deren Wünsche zu erkennen. Vgl. Mombaur (2003), S. 216. Zur Kundenorientierung und -bindung als Chance vgl. Proske (2004), S. 11. Zum Kundenbindungsmanagement von EVU in liberalisierten Märkten vgl. Michel (2004), S. 161 ff.

960 Durch den VKU und den BDEW wurden im Jahr 2008 einheitliche Standards für einen nachvollziehbaren Aufbau der Stromrechnungen entwickelt. Vgl. VKU (2008c).

961 Zu den Anforderungen bei der Energieberatungsqualität vgl. Haußer (1999), S. 119 ff.

hen, wo es gelingen konnte, im Preiskampf Neukunden in fremden Versorgungsgebieten zu gewinnen.[962]

Im Zuge von Neubau- und Sanierungsobjekten traten für die Praxisprojekte in einigen Fällen betrachtungswürdige Geschäftsfeldrisiken auf. Insbesondere dort, wo Vorleistungen bei der Gebietserschließung von diesen erbracht wurden. Verzögerungen beim Bezug bzw. bei der Vermarktung konnten diese ebenfalls hervorbringen, falls eine Verschlechterung der konjunkturellen Situation eintraf. Ein bestandsgefährdendes Risiko bestand darin, dass es zum Entzug der Konzession durch die Kommune kam. Dieses Risiko wurde jedoch mit einer sehr geringen Vorhersehbarkeit versehen. Echte Geschäftsfeldrisiken wurden von den betreuten EVU eher nicht gesehen und solche eher in die Kategorien der Kunden- und Wettbewerbsrisiken eingeordnet.

Die von den betreuten EVU identifizierten Umfeldrisiken standen ganz im Zeichen des im Jahr 2005 verabschiedeten neuen EnWG und den Tätigkeiten der Regulierungsbehörde. Für alle betreuten EVU bestand ein wesentliches und z. T. bestandsgefährdendes Risiko darin, dass es zu Kürzungen bzw. Nichtgenehmigung von Tarifpreisen kam oder sich Verzögerungen bei der Preisgenehmigung einstellten. Margenverluste aufgrund der steigenden Beschaffungskosten wurden ebenfalls für sehr wahrscheinlich angesehen.[963] Wechselwirkungen zu den Personal- und Organisationsrisiken bestanden insoweit, weil nicht abzuschätzen war, inwieweit den gesetzlichen Anforderungen an die betriebliche Organisation mit vorhandenen Mitteln in der Zukunft nachzukommen war. Chancen ergaben sich, wenn es mittels überregionaler Zusammenarbeit möglich wird die eigenen Interessen gegenüber dem Gesetzgeber zu vertreten.

Den Beschaffungsrisiken wurde von den betreuten EVU vielfach eine besonders hohe Bedeutung beigemessen. An dieser Stelle ging eine unmittelbare Gefährdung der Versorgungssicherheit aus, falls es für die Zukunft bei steigenden Beschaffungspreisen nicht gelingen würde, Energien in einem ausreichenden und kostengünstigen Maß zu beziehen. Ein wesentliches Beschaffungsrisiko bestand auch an der Stelle, wo die zu beschaffenden Energiemengen zu hoch bzw. zu niedrig kalkuliert wurden. Die nicht strukturierte[964] Bestellpolitik konnte

962 Vgl. Edelmann/Nickel (2003), S. 460 und die genannte Quelle.

963 Die mit der Liberalisierung verbundenen Risiken haben für EVU zugenommen. Der "Spagat", zwischen den Anforderungen von Liberalisierung und Regulierung und den eigenen betriebswirtschaftlichen Notwendigkeiten und Interessen zu managen, wird als Herausforderung für EVU beschrieben. Vgl. Ernst & Young (2007), S. 4.

964 Zur zeitlichen und mengenmäßigen Strukturierung des Energieeinkaufs vgl. Ellwanger/Neumann (2000), S. 300 f. und Bild 1 auf S. 301. Zur kostenoptimalen Strombeschaffung vgl. Bammert/Schwenke (2000), S. 306 ff. Zur Strom- und Gasbeschaffung vgl. Konstantin (2009), 53 ff.

zu Mehrkosten führen. Die Kosten für den Verkauf der Überschussmengen bzw. für den Nachkauf von Fehlmengen würden zu einer Erhöhung des durch den Endverbraucher zu tragenden Endpreises für Energien führen. Zu hohe Energiebezugspreise können die Wettbewerbsfähigkeit beeinträchtigen und zum Wegfall von preissensiblen Kunden führen. Beschaffungschancen wurden in der Optimierung des Beschaffungswesens und bei der Lieferantenauswahl gesehen.

Finanzrisiken bergen die Gefahr, dass es zu einer Nichtrealisierung der finanzwirtschaftlichen Ziele (Steigerung des Umsatzes, der Marge und des Gewinns etc.) kommt. Die Gefahr der Abschreibungen auf Forderungen wurde als steigend beschrieben. Als bestandsgefährdendes Risiko wurde ausgemacht, dass die jährlich zur Haushaltssicherung[965] zu erwirtschaftenden Gewinne gefährdet sein könnten und dass aus diesem Grund der Anteilseigner sein energiewirtschaftliches Engagement in Teilen oder gänzlich überdenken würde. Als wesentliches Risiko wurde es betrachtet, dass abgeführte Gewinne nicht oder nicht im vollen Maß in das EVU zurückflossen. Weitere finanzwirtschaftliche Risiken bestanden in den Geschäftsbereichen "Bäderbetrieb" und "öPNV"[966]. Die dort erwirtschafteten Verluste wurden mit denen aus den anderen Geschäftsbereichen verrechnet. In dieser Möglichkeit der Zusammenfassung und Ergebnisverrechnung von gewinnbringenden und defizitären Betriebszweigen (steuerlicher Querverbund) lag für alle betreuten EVU ein als wesentlich bzw. bestandsgefährdend erachtetes Risiko. Finanzwirtschaftliche Chancen ergaben sich bspw. im Zuge der Erwirtschaftung von Zinserträgen durch Tagegelder.

2.2.3.2 Wirksamkeit des RFS als Teilsystem des RCMS

Alle betreuten EVU hatten im Nachgang das RFS als Teilsystem des eingerichteten RCMS durch den zuständigen Abschlussprüfer gem. § 53 HGrG beurteilen lassen. Die Prüfungsergebnisse halfen hinsichtlich der Beurteilung, ob mittels des praxisorientierten Lösungsansatzes diese ihrer gesetzlichen Verpflichtung in angemessener Weise nachkommen konnten.

Der Vergleich der Prüfungsergebnisse aus der Vergangenheit zeigte, dass der jeweils zuständige Abschlussprüfer in jeder seiner Prüfungen zu dem Schluss gekommen war, dass die ergriffenen Maßnahmen zur Risikofrüherkennung als angemessen und wirksam einzustufen gewesen waren. Der Vergleich zeigte, dass die Abschlussprüferseite mehrheitlich der Auffassung war, dass die betreuten EVU weder nach § 317 Abs. 4 HGB noch nach § 53 HGrG dazu verpflichtet waren, ein gesondertes RFS i. S. d. § 91 Abs. 2 AktG einzurichten. Im

965 Zur Finanzlage der kommunalen Anteilseigner als Bedingung für EVU vgl. Schmidt (2002), S. 85 f.

966 Zur Problematik des "öPNV" für Kommunen vgl. Schwarting (2001), S. 293.

Ergebnis kamen alle Abschlussprüfer zu dem Schluss, dass die im Vorfeld zu den Projekten getroffenen Maßnahmen für diese als geeignet erschienen, bestandsgefährdende Risiken frühzeitig zu entdecken und überdies eine Risikoberichterstattung gem. § 289 HGB vorzunehmen. Lediglich bei zwei der Praxisprojekte wurden Empfehlungen zur Verbesserung des RFS ausgesprochen. Obwohl von Seiten der Abschlussprüfer bescheinigt wurde, dass es aus ihrer Sicht kein gesondertes RFS zukünftig zu implementieren galt, hatten sich die Geschäftsleiter der betreuten EVU dennoch zu diesem Schritt entschieden. An dieser Stelle sorgten diese dafür, dass Informationsdefizite einer Trägerschaft gegenüber dem öffentlichen EVU abgebaut wurden und nicht der Erfüllungsgehilfe des Aufsichtsrates, so wie es eigentlich seine Pflicht gewesen wäre.

Wie die Ergebnisse aus den RC-Inventuren zeigten, kann die RC-Landschaft der betreuten EVU als vielschichtig und mit deutlichen Wechselwirkungen umschrieben werden. Einige dieser Kumulrisiken wurden erst im Zuge der RC-Inventuren ausfindig gemacht und waren vormalig nicht betrachtet worden. Insbesondere die sich ergebenden Gefährdungspotenziale aufgrund von Wechselwirkungen von Einzelrisiken, die aus der besonderen Verbindung zwischen kommunalem Anteilseigner und kommunalen EVU resultieren, waren vor Projektbeginn nicht in dieser Deutlichkeit betrachtet worden. Das sich daraus teilweise ergebende bestandsgefährdende Potenzial war vormals nicht aufgezeigt und berichtet worden.

Betrachtet man an dieser Stelle die Ergebnisse aus der Ist-Aufnahme der Systemlandschaft, so müssen die vormals vor Projektbeginn abgegebenen Prüfungsergebnisse und die jeweilige Einschätzung des zuständigen Abschlussprüfers stark angezweifelt werden. Die Existenz von Prinzipal-Agenten-Problemen wurde anhand der Prüfungsergebnisse deutlich.[967] Die neu geschaffene Möglichkeit, gleichzeitig über Risiken und Chancen mittels einer strukturierten Vorgehensweise im RCMS zu berichten, begrüßten die Geschäftsführer insbesondere im Hinblick auf ihre Auskunftspflicht gegenüber dem Aufsichtsrat und dem Gesellschafter. Durch die detaillierte Berichterstattung konnte die Qualität der Informationsversorgung erhöht werden. Dies lieferte der Trägerschaft sowie dem Überwachungsorgan wichtige Zusatzinformationen im Rahmen der Beteiligungssteuerung und Beteiligungsüberwachung.

967 Vgl. Kapitel A, Punkt 2.4.4, S. 57 ff.

2.3 Zusammenfassung

Die Praxisprojekte hatten vor Projektbeginn nach eigenen Angaben kein systematisches RFS zur Aufdeckung von bestandsgefährdenden Risiken implementiert gehabt. Vereinzelt wurden von diesen bestandsgefährdende Risiken betrachtet. Im Rahmen der Projekte wurden Hinweise dahingehend ermittelt, dass diese vormalig nicht vollständig behandelt bzw. betrachtet worden waren.

Nach Durchführung der RC-Inventuren wurde festgestellt, dass insbesondere solche, die sich aus Wechselwirkungen anderer als weniger bedeutsam eingestufter Risiken ergaben, nicht oder zumindest nicht in zutreffender Art und Weise erfasst, bewertet, behandelt bzw. berichtet wurden. Die Chancenbetrachtung verlief weitestgehend auf strategischer Ebene und wurde von der Unternehmensleitung vorgenommen. Der aus dem Kriterienkatalog im Kapitel B abgeleitete Lösungsansatz zu einem RCMS half den betreuten EVU dabei, ihre gesetzliche Verpflichtung gem. § 53 HGrG zu erfüllen.

Die vollständigen und in standardisierter Weise erhobenen RC-Informationen halfen, den erweiterten Informationsanforderungen einer Trägergemeinde zu entsprechen. Darüber hinaus konnte die RC-Dokumentation dem zuständigen Aufsichtsrat im Rahmen seiner Überwachungstätigkeit weitergehende Informationen über das zu überwachende Unternehmen liefern. Die Gefahr von Prinzipal-Agenten-Problemen wurde durch das RCMS verringert. Die jeweilige Unternehmensleitung hatte mittels der RC-Informationen die Möglichkeit, angemessener und detaillierter nachweisen zu können, dass vom sorgsamen Umgang mit den anvertrauten öffentlichen Mitteln und der Aufrechterhaltung der Funktionsfähigkeit des öffentlichen Unternehmens auszugehen war.

Der Vergleich der Prüfungsergebnisse gem. § 53 HGrG vor und nach der Projektdurchführung zeigte, dass es Ungereimtheiten in den Prüfungsergebnissen gab. Obwohl nachweislich kein den Verhältnissen des Einzelfalles angemessenes und wirksames RFS vor Projektbeginn bei den betreuten EVU eingerichtet gewesen war, da bestandsgefährdende Risiken nicht oder nicht zutreffend genug behandelt wurden, keine wirksamen FWI den identifizierten Risiken zugeordnet waren, es an der Kopplung von vorhandenen FWI an Risiken haperte und das RFS nur unzureichend dokumentiert gewesen war, wurde durch den Abschlussprüfer jeweils ein uneingeschränktes Testat erteilt. Vereinzelt wurden Handlungsempfehlungen zur Verbesserung des RFS abgegeben. Diese standen jedoch nicht mit den vorstehend aufgezeigten Systemmängeln in Verbindung.

Dieses Ergebnis wird als bedenklich eingestuft. An dieser Stelle ist nach Ergebnislage der zuständige Abschlussprüfer seinen Pflichten im Rahmen der Geschäftsführungsprüfung nachweislich nicht ausreichend genug nachgekommen. Den hohen Informationsanforderungen einer Gebietskörperschaft wurde nach den Prüfungsergebnissen zu urteilen nicht ausreichend entsprochen. Als Erfüllungsgehilfen des Aufsichtsrates waren diese nicht in einem ausreichenden Maß ihren Pflichten nachgekommen.[968] Bis zum Projektbeginn konnte somit neben den Systemmängeln auch eine Fehleinschätzung zum RFS und die nicht sachgerechte Informationsversorgung der Trägerschaft sowie des Aufsichtsorgans bei den betreuten EVU festgestellt werden.

Der praxisorientierte Lösungsansatz zu einem RCMS half den betreuten EVU dabei, ihrer gesetzlichen Verpflichtung gem. § 53 HGrG nachzukommen. Durch die gleichzeitige Betrachtung von Risiken und Chancen war es diesen möglich einen Beitrag zur Verbesserung der Unternehmenssteuerung und der Unternehmenswertsteigerung zu leisten. Das RCMS half der jeweiligen Unternehmensleitung dabei, ihren Sorgfaltspflichten jederzeit nachzukommen und eine zutreffende Berichterstattung über Risiken und Chancen im Lagebericht vorzunehmen. Die vollständige RC-Landschaft konnte aus der RC-Dokumentation entnommen werden und die Annahmen zur jeweiligen Höhe und Vorhersehbarkeit waren nachprüfbar. Dem Abschlussprüfer wurde so eine Prüfungsgrundlage geboten, auf deren Basis er die zutreffende Darstellung der künftigen Entwicklung beurteilen konnte.

Die Einbindung der Mitarbeiter in den Ablauf der Projekte förderte deren RC-Bewusstsein. Dies wurde als positiver Beitrag zur Verbesserung der RC-Kultur aufgefasst. Durch die Projektvorgehensweise wurde gewährleistet, dass die Belegschaft stark in das Projektgeschehen mit eingebunden war. Gleichzeitig wurden unnötige Störungen im operativen Tagesgeschäft weitestgehend vermieden. Die Maßnahmen in der Auf- und Ablauforganisation halfen dabei, das RCMS tief in die Unternehmenshierarchien zu tragen. Eine Überbürokratisierung wurde vermieden, um so eine Nicht-Akzeptanz des RCMS zu vermeiden.

Die Zeit nach der Abschlussphase zeigte, dass eine Eingewöhnungszeit in die neuen Prozesse teilweise für die Beteiligten notwendig war. Bei einigen der betreuten EVU zeigte sich, dass das RCMS einen Beitrag zur Verbesserung des Betriebsklimas und der Mitarbeitermotivation bei konsequenter Anwendung leisten konnte. Da ein regelmäßiger RC-Informationsaustausch auf allen Hierarchieebenen sowie gegenüber der Gebietskörperschaft stattfand, erfolgte auch ein intensiverer Informationsaustausch über andere betrieblichen Belange.

---

968 Vgl. Kapitel B, Punkt 2.1, S. 78 ff. und 2.3, S. 87 ff.

3 Stand der Weiterentwicklung von RFS bis zum Jahr 2008

Die im vorliegenden Kapitel unter Punkt 1.2 aufgezeigten Ergebnisse zeigten teilweise deutliche Verbesserungspotenziale in den von den Rückläufern bis zum Jahr 2004 implementierten RFS an. Die Befragung hatte einige der kontaktierten EVU dazu bewegt, um Unterstützung bei der Konzipierung und Implementierung eines RCMS zu bitten. Wie im vorstehenden Punkt 2 aufgezeigt wurde, gelang es bei sieben Praxisprojekten ein nach den Verhältnissen des Einzelfalles angemessenes und wirksames RCMS zu implementieren.

Um eine Aussage darüber zu erhalten, ob die kommunalen EVU, die an der schriftlichen Befragung teilgenommenen hatten, gleichsam wie die Praxisprojekte weitere Anstrengungen unternommen hatten ihr RFS über die Jahre zu optimieren und weiter zu entwickeln, wurden die in der Rücklaufgesamtheit enthaltenen Stadtwerke im Rahmen einer Telefonbefragung ein weiteres Mal zum Stand der Umsetzung ihres RFS im Jahr 2008 befragt. Grundlage der Befragung war der Kriterienkatalog, der am Ende des Kapitels B dargestellt wurde. Auf diese Weise war es möglich, die Antworten aus der schriftlichen Befragung mit denen aus der Telefonumfrage zu vergleichen. Dies ermöglichte Rückschlüsse auf mögliche Weiterentwicklungen im RFS.

Von den insgesamt 99 Rückläufern aus der schriftlichen Befragung nahmen 86 ("befragte EVU") an der Telefonumfrage teil. Von den Praxisprojekten wurden gleichsam Daten erhoben. Wegen dieser Vorgehensweise kann kein Anspruch von Repräsentativität der erhaltenen Ergebnisse auf die Auswahlgesamtheit der interessierenden kommunalen EVU erhoben werden. Dennoch wird die Hoffnung geäußert, dass die ermittelten Ergebnisse von rund 13 % der EVU in der Auswahlgesamtheit in gewisser Weise einen Entwicklungstrend zum RFS und RCMS bei den interessierenden EVU herleiten lassen.

Während der Telefonbefragung wurde mit denjenigen Ansprechpartnern die Befragung durchgeführt, die bereits den Fragebogen im Jahr 2004 bearbeitet hatten. Konnte dies nicht gelingen, so wurde die Befragung mit dessen Vertreter, dem Vorgesetzten oder direkt mit der Unternehmensleitung vorgenommen. Auf diese Weise konnte die Vergleichbarkeit der erhaltenen Daten gewährleistet werden. Neben den Fragestellungen, die unter Punkt 1.2 im vorliegenden Kapitel bereits analysiert wurden, sollten die befragten EVU darüber hinaus auch Auskunft zu einer expliziten Chancenbetrachtung abgeben. Ergaben sich während der telefonischen Befragung Änderungen in den Antworten, so wurden die Ursachen dafür hinterfragt und ausgewertet.

3.1 Stand der Umsetzung des RFS im Vergleich der Jahre 2004 und 2008

In der Gesamtauswertung der Daten aus den Jahren 2004 und 2008 sind auch die der Praxisprojekte enthalten. Bei diesen wurde zwischenzeitig ein angemessenes und wirksames in ein RCMS eingerichtet. Die gesamten Datensätze aller antwortenden EVU wurden mittels "McNemar-Test"[969] ausgewertet. Es wurde analysiert, ob grundsätzlich von einer Veränderung beim Stand der Umsetzung des RFS bei den befragten EVU auszugehen war. Der McNemar-Test zeigte bei sechs Fragen an, dass sich eine mehr oder weniger starke signifikante Veränderung in den Antworten ergeben hatte. In Tab. 13 werden die Ergebnisse dargestellt, bei denen der Test die Homogenitätsannahme ablehnen musste.

Tab. 13: Ablehnung der Homogenitätsannahme bei den antwortenden EVU in den Jahren 2004 und 2008 (McNemar-Test inkl. Praxisprojekte)

Frage	Ja 2004	Ja 2008	Gültig	Fehlend	Signifikanz (2-seitig)	Bemerkungen
Frage 21	72	73	86	13	**0,003**	1 %-Niveau signifikant
Frage 26	79	74	85	14	**0,092**	10 %-Niveau signifikant
Frage 30	51	51	84	15	**0,013**	5 %-Niveau signifikant
Frage 31	76	70	85	14	**0,07**	10 %-Niveau signifikant
Frage 37	79	77	86	13	**0,039**	5 %-Niveau signifikant
Frage 41	69	71	84	15	**0**	1 %-Niveau signifikant

Bei der Frage hinsichtlich der Zuordnung von Risikoverantwortlichen zu identifizierten Risiken (Frage 21) und der nach der regelmäßigen Unterrichtung der Geschäftsleitung über die aktuelle Risikolandschaft mittels Risk-Map (Frage 41), lehnt der Test die Homogenitätsannahme der beiden Stichproben zu einem 1 %-Signifikanzniveau ab. Dies zeigt einen hoch signifikanten Unterschied in der Fragenbeantwortung an. Wie an den Veränderungen der jeweiligen relativen Häufigkeiten für die Ausprägung "Ja" und den ermittelten Scorewerte zu erkennen ist, haben sich bei beiden Fragen die Werte bis zum Jahr 2008 teilweise deutlich erhöht.[970] Dies zeigt an, dass von den antwortenden EVU zwischenzei-

969 Zum McNemar-Test vgl. bspw. Martens (2003), S. 120 ff.

970 Bei Frage 21 stieg der relative Anteil bei den Ja-Antworten von 72,73 % auf 84,88 %. Der zugehörige Scorewert lag im Jahr 2008 um 0,122 Punkte höher als im Jahr 2004. Bei Frage 41 stieg der relative Anteil bei den Ja-Antworten von 70,41 % auf 84,52 %. Der zugehörige Scorewert lag im Jahr 2008 um 0,141 Punkte höher als im Jahr 2004.

tig größere Anstrengungen unternommen wurden, das von ihnen implementierte RFS durch weitere Funktionen zu strukturieren. Die Ausweitung der Funktionalitäten kann auch als Zeichen dafür gedeutet werden, dass die Risikolandschaft von EVU bis zum Jahr 2008 zunehmend vielschichtiger geworden war. Anhaltspunkte dafür lieferten die Ergebnisse aus den RC-Inventuren unter Punkt 2 bei den Praxisprojekten.

Hinsichtlich der Frage, inwieweit während des letzten Berichtszeitraumes eine systematische Erhebung neuer Risiken vorgenommen und dokumentiert worden war (Frage 30) und der, ob die identifizierten Risiken in Einzelrisiken untergliedert werden, damit diese bewertbar sind und ihnen eindeutige Maßnahmen und Verantwortlichkeiten zugeordnet werden konnten (Frage 37), wurde die Homogenitätsannahme zu einem 5 %-Signifikanzniveau abgelehnt. Auch hier ist an den Werten zu den relativen Häufigkeiten für die Ausprägung "Ja" und der Entwicklung der Scorewerte zu erkennen, dass der jeweilige Anteil[971] zugenommen hatte. Die Ergebnisse lassen darauf schließen, dass die antwortenden EVU Anstrengungen unternommen hatten ihr RFS stärker zu systematisieren, um so bspw. die Unternehmensleitung detaillierter über die Risikolandschaft zu informieren bzw. die identifizierten Risiken besser steuern zu können.

Bei der Frage nach der Überprüfung aller Unternehmensbereiche und betrieblichen Prozesse auf Risiken (Frage 26) und hinsichtlich der Frage nach der Analyse von bereits zu früheren Zeitpunkten erhobenen Risiken auf mögliche Veränderungen (Frage 31) hin, lehnt der Test die Homogenitätsannahme ebenfalls ab. Der Test zeigt zu einem 10 %-Signifikanzniveau einen Unterschied in der Beantwortung der Frage an. Unter Berücksichtigung der relativen Häufigkeiten bei den Ja-Antworten[972] und den Scorewerten wird deutlich, dass es zu einer positiven Entwicklung in den von den befragten EVU implementierten RFS zwischenzeitig gekommen war. Diese zeigten Bemühungen hinsichtlich einer stärkeren Systematisierung des RFS und einer stärkeren Auseinandersetzung mit bereits bekannten Risiken an.

Betrachtet man insgesamt die Entwicklungen in den relativen Häufigkeiten für die Ausprägung "Ja" sowie die Entwicklungen in den jeweiligen Scorewer-

---

971 Bei der Frage 30 stieg der relative Anteil bei den Ja-Antworten von 51,52 % auf 60,71 %. Der zugehörige Scorewert lag im Jahr 2008 um 0,092 Punkte höher als im Jahr 2004. Bei der Frage 37 stieg der relative Anteil bei den Ja-Antworten von 79,80 % auf 89,53 %. Der zugehörige Scorewert lag im Jahr 2008 um 0,097 Punkte höher als im Jahr 2004.

972 Bei Frage 26 stieg der relative Anteil bei den Ja-Antworten von 80,61 % auf 87,06 %. Der zugehörige Scorewert lag im Jahr 2008 um 0,064 Punkte höher als im Jahr 2004. Bei Frage 31 stieg der relative Anteil bei den Ja-Antworten von 76,00 % auf 82,35 %. Der zugehörige Scorewert lag im Jahr 2008 um 0,064 Punkte höher als im Jahr 2004.

ten je Einzelfrage, so zeigen die Ergebnisse einen positiven Entwicklungstrend in der Weiterentwicklung der RFS bei den antwortenden EVU bis zum Jahr 2008 an. Offenbar war es bei diesen zwischenzeitig in vielen Sachverhalten, die für die Wirksamkeit des RFS ursächlich sind, zu einem als positiv einzustufenden Weiterentwicklungstrend gekommen. Gegenteilige Entwicklungstrends konnten auf Basis der erhaltenen Daten jedoch auch ausgemacht werden. Hinsichtlich der Frage nach der Existenz von RM-Grundsätzen (Frage 4a), der Festlegung von Aufgaben und Verantwortlichkeiten der einzelnen Funktionen im Rahmen des RFS (Frage 9) und der Festlegung von Verantwortlichkeiten und Maßnahmen zur prozessabhängigen als auch -unabhängigen Überwachung des RFS (Frage 67 und 70), zeigten die erhaltenen Daten Reduktionen in den relativen Anteilswerten der Ausprägung "Ja" und den zugehörigen Scorewerten an.[973]

Inwieweit die als positiv bzw. negativ zu bewertenden Entwicklungstendenzen in den RFS der befragten kommunalen EVU auf Anstrengungen der kleinen und mittelgroßen bzw. großen antwortenden EVU, den Praxisprojekten oder auf die Gesamtheit der antwortenden EVU zurückzuführen sind, gilt es in der Folge weiter zu analysieren.

3.2 Stand der Umsetzung des RFS bei den großen EVU

Im ersten Punkt des vorliegenden Kapitels wurde aufgezeigt, dass die antwortenden großen EVU im Jahr 2008 kenntlich machten, dass das von ihnen im Jahr 2004 implementierte RFS teilweise deutlich besser ausgestaltet war als das der antwortenden kleinen und mittelgroßen EVU. Unter Punkt 3.1 wurde aufgezeigt, dass in der Gesamtbetrachtung aller im Jahr 2008 antwortenden EVU in vielen Sachverhalten eines wirksamen RFS offenbar eine teilweise deutliche Weiterentwicklung stattgefunden hatte. Bei einzelnen Sachverhalten wurde eine Stagnation bzw. ein Rückgang im Entwicklungstrend ausgemacht. Inwieweit diese Entwicklungen von den großen EVU ausgingen und ob diese ihr RFS im Vergleich zu den kleinen und mittelgroßen EVU im Zeitverlauf weiter optimieren konnten, wird im vorliegen Punkt untersucht.

---

973 Bei Frage 4a sank der relative Anteil bei den Ja-Antworten von 55,10 % auf 51,76 %. Der zugehörige Scorewert lag im Jahr 2008 um 0,033 Punkte niedriger als im Jahr 2004. Bei Frage 9 sank der relative Anteil bei den Ja-Antworten von 52,53 % auf 51,16 %. Der zugehörige Scorewert lag im Jahr 2008 um 0,014 Punkte niedriger als im Jahr 2004. Bei den Fragen 67 und 70 sank der jeweilige relative Anteil bei den Ja-Antworten von 68,75 % auf 59,06 % bzw. 57,73 % auf 47,67 %. Die zugehörigen Scorewerte lagen im Jahr 2008 um 0,097 bzw. 0,101 Punkte niedriger als im Jahr 2004.

Nach Auswertung der erhaltenen Daten wurde deutlich, dass die unter Punkt 3.1 aufgezeigten positiven Weiterentwicklungen im RFS der EVU in 2008 nicht im Wesentlichen auf Anstrengungen der großen antwortenden EVU zurückzuführen waren. Betrachtet man die Veränderungen in den relativen Häufigkeiten zu den "Ja"-Antworten und die in den Scorewerten, so wird deutlich, dass sich bei diesen vielfach sogar eine deutliche Reduktion in den Anteilswerten ergeben hatte. Die im Vergleich zu den kleinen und mittelgroßen antwortenden EVU im Jahr 2004 teilweise hoch ausgefallenen relativen Anteilswerte der Ausprägung "Ja" und der Scorewerte zeigten im Jahr 2008 teilweise eine drastische Reduktion in den Ergebniswerten.[974] Mittels McNemar-Test wurde festgestellt, dass bei drei Fragen die Homogenitätsannahme der jeweiligen Stichproben abgelehnt werden musste (vgl. Tab. 14).

Tab. 14: Vergleich der Antworten der großen EVU im Jahr 2004 und 2008 (McNemar-Test)

Frage	Ja 2004	Ja 2008	Gültig	Fehlend	Signifikanz (2-seitig)	Bemerkungen
Frage 19	31	23	40	6	**0,063**	10 %-Niveau signifikant
Frage 67	34	20	40	6	**0,004**	1 %-Niveau signifikant
Frage 70	33	17	40	6	**0,001**	1 %-Niveau signifikant

Die Ergebnisse zeigten einen signifikanten Unterschied hinsichtlich der Fragenbeantwortung an. Die erhaltenen Daten sprechen dafür, dass von den großen antwortenden EVU den von ihnen identifizierten Risiken in einem geringeren Maße entsprechende FWI zugeordnet wurden bzw. zugeordnet werden konnten (Frage 19) als noch im Jahr 2004. Der Test lehnt die Homogenitätsannahme der beiden Stichproben zu einem 10 %-Signifikanzniveau ab. Der relative Anteilswert bei den Ja-Antworten sank um rund 10 % von 67,39 % auf 57,50 %. Die Veränderung des Scorewertes lag bei -0,099 Punkten. Was den wichtigen Aspekt der Risikofrüherkennung anbelangt, zeigen die Ergebnisse eine Reduktion bei der Wirksamkeit des RFS bei den großen antwortenden EVU bis zum Jahr 2008 an. Wie bereits mehrfach aufgezeigt wurde, wird der Zuordnung von FWI zu Risiken eine hohe Bedeutung i. Z. m. der Wirksamkeit des RFS beigemessen. Sollte sich die Risikolandschaft bei den großen EVU im Betrachtungszeitraum

974 Bei den Fragen nach der prozessabhängigen (Frage 67) und -unabhängigen Überwachung (Frage 70) reduzierten sich die relativen Häufigkeiten bei den Ja-Antworten um -23,91 % bzw. -30,83 % (Reduktion bei den Scorewerten um -0,065 bzw. -0,308 Punkte). Bei der Frage hinsichtlich der Festlegung von Aufgaben und Verantwortlichkeiten der Funktionen im Rahmen des RFS reduzierte sich der Anteilwert um -12,39 % (Reduktion beim Scorewert um -0,124 Punkte).

um neue Risiken verändert haben, denen aufgrund ihrer Natur keine oder nur schwerlich FWI zugeordnet werden konnten, so wäre dies eine Ergebnisbegründung. Sollten diese versäumt haben, den Risiken wirksame FWI zuzuordnen oder solche zu entwickeln, so wäre dies als Anzeichen für die sinkende Wirksamkeit des von ihnen implementierten RFS anzusehen.

Bei der Frage nach der Festlegung von Verantwortlichkeiten und Maßnahmen zur prozessabhängigen und -unabhängigen Kontrolle (Frage 67 und 70) wurde die Homogenitätsannahme der jeweiligen Stichprobenpaare aus den Jahren ebenfalls durch den Test abgelehnt. Dieser zeigt sogar einen hoch signifikanten Unterschied in der Fragenbeantwortung an. Die bereits aufgezeigten Reduktionen bei den relativen Anteilen zu den "Ja"-Antworten und den zugehörigen Scorewerten macht deutlich, dass von den großen antwortenden EVU in einem deutlich geringeren Maße entsprechende Verantwortlichkeiten und Maßnahmen geregelt und dokumentiert worden waren als noch im Jahr 2004. Da der prozessabhängigen und prozessunabhängigen Überwachung eine hohe Bedeutung für die Sicherstellung der Einhaltung der getroffenen Maßnahmen im RCM beigemessen wird, stimmt dieses Ergebnis bedenklich. Die erhaltenen Daten sprechen dafür, dass von rund jedem zweiten großen kommunalen EVU keine Überwachungsmaßnahmen im RFS im Jahr 2008 mehr durchführt wurden. Bei diesen ist die Wirksamkeit des RFS unmittelbar als gefährdet anzusehen.

Festzuhalten ist, dass der ursprünglich ausgemachte Positivtrend im RFS der antwortenden kommunalen EVU im Jahr 2008 nicht maßgeblich von den großen EVU initiiert wurde. Vielmehr zeigten die von diesen erhaltenen Daten, dass deren aktueller Stand der Umsetzung ihres RFS sich eher hemmend auf das unter Punkt 3.1 dargestellte Ergebnis ausgewirkt haben muss.

3.3 Stand der Umsetzung des RFS bei den kleinen und mittelgroßen EVU (inklusive Praxisprojekte)

Im Punkt 3.2 wurde aufgezeigt, dass der unter Punkt 3.1 ausgemachte positive Entwicklungstrend in den RFS der insgesamt antwortenden EVU, nicht auf Bemühungen zur Systemoptimierung der großen kommunalen EVU zurückzuführen war. Es gilt zu prüfen, inwieweit der ausgemachte Positivtrend der insgesamt antwortenden EVU auf Anstrengungen der kleinen und mittelgroßen EVU zurückgeführt werden kann. Nach Berechnung des McNemar-Tests (inkl. der Daten von den Praxisprojekten) war festzustellen, dass bei insgesamt zehn Fragen die Homogenitätsannahme der jeweiligen Stichprobe aus den Jahren 2004 und 2008 durch den Test abgelehnt wurde (vgl. Tab. 15).

Tab. 15: Vergleich der Antworten der kleinen und mittelgroßen EVU in den Jahren 2004 und 2008 (McNemar-Test inkl. Praxisprojekte)

Frage	Ja 2004	Ja 2008	Gültig	Fehlend	Signifikanz (2-seitig) McNemar-Test	Bemerkungen
Frage 1a	34	35	46	7	**0,039**	5 %-Niveau signifikant
Frage 15	39	38	46	7	**0,063**	10 %-Niveau signifikant
Frage 21	31	35	46	7	**0,021**	5 %-Niveau signifikant
Frage 26	37	40	45	8	**0,004**	1 %-Niveau signifikant
Frage 28a	24	28	46	7	**0,008**	1 %-Niveau signifikant
Frage 30	20	23	45	8	**0,039**	5 %-Niveau signifikant
Frage 37	36	39	46	7	**0,065**	10 %-Niveau signifikant
Frage 38	36	39	46	7	**0,031**	5 %-Niveau signifikant
Frage 41	30	36	45	8	**0,001**	1 %-Niveau signifikant
Frage 53	24	28	46	7	**0,092**	10 %-Niveau signifikant

Zu unterschiedlichen Niveaus zeigte der Test an, dass hinsichtlich der Antworten ein mehr oder weniger hoher signifikanter Unterschied bestand. Die Veränderung in den relativen Häufigkeiten für die Ausprägung "Ja" sowie die in den Scorewerten zeigen, dass die Anteile teilweise sehr deutlich bis zum Jahr 2008 gestiegen waren. Dies deutet darauf hin, dass von den kleinen und mittelgroßen EVU zwischenzeitig Anstrengungen unternommen wurden, die Wirksamkeit des RFS zu erhöhen.

Hinsichtlich der Frage, ob alle Unternehmensbereiche und betrieblichen Prozesse auf Risiken untersucht wurden (Frage 26), ob ein standardisierter Risikoerhebungsbogen für berichtspflichtige Risiken existiert (Frage 28a) und ob die Geschäftsleitung regelmäßig durch eine Risk-Map über die aktuelle Risikolandschaft der Gesellschaft informiert wird (Frage 41), lehnte der Test die Homogenitätsannahme der beiden jeweiligen Stichproben zu einem 1 %-Signifikanzniveau ab. Die relativen Anteilswerte bei den "Ja"-Antworten und die zugehörigen Scorewerte zeigen, dass diese bis zum Jahr 2008 teilweise sehr deutlich zugenommen hatten.[975] Die ermittelten Ergebnisse lassen darauf schließen, dass die

975 Bei der Frage 26 stieg der relative Anteil bei den Ja-Antworten von 69,81 % auf 88,89 %. Der zugehörige Scorewert lag im Jahr 2008 um 0,191 Punkte höher als im Jahr 2004. Bei der Frage 28a stieg der relative Anteil bei den Ja-Antworten von 45,28 % auf 60,87 %. Der zugehörige Scorewert lag im Jahr 2008 um 0,156 Punkte höher als im Jahr 2004. Bei der Frage 41 stieg der relative Anteil bei den Ja-Antworten von 57,69 % auf 80,00 %. Der zugehörige Scorewert lag im Jahr 2008 um 0,223 Punkte höher als im Jahr 2004.

antwortenden kleinen und mittelgroßen EVU bis zum Jahr 2008 offenbar die Notwendigkeit zur Herleitung einer möglichst vollständigen Risikolandschaft und der Ausweitung der Risikoinventur auf das gesamte Unternehmen und alle betrieblichen Prozesse erkannt hatten. Die erhaltenen Daten sprechen dafür, dass zur Vergleichbarkeit der Risikoinformationen vermehrt ein standardisiertes Berichtswesen von diesen eingesetzt wurde. Dieser vermehrte Einsatz kann unter Berücksichtigung des für die Frage 41 ermittelten Ergebnisses weiter interpretiert werden. Offenbar erkannten diese vermehrt, dass die Notwendigkeit zur regelmäßigen Unterrichtung der Geschäftsleitung über die Risikolandschaft mittels "Risk-Map" bestand.

Bei der Frage nach der Existenz einer schriftlich fixierten Richtlinie zum RFS (Frage 1a), ob identifizierten Risiken Verantwortliche zugeordnet wurden (Frage 21), ob eine systematische Erhebung neuer Risiken im letzten Berichtszeitraum vorgenommen und dokumentiert wurde (Frage 30) und ob bestehende Risiken bei der letzten Risikoinventur daraufhin überprüft worden waren, ob die ursprüngliche Risikobewertung noch aktuell erschien (Frage 38), lehnte der Test die Homogenitätsannahme der beiden Stichproben zu einem 5 %-Signifikanzniveau ab. An der Veränderung der relativen Häufigkeiten für die Ausprägung "Ja" und den Scorewerten ist zu erkennen, dass auch hier die Werte teilweise sehr deutlich bis zum Jahr 2008 gestiegen waren.[976]

Die Ergebnisse lassen den Schluss zu, dass die antwortenden kleinen und mittelgroßen EVU zwischen den Jahren zunehmend die Notwendigkeit erkannt hatten, ihr RFS stärker zu formalisieren und zu systematisieren. Der vermehrte Einsatz einer Richtlinie deutet an, dass die formalisierte Beschreibung der getroffenen Maßnahmen zum RFS an Wichtigkeit gewonnen hatte. Die vermehrte Zuordnung von Risikoverantwortlichen zu identifizierten Risiken lässt vermuten, dass sich womöglich stärkere Veränderungen in der Risikolandschaft bei den antwortenden kleinen und mittelgroßen EVU eingestellt hatten, die es zu bewältigen galt. Durch die bereits an anderer Stelle aufgezeigte zunehmende Komplexität in der Risikolandschaft der kommunalen EVU wurde zur Bewältigung offenbar die stärkere Funktionstrennung im RFS für sinnvoll erachtet.

---

976 Bei der Frage 1a stieg der relative Anteil bei den Ja-Antworten von 64,15 % auf 76,09 %. Der zugehörige Scorewert lag im Jahr 2008 um 0,119 Punkte höher als im Jahr 2004. Bei der Frage 21 stieg der relative Anteil bei den Ja-Antworten von 58,49 % auf 76,09 %. Der zugehörige Scorewert lag im Jahr 2008 um 0,176 Punkte höher als im Jahr 2004. Bei der Frage 30 stieg der relative Anteil bei den Ja-Antworten von 37,74 % auf 51,11 %. Der zugehörige Scorewert lag im Jahr 2008 um 0,134 Punkte höher als im Jahr 2004. Bei der Frage 38 stieg der relative Anteil bei den Ja-Antworten von 67,92 % auf 84,78 %. Der zugehörige Scorewert lag im Jahr 2008 um 0,169 Punkte höher als im Jahr 2004.

Die Ergebnisse zeigen überdies an, dass die kleinen und mittelgroßen EVU sich nach dem Jahr 2004 offenbar vermehrt dazu entschlossen hatten, sich mit neuen und den bereits bekannten Risiken intensiver als vorher auseinanderzusetzen. Das Ergebnis aus der Frage 30 lässt auch vermuten, dass die jeweilige Risikolandschaft bei den betreffenden EVU vermehrt durch das Auftreten von neuen Risiken gekennzeichnet war. Das Ergebnis aus der Frage 38 zeigt an, dass bekannte Risiken in der jeweiligen Risikolandschaft hinsichtlich ihrer Einschätzung zur Vorhersehbarkeit und Höhe stärkeren Schwankungen unterworfen waren als vormals. Dies wäre eine Begründung dafür, warum die kleinen und mittelgroßen EVU vermehrt anzeigten, dass sie sich dazu entschlossen hatten, die ursprünglich einmal getroffenen Einschätzungen zu Risiken im Rahmen der Risiko-Bewertung öfters auf den Prüfstand zu stellen.

Hinsichtlich der Frage, ob Verantwortlichkeiten zur Risikoidentifikation definiert wurden (Frage 15), ob Risiken in Einzelrisiken untergliedert sind, sodass diese bewertbar sind und ihnen Maßnahmen und Verantwortlichkeiten zugeordnet werden können (Frage 37), und der Frage ob bei der Erstellung des Lageberichts die Risk-Map zur Herleitung der Risikodarstellung stärker als Medium genutzt wird (Frage 53), lehnt der Test die Homogenitätsannahme zu einem 10 %-Signifikanzniveau ab. An der Entwicklung der relativen Anteilswerte zu den Ja-Antworten und den Scorewerten wird deutlich, dass sich auch hier die Werte bis zum Jahr 2008 teilweise deutlich erhöht hatten.[977]

Das Ergebnis zur Frage nach der Zuordnung von Verantwortlichkeiten für die Risiko-Identifikation überrascht insoweit nicht, da bereits festgestellt werden konnte, dass bei den antwortenden EVU vermehrt Risiko-Verantwortliche benannt wurden, die sich intensiver mit neuen und bekannten Risiken beschäftigten. Die intensivere Auseinandersetzung mit den existierenden Risiken plausibilisiert auch, warum Risiken von diesen vermehrt in Einzelrisiken untergliedert wurden, sodass diese bewertbar sind und diesen eindeutige Maßnahmen und Verantwortlichkeiten zugeordnet werden konnten. Das Ergebnis zur Frage 53 kann in Zusammenhang mit dem Ergebnis zur Frage 41 gesehen werden. Dass die jeweilige Geschäftsleitung von den kleinen und mittelgroßen EVU vermehrt mittels Risk-Map über die aktuelle Risikolandschaft informiert wurde, begrün-

977 Bei der Frage 15 stieg der relative Anteil bei den Ja-Antworten von 75,00 % auf 82,61 %. Der zugehörige Scorewert lag im Jahr 2008 um 0,076 Punkte höher als im Jahr 2004. Bei der Frage 37 stieg der relative Anteil bei den Ja-Antworten von 67,92 % auf 84,78 %. Der zugehörige Scorewert lag im Jahr 2008 um 0,169 Punkte höher als im Jahr 2004. Bei der Frage 53 stieg der relative Anteil bei den Ja-Antworten von 45,28 % auf 60,87 %. Der zugehörige Scorewert lag im Jahr 2008 um 0,156 Punkte höher als im Jahr 2004.

det, warum diese verstärkt als Medium durch die Unternehmensleitung im Rahmen der Risikoberichterstattung im Lagebericht Verwendung fand.

Nach Ergebnislage kann der ausgemachte Positivtrend in der Weiterentwicklung der RFS aller antwortenden EVU auf Anstrengungen der kleinen und mittelgroßen EVU bis zum Jahr 2008 zurückgeführt werden. Da im vorliegenden Absatz der Datensatz aller kleinen und mittelgroßen EVU ausgewertet und analysiert wurde und dabei auch die erhaltenen Daten der Praxisprojekte enthalten waren, muss in einem weiteren Schritt die Frage beantwortet werden, inwieweit dieses positive Ergebnis von den erhaltenen Daten der Praxisprojekte beeinflusst gewesen war oder nicht.

3.4 Stand der Umsetzung des RFS bei den kleinen und mittelgroßen EVU (ohne Praxisprojekte)

Die Ergebnisse unter Punkt 3.2 und 3.3 zeigten an, dass der unter Punkt 3.1 ausgemachte Positivtrend in der Weiterentwicklung des RFS der in der Gesamtheit im Jahr 2008 antwortenden kommunalen EVU nicht von den großen antwortenden EVU ausgelöst wurde. Die weitergehende Analyse zeigte, dass der Positivtrend durch die kleinen und mittelgroßen EVU maßgeblich initiiert wurde. Es gilt zu analysieren, inwieweit die Beratung von sieben kommunalen EVU aus dieser Untersuchungsgruppe und deren Daten ursächlich für das positive Ergebnis gewesen waren.

Analysiert man in einem ersten Schritt pro Einzelfrage die Entwicklung der relativen Häufigkeiten zur Merkmalsausprägung "Ja" und die Scorewerte unter Ausschluss der erhaltenen Daten von den Praxisprojekten, so fällt auf, dass der unter Punkt 3.3 vermutete Positivtrend in der Weiterentwicklung der RFS nicht von den "übrigen" kleinen und mittelgroßen EVU im Wesentlichen hervorgerufen wurde. Die Ergebnisse zeigen unterschiedliche Entwicklungen in den für ein wirksames RFS aufgezeigten Kriterien je Einzelfrage an.

Nach Auswertung der erhaltenen Daten konnten teilweise deutliche Steigerungsraten in den Anteilswerten[978] der Ausprägung "Ja" im Vergleich der Jahre

978 Bei der Frage 26 stieg der relative Anteil bei den Ja-Antworten von 76,09 % auf 86,84 %. Der zugehörige Scorewert lag im Jahr 2008 um 0,108 Punkte höher als im Jahr 2004. Bei der Frage 38 stieg der relative Anteil bei den Ja-Antworten von 71,74 % auf 82,05 %. Der zugehörige Scorewert lag im Jahr 2008 um 0,103 Punkte höher als im Jahr 2004. Bei der Frage 41 stieg der relative Anteil bei den Ja-Antworten von 66,67 %

2004 und 2008 pro Einzelfrage ausgemacht werden. Es zeigen sich jedoch auch deutliche Reduktionen in den Anteilswerten sowie in den zugehörigen Scorewerten,[979] was als hemmender Effekt auf den insgesamt ausgemachten Positivtrend in der Weiterentwicklung des RFS zu bewerten ist. Die kleinen und mittelgroßen EVU zeigten an, dass auch sie, so wie die Praxisprojekte, offenbar verstärkt die Notwendigkeit zur Durchführung einer unternehmensweiten Risiko-Identifikation erkannt hatten (Frage 26). Das Ergebnis lässt vermuten, dass die Risikolandschaft bei den betreffenden EVU gleichsam wie die bei den Praxisprojekten zunehmend vielschichtiger, veränderbarer und komplexer geworden war.[980] Dies erklärt in gewisser Weise, warum die übrigen kleinen und mittelgroßen EVU verstärkt darauf hinwiesen, dass diese eine ursprüngliche zu einem früheren Zeitpunkt vorgenommene Risikobewertung verstärkt auf deren Aktualität hin kontrollierten (Frage 38). In dieses Bild passt auch, dass die Unternehmensleitung verstärkt über die Risikolandschaft mittels Risk-Map bis zum Jahr 2008 informiert wurde (Frage 41).

Als gegenläufige Entwicklung war auszumachen, dass sich bei einigen Teilfragen die für das Jahr 2004 dargestellten relativen Anteilswerte der Ausprägung "Ja" und die Scorewerte zu wesentlichen Aspekten eines wirksamen RFS bis zum Jahr 2008 weiter reduziert hatten. Die übrigen kleinen und mittelgroßen EVU zeigten an, dass weniger als 40 % von diesen Leitlinien zum RM im Jahr 2008 besaßen. Von diesen wurden in einem geringeren Maß Aufgaben und Verantwortlichkeiten der Funktionsträger im RFS fixiert. Um die prozessabhängige und prozessunabhängige Überwachung war es bei diesen deutlich schlechter bestellt als noch im Jahr 2004.

Der McNemar-Test lehnt die Homogenitätsannahme der Stichproben aus den Jahren 2004 und 2008 bei der Frage nach der Existenz von RM-Grundsätzen (Frage 4a) und der nach Regelungen zu Verantwortlichkeiten und Maßnahmen zur prozessabhängigen Überwachung des RFS (Frage 67) ab. Der Test zeigt zu einem 10 %-Signifikanzniveau an, dass zwischen den Antworten ein signifikanter Unterschied besteht (vgl. Tab. 16).

---

auf 76,32 %. Der zugehörige Scorewert lag im Jahr 2008 um 0,096 Punkte höher als im Jahr 2004.

979 Bei der Frage 4a sank der relative Anteil bei den Ja-Antworten von 58,70 % auf 39,47 %. Der zugehörige Scorewert lag im Jahr 2008 um 0,192 Punkte niedriger als im Jahr 2004. Bei der Frage 9 sank der relative Anteil bei den Ja-Antworten von 43,48 % auf 38,46 %. Der zugehörige Scorewert lag im Jahr 2008 um 0,050 Punkte niedriger als im Jahr 2004. Bei den Fragen 67 und 70 sank der jeweilige relative Anteil bei den Ja-Antworten von 72,09 % bzw. 48,89 % auf 61,04 bzw. 43,59 %. Die zugehörigen Scorewerte lagen im Jahr 2008 um 0,111 bzw. 0,053 Punkte niedriger als im Jahr 2004.

980 Vgl. Kapitel C, Punkt 2.2.3.1, S. 208 ff.

Tab. 16: Vergleich der Antworten der kleinen und mittelgroßen EVU im Jahr 2004 und 2008 (McNemar-Test ohne Praxisprojekte)

Frage	Ja 2004	Ja 2008	Gültig	Fehlend	Signifikanz (2-seitig) McNemar-Test	Bemerkungen
Frage 4a	27	15	38	8	**0,065**	10 %-Niveau signifikant
Frage 67	31	24	39	7	**0,063**	10 %-Niveau signifikant

Berücksichtigt man die Hinweise und Ergebnisse, die in der Modellbetrachtung im Kapitel B[981] abgegeben und die bereits bei der Interpretation des Datensatzes für das Jahr 2004[982] aufgezeigt wurden, so kann dieses Ergebnis bedeuten, dass die Mitarbeiter in den kleinen und mittelgroßen EVU möglicherweise nicht ausreichend genug für die Notwendigkeit und Wichtigkeit eines RFS sensibilisiert worden waren. Deren Fähigkeit und Bereitschaft risikorelevante Informationen aufzunehmen, zu verarbeiten und weiterzuleiten kann durch das Fehlen von RM-Grundsätzen negativ beeinflusst worden sein. Der positive Effekt, der RM-Grundsätzen auf die Risiko-Kultur zuzuschreiben ist, kann sich bei diesen nicht eingestellt haben. Durch fehlende Verantwortlichkeiten und Maßnahmen zur prozessabhängigen Überwachung steigt die bereits bei der Analyse des Datensatzes von 2004 geäußerte Unsicherheit, ob bei den verneinenden EVU von der Einhaltung der getroffenen Maßnahmen im RFS auszugehen ist.

Festzuhalten bleibt, dass die übrigen kleinen und mittelgroßen EVU im Jahr 2008 den aufgezeigten Positivtrend in der Weiterentwicklung des RFS teilweise mit positiv beeinflusst hatten. Die Daten zeigten, dass diese gleichsam wie die Praxisprojekte Anstrengungen unternommen hatten, ihr RFS in seiner Wirksamkeit zu verbessern. Die Daten sprachen auch dafür, dass bei diesen in einigen als wesentlich für die Wirksamkeit eines RFS angesehenen Kriterien eine gegenläufige Entwicklung stattgefunden hatte. Inwieweit der Positivtrend in der Weiterentwicklung der RFS bei den kleinen und mittelgroßen antwortenden EVU durch die erhaltenen Daten der Praxisprojekte beeinflusst wurde, gilt es im folgenden Punkt 3.5 zu analysieren.

981 Vgl. Kapitel B, Punkt 3.1, S. 104 ff.

982 Vgl. Kapitel C, Punkt 1.2.1, S. 163 f.

3.5 Einfluss der Praxisprojekte auf den Positivtrend in der Weiterentwicklung der RFS bei den kleinen und mittelgroßen EVU

Zur Beantwortung der Frage, ob der ausgemachte Positivtrend in der Weiterentwicklung des RFS bei den antwortenden EVU bis zum Jahr 2008 auf die erhaltenen Daten der Praxisprojekte zurückzuführen war, wurde der Datensatz aller kleinen und mittelgroßen antwortenden EVU mittels der Berechnung von Kontingenzkoeffizienten und des exakten Tests nach Fisher ausgewertet. Dies half dabei zu analysieren, ob ein Zusammenhang zwischen der Fragenbeantwortung und der Betreuung in der Praxis bestand. Nach Auswertung der Daten wurde bei elf der Einzelfragen ein teilweise hoch signifikantes Ergebnis ermittelt (vgl. Tab. 17).

Tab. 17: Vergleich der Daten der kleinen und mittelgroßen EVU mit denen der Praxisprojekte [Kontingenzkoeffizient und exakter Test nach Fisher (2004 und 2008)]

Frage	Gül-tig	Feh-lend	Korrelation "Betreuung"	Signifikanz (2-seitig)	Bemerkungen	Exakter Test nach Fisher-Signifikanz
Frage 4a	45	8	0,402	**0,004**	1 %-Niveau signifikant	**0,004**
Frage 9	46	7	0,405	**0,003**	1 %-Niveau signifikant	**0,003**
Frage 19	46	7	0,309	**0,036**	5 %-Niveau signifikant	**0,036**
Frage 28a	46	7	0,322	**0,032**	5 %-Niveau signifikant	**0,032**
Frage 30	45	8	0,387	**0,009**	1 %-Niveau signifikant	**0,009**
Frage 36	46	7	0,296	**0,078**	10 %-Niveau signifikant	**0,078**
Frage 43a	46	7	0,339	**0,032**	5 %-Niveau signifikant	**0,015**
Frage 43b	45	8	0,519	**0**	1 %-Niveau signifikant	**0**
Frage 53	46	7	0,322	**0,032**	5 %-Niveau signifikant	**0,032**
Frage 67	46	7	0,283	**0,078**	10 %-Niveau signifikant	**0,078**
Frage 70	46	7	0,376	**0,01**	1 %-Niveau signifikant	**0,01**

Die Kontingenzkoeffizienten zeigen bei der Frage nach der Existenz von RM-Grundsätzen (Frage 4a), der nach der Festlegung von Aufgaben und Verantwortlichkeiten der Funktionsträger im RFS (Frage 9), der nach einer systematischen Erhebung neuer Risiken während des Berichtszeitraumes (Frage 30), der nach der Archivierung der sonstigen Dokumentation zum RFS (Frage 43b) und der nach der Festlegung von Verantwortlichkeiten und Maßnahmen zur prozessunabhängigen Überwachung (Frage 70) einen zu einem 1 %-Niveau signifikanten Zusammenhang zwischen der Beantwortung der Frage und der Betreuung in der Praxis an. Ein zu einem 5 %-Niveau signifikanter Zusammenhang wurde bei den Fragen nach der Zuordnung von FWI zu identifizierten Risiken (Frage 19), der Verwendung eines standardisierten Risikoerhebungsbogen für berichtspflichtige Risiken (Frage 28a), der Aufbewahrung der Systemdokumentation über einen ausreichend langen Zeitraum (Frage 43a) und der Verwendung einer Risk-Map bei der Lageberichterstellung (Frage 53) angezeigt. Die Kontingenzkoeffizienten zeigten weitergehend zu einem 10 %-Niveau einen signifikanten Zusammenhang zwischen der Beantwortung der Frage, ob Interdependenzen von Risiken bei der Risikobewertung mit berücksichtigt werden (Frage 36) und der ob Verantwortlichkeiten und Maßnahmen zur prozessabhängigen Überwachung geregelt und dokumentiert wurden (Frage 67) und der Betreuung in der Praxis an. Diese Ergebnisse wurden durch den exakten Test nach Fisher zum gleichen Niveau bestätigt.

Die Ergebnisse lassen darauf schließen, dass die erhaltenen Daten von den Praxisprojekten in der Telefonumfrage im Jahr 2008 ursächlich für den insgesamt aufgezeigten Positivtrend in der Weiterentwicklung der RFS der Rückläufer gewesen waren. Mittels Auswertung der Daten der übrigen kleinen und mittelgroßen EVU wurden zwar Anhaltspunkte dafür gefunden, dass auch diese bis zum Jahr 2008 Anstrengungen wie die Praxisprojekte unternommen hatten ihr RFS weiter zu optimieren. Es wurden jedoch auch Hinweise dafür gefunden, dass in einigen für die Wirksamkeit eines RFS als wesentlich erachteten Kriterien sich zwischenzeitig gegenläufige Entwicklungen bis zum Jahr 2008 eingestellt hatten und an dieser Stelle von einer Reduktion der Wirksamkeit des Systems auszugehen ist. Gleichsam wie bei den großen antwortenden kommunalen EVU im Jahr 2008 muss daher für die übrigen kleinen und mittelgroßen EVU festgehalten werden, dass diese zum Zeitpunkt der Telefonumfrage ebenfalls teilweise deutliche Verbesserungspotenziale in ihrem RFS aufwiesen.

3.6 Zusammenfassung

Mittels des Vergleichs der erhaltenen Daten aus den beiden Befragungen in den Jahren 2004 und 2008 wurde festgestellt, dass ein positiver Trend in der Weiterentwicklung der RFS bei den antwortenden EVU auszumachen war. Die hohe Bedeutung einer Chancenbetrachtung konnte für die antwortenden kommunalen EVU im Jahr 2008 aus den erhaltenen Daten nicht abgeleitet werden. Die Analyse zeigte, dass dieser positive Entwicklungstrend im RFS nicht gleichsam von den kleinen und mittelgroßen sowie von den großen antwortenden kommunalen EVU initiiert wurde.

Mithilfe der vorgestellten statistischen Verfahren und der Auswertung von relativen Anteilswerten zur Ausprägung "Ja" sowie mittels der Darstellung von Veränderungen in den ermittelten Scorewerten wurde aufgezeigt, dass die großen antwortenden EVU für sich betrachtet den Schluss zuließen, dass sich das von ihnen im Jahr 2004 kenntlich gemachte RFS bis zum Jahr 2008 eher zurückentwickelt hatte. Zur Begründung wurde von diesen im Rahmen der Telefonumfrage angegeben, dass insbesondere den stetig steigenden Anforderungen durch den Regulierer sowie den Marktgeschehnissen eine größere Priorität einzuräumen war und dass die dafür notwendige Mehrarbeit auf Kosten einer Weiterentwicklung des RFS gegangen war.

Auch wenn bei diesen in den Ergebnissen zu den Einzelfragen teilweise kleinere Steigerungsraten bei den relativen Anteilen zu den Ja-Antworten und den berechneten Scorewerten auszumachen waren, zeigten die Ergebnisse insgesamt betrachtet eher eine Rückentwicklung in den RFS an. Schwerwiegend wiegt an dieser Stelle die Feststellung, dass diese offenbar in einem geringeren Maß den identifizierten Risiken FWI zuordnet hatten oder zuordnen konnten als noch im Jahr 2004. Auch war es um die Festlegung von Verantwortlichkeiten und Maßnahmen zur Gesamtüberwachung des RFS schlechter bestellt als zum Zeitpunkt der schriftlichen Befragung im Jahr 2004. Die Daten lassen für die großen antwortenden EVU insgesamt den Schluss zu, dass bei diesen die Wirksamkeit des RFS bis zum Jahr 2008 eher abgenommen hatte.

Im Zuge der weitergehenden Analyse wurde der Frage nachgegangen, ob die Gesamtheit der antwortenden kleinen und mittelgroßen EVU für den aufgezeigten positiven Entwicklungstrend im RFS verantwortlich gemacht werden konnte oder ob die erhaltenen Daten von den Praxisprojekten ursächlich für diesen Trend waren. Die Ergebnisse zeigten, dass diese teilweise ebenfalls in einzelnen Kriterien zu einem wirksamen RFS einen Beitrag zum aufgezeigten Positivtrend geleistet hatten. Auffällig war an dieser Stelle, dass von diesen offenbar Anstrengungen bis zum Jahr 2008 unternommen worden waren, eine unternehmensweite Risikoidentifikation verstärkt durchzuführen. Ein Positivtrend konnte auch i. Z. m. Maßnahmen abgeleitet werden, die dabei helfen, die Unternehmensleitung besser über die Risikolandschaft zu informieren. Die Daten sprachen auch dafür, dass es in einzelnen Sachverhalten zu einem wirksamen RFS teilweise zu signifikanten Veränderungen und zu Reduktionen bei den Anteils- und Scorewerten bis zum Jahr 2008 gekommen war. Als bedenklich wurde herausgestellt, dass bei den antwortenden kleinen und mittelgroßen EVU, bei denen zwischenzeitig kein RCMS implementiert worden war, in einem deutlich geringeren Maße als noch im Jahr 2004 RM-Grundsätze und Verantwortlichkeiten und Maßnahmen zur prozessabhängigen Überwachung geregelt und dokumentiert wurden. Überdies wurde angemerkt, dass die vielfach niedrigen relativen

Anteilswerte der Ausprägung "Ja" im Jahr 2004 zu Sachverhalten, die ein wirksames RFS kennzeichnen, teilweise weiter rückläufig waren. Insbesondere hinsichtlich der Frage nach der Aufbewahrung der laufenden Dokumentation zum RFS und der nach der Regelung und Dokumentation von Verantwortlichkeiten und Maßnahmen zur prozessunabhängigen Überwachung hatten sich diese weiter bis zum Jahr 2008 reduziert.

Mittels der vorgestellten statistischen Verfahren wurde ermittelt, dass sich der auszumachende positive Weiterentwicklungstrend in den RFS der antwortenden kleinen und mittelgroßen EVU in teilweise hoch signifikanter Weise auf die Daten von den Praxisprojekten zurückführen ließ. Diese hatten zwischenzeitig ein in ein RCMS integrierten RFS implementiert. Das jeweilige RCMS war durch den zuständigen Abschlussprüfer im Rahmen seiner Prüfung gem. § 53 HGrG als geeignet eingeschätzt worden seine Aufgaben unter Risikoaspekten zu erfüllen. Die erhaltenen Daten waren ursächlich für den insgesamt festgestellten Positivtrend in der Weiterentwicklung der RFS der kommunalen EVU in der Rücklaufgesamtheit im Jahr 2008.

Die Ergebnisse lassen den Schluss zu, dass es im Jahr 2008 offenbar weiterhin einen in Einzelfällen als hoch einzustufenden Handlungsbedarf bei der Weiterentwicklung des gesetzlich geforderten RFS bei den kleinen und mittelgroßen antwortenden kommunalen EVU gegeben hat. Überdies scheinen die RFS der großen kommunalen EVU wegen der gestiegenen Anforderungen der Regulierungsbehörde an Wirksamkeit verloren zu haben. Beide Sachverhalte lassen die Notwendigkeit zur weitergehenden Systemoptimierung sinnvoll und notwendig erscheinen.

Kapitel D: Fazit und Ausblick

1 Zusammenfassende Würdigung

Die vorliegende Arbeit behandelt das Risiko- und Chancenmanagement bei kommunalen EVU in der privatrechtlichen Form der GmbH und AG, die nach der Prüfungsnorm des § 53 HGrG dazu verpflichtet sind, jährlich ihr RFS durch den Abschlussprüfer beurteilen zu lassen. Solche Unternehmen, die Energie an andere liefern, ein Energienetz betreiben oder an einem Energieversorgungsnetz als Eigentümer die Verfügungsbefugnis besitzen, werden als EVU bezeichnet. Um ein kommunales EVU handelt es, sich wenn eine Gemeinde aufgrund der Höhe ihrer Beteiligung oder aufgrund von besonderen rechtlichen Regelungen die Direktionsgewalt in diesem besitzt.

Diese auch als Stadtwerke bekannten kommunalen EVU müssen sich seit rund dreizehn Jahren auf stark dem Wettbewerb und der Regulierung unterliegenden Märkten behaupten. Anders als bei privatwirtschaftlichen Unternehmen sind diesen bei einer willkürlichen Ausweitung der geschäftlichen Aktivitäten kommunalrechtliche Grenzen gesetzt. Für das kommunale Engagement in der Energiewirtschaft wird vorausgesetzt, dass dieses jederzeit im Einklang mit den gesetzlichen und kommunalrechtlichen Vorgaben steht. Kommunale EVU haben zu gewährleisten, dass ihre Geschäftstätigkeiten im Einklang mit der öffentlichen Zweckverfolgung und damit im Bürgerinteresse stehen. Gebietskörperschaften als Anteilseigner dieser EVU begegnen zunehmend dem Veränderungsdruck mittels Auslagerung von Aufgabenbereichen heraus aus der Ämterverwaltung. Dazu können sich diese unterschiedlicher öffentlich-rechtlicher und privatwirtschaftlicher Rechtsformen bedienen. Der Bedeutungsgewinn von privatwirtschaftlichen Rechtsformen für die in der Energiewirtschaft tätigen kommunalen Unternehmen wurde im Wesentlichen als Grund dafür genannt, dass die vorliegende Arbeit einen Fokus auf GmbHs und AGs legt.

Die Auslagerung von öffentlichen Aufgaben im Rahmen der Daseinsvorsorge lässt für Trägerschaften und den zuständigen Organen Probleme im Rahmen der Beteiligungssteuerung und Beteiligungskontrolle entstehen. Diese müssen mit vielschichtigen Prinzipal-Agenten-Problemen rechnen. Da sich die Wettbewerbssituation für kommunale EVU zunehmend dynamisch und angespannt gestaltet, gewinnt die Abwehrmöglichkeit von Risiken sowie das Erkennen und Nutzen von Chancen und eine entsprechende RC-Informationsversorgung der Anteilseigner eine höhere Bedeutung als noch vor der Liberalisierung. In dieser Situation erscheint ein lediglich auf das Erkennen und Bewältigen von bestandsgefährdenden Risiken ausgelegtes Frühwarnsystem als nicht mehr zeitgemäß, um den existierenden und sich ergebenen Entwicklungen und Problemen aus kommunaler Sicht vor dem Hintergrund der Wahrung der öffentlichen Zweckverfolgung angemessen zu begegnen.

Die Rechnungslegungsvorschriften in Deutschland haben sich in den vergangenen Jahren weiter entwickelt und weisen zunehmend einen stärkeren Zukunftsbezug auf. Zur Lageberichterstattung verpflichtete Kapitalgesellschaften müssen jährlich gleichgewichtig unter Angabe der grundlegenden Annahmen über Chancen und Risiken der künftigen Entwicklung berichten. Dies betrifft auch die hier interessierenden kommunalen EVU. Ohne ein System zur gleichsamen Erfassung von Gefährdungs- und Ertragspotenzialen erscheint die zutreffende Lageberichterstattung zumindest fraglich und die Möglichkeit zur hinreichend sicheren Lageberichtsprüfung überdies schwierig.

Es wird als zeitgemäßer und aus unternehmerischer sowie kommunaler Sicht als sinnvoller erachtet, dass das gem. § 53 HGrG geforderte RFS in Form eines RCMS von Stadtwerken betrieben wird. Diese sind per Gesetz "lediglich" dazu verpflichtet, ein nach den Verhältnissen des Einzelfalles entsprechendes angemessenes RFS zu betreiben und dies jährlich im Rahmen der Geschäftsführungsprüfung beurteilen zu lassen. Das RFS muss nach den Verhältnissen des Einzelfalles angemessen auf die Früherkennung von bestandsgefährdenden Entwicklungen ausgerichtet sein. Eine explizite Chancenbetrachtung ist an dieser Stelle gesetzlich nicht vorgeschrieben. Mit einer gleichgewichtigen Behandlung von Risiken und Chancen könnte den besonderen Informationsanforderungen von Gebietskörperschaften umfänglicher nachgekommen werden. Eine lediglich auf Basis der Behandlung von bestandsgefährdenden Risiken ausgerichtete Abschlussprüfung und Berichterstattung ist aufgrund der hohen Informationsanforderungen einer Trägergemeinde als nicht mehr ausreichend anzusehen, um sich insbesondere bei den in der Energiewirtschaft tätigen Beteiligungsgesellschaften ein zutreffendes Bild vom sorgsamen Umgang mit den anvertrauten öffentlichen Mitteln und hinsichtlich der Aufrechterhaltung der Funktionsfähigkeit des Unternehmens zu verschaffen.

Aus Sicht von Gebietskörperschaften erscheint es sinnvoll und notwendig, dass das Prüfungsergebnis gem. § 53 HGrG korrespondierend zu den Veränderungen in der Lageberichterstattung und -prüfung ein ganzheitliches Bild von der Chancenverwertung und Risikotragfähigkeit der Beteiligungsgesellschaften vermittelt. Da es derzeitig an einer entsprechenden gesetzlichen Verpflichtung mangelt, sollte eine Ausweitung auf den Chancenaspekt im Zuge der Regelung des § 53 HGrG angestrebt werden. Als Minimallösung könnte sich bis zu diesem Zeitpunkt als Übergangslösung eine freiwillige Verpflichtung bspw. als Bestandteil eines einheitlichen PCGK anbieten. Auf diese Weise würden Gebietskörperschaften zusätzliche Unternehmensinformationen erhalten, auf deren Basis die Steuerung und Kontrolle zutreffender möglich wäre. Damit würde ein Beitrag zur Reduktion von Informationsasymmetrien geleistet, welche aufgrund der Distanz insbesondere zwischen Trägerschaft und privatwirtschaftlichen kommunalen Unternehmen zu vermuten sind. Die Sicherstellung der öffentlichen Zweckverfolgung im Interesse der Bürgerschaft könnte auf diese Weise zutreffender erfüllt und der Nachweis darüber besser erbracht werden.

Die Ausführungen zur Modellbetrachtung zu einem RCMS haben gezeigt, dass die fortlaufende Identifikation, Analyse, Bewertung, Steuerung und Überwachung sowie die Dokumentation und Kommunikation von Risiken in der Theorie bereits eingehend diskutiert wurde. Ein praxisorientierter Lösungsansatz zum Aufbau eines RFS für die hier interessierenden kommunalen EVU wurde bis dato von der betriebswirtschaftlichen Forschung weitestgehend ausgespart. Ausführungen zu einem zukunftsorientierten RCMS wurden bestenfalls in der Theorie am Rande umrissen. Dies ließ den eigenen hypothetischen Schluss zu, dass es um die praktische Ausgestaltung des gesetzlich geforderten RFS bei kommunalen EVU eher schlecht bestellt ist.

Nach den eigenen Überlegungen kann ein angemessenes und wirksames in ein RCMS integriertes RFS anhand von notwendigen und teilweise wünschenswerten Einzelsachverhalten beschrieben werden. Die Systemansprüche wurden im Rahmen der vorliegenden Arbeit erarbeitet und in Form eines 40 Punkte umfassenden Katalogs dargestellt. Mit Fokussierung auf den Risikoaspekt dienten wesentliche Aspekte aus diesem Katalog dazu, eine Antwort zum Stand der Umsetzung von RFS bei den interessierenden kommunalen EVU für die Jahre 2004 und 2008 herzuleiten. Gleichzeitig wurde auf Basis dieser ein praxisorientierter Lösungsansatz zur Ausgestaltung eines RCMS bei den interessierenden kommunalen EVU entwickelt und bei insgesamt sieben betreuten Unternehmen implementiert. Ein solches RCMS wird maßgeblich und jederzeit unternehmensindividuell durch die von der Unternehmensleitung festzulegenden RC-Strategien bestimmt. Diese regeln den Umgang mit erkannten und für möglich erachteten Risiken und Chancen. Diese sollten aus guten Gründen an die Mitarbeiter kommuniziert werden. Als Rahmengrundsätze regeln die RC-Strategien auch entsprechende Verantwortlichkeiten und Einzelmaßnahmen in den Teilprozessphasen des RCMS. Diese haben einen Einfluss auf Wesentlichkeitsgrenzen zu Risiken und Chancen. Wegen ihres Gestaltungsaspekts wird den RC-Strategien ein bedeutender Anteil an der Wirksamkeit des gesamten RCMS zugesprochen.

Die in der Modellbetrachtung aufgezeigten Kriterien bilden in der Summe die Ablauforganisation des Gesamtsystems in Form des RCMP ab. In der betrachteten Form beginnt dieser mit der RC-Identifikation. Diese Phase hat die Aufgabe, unternehmensweit und fortlaufend alle Risiken und Chancen auf Einzelebene rechtzeitig zu erkennen und erkannte Zielabweichungspotenziale wiederkehrend hinsichtlich einer ursprünglich einmal getroffenen Einschätzung auf den Prüfstand zu stellen. Darüber hinaus gilt es fortlaufend und wiederkehrend neue Risiken und Chancen zu erkennen und aufzunehmen. Damit leistet die RC-Identifikation die Grundlagenarbeit für den gesamten RCMP. Die Zuordnung von wirksamen FEI zu identifizierten und möglichen Zielabweichungspotenzialen hilft beim rechtzeitigen Erkennen von Entwicklungen von Bedeutung. FEI gilt es regelmäßig anhand der Entwicklung ihrer Toleranzgrenzen zu überwachen. So werden Entwicklungen von Bedeutung im zeitlichen Vorlauf systematisch aufgedeckt. Wirksame Maßnahmen und Strategien zur Abwehr bzw. Nutzung dieser können im Bedarfsfall rechtzeitig entwickelt und umgesetzt werden. Zur Herleitung einer vollständigen RC-Landschaft gilt es Interdependenzen und Wechselwirkungen zwischen Risiken und Chancen mit zu berücksichtigen.

Die eigentliche Ursachenanalyse, die das Auftreten sowie die Existenz und die Interdependenzen und Wechselwirkungen zwischen Risiken und Chancen analysiert, wird in der RC-Analysephase vorgenommen. Hier wird auch eine erste qualitative Messung von Gefährdungs- und Erfolgspotenzialen vorgenommen, um Schwerpunkte für die Phase der RC-Steuerung anzuzeigen. Die Messung ist hilfreich, um in der RC-Bewertung das tatsächliche Ausmaß eines Einzelrisikos bzw. einer Einzelchance quantitativ bzw. qualitativ anhand der Vorhersehbarkeit und Höhe zu bestimmen und das tatsächliche Gefährdungs- bzw. Ertragspotenzial herzuleiten. Die Bewertungsproblematik ist der eigentliche Kern dieser dritten Phase im RCMP. Unterschiedliche Methoden können bei der Bewertung der Zielabweichungspotenziale und deren Wechselwirkungen und Interdependenzen zum Einsatz gelangen. Als pragmatischer Ansatz wurden die BBM und die NBM vorgestellt, welche neben der Darstellung des Bruttorisikos bzw. der -chance auch das Restrisiko bzw. die -chance hilft darzustellen. Mittels der Bewertungsergebnisse wird die vormals bereits während der RC-Analyse vorgenommene Priorisierung von Zielabweichungspotenzialen fundiert. Die RC-Bewertung stellt wie alle Einzelphasen im RCMP eine kontinuierliche und unternehmensweite Aufgabe dar. Neben den bekannten gilt es auch neue Risiken und Chancen hinsichtlich einer möglichen Veränderung in den Ausprägungen Höhe und Vorhersehbarkeit fortlaufend zu überprüfen.

Die Ergebnisse aus der qualitativen bzw. quantitativen Bewertung sollten in Form einer RC-Map fortgeschrieben und insbesondere für die Phase der RC-Steuerung visualisiert werden. An dieser Stelle wurde die Portfolio-Betrachtung als pragmatischer Ansatz dargestellt. In Abhängigkeit von der Bedeutung eines Risikos bzw. einer Chance sind durch die RC-Steuerung entsprechend wirksame Maßnahmen und Strategien zur Abwehr bzw. zur Nutzung der erkannten, analysierten und bewerteten Zielabweichungspotenziale festzulegen und umzusetzen. Dazu kann das gesamte einem Unternehmen zur Verfügung stehende Steuerungsinstrumentarium zum Einsatz kommen. Diese Prozessphase verfolgt das Ziel, negative sowie positive Entwicklungen von Bedeutung beherrschbar für ein Unternehmen zu machen.

Maßgeblich für die Wirksamkeit des RCMP ist es, dass alle Einzelergebnisse einheitlich und zu Nachweiszwecken dokumentiert werden. Dazu bietet sich die Form der RC-Map an. Eine Standarddokumentation hilft den Entscheidungsträgern einen aktuellen Überblick über die existierenden Gefährdungs- und Erfolgspotenziale in Form von regelmäßigen RC-Updates zu erhalten. Mittels einer Systembeschreibung sind die getroffenen Maßnahmen im Umgang mit Risiken und Chancen im RCMS festzuschreiben. Die Mitarbeiter sollten Kenntnis über die Verfahrensweisen erhalten. Eine RCM-Richtlinie besitzt Richtliniencharakter und gibt Orientierung im RCMS. Diese fördert die Wirksamkeit des Gesamtsystems und hilft einer Unternehmensleitung bei der Erfüllung ihrer Sorgfaltspflichten. Da der Möglichkeit der Weiterleitung von eilbedürftigen RC-Informationen eine hohe Bedeutung für die Wirksamkeit des RCMS beizumessen ist, gilt es neben Regelungen zur laufenden Dokumentation auch welche zur Ad-hoc-Berichterstattung festzulegen. Unter dem Aspekt der Rechtzeitigkeit wird so gewährleistet, dass Entwicklungen von Bedeutung zeitnah an die Entscheidungsträger kommuniziert werden können. Die Gesamtdokumentation sollte ausreichend lang aufbewahrt und archiviert werden. Dies hilft, jederzeit die im Rahmen der RC-Dokumentation aufgezeigte Rechenschafts-, Sicherungs- und Prüfbarkeitsfunktion zu erfüllen.

Im RCMP müssen zwingend Verantwortlichkeiten und Maßnahmen zur Überwachung festgelegt sein. Diese Prozessphase hat zu gewährleisten, dass von der Einhaltung der getroffenen Maßnahmen jederzeit auszugehen ist. Regelmäßige Soll-Ist-Vergleiche dienen dazu, die Wirksamkeit des RCMS zu überprüfen und Veränderungen zur Optimierung des RCMP zu initiieren. Festzulegende Überwachungsmaßnahmen haben die Funktionsfähigkeit des Gesamtsystems sicherzustellen.

Die interessierenden kommunalen EVU betreffend zeigten die eigenen Untersuchungen zum Stand der Umsetzung von RFS in den Jahren 2004 und 2008 an, dass der eingangs formulierten Hypothese entsprochen werden musste. Insbesondere den kleinen und mittelgroßen EVU war nach Auswertung der abgegebenen Daten zu unterstellen, dass diese im Gegensatz zu den großen antwortenden EVU vielfach deutliche Verbesserungspotenziale in den von diesen bis zum Jahr 2004 implementierten RFS besessen hatten. Nach Datenlage hatten von diesen weniger als die Hälfte entsprechende Aufgaben und Verantwortlichkeiten von Funktionsträgern in RFS geregelt, den vorhandenen FWI entsprechende Toleranzgrenzen zugeordnet, ein standardisiertes Berichtswesen im Einsatz, eine systematische Risikoerhebung vorgenommen und diese entsprechend dokumentiert, eine Archivierung der Systemdokumentation über einen ausreichend langen Zeitraum durchgeführt, die Risiken der künftigen Entwicklung aus der Risk-Map abgeleitet und Verantwortlichkeiten und Maßnahmen zur prozessunabhängigen Kontrolle des RFS geregelt und dokumentiert. Weniger als ein Drittel von diesen archivierte die laufende Dokumentation zum RFS über einen ausreichend langen Zeitraum.

Obwohl im direkten Vergleich mit den kleinen und mittelgroßen antwortenden EVU stets höhere Anteilwerte bei den Ausprägungen "Ja" zu den Einzelfragen zu verzeichnen gewesen waren, zeigten die großen antwortenden EVU gleichsam Verbesserungspotenziale in den von diesen implementierten RFS an. Insbesondere bei der Zuordnung von Toleranzgrenzen zu FWI und hinsichtlich der Archivierung der laufenden Dokumentation zum RFS wurden diese deutlich. Auffällig war, dass diese bis zum Befragungszeitpunkt in einem geringen Maße RM-Grundsätze besaßen.

Die Ergebnislage aus dem Jahr 2004 wurde zum Anlass genommen, einen Lösungsansatz zur Ausgestaltung eines in ein RCMS integriertes RFS insbesondere für die kleinen und mittelgroßen EVU zu entwickeln und in der Praxis umzusetzen. Dabei fand der in der Modellbetrachtung abschließend festgelegte Kriterienkatalog an ein wirksames RCMS Verwendung. Bei insgesamt sieben kleinen und mittelgroßen EVU wurde ein RCMS implementiert und die Eignung des RFS gem. § 53 HGrG durch den zuständigen Abschlussprüfer festgestellt. Als besondere Auffälligkeit während der Projektzeit wurde festgestellt, dass Diskrepanzen zwischen vormaligen Prüfungsergebnissen und dem zu Projektbeginn vorgefundenen RFS bei den Praxisprojekten festzustellen waren. Obwohl die betreuten EVU bis zum Projektbeginn nach eigenen Angaben kein als angemessen und wirksam zu beschreibendes RFS besessen hatten, kam es dennoch zu keiner Einschränkung bzw. Versagung in den Prüfungsberichten in den Vorjahren von Seiten der Abschlussprüfung. Die Projektergebnisse zeigten, dass teilweise wesentliche oder gar bestandsgefährdende Risiken vormalig von den Praxisprojekten nicht erkannt und behandelt wurden. Diese Ergebnisse ließen den Schluss zu, dass von einer ausreichenden Qualität der Dienstleistung "Jahresabschlussprüfung" und der Erfüllung der Pflicht zur erweiterten Berichterstattung an eine Gebietskörperschaft sowie hinsichtlich der kritischen Unbefangenheit der Abschlussprüfer zumindest in einigen konkreten Fällen nicht auszugehen war. Dies wird als Indiz dafür gedeutet, dass den aufgezeigten Prinzipal-Agenten-Problemen zwischen Abschlussprüfern, Management und Überwachungsorgan bzw. Trägergemeinde nicht grundsätzlich zu widersprechen ist.

Mittels einer weitergehenden telefonischen Befragung wurde im Jahr 2008 analysiert, ob die in der Rücklaufgesamtheit im Jahr 2004 enthaltenen kommunalen EVU gleichsame Anstrengungen wie die Praxisprojekte unternommen und ihr RFS zwischenzeitig weiter entwickelt hatten. Die Ergebnisse zeigten in einer ersten Analyse einen deutlichen Weiterentwicklungstrend und eine Verbesserung des RFS bei allen Rückläufern an. Diese als Positivtrend bewertete Veränderung wurde nach Datenlage insbesondere durch Anstrengungen der kleinen und mittelgroßen EVU bis zum Jahr 2008 initiiert. Die Ergebnisse ließen auch darauf schließen, dass von einer Reduktion bei der Wirksamkeit des RFS bei den großen EVU auszugehen war. Hinsichtlich der Existenz von RM-Grundsätzen, der Zuordnung von FWI und Toleranzgrenzen zu identifizierten Risiken, der Berücksichtigung von Interdependenzen bei der Risikobewertung, der Archivierung der laufenden Dokumentation sowie der Systemdokumentation und hinsichtlich der Festlegung von Verantwortlichkeiten und Maßnahmen zur prozessabhängigen und insbesondere zur prozessunabhängigen Überwachung des RFS, wurde über die Entwicklung der relativen Anteilswerte für die Ausprägung "Ja" sowie der Entwicklung der abgeleiteten Scorewerte angezeigt, dass von einer Reduktion der Wirksamkeit der RFS ausgegangen werden musste.

Im Zuge der weitergehenden Analyse musste der den kleinen und mittelgroßen EVU zugesprochene Einfluss auf den Positivtrend in der Weiterentwicklung ihres RFS relativiert werden. Die Ergebnisse zeigten zwar leichte Weiterentwicklungen über die Entwicklung bei den relativen Anteilswerten der Ausprägung "Ja" und den Scorewerten an. Insgesamt betrachtet, musste der ursprünglich ausgemachte Positivtrend jedoch auf die erhaltenen Daten von den Praxisprojekten im Jahr 2008 zurückgeführt werden. Diese waren ursächlich dafür, dass in der ersten Analyse ein positiver Weiterentwicklungstrend im RFS der in der Gesamtheit antwortenden kommunalen EVU ausgemacht wurde. Für die übrigen kleinen und mittelgroßen sowie die großen antwortenden EVU war der Weiterentwicklungstrend im RFS als stagnierend bzw. in manchen notwendigen Kriterien als rückschreitend zu beschreiben.

Einige der in der Telefonbefragung im Jahr 2008 kontaktierten kommunalen EVU gaben als Begründung für dieses Ergebnis an, dass die betrieblichen Ressourcen in der Zeit zwischen den Jahren 2004 und 2008 mit Priorität dazu genutzt worden waren, um den gestiegenen Anforderungen durch den Regulierer nachzukommen. Dies ging zu Lasten des weiteren Aufbaus des gesetzlich geforderten RFS. Zusätzlich gaben diese an, dass in einem geringen Maß von diesen die Notwendigkeit zur expliziten Chancenbetrachtung zwischenzeitig erkannt worden war.

Geht man von der Repräsentativität der erhaltenen Daten aus und überträgt man die ermittelten Ergebnisse auf die in der Unternehmenslandschaft in Deutschland insgesamt ansässigen interessierenden kommunalen EVU, so stimmt die aufgezeigte Entwicklung bedenklich. Die Vermutung liegt nahe, dass in wesentlichen Sachverhalten zu einem wirksamen RFS der gesetzlichen Verpflichtung von den betreffenden EVU nicht in einem ausreichenden Maß entsprochen wird. Die Notwendigkeit der expliziten Chancenbetrachtung scheint von diesen noch nicht in einem ausreichenden Maß erkannt worden zu sein. Die Existenz von Prinzipal-Agenten-Problemen sowie die von Informationsasymmetrien zwischen den Akteuren in kommunalen EVU muss angenommen werden. Dies lässt den Schluss zu, dass den Informationsanforderungen von Gebietskörperschaften nicht in einem ausreichenden Maß entsprochen wird. Dies kann sich zunehmend nachteilig auf die Einhaltung der öffentlichen Zweckerfüllung und die Erwirtschaftung eines Beitrages zur Entspannung der kommunalen Haushaltslage auswirken.

2 Grenzen der Untersuchung und Ausblick

Die in der vorliegenden Arbeit gewonnenen Erkenntnisse beinhalten an einigen Stellen Lücken, die Raum für die weitere Forschungstätigkeit rund um kommunale EVU entstehen lassen. Der Lösungsansatz zur Ausgestaltung eines in ein RCMS integrierten RFS wurde lediglich auf Ebene von privatwirtschaftlichen kommunalen EVU in der Form der kleinen und mittelgroßen GmbH behandelt. Besonderheiten, die sich bei der Konzipierung und Implementierung bei größeren kommunalen EVU oder bei anderen Rechtsformen ergeben könnten (insbesondere bei Eigenbetrieben), blieben in der vorliegenden Betrachtung außen vor.

Theoretische Grenzen können sich bei der Herleitung des RCMS-Modells aufgrund der ausgewählten Literaturquellen ergeben haben. Der Kriterienkatalog zu einem angemessenen und wirksamen Systems ist subjektiv geprägt und ist als organisationstheoretischer Versuch zur Herleitung des praxisorientierten Lösungsansatzes zum RCMS zu verstehen. Der eigene Lösungsansatz kann für sich keinen Anspruch auf Vollständigkeit beanspruchen, auch wenn dieser von Abschlussprüferseite unter Risikogesichtspunkten als geeignet und angemessen angesehen wurde. Überdies wurde auf mögliche Lösungen zu einem einheitlichen PCGK zur Verbesserung der Zusammenarbeit zwischen Trägergemeinde, der Unternehmensleitung und Unternehmensüberwachung mittels Gleichbehandlung von Risiken und Chancen nur am Rande eingegangen. Die als vielschichtig anzusehenden Prinzipal-Agenten-Probleme rund um kommunale EVU konnten lediglich skizziert werden. Diese allein bieten in ihrer Komplexität Raum für eine eigene Forschungsarbeit.

Methodisch-konzeptionelle Grenzen können sich aus den gewählten Untersuchungsdesigns im Rahmen der empirischen Untersuchung ergeben haben oder aus der ungewissen Anzahl der interessierenden kommunalen EVU in der unbekannten Grundgesamtheit. Der Stand der Umsetzung von RFS bei öffentlich-rechtlichen kommunalen EVU in der Form des EB blieb wegen der Schwerpunktsetzung auf privatwirtschaftliche kommunale EVU unberücksichtigt, auch wenn der vorgestellte Lösungsansatz insbesondere auf diese in ähnlicher Form übertragbar erscheint. Methodisch-empirische Grenzen können durch die verwendeten statistischen Auswertungsverfahren entstanden sein.

Aus dem Gesagten ist für die Zukunft der interessierenden kommunalen EVU zu unterstellen, dass der Notwendigkeit zur Implementierung eines in ein RCMS integrierten RFS eine stetig steigende Bedeutung beizumessen ist. Das Wirtschaftsgeschehen in der Energiewirtschaft wird sich allein durch den fortlaufenden Eingriff der nationalen sowie der europäischen[983] Politik in das heimische Marktgeschehen weiter wandeln. Stadtwerke werden sich intensiver als bisher mit Maßnahmen zum Energiesparen, zum Klimaschutz und solchen zur Vollendung des europäischen Energiebinnenmarktes auseinandersetzen müssen. Durch die Ausweitung des Energiebinnenmarktes kann es zu Einschränkungen beim Subsidiaritätsgedanken[984] kommen. Für Stadtwerke können sich zukünftig Risiken durch steigende Investitionen, einem sich weiter forcierenden Wettbewerb, dem Preisanstieg für Primär-, Sekundärenergien sowie für erneuerbare Energien und aus einer steigenden Regulierungsintensität ergeben. Diese bewegen sich zunehmend in einem Marktumfeld, welches durch die demografischen und wirtschaftlichen Entwicklungen kaum noch Chancen zur Steigerung beim Energieabsatz bieten werden. Der Stadtwerkskunde von morgen wird anspruchsvoller und sich zunehmend ökologisch interessierter zeigen. Dennoch wird dieser kaum bereit sein mehr für den Erhalt von Endenergie zu bezahlen. Seine Wechselbereitschaft wird sich mit zunehmender Erfahrung im liberalisierten Energiemarkt weiter erhöhen.[985]

Chancen können sich für Stadtwerke durch weitere Investitionen in erneuerbare Energien, effizientere Kraftwerke sowie bei der Entwicklung von "smart grids" (intelligente Netze) ergeben. Diese gelten zunehmend als die wesentlichs-

---

983 Das dritte Binnenmarktpaket für Strom- und Gasmärkte wurde am 14.08.2009 im AB der EU veröffentlicht. Das Paket enthält zwei Richtlinien und drei Verordnungen. Bei diesen handelt es sich um Novellierungen der bestehenden Elektrizitäts- und Erdgasrichtlinien, die bis zum Jahr 2011 in nationales Recht umzuwandeln sind. Die Novellierung des EnWG steht unmittelbar bevor. Vgl. ABI EU (2009a), L 211/94 ff., ABI EU (2009b), L211/55 ff.

984 Vgl. VKU (2010e), S. 1.

985 Die Zukunftsaussichten in der Energiewirtschaft wurden aus einer gemeinsamen Trendstudie zum Energiemarkt 2020 des bdew und der prognos AG abgeleitet. Vgl. bdew (2009), S. 2 ff.

ten Akteure bei der Erreichung der europäischen Ziele hinsichtlich der Vollendung des Energiebinnenmarktes sowie beim Klimaschutz.[986] Durch das dritte Binnenmarktpaket der europäischen Union für Strom und Gas sollen zukünftig die europaweit vorherrschenden regulatorischen Rahmenbedingungen harmonisiert und einheitliche Wettbewerbsbedingungen geschaffen werden.[987] Mit dem Energiedienstleistungsgesetz (EDL-Gesetz) werden Marktpartner zukünftig dazu verpflichtet, gleichermaßen am Energieeffizienzmarkt teilzuhaben und zur Marktentwicklung beizutragen.[988] Unter Wahrung der öffentlichen Zweckverfolgung können sich Chancen bei der "grenzenlosen" Energieberatung, mittels Energieeffizienzmaßnahmen sowie mittels EDL ergeben und sich neue Marktpotenziale eröffnen. Ohne ein adäquates System zur einheitlichen Risiko- und Chancenbehandlung scheinen die zukünftigen Rahmenbedingungen für kommunale EVU kaum greifbar und zu bewältigen zu sein.

986 Vgl. VKU (2010c), S. 1 f.

987 Vgl. bmwi (2009a), S. 1.

988 Das EDL-Gesetz wurde am 24.09.2010 vom Bundesrat verabschiedet. Mit seinem Inkrafttreten erlangen die Vorgaben der EU Energiedienstleistungs-Rili aus dem Jahr 2006 für den deutschen Energiemarkt Gültigkeit. Vgl. dena (2010), S. 1.

Literaturverzeichnis

Aufsätze und Monografien

Ackere, A. van (1993): The Principal/Agent Paradigm: It's Relevance to Various Functional Fields. In: European Journal of Operational Research, Nr. 1, 70. Jg., (1993), S. 83-103.

Adam, K. G. (2002): Der LB – ein Buch mit sieben Siegeln? In: ZGesKredW, Nr. 17, 55. Jg., (2002), S. 857-861.

Adamaschek, B. (1989): Regiebetriebe. In: Handwörterbuch der öffentlichen BWL, Chmielewicz, K. et al. (Hrsg.), Stuttgart (1989), S. 282-294.

Allenspach, M. (2001): Neue Beratungskonzepte zum Integrierten RM – was entscheidet über den Erfolg? In: Integriertes RM-Perspektiven einer chancenorientierten UF. Allenspach, M. (Hrsg.), St. Gallen (2001), S. 178-196.

Altmeppen, H. (1999): Die Auswirkungen des KonTraG auf die GmbH. In: ZGR, Heft 3, 28. Jg., (1999), S. 291-313.

Ambrosius, G. (1989): Geschichte öffentlicher Unternehmen. In: Handwörterbuch der öffentlichen BWL, Chmielewicz, K. et al. (Hrsg.), Stuttgart (1989), S. 503-513.

Ambrosius, G. (2000/2001): Kommunale Selbstverwaltung im Zeichen des Subsidiaritätsprinzips in Europa. In: Wettbewerb in Europa und die Erfüllung öffentlicher Aufgaben. Schriftreihe der Gesellschaft für öffentliche Wirtschaft. Brede, H. (Hrsg.). Heft 47, (2000/ 2001), S. 55-64.

Ansoff, H. I. (1976): Managing Surprise and Discontinuity-Strategic Response to Weak Signals. In: zfbf, Nr. 3, 28. Jg., (1976), S. 129-152.

Appel, M. et al. (2004): Unbundling-Gestaltungsmodelle und Handlungsoptionen für Stadtwerke und EVU. In: et, Heft 4, 54. Jg., (2004), S. 242-247.

Arbeitskreis (AK) "Externe und Interne Überwachung der Unternehmen" der Schmalenbach-Gesellschaft für Betriebswirtschaft e. V. (2000): Auswirkungen des KonTraG auf die Unternehmensüberwachung-KonTraG und VO-KonTraG und IR-KonTraG und AR-KonTraG und WP. In: DB, Beilage Nr. 11, Heft 37, 49. Jg., (2000), S. 1-11.

Arbeitskreis (AK) "Externe Unternehmensrechnung" der Schmalenbach-Gesellschaft für Betriebswirtschaft e. V. (2002): Grundsätze für das Value Reporting. In: DB, Heft 45, 55. Jg., (2002), S. 2337-2340.

Arrow, K. J. (1985): The Economics of Agency. In: Pratt J. W. (Hrsg.): Principal and Agents – The Structure of Business, Boston (1985), S. 37-54.

Attig, D. (2005): Erweiterung der Geschäftsfelder von Stadtwerken anstelle von Anteilsverkäufen. In: ZNER, Bd. 9, Heft 2, (2005), S. 102-108.

Auffermann, J. (1957): Der Controller – eine unternehmerische Persönlichkeit. In: RKW-Auslandsdienst, Heft 51, (1957), S. 42-57.

Bachert, P. (2004): Die Aufsicht über EVU zwischen Wettbewerb und Regulierung. Europäische Hochschulschriften, Reihe II, Rechtswissenschaften Bd./Vol. 3956, FFM et al. (2004), Diss. Dresden (2004).

Backes-Gellner, U./Wolff, B. (2001): Personalmanagement. In: Die PAT in der BWL, Jost, P. J. (Hrsg.), Stuttgart (2001), S. 395-437.

Baetge, J./Jerschensky, A. (1999): FWS als Instrumente eines effizienten RM und -controlling. In: Controlling, Heft 4/5, 43. Jg., (1999), S. 171-176.

Baetge, J./Richter, M. (2001): Wie lassen sich die "Risiken der künftigen Entwicklung" eines Unternehmens objektiv messen? In: Zum Erkenntnisstand der BWL am Beginn des 21. Jahrhunderts – Festschrift für Erich Loitlsberger, Wagner, U. (Hrsg.), Berlin (2001), S. 1-16.

Baetge, J./Schulze, D. (1998): Möglichkeiten einer Objektivierung der Lageberichterstattung über "Risiken der künftigen Entwicklung" – Ein Vorschlag zur praktischen Umsetzung der vom KonTraG verlangten Berichtspflichten. In: DB, Heft 19, 51. Jg., (1998), S. 937-948.

Baisch, F. (2000): Implementierung von FES in Unternehmen. Planung, Organisation und UF, Bd. 68, Lohmar – Köln, Diss. Leipzig (2000).

Balzereit, B./Schulten, R. (1995): EVU im Wandel – Die Realisierung neuer Wege als Führungsaufgabe. In: et, Heft 6, 45. Jg., (1995), S. 351-354.

Bammert, U./Schwenke, H. (2000): Kostenminimale Strombeschaffung für kommunale EVU. In: et, Heft 5, 50. Jg., (2000), S. 306-307.

Banse, G./Bechmann, G. (2001): Interdisziplinäre Risikoforschung – Von der Risikoanalyse zum RM. In: Integriertes RM. Allenspach, M. (Hrsg.), St. Gallen (2001), S. 15-40.

Becker, B. et al. (2004): Die Optimierung des RM als Chance für den Mittelstand. In: DStR, Heft 37, 42. Jg., (2004), S. 1578-1584.

Beckmann, M. J. (1987): Managers as Principals and Agents. In: Bamberg, G. et al. (Hrsg.): Agency Theory, Information and Incentives, Berlin et al. (1987), S. 379-388.

Behnke, N. (2003): Die Funktion von Ethik-Maßnahmen – Zum Vertrauen und Kontrolle zwischen Prinzipalen und Agenten. In: Politische Steuerung und neue Staatlichkeit, Staatslehre und politische Verwaltung, 1. Aufl., Grande, E. et al. (Hrsg.), BB (2003), S. 59-81.

Behre, W./Nöcker, G. (2000): AP nach KonTraG bei einer GmbH. In: StuB, Heft 9, 2. Jg., (2000), S. 445-449.

Bergschneider, C. et al. (2001): RM im Energiehandel, 2. Aufl., Stuttgart (2001).

Berle, A. A./Means, G. C. (1932): The Modern Corporation and private property, NY (1932).

Bernuth, W. B. et al. (2004): Mit aktivem Portfoliomanagement Preisrisiken steuern. In: et, Heft 1-2, 54. Jg., (2004), S. 54-57.

Beyer, Günter (1997): Beteiligungsberichte. In: Handbuch kommunales Beteiligungsmanagement, Ade, K. (Hrsg.), Stuttgart et al. (1997).

Binias, U. (1999): KonTraG – Neue Anforderungen an das RM. In: BC, Heft 6, (1999), S. 136-137.

Birgel, K. (2004): Neuregelung von JaP, PB und BV. In: b&b, Heft 3, 50. Jg., (2004), S. 108-116.

Bitz, H. (2000a): Abgrenzung des Risiko-FWS i. e. S. nach KonTraG zu einem umfassenden RMS im betriebswirtschaftlichen Sinn. In: BfuP, Heft 3, 52. Jg., (2000), S. 231-241.

Bitz, H. (2000b): RM nach KonTraG – Einrichtung von FWS zur Effizienzsteigerung und zur Vermeidung persönlicher Haftung, Stuttgart (2000).

Böcking, H. J./Orth, C. (1998): Kann das "Gesetz zur Kontrolle und Transparenz im Unternehmensbereich (KonTraG)" einen Beitrag zur Verringerung der Erwartungslücke leisten? – Eine Würdigung auf Basis von Rechnungslegung und Kapitalmarkt. In: WPg, Heft 8, 51. Jg., (1998), S. 351-364.

Böcking, H. J./Orth, C. (1999): Mehr Kontrolle und Transparenz im Unternehmensbereich durch Verbesserung der Qualität der AP? In: BfuP, Nr. 4, 51. Jg., (1999), S. 418-436.

Böcking, H. J./Orth, C. (2000): RM und das Testat des AP. In: BfuP, Heft 3, 52. Jg., (2000), S. 242-260.

Bogumil, J. (2002): Die Umgestaltung des Verhältnisses zwischen Rat und Verwaltung-Grundprobleme der Verwaltungsmodernisierung. In: Verwaltungsarchiv, Heft 1, 90. Jg., (2002), S. 129-148.

Bogumil, J. (2003): Politische Rationalität im Modernisierungsprozess. In: Modernisierung mit der Politik. Ansätze und Erfahrungen aus Staatsreformen, Schedler, K. et al. (Hrsg.), Bern et al., S. 15-42.

Bogumil, J. et al. (2007): Konsequenzen aus der Evaluation des Neuen Steuerungsmodells. In: Perspektiven kommunaler Verwaltungsmodernisierung, Praxiskonsequenzen aus dem neuen Steuerungsmodell, Bogumil, J et al. (Hrsg.), Berlin (2007), S. 7-10.

Bogumil, J./Holtkamp, L. (2002): Liberalisierung und Privatisierung kommunaler Aufgaben-Auswirkungen auf das kommunale Entscheidungssystem. In: Liberalisierung und Privatisierung öffentlicher Aufgabenerfüllung – Soziale und umweltpolitische Perspektiven im Zeichen des Wettbewerbs, Libbe, J et al. (Hrsg.), Berlin (2002), S. 71-91.

BDEW (2009): Trendstudie Energiemarkt 2020 mit Ausblick auf 2030 – Energie in privaten Haushalten. BDEW (Hrsg.), 1. Aufl., Berlin (2009).

Bramsemann, R. (1978): Controlling, WB (1978).

Braun, G. E. (1986): Stand und Entwicklungsperspektiven der öffentlichen BWL. In: BfuP, Heft 2, 38. Jg., (1986), S. 181-198.

Braun, H. (1982): RM – Eine spezifische Controllingaufgabe, Diss.. In: Controlling-Praxis (CP7), Horváth, Peter (Hrsg.), Darmstadt (1984).

Brebeck, F./Förschle, G. (1999): Gegenstand und Umfang der AP nach Inkrafttreten des KonTraG. In: Das KonTraG – Herausforderungen und Chancen für das RM, Saitz, B. et al. (Hrsg.), WB (1999), S. 171-193.

Brebeck, F./Herrmann, D. (1997): Zur Forderung des KonTraG-Entwurfs nach einem FWS und zu den Konsequenzen für die Jahres- und Konzern-AP. In: WPg, Heft 12, 50. Jg., (1997), S. 381-391.

Breid, V. (1995): Aussagefähigkeit agencytheoretischer Ansätze im Hinblick auf die Verhaltenssteuerung von Entscheidungsträgern. In: Zfbf, Heft 9, 47. Jg., (1995), S. 821-854.

Bremeier, W. (1997): Steuerungen von Beteiligungen in Leipzig. In: Organisation kommunaler Aufgabenerfüllung durch Finanz- und Haushaltsrecht, Professorengespräch 1996 des Deutschen Landkreistages am 7. und 8. März 1996 im Landkreis Northeim, Henneke, H. G. (Hrsg.), Osnabrück (1997), S. 97-120.

Bremeier, W. (1998): Kommunales Beteiligungsmanagement – Konzeptionen und Erfahrungen. In: Organisationswandel öffentlicher Aufgabenwahrnehmung, Budäus, D. (Hrsg.), BB (1998), S. 287-317.

Bremeier, W. et al. (2006): Kommunale Unternehmen in kleinen und mittelgroßen Kommunen sowie Landkreisen. In: Ausgliederung und Privatisierung in Kommunen. Kilian, W. et al. (Hrsg.), Berlin (2006), S. 25-53.

Bremeier, W. et al. (2006): PCG kommunaler Unternehmen – Vorschläge zur politischen Steuerung ausgegliederter Aufgaben auf der Grundlage einer empirischen Erhebung. Edition der Hans-Böckler-Stiftung, DD (2006).

Bremer, J. (1999): Auswirkungen des "KonTraG" auf Aufsichtsräte und vergleichbare Gremien in einer GmbH. In: GmbHR, Heft 3, (1999), S. 116-117.

Brinker, W. (2000): Liberalisierung – Folgen für die regionale Energiewirtschaft. In: et, Heft 5, 50. Jg., (2000), S. 310-311.

Broll, U./Milde, H. (1999): RM im Vergleich – Versicherungen, Diversifikation und Hedging (Teil 1). In: WiSt, Heft 10, (1999), S. 516-576.

Brozus, L. et al. (2003): Vergesellschaftung des Regierens? – Der Wandel nationaler und internationaler politischer Steuerung unter dem Leitbild der nachhaltigen Entwicklung, Opladen (2003).

Brühwiler, B. (1980): Risk-Management – eine Aufgabe der UF. Bern/Stuttgart (1980).

Brunekreeft, G./Keller, K. (2003): Elektrizität – verhandelter versus regulierter Netzzugang. In: Zwischen Regulierung und Wettbewerb – Netzsektoren in Deutschland, Knieps, G. et al. (Hrsg.), 2. Aufl., HB (2003), S. 131-156.

Buchheim, R./Knorr, L. (2006): Der LB nach DRS 15 und internationale Entwicklungen. In: WPg, Heft 7, 59. Jg., (2006), S. 413-425.

Buchner, M. (1982): Einige Überlegungen zur Controlling-Konzeption. In: DB, Heft 3, 35. Jg., (1982), S. 133-136.

Budäus, D. (2005): PCG – Ein Beitrag zur Bildung von Vertrauen in Politik und Management. In: PCG – Ein Kodex für öffentliche Unternehmen, Ruter, R. X. et al. (Hrsg.), 1. Aufl. WB (2005), S. 15-26.

Buderath, H./Amling, T. (2000): Das Interne ÜWS als Teil des RMS. In: Praxis des RM – Grundlagen, Kategorien, branchenspezifische und strukturelle Aspekte. Dörner, D. et al. (Hrsg.), Stuttgart (2000), S. 127-152.

Bungartz, O. (2003): Risk Reporting – Anspruch, Wirklichkeit und Systematik einer umfassenden Risikoberichterstattung deutscher Unternehmen. Schriftreihe Rechnungslegung – Steuern – Prüfung, Lück, W. (Hrsg.), Bd. 6, München (2003), Diss. München (2003).

Bürgel, D. (1978): Risk Management aus Sicht der Unternehmenspraxis. In: Risk-Management – Strategien zur Risikobeherrschung. Bericht von der 5. Kölner BFuP-Tagung am 5. und 6. Oktober 1978. Gebera-Schriften (Hrsg.), Köln (1979), S. 39-52.

Bürgel, D. (1980): FWS der SEL AG. In: ZfbF, 32. Jg., (1980), S. 270-274.

Burger, A./Buchhart, A. (2002): Zur Berücksichtigung von Risiko in der strategischen UF. In: DB, Heft 12, 55. Jg., (2002), S. 593-599.

Burger, K. H. (1998): RM beim Einsatz von Handels- und Finanzderivaten. In: et, Heft 3, 48. Jg., (1998), S. 126-131.

Burger, K. M./Grellmann, K. (1999): RM im liberalisierten Energiemarkt. In: Das KonTraG – Herausforderungen und Chancen für das RM. Saitz, B. et al. (Hrsg.), WB (1999), S. 263-282.

Burrau, C. (1924): Die Grundlagen der Versicherungs-Statistik. In: Wirtschaft und Recht der Versicherungen, Nr. 2, 13. Jg., (1924), S. 1-75.

Busse von Kolbe, W. (1993): Die Entwicklung des Jahresabschlusses als Informationsinstrument. Ökonomische Analyse des Bilanzrechts – Entwicklungslinien und Perspektiven. In: ZfbF, Heft 32, 45. Jg., (1993), S. 11-29.

Chmielewicz, K. (1989): Öffentliche Unternehmen. In: Handwörterbuch der öffentlichen BWL, Chmielewicz, K. et al. (Hrsg.), Stuttgart (1989), S. 1093-1105.

Cioffi, J. W./Höpner, M. (2006): Das parteipolitische Paradox des Finanzmarktkapitalismus – Aktionärsorientierte Reformen in Deutschland, Frankreich, Italien und den USA. In: Politische Vierteljahresschrift, 47. Jg., (2006), S. 419-440.

Coase, R. H. (1937): The Nature of the Firm. In: Economica, 4. Jg., (1937), S. 386-405.

Cord, M. et al. (2003): Konsequenzen der Unbundling-Vorgaben für die deutsche Energiewirtschaft – Skizze möglicher Umsetzungsmodelle und Hypothesen zum Marktauftritt. In: ZfE, Heft 27, (2003), S. 251-259.

Cronauge, U. (1995): Kommunale Unternehmen – EB – Kapitalgesellschaften – Zweckverbände, 2. Aufl., Berlin (1995).

Cronauge, U. (2003): Kommunale Unternehmen – EB – Kapitalgesellschaften – Zweckverbände, 4. Aufl., Berlin (2003).

Demougin, D./Jost, P. J. (2001): Theoretische Grundlagen der PAT. In: Die PAT in der BWL, Jost, P. J. (Hrsg.), Stuttgart (2001), S. 45-81.

Diederich, H. (1989): Ziele öffentlicher Unternehmen. In: Handwörterbuch der öffentlichen BWL, Chmielewicz, K. et al. (Hrsg.), Stuttgart (1989), S. 1856-1867.

Diedrichs, M./Richter, H. (2001): Transparenz durch risikoadjustiertes Berichtswesen. In: b&b, Heft 4, (2001), S. 135-142.

Dietl, H. (1993): Institutionen und Zeit, Tübingen (1993).

Dobler, M. (2001): Die Prüfung des RFS gemäß § 317 Abs. 4 HGB, Kritische Analyse und empirischer Befund. In: DStR, Heft 48, 39. Jg., (2001), S. 2086-2092.

Dörner, D. (1998): Ändert das KonTraG die Anforderungen an den AP? In: DB, Heft 1/2, 51. Jg., (1998), S. 1-7.

Dörner, D. (2000): Zusammenarbeit von AR und WP im Lichte des KonTraG – Schlüssel zur Verbesserung der CG. In: DB, Heft 3, 53. Jg., (2000), S. 101-105.

Dörner, D./Bischof, S. (1999a): Aufstellung des LB und Konzern-LB. In: Reform des Aktienrechts, der Rechnungslegung und Prüfung – KonTraG – KapAEG – EuroEG – StückAG. Dörner, D. et al. (Hrsg.), Stuttgart (1999), S. 369-399.

Dörner, D./Bischof, S. (1999b): Zweifelsfragen zur Berichterstattung über die Risiken der künftigen Entwicklung im LB. In: WPg, Heft 12, 52. Jg., (1999), S. 445-455.

Dörner, D./Doleczik, G. (2000): Prüfung des RM. In: Praxis des RM, Grundlagen, Kategorien, branchenspezifische und strukturelle Aspekte. Dörner, D. et al. (Hrsg.), Stuttgart (2000), S. 193-217.

Dörner, D./Oser, P. (1995): Erfüllen AR und WP ihre Aufgaben? Zugleich ein Plädoyer für eine bessere Zusammenarbeit von AR und WP. In: DB, Heft 22, 48. Jg., (1995), S. 1085-1093.

Drygala, T./Drygala, A. (2000): Wer braucht ein FES? In: ZIP, Heft 7, 21. Jg., (2000), S. 297-305.

Duden, (2005): Herkunftswörterbuch – Etymologie der deutschen Sprache, 3. Aufl., Bd. 7, Mannheim et al. (2005).

Eberle, D. (2007): CG. In: Handbuch Governance – Theoretische Grundlagen und empirische Anwendungsfelder. Benz, A. et al. (Hrsg.), WB (2007), S. 378-389.

Ebers, M./Gotsch, W. (1995): Institutionenökonomische Theorie der Organisation. In: Organisationstheorien, Kieser, A. (Hrsg.), 1. Aufl., Stuttgart et al. (1995), S. 185-235.

Ebers, M./Gotsch, W. (2001): Institutionsökonomische Theorien der Organisation. In: Organisationstheorien, Kieser, A. (Hrsg.), 4. Aufl., Stuttgart et al. (2001), S. 199-252.

Edelmann, H./Nickel, M. (2003): Erfolgreiche Geschäftsstrategien für Stadtwerke und regionale Versorger. In: et, Heft 7, 53. Jg., (2003), S. 460-464.

Eggemann, G./Konradt, T. (2000): RM nach KonTraG aus dem Blickwinkel des WP. In: BB, 55. Jg., Heft 10 (2000), S. 503-509.

Ehlers, D. (1998): Die Kommunalwirtschaft zwischen Privatisierung und Wettbewerb. In: Die Zukunft der Kommunalwirtschaft, Friedrich-Ebert-Stiftung (Hrsg.), Reihe Wirtschaftspolitische Diskurse, Bonn (1998), S. 5-24.

Ehricke, U. (2011) (Hrsg.): Energierecht, Rechtsgrundlagen der Energiewelt, 4. Aufl., Köln (2010).

Eibelshäuser, M. (1994): Die Aufgaben des AP nach § 53 Haushaltsgrundsätzegesetz. In: Bilanzrecht und Kapitalmarkt. Festschrift zum 65. Geburtstag von Adolf Moxter, Ballwieser, W. et al. (Hrsg.), DD (1994), S. 920-950.

Eichhorn, P. (1989): Entsorgungsunternehmen. In: Handwörterbuch der öffentlichen BWL, Chmielewicz, K. et al. (Hrsg.), Stuttgart (1989), S. 313-318.

Eisenhardt, K. M. (1989): Agency theory: An assessment and review. In: Academy of Management Review, Heft 1, 14. Jg., (1989), S. 57-74.

Elfgen, R. (2002): Implementierung von Risikocontrolling-Systemen. In: Herausforderung RM, Identifikation, Bewertung und Steuerung industrieller Risiken. Hölscher, R. et al. (Hrsg.), 1. Aufl., WB (2002), S. 313-330.

Elfgen, R./Sieler, C. (2001): RM als Beratungsleistung. Der Aufbau von RM-Systemen in Industrieunternehmen. In: RM nach dem KonTraG – Aufgaben und Chancen aus betriebswirtschaftlicher und juristischer Sicht, Lange, K. W. et al. (Hrsg.), München (2001), S. 375-397.

Ellerich, M. (2006): Unbundling: Die IDW-Verlautbarungen zur Rechnungslegung und Prüfung von EVU (IDW RS ÖFA 2 und IDW PS 610). In: WPg, Heft 13, 59. Jg., (2006), S. 836-840.

Ellwanger, N./Neumann, F. (2000): Energie – Großhandelszugang für kleine Stadtwerke. In: et, Heft 5, 50. Jg., (2000), S. 300-305.

Elschen, R. (1991): Gegenstand und Anwendungsmöglichkeiten der Agency-Theorie. In: zfbf, 43. Jg., (1991), S. 1002-1012.

Elschen, R. (1995): Methodologische Nostalgie und faustische Kritik – Stellungsnahme zum Beitrag von Christian Müller: "Agency-Theorie und Informationsgehalt". In: Die Betriebswirtschaft, Heft 1, 55. Jg., (1995), S. 123-125.

Emmerich, G. (1999): RM in Industrieunternehmen – gesetzliche Anforderungen und Umsetzung nach dem KonTraG. In: ZfbF, Heft 11, (1999), S. 1075-1089.

Energierecht (2007). 4. Aufl., (Stand: 1. Dezember 2006), München (2007).

Erdmann, G. (1995): Energieökonomik: Theorie und Anwendung, 1. Aufl., Zürich (1995).

Erfkemper, H. D. (2000): Risikobereitschaft und RM von Energieversorgern. In: et, Heft 8, 50. Jg., (2000), S. 570-572.

Erhardt, M. (1989): Öffentliche Aufgaben. In: Handwörterbuch der öffentlichen BWL, Chmielewicz, K. et al. (Hrsg.), Stuttgart (1989), S. 1003-1011.

Erlei, M./Leschke, M./Sauerland, D. (1999): Neue Industrieökonomik, Stuttgart (1999).

Ernst & Young (2007): Stadtwerkestudie 2007 – Chancen und Risiken in liberalisierten und regulierten Energiemärkten, DD (2007).

Ernst, C./Seibert, U./Stuckert, F. (1998): KonTraG – KapAEG – StückAG – EuroEG. IDW (Hrsg.), DD (1998).

Ewert, R./Stefani, U. (2001): PAT und Wirtschaftsprüfung. In: Die PAT in der BWL, Jost, P. J. (Hrsg.), Stuttgart (2001), S. 147-182.

Fabel, O./Hilgers, B./Lehmann, E. (2001): Die PAT als Ausgangspunkt für strategische Analysen. In: Die PAT in der BWL, Jost, P. J. (Hrsg.), Stuttgart (2001), S. 183-216.

Fabry, B./Augsten, U. (2002): Handwörterbuch Unternehmen der öffentlichen Hand, Augsten, U. (Hrsg.), 1. Aufl., BB (2002).

Falter, W./Michel, U. (2000): Frühaufklärung und RM für Unternehmen der chemischen Industrie. In: Praxis des RM – Grundlagen, Kategorien, branchenspezifische und strukturelle Aspekte, Dörner, D. et al. (Hrsg.), Stuttgart (2000), S. 471-505.

Fama, E. (1980): Agency Problems and the Theory of the Firm. In: Journal of Political Economy, 88. Jg., (1980), S. 288-307.

Farny, D. (1978a): Grundlagen des Risk Managements. In: Risk Management – Strategien zur Risikobeherrschung. In: Bericht von der 5. Kölner BFuP-Tagung am 5. und 6. Oktober, Bd. 5 (1978), Goetzke, W. et al. (Hrsg.), Köln (1979), S. 11-37.

Farny, D. (1978b): Zusammenfassung der Diskussion. In: Zeitschrift für die gesamte Versicherungswirtschaft, Bd. 67, (1978), S. 157-162.

Fasse, F. W. (1995): Risk-Management im strategischen internationalen Management, Diss. Duisburg/Hamburg (1995).

Feldmann, H. (1995): Eine institutionalistische Revolution? – Zur dogmenhistorischen Bedeutung der modernen Industrieökonomik, Berlin (1995).

Feldmann, H. (1999): Ordnungstheoretische Aspekte der Industrieökonomik, Berlin (1999).

Fink, C./Keck, B. (2004): Lageberichterstattung nach E-DRS 20 – Kritische Würdigung aus Sicht der Unternehmensanalyse. In: WPg, Heft 19, 57. Jg., (2004), S. 1077-1091.

Fischer, M. et al. (1993): Marketing und neue ökonomische Theorie: Ansätze zu einer Systematisierung. In: BfuP, 45. Jg., (1993), S. 444-470.

Fischer-Heidelberger, H. (2006): CG bei öffentlichen Unternehmen – Rechte und Pflichten des AR. Rede des Präsidenten des Bayerischen Obersten Rechnungshofs bei KPMG München (04.10.2006).

Förschle, G. et al. (1998): Gesetz zur Kontrolle und Transparenz im Unternehmensbereich: Umfrage unter Führungskräften börsennotierter Unternehmungen. In: DB, Heft 18, 51. Jg., (1998), S. 889-895.

Forster, K. H. (1995): MG, Schneider, Balsam und die Folgen – was können Aufsichtsräte und AP gemeinsam tun? In: Die AG, Heft 1, 40. Jg., (1995), S. 1-7.

Forster, K. H. (1999): Zum Zusammenspiel von AR und AP nach dem KonTraG. In: Die AG, Heft 5, 44. Jg., (1999), S. 193-198.

Franz, K. P. (2000): CG. In: Praxis des RM – Grundlagen, Kategorien, branchenspezifische und strukturelle Aspekte, Dörner, D. et al. (Hrsg.) Stuttgart (2000), S. 41-72.

Franz, K. P./Kajüter, P. (2000): Controlling. In: Betriebswirtschaft für Führungskräfte, Busse von Colbe et al. (Hrsg.), Stuttgart (2000), S. 207-240.

Franz, O. et al. (2005): Anreizregulierung nach dem neuen EnWG – Optionen und offene Fragen. In: ZfE, Heft 2, 29. Jg., (2005), S. 89-97.

Freidank, C./Paetzmann, K. (2003): Bedeutung des Controlling im Rahmen der Reformbestrebungen zur Verbesserung der CG. In: ZfP, Nr. 4, 14. Jg., (2003), S. 303-325.

Freiling, C./Lück, W. (1986): Interne Überwachung und JaP. In: zfbf, Heft 12, 15. Jg., (1986), S. 997-1006.

Frey, R. L. (2002): Regional Governance, Avenir Suisse Workshop "Regional Governance" Inputpapier, Wirtschaftswissenschaftliches Zentrum (wwz), Universität Basel (Nov. 2002).

Friauf, K. H. (1997): Kommunale Energieversorgung und Energierechtsreform – Zum Gesetzentwurf zur Neuregelung des EnWG. In: et, Heft 12, 47. Jg., (1997), S. 765-772.

Friedman, M. (1970): The Social Responsibility of Business is to Increase its Profits. In: New York Time Magazine (13.09.1970), S. 122-126.

Fritz, W./König, S. (2001.): Der liberalisierte Strommarkt – eine Einführung. In: Wettbewerb im liberalisierten Strommarkt – Regeln und Techniken. Kahmann, M. et al. (Hrsg.), Berlin et al. (2001), S. 3-24.

Frye, B. (2005): Neue Pflichtangaben in Anhang und LB einer HGB-Bilanz. In: BC, Heft 1, 29. Jg., (2005), S. 10-14.

Funk, J. (1988): Forderungen der Unternehmensleitung an die IR. Eröffnungsvortrag des IIR-Kongresses 1987 (am 23. November 1987). In: IR, Heft 2a, 23. Jg., München (1988), S. 1-10.

Fürer, G. (1990): Risk Management im internationalen Bankgeschäft, Bern et al. (1990).

Fürst, D. (2003): Steuerung auf regionaler Ebene versus Regional Governance. In: Zeitschrift Informationen zur Raumentwicklung, Heft 8/9, (2003), S. 441-450.

Füser, K. et al. (1999): RM (KonTraG) – Erfahrungen aus der Praxis. In: DB, Heft 15, 52. Jg., (1999), S. 753-758.

Gabriel, A./Rockel, W. (2001): Ablauf des RM in Versicherungsunternehmen. In: ZfdgVW, Bd. 90, (2001), S. 108-137.

Gälweiler, A. (1990): Strategische UF, 2. Aufl., FFM/NY (1990).

Gampenrieder, P./Greiner, M. (2002): RM als gesetzliche Forderung an mittelständische Unternehmen. In: krp, Heft 5, 46. Jg., (2002), S. 283-289.

Gampenrieder, P./Kittelberger, M. (2002): RM in kommunalen EVU. In: Versorgungswirtschaft, Heft 10, (2002), S. 222-225.

Ganske, M. (2005): CG im öffentlichen Unternehmen. In: KwFuP, Gottschalk, W. (Hrsg.), Bd. 10, FFM et al., zugleich Diss. Berlin (2004).

Gehlhausen, H. F./Hönsch, H. (2002): Deutscher CGK und AP. In: Die AG, 47. Jg., (2002), S. 529-535.

Gerke, W. et al. (2000): Der Stromhandel – Grundlagen, Profile, Perspektiven. Ein Wegweiser für Unternehmen – Marktteilnehmer an der Börse und den Endverbraucher. In: F. A. Z.-Institut für Management. Markt- und Medieninformation, FFM (2000).

Gernert, D. (1979): Frühwarnung und Krisenbewältigung. Vom passiven zum aktiven Informationssystem. In: ZfB, Heft 49, 6. Jg., (1979), S. 147-150.

Giese, R. (1998): Die Prüfung des RMS einer Unternehmung durch den AP gemäß KonTraG. In: WPg, Heft 10, 51. Jg., (1998), S. 451-459.

Giesen, K. (1989): Die Informations- und Prüfungsrechte der Gemeinden gegenüber Beteiligungsunternehmen. In: Der Gemeindehaushalt, Nr. 10, 90. Jg., (1989), S. 223-225.

Gleißner, W. (2000a): Risikopolitik und Strategische UF. In: DB, Heft 33, 53. Jg., (2000a), S. 1625-1629.

Gleißner, W./Füser, K. (2000): Moderne Frühwarn- und Prognosesysteme für Unternehmensplanung und RM. In: DB, Heft 19, 53. Jg., (2000), S. 933-941.

Gottschalk, W. (1995): Begriff des kommunalen QV. In: Der kommunale QV, Schriftreihe der Gesellschaft für öffentliche Wirtschaft, Püttner, G. (Hrsg.), 1. Aufl., Heft 38, (1995).

Gravert, R. (2001): Kommunale Wirtschaftsbetätigung im System eines unverfälschten Wettbewerbs. In: Kommunen am Markt: Aktuelle Fragen der wirtschaftlichen Betätigung von Kommunen, Reichard, C. (Hrsg.), Berlin (2001), S. 9-44.

Gutenberg, E. (1929): Die Unternehmung als Gegenstand betriebswirtschaftlicher Theorien, Berlin (1929).

Haake, M. et al. (2000): Mindestanforderungen an die IR. In: IR, Heft 5, 35. Jg., (2000), S. 198-203.

Haeseler, H. R. (1989): Gemischtwirtschaftliche Unternehmen. In: Handwörterbuch der öffentlichen BWL, Chmielewicz, K. et al. (Hrsg.), Stuttgart (1989), S. 479-485.

Hahn, D. (1987): RM – Stand und Entwicklungstendenzen. In: Zeitschrift Führung und Organisation, Heft 3, Jg. 1987, S. 137-140.

Hahn, D. (1991): Strategische Führung und strategisches Controlling. In: Controllingkonzeptionen für die Zukunft, Horváth, P. et al. (Hrsg.), Stuttgart (1991), S. 137-145.

Hahn, D./Krystek, U. (2000): FES nach dem KonTraG. In: Praxis des RM – Grundlagen, Kategorien, branchenspezifische und strukturelle Aspekte. Dörner, D. et al. (Hrsg.), Stuttgart (2000), S. 75-97.

Halek, P. H. (2001): Kraftwerk Chancenmanagement – Versorgung des Unternehmens mit Chancenenergie. In: Integriertes RM – Perspektiven einer chancenorientierten UF. Allenspach, M. (Hrsg.), St. Gallen (2001), S. 121-139.

Haller, M. (1986): RM – Eckpunkte eines integrierten Konzepts. In: Jacob, H. (Hrsg.), Schriftreihe zur UF (SzU), Bd. 33, WB (1986), S. 7-43.

Hammer, M. (1992): Strategische Planung und Frühaufklärung. 2. Aufl., München/Wien (1992).

Happel, E./Liebwein, P. (2000): Risikofrüherkennung in Versicherungsunternehmen – Aspekte zur Unterstützung des RM nach KonTraG. In: VW, Heft 4, 55. Jg., (2000), S. 228-235.

Hardy, C. O. (1924): Risk and Risk-Bearing. In: The University of Chicago Press. Chicago/Illinois (1924).

Hartmann-Wendels, T. (2001): Die Bedeutung der PAT für finanzwirtschaftliche Fragestellungen. In: PAT in der BWL, Jost, P. J. (Hrsg.), Stuttgart (2001), S. 117-146.

Hartung, R. (1999): Perspektiven der Stadtwerke in Deutschland. In: et, Heft 5, 49. Jg., (1999), S. 298-300.

Hauser, W. (1987): Die Wahl der Organisationsform kommunaler Einrichtungen – Kriterien für die Wahl privatrechtlicher und öffentlich-rechtlicher Organisationsformen. Schriftreihe des Freiherr-vom-Stein-Institutes wissenschaftliche Forschungsstelle des Landkreistages Nordrhein-Westfalen an der Universität Münster, Bd. 8, Köln (1987).

Haußer, K. (1999): Energieberatungsqualität – Anforderungen, Messung und ein Fallbeispiel. In: ZfE, Heft 2, (1999), S. 118-135.

Hellermann, J. (2000): Öffentliche Daseinsvorsorge und gemeindliche Selbstverwaltung, Tübingen (2000), zugleich Diss. Bielefeld (1998).

Hellermann, J. (2004): Handlungsformen und -instrumentarien wirtschaftlicher Betätigung. In: Handbuch Kommunale Unternehmen, Hoppe, W. et al. (Hrsg.), Köln (2004), S. 115-189.

Hendry, J. (2002): The principal's other problems: Honest incompetence and the specification of objectives. In: Academy of Management Review, Heft 1, 27. Jg., (2002), S. 98-113.

Henke, H. J. et al. (2005): Müssen öffentliche Unternehmen anders gesteuert werden als private Unternehmen? In: PCG – Ein Kodex für öffentliche Unternehmen, Ruter, R. X. et al. (Hrsg.), 1. Aufl., WB (2005), S. 27-36.

Henselmann, K. (2001): Das KonTraG und seine Anforderungen an das RM. In: RM, Götze, U. et al. (Hrsg.), HB (2001), S. 29-46.

Hensing, I. et al. (1998): Energiewirtschaft – Einführung in Theorie und Politik, 1. Aufl., München/Wien (1998).

Hermann, R. (1997): Ein gemeinsamer Markt für Elektrizität in Europa – Optionen einer Wettbewerbsordnung zwischen Anspruch und Wirklichkeit, Diss. Hamburg (1997), Schriften zur Wirtschaftstheorie und Wirtschaftspolitik, Hasse, R. et al. (Hrsg.), FFM et al. (1997).

Hess, T. (1999): Unternehmensnetzwerke. In: ZfP, Nr. 2, 10. Jg., (1999), S. 225-230.

Heuser, P. J./Theile, C. (2005): Auswirkungen des BilReG auf den Jahresabschluss und LB der GmbH. In: GmbHR, Vo. 96, Heft 4, (2005), S. 201-206.

Hille, D. (2003): Grundlagen des kommunalen Beteiligungsmanagements: Kommunale Unternehmen gründen, steuern und überwachen. Die neue Kommunalverwaltung, Bd. 7, München (2003).

Himmelmann, G. (1992): Öffentliche Unternehmen im Strukturwandel – Kurzanalyse zur Forschungslage, zu Forschungsdefiziten und zu Forschungsbedarfen. In: Beiträge zur Theorie öffentlicher Unternehmen. In: ZfögwU, Friedrich, P. (Hrsg.), 1. Aufl., (1992), S. 10-19.

Hoensch, H. (2005): Stärkung der Rolle des AP und Einführung eines Enforcementverfahrens. In: Der Schweizer Treuhänder, 79. Jg., Heft 4 (2005), S. 231-235.

Hoeve, P./Schweizer, M. (2001): Vom strategischen Controlling zum integrierten RM – alter Wein in neuen Schläuchen? In: Integriertes RM – Perspektiven einer chancenorientierten UF. Allenspach, M. (Hrsg.), St. Gallen (2001), S. 103-120.

Hölscher, R. (2002): Von der Versicherung zur integrativen Risikobewältigung: Die Konzeption eines modernen RM. In: Herausforderung RM – Identifikation, Bewertung und Steuerung industrieller Risiken. Hölscher, R. et al. 1. Aufl., WB (2002), S. 3-31.

Holst, J./Holtkamp, W. (2000): Risikoquantifizierung und Frühwarnsysteme auf Basis der Value at Risk-Konzeption. In: BB, Heft 16, 55. Jg., (2000), S. 815-820.

Holznagel, B. et al. (2008): Ownership Unbundling – rechtliche und ökonomische Bewertung eigentumsrechtlicher Entflechtungsmaßnahmen gegenüber Energienetzbetreibern, Berlin (2008).

Hommelhoff, P. (2000): RM in der GmbH: In: Festschrift für Otto Sandrock zum 70. Geburtstag, Berger, K. et al. (Hrsg.), HB (2000), S. 373-383.

Hommelhoff, P./Mattheus, D. (1998): CG nach dem KonTraG. In: Die AG, Heft 6, 43. Jg., (1998), S. 249-259.

Hommelhoff, P./Mattheus, D. (2000): Gesetzliche Grundlagen: Deutschland und International. In: Praxis des RM – Grundlagen, Kategorien, branchenspezifische und strukturelle Aspekte, Dörner, D. et al. (Hrsg.), Stuttgart (2000), S. 5-40.

Hommelhoff, P./Schwab, M. (2003): Regelungsquellen und Regelungsebenen der CG: Gesetz, Satzung, Codices, unternehmensinterne Grundsätze. In: Handbuch CG, Hommelhoff, P. et al. (Hrsg.), 2. Aufl., Köln (2003), S. 51-86.

Hopt, K. J. (2000): ECLR – Gemeinsame Grundsätze der CG in Europa? In: Zeitschrift für Unternehmens- und Gesellschaftsrecht, Heft 6, 29. Jg., (2000), S. 779-881.

Hornung, K. et al. (1999): RM – Teil I: Konzeptionelle Ansätze zur pragmatischen Realisierung gesetzlicher Anforderungen. In: Controlling, Heft 7 (1999), S. 317-325.

Hornung, K. et al. (2000): RM – Teil II: Wertorientierung und KonTraG als Determinante des RM der metallgesellschaft ag. In: Controlling, Heft 3, (2000), S. 153-161.

Horváth, P. (1998): Controlling. 7. Aufl., München (1998).

Horváth, P. (1999): Durch RM den Unternehmenserfolg sichern! Tagungsbericht Fachkonferenz KonTraG. In: b&b, Heft 3, (1999), S. 115-116.

Horváth, P./Gleich, R. (2000): Controlling als Teil des RM. In: Praxis des RM – Grundlagen, Kategorien, branchenspezifische und strukturelle Aspekte, Dörner, D. et al. (Hrsg.), Stuttgart (2000), S. 99-126.

Huch, B./Tecklenburg, T. (2001): RM in der Bauwirtschaft. In: RM, Götze, U. et al. (Hrsg.), HB (2001), S. 299-326.

Hüttemann, R. (2004): BB-Gesetzgebungsreport: Internationalisierung des deutschen Handelsbilanzrechts im Entwurf des BilReG. In: BB, Heft 4, 59. Jg., (2004), S. 203-209.

Imboden, C. (1983): Risikohandhabung: Ein entscheidungsbezogenes Verfahren. In: Schriftreihe des Betriebswirtschaftlichen Instituts der Universität Bern, Haupt, P. (Hrsg.), Bd. 9, Bern/Stuttgart (1983).

Institut der Internen Revision (IIR) – Arbeitskreis (AK) "IR in der Versicherungswirtschaft" (1999): Konzept für den Aufbau eines RMS unter Berücksichtigung der Anforderungen durch das KonTraG. In: IR, Heft 4, 29. Jg., (1999), S. 185-215.

IIR – AK "Revision des Vertriebs" (2004): Prüfungsleitfaden: Vertrieb und KonTraG Management von vertrieblichen Risiken. In: IR, Heft 1, 34. Jg., (2004), S. 7-14.

Issing, M. (2007): Zukunftsfähigkeit durch Partnerschaft – Sicherung der Wertschöpfung. In: et, Heft 6, 57. Jg., (2007), S. 42-43.

Jacob, H. J. (1998): KonTraG und KapAEG – die neuen Entwürfe des Hauptfachausschusses zum RFS, zum BV und zum PB. In: WPg, Heft 23-24, 51. Jg., (1998), S. 1046-1056.

Jensen, M. C./Meckling, W. H. (1976): Theory of the firm: Managerial Behavior, Agency Costs and Ownership Structure. In: Journal of Financial Economies, Heft 3, S. 305-360.

Jensen, M. C./Murphy, K. (1990): Performance Pay and Top-Management Incentives. In: Journal of Political Economy, 88. Jg., (1990), S. 225-264.

Jochum, G./Pfaffenberger, W. (2005): Wie viel und welche (De-)Regulierung braucht die Energiewirtschaft? In: Zeitschrift für Wirtschaftspolitik, Heft 1, 54. Jg., (2005), S. 71-81.

Jost, P. J. (2001): Einführung in die PAT. In: Die PAT in der BWL, Jost, P. J. (Hrsg.), Stuttgart (2001), S. 9-43.

Jost, P. J. (2000): Ökonomische Organisationstheorie, WB (2000).

Jürgens, U. (2005): CG – Anwendungsfelder und Entwicklungen. In: Governance-Forschung. Vergewisserung über Stand und Entwicklungslinien, Schuppert, G. F. (Hrsg.), BB (2005), S. 47-71.

Kah, A. (1994): Profitcenter-Steuerung. Stuttgart (1994).

Kaiser, K. (2005): Auswirkungen des BilReG auf die zukunftsorientierte Lageberichterstattung. In: WPg, Heft 8, 58. Jg., (2005), S. 405-417.

Kajüter, P. (2001a): Der Entwurf des DRS 5 zur Risikoberichterstattung. In: WPg, Heft 4, 17. Jg., (2001), S. 205-209.

Kajüter, P. (2001b): Risikoberichterstattung: Empirische Befunde und der Entwurf des DRS 5. In: DB, Heft 3, 54. Jg., (2001), S. 105-111.

Kajüter, P. (2002): Prüfung der Risikoberichterstattung im LB. In: BB, Heft 5, 57. Jg., (2002), S. 243-249.

Kajüter, P. (2004a): Der LB als Instrument einer kapitalmarktorientierten Rechnungslegung – Umfassende Reformen nach dem Entwurf zum BilReG und E-DRS 20. In: DB, Heft 5, 57. Jg., (2004), S. 197-203.

Kajüter, P. (2004b): Berichterstattung über Chancen und Risiken im LB, Auswirkungen des Referentenentwurfs für das BilReG. In: BB, Heft 8, 59. Jg., (2004), S. 427-433.

Karten, W. (1966): Grundlagen eines risikogerechten Schwankungsfonds für Versicherungsunternehmen. Diss. Berlin (1966).

Kau, W. M./Kukat, K. (2000): Haftung von VO- und AR-Mitgliedern bei Pflichtverletzung nach dem AktG. In: BB, Heft 21, 55. Jg., (2000), S. 1045-1050.

Kaufmann, M. (1995): Die Prüfung kommunaler Unternehmen gemäß § 53 Absatz 1 Haushaltsgrundsätzegesetz, DD (1995), Diss. Münster (1994).

Keitsch, D. (2000): RM, Stuttgart (2000).

Kiener, S. (1990): Die PAT aus informationsökonomischer Sicht, HB (1990).

Kiep, W. (2000): Ganzheitliches RM – gesteigerte Ertragskraft. In: Zeitschrift für Versicherungswesen, Nr. 10, (2000), S. 314-316.

Kindler, P./Pahlke, A. K. (2001): Die Überwachungspflichten des AR im Hinblick auf das RM. In: RM nach dem KonTraG – Aufgaben und Chancen aus betriebswirtschaftlicher Sicht, Lange, K. W. et al. (Hrsg.), München (2001), S. 60-94.

Kirchner, M. (2002): RM: Problemaufriss und Umsetzungsmöglichkeiten im KMU. In: Zeitschrift für das gesamte Genossenschaftswesen, Heft 3, (2002), S. 189-200.

Kirsch, H. J. (2002): Vom BilRiLiG zum TransPuG – die Entwicklung der deutschen Bilanzierungsnormen in den vergangenen 20 Jahren. In: WPg, Heft 14, 55. Jg., (2002), S. 743-755.

Kirsch, H. J./Scheele, A. (2004): Die Auswirkungen der Modernisierungsrichtlinie auf die (Konzern-)Lageberichterstattung – unter Berücksichtigung von E-DRS 20 und des Entwurfs eines BilReG vom 15.12.2003. In: WPg, 57. Jg., Heft 1-2 (2004), S. 1-12.

Kirsch, H. J./Scheele, A. (2005): Neugestaltung von Prognose- und Risikoberichterstattung im LB durch das BilReG. In: WPg, Heft 21, 58. Jg., (2005), S. 1149-1154.

Klar, M. (1997): Auswirkungen des Gesetzesvorhabens zur Kontrolle und Transparenz im Unternehmensbereich (KonTraG) auf die Prüfung von Nicht-AG. In: DB, Heft 14, 50. Jg., (1997), S. 685-688.

Kleekämper, H./König, S. (2000): Die Internationalisierung der deutschen Rechnungslegung. In: DStR, Heft 13, 38. Jg., (2000), S. 569-572.

Kless, T. (1998): Beherrschung der Unternehmensrisiken: Aufgaben und Prozesse eines RM. In: DStR, Heft 3, 36. Jg., (1998), S. 93-96.

Kluge, F. (1999): Etymologisches Wörterbuch der deutschen Sprache, 24. Aufl., Berlin/NY (1999).

Koenig, C. et al. (2006): Energierecht, FFM (2006).

Kohlhoff, C. et al. (2000): RM nach dem KonTraG – zwischen Theorie und Praxis; zugleich ein Beitrag zum RM in der EDV. In: IR, Heft 1, (2000), S. 2-11.

Konradt, K. (2001): Mündliche und schriftliche Befragung – Ein Lehrbuch – Forschung, Statistik & Methoden, Bd. 4. Arbringer, R. et al. (Hrsg.), Landau (2001).

Konstantin, P. (2009): Praxisbuch Energiewirtschaft – Energieumwandlung, -transport und -beschaffung im liberalisierten Markt, 2. Aufl., HB (2009).

Krafft, M. (2001): Marketing: In: Die PAT in der BWL, Jost, P. J. (Hrsg.), Stuttgart (2001), S. 217-240.

Krakowski, M. (2002): Der Markt für Strom. In: Wirtschaftsdienst – Zeitschrift für Wirtschaftspolitik, Heft 1, 82. Jg., (2002), S. 296-300.

Krampe, G. et al. (1981): Diffusionsfunktionen als theoretisches und praktisches Konzept zur strategischen Frühaufklärung. In: Schmalenbachs zfbf, Nr. 5, 33. Jg., (1981), S. 384-401.

Kraus, M. (2004): Lexikon der Energiewirtschaft – Liberalisierte Strom- und Gasmärkte von A bis Z. München (2004).

Krawitz, N./Hartmann, C. (2006): Aktueller handelsrechtlicher Lage- und Konzern-LB im Rahmen eines IAS/IFRS-Abschlusses. In: WPg, Heft 20, 59. Jg., (2006), S. 1262-1270.

Krebs, H. (2007): Die speziellen Rechnungslegungs-, Prüfungs- und Offenlegungspflichten für EVU. In: DB, Heft 26, 56. Jg., (2007), S. 1425-1427.

Kreuzberg, P. (2000): Vollversorgung als Paradoxon. In: et, Heft 11, 50. Jg., (2000), S. 842-845.

Kriete, T./Padberg, T. (2005): Risikoberichterstattung nach den Regeln des Deutschen Standardisierungsrates. In: ZfgK, Heft 3, 58. Jg., (2005), S. 148-154.

Kroehnert, M. (2002): Die Bedeutung von ausgereiften IT-Systemen für Stromhandel und RM. In: et, Heft 1/2, 52. Jg., (2002),S. 54-56.

Kromschröder, B. (1986): RM als Verbindungsglied zwischen Industrie und Versicherung. In: Die Versicherungsrundschau, Heft 8, 39. Jg., (1986), S. 243-255.

Kromschröder, B./Lück, W. (1998a): Grundsätze risikoorientierter Unternehmensüberwachung. In: DB, Heft 32, 51. Jg., (1998), S. 1573-1576.

Kromschröder, B./Lück, W. (1998b): Grundsätze risikoorientierter Unternehmensüberwachung. In: IR, Heft 5, 33. Jg., (1998), S. 237-248.

Krystek, U. (1999): Neue Controlling-Aufgaben durch neue Gesetze? – KonTraG und InsO als Herausforderung für das Controlling. In: krp, Heft 3, (1999), S. 145-151.

Krystek, U./Müller, M. (1999): FAS – Spezielle Informationssysteme zur Erfüllung der Risikokontrollpflicht nach KonTraG. In: Controlling, Heft 4/5, 11. Jg., (1999), S. 177-183.

Krystek, U./Müller-Stewens, G. (1993): Frühaufklärung für Unternehmen – Dientifikation und Handhabung zukünftiger Chancen und Bedrohungen, Stuttgart (1993).

Kuhl, K./Nickel, J. P. (1999): RM im Unternehmen – Stellt das KonTraG neue Anforderungen an Unternehmen? In: DB, Heft 3, 52. Jg., (1999), S. 133-135.

Kuhnt, D. et al. (2004): Wettbewerb in der Versorgungswirtschaft. Schriften des Vereins für Socialpolitik. Oberender, P. (Hrsg.), Bd. 299, Berlin (2004).

Kumkar, L. (1997): Nach Verabschiedung der Stromrichtlinie: Status quo und Perspektiven der europäischen Elektrizitätswirtschaft. Kieler Arbeitspapiere, Nr. 803, Kiel (1997).

Kummer, H. J./Giesberts, L. (1996): Rechtsfragen der Privatisierung kommunaler Abfallentsorgung und Abwasserbeseitigung. In: Neue Zeitschrift für Verwaltungsrecht, Heft 12, 15. Jg., (1996), S. 1166-1172.

Kupsch, P. (1995): RM. In: Handbuch UF. Corsten, H. et al. (Hrsg.), WB (1995), S. 530-543.

Küting, K. H./Hütten, R. (1997): Die Lageberichterstattung über Risiken der künftigen Entwicklung. In: Die AG, Heft 1, 42. Jg., (1997), S. 250-256.

Lachnit, L./Müller, S. (2001): RM nach dem KonTraG und Prüfung des Systems durch den WP. In: Die deutsche Rechnungslegung und Wirtschaftsprüfung im Umbruch – Festschrift für Wilhelm Theodor Strobel zum 70. Geburtstag. Freidank C. C. (Hrsg.), München (2001), S. 363-394.

Lange, K. W. (2001): Risikoberichterstattung nach KonTraG und KapCoRiLiG. In: DStR, Heft 6, 39. Jg., (2001), S. 228-232.

Lange, O. (2003): Zustimmungsvorbehaltspflicht und Kataloghaftung des AR nach neuem Recht. In: DStR, Heft 10, 41. Jg., (2003), S. 376-381.

Lange, W. (2001): Anforderungen an die Berichterstattung über Risiken in LB und Konzern-LB. In: RM nach dem KonTraG – Aufgaben und Chancen aus betriebswirtschaftlicher und juristischer Sicht, Lange, K. W. et al. (Hrsg.), München (2001), S. 131-159.

Lange, W. (2004): Berichterstattung im LB und Konzern-LB nach dem geplanten BilReG. In: ZIP, Heft 21, 25. Jg., (2004), S. 981-987.

Lapidus, I. et al. (2000): Risiko-Management als Wettbewerbsvorteil im Strommarkt. In: et, Heft 9, 50. Jg., (2000), S. 634-638.

Laue, M. (2005): Regulierungsmanagement – eine neue Schlüsselaufgabe für Energieversorger. In: et, Heft 5, 55. Jg., (2005), S. 330-331.

Lehner, U. et al. (2000): RM im Industrieunternehmen. In: BFuP, Heft 3, (2000), S. 261-289.

Lehwald, K. J. (2000): Die Erteilung des BV bei Abschlussprüfungen. In: DStR, Heft 6, 38. Jg., (2000), S. 259-264.

Lengerke, K. (2002): Die Prüfungspflicht des AP nach § 317 Abs. 4 HGB. In: WPK-Mitteilungen, Heft 2, 41. Jg., (2002), S. 96-105.

Lenz, H./Ostrowski, M. (1997): Kontrolle und Transparenz im Unternehmensbereich durch die Institution AP - Eine Beurteilung der Regelungen im Referentenentwurf eines Gesetzes zur Kontrolle und Transparenz im Unternehmensbereich aus ökonomischer Sicht. In: BB, Heft 30, 52. Jg., (1997), S. 1523-1529.

Lieske, D. (1997): Entwicklung eines industrieökonomischen Integrationskonzepts am Beispiel des Transaktionskostenansatzes und der Agency-Theorie. In: Frankfurter Volkswirtschaftliche Diskussionsbeiträge, Arbeitspapier 72, Fachbereich Wirtschaftswissenschaften der Goethe-Universität, FFM (1997).

Lingemann, S./Wasmann, D. (1998): Mehr Kontrolle und Transparenz im Aktienrecht: Das KonTraG tritt in Kraft. In: BB, Heft 17, 53. Jg., (1998), S. 853-862.

Löhr, D. (2000): Implementierung eines prüfungsfähigen RMS, Anforderungen nach KonTraG. In: DStB, Heft 8, 38. Jg., (2000), S. 312-318.

Löwe, J. (2001): Öffentliche Unternehmen in der Marktwirtschaft? In: ZfögwU, Bd. 24, Heft 4, (2001), S. 413-431.

Lück, W. (1993): Lexikon der Betriebswirtschaft, Lück, W. (Hrsg.), 5. Aufl., München/Wien (1993).

Lück, W. (1998a): Lexikon der Rechnungslegung und AP, Lück, W. (Hrsg.), 4. Aufl., München/Wien (1998).

Lück, W. (1998b): Der Umgang mit unternehmerischen Risiken durch ein RMS und durch ein ÜWS - Anforderungen durch das KonTraG und Umsetzung in der betrieblichen Praxis. In: DB, Heft 39, 51. Jg., (1998), S. 1925-1930.

Lück, W. (1998c): Elemente eines RMS – Die Notwendigkeit eines RMS durch den Entwurf eines Gesetzes zur Kontrolle und Transparenz im Unternehmensbereich (KonTraG). In: DB, Heft 1-2, 51. Jg., (1998), S. 8-14.

Lück, W. (1998d): Die Bedeutung des RMS und des ÜWS zur Sicherung der Überlebensfähigkeit von Unternehmen: Theoretische Überlegungen und Empfehlungen für die Praxis. In: DStB, Heft 11, 41. Jg., (1998), S. 513-519.

Lück, W. (1999a): Die Bedeutung der IR für die UF – Neue Aufgaben durch die Einführung von RMS – In: F. A. Z. (19.07.1999), Nr. 164, S. 27.

Lück, W. (1999b): Betriebswirtschaftliche Aspekte der Einrichtung eines ÜWS und eines RMS. In: Reform des Aktienrechts, der Rechnungslegung und Prüfung – KonTraG – KapAEG – EuroEG – StückAG, Dörner, D. et al. (Hrsg.), Stuttgart (1999), S. 139-176.

Lück, W. (1999c): RMS und ÜWS einrichten – Neue Anforderungen an VO, AR, IR, AP durch das KonTraG. In: F. A. Z. (25.01.1999), Nr. 20, S. 29.

Lück, W. (2000a): Managementrisiken im RMS. In: DB, Heft 30, 53. Jg., (2000), S. 1473-1477.

Lück, W. (2000b): Managementrisiken. In: Praxis des RM – Grundlagen, Kategorien, branchenspezifische und strukturelle Aspekte, Dörner, D. et al. (Hrsg.), Stuttgart (2000), S. 311-343.

Lück, W. (2001): Chancenmanagementsysteme – neue Chancen für Unternehmen. In: BB, Heft 45, 56. Jg., (2001), S. 2312-2315.

Lück, W./Bungartz, O. (2004): Risikoberichterstattung deutscher Unternehmen – Ein Beitrag zur Verbesserung der Wettbewerbsfähigkeit von Unternehmen am internationalen Kapitalmarkt. In: DB, Heft 34, 57. Jg., (2004), S. 1789-1792.

Lück, W./Henke, M. (2004): Die IR als zentraler Bestandteil der CG. In: BfuP, Heft 1, 52. Jg., (2004), S. 1-14.

Lück, W./Unmuth, A. (2006): IR und RM. In: Zentrale Tätigkeitsbereiche der IR – Aktuelle und zukünftige Schwerpunkte erfolgreicher Revisionsarbeit, Lück, W. (Hrsg.), IIR Forum, Bd. 6, Berlin (2006), S. 13-32.

Lüder, K. (1989): Öffentliche Verwaltung. In: Handwörterbuch der öffentlichen BWL, Chmielewicz, K. et al. (Hrsg.), Stuttgart (1989), S. 1152-1164.

Ludewig, R. (2000): KonTraG – AR und AP – Gedanken zur Kooperation mit Anderen. In: DB, Heft 13, 53. Jg., (2000), S. 634-637.

Ludwig, W. (1989): Versorgungsunternehmen. In: Handwörterbuch der öffentlichen BWL, Chmielewicz, K. et al. (Hrsg.), Stuttgart (1989), S. 1615-1624.

Lührmann, H./Sigel, U. (2001): Stadtwerke – die Zukunft liegt im Verteilungsgeschäft. In: et, Heft 7, 51. Jg., (2001), S. 441-445.

Machura, S. (1993): Die Kontrolle öffentlicher Unternehmen: Für eine mehrdimensionale Strategie zur Instrumentalisierung öffentlicher Unternehmen, WB (1993).

Mahlberg, L. (1986): Kontrolle gemeindlicher Unternehmen. In: Kommunalforschung für die Praxis, Heft 18/19, Stuttgart (1986).

Manthey, N. V. (2001): Bindung und Schutz öffentlicher Unternehmen durch die Grundfreiheit des Europäischen Gemeinschaftsrechts, Europäische Hochschulschriften, Reihe II Rechtswissenschaften, Bd./Vol. 3267, FFM et al. (2001).

Marten, K. U. et al. (2007): Wirtschaftsprüfung – Grundlagen des betriebswirtschaftlichen Prüfungswesens nach nationalen und internationalen Normen, 3. Aufl., Stuttgart (2007).

Martens, J. (2003): Statistische Datenanalyse mit SPSS für Windows, 2. Aufl., OB (2003).

Mattheus, D. (1999): Die gewandte Rolle des WP als Partner des AR nach dem KonTraG. In: ZGR, Heft 5, (1999), S. 682-714.

Mayer, H. O. (2004): Interview und schriftliche Befragung – Entwicklung, Durchführung und Auswertung, 2. Aufl., OB (2004).

Mayntz, R. (1987): Politische Steuerung und gesellschaftliche Steuerungsprobleme – Anmerkungen zu einem theoretischen Paradigma. In: Jahrbuch der Staats- und Verwaltungswissenschaften, Ellwein, T. et al. (Hrsg.), Bd. 1, BB (1987), S. 89-110.

Meißner, D./Scholand, M. (2000): Risiken und RM in neuen Strommärkten. In: et, Heft 8, 50. Jg., (2000), S. 558-563.

Mensch, G. (1999): Agency-Theorie – Modelle und Aussagen. In: WISU – das Wirtschaftsstudium, 28. Jg., (1999), S. 937-940.

Meyer, H./Hampele, B. (2003): Das RM der Heidelberger Druckmaschinen AG. In: RM – Vom reaktiven zum präventiven Management von Risiken, Schriften der Wissenschaftlichen Gesellschaft für Marktorientierte UF e. V., Forum Unternehmer und Wissenschaft, Töpfer, A. et al. (Hrsg.), 1. Aufl., Bd. 7, Dresden (2003), S. 61-72.

Meyer-Renschhausen, M./Sieling, M. (1999): Liberalisierung des Strommarktes – Wirkungen und Anpassungsstrategien der kommunalen EVU. In: ZfögwU, Eichhorn, P. et al. (Hrsg.), Heft 2, Bd. 22, (1999), S. 115-133.

Michel, S. (2004): Kundenbindungsmanagement von EVU vor dem Hintergrund liberalisierter Märkte, Diss. Hannover (2004).

Mikus, B. (2001a): Risiken und RM – ein Überblick. In: RM, Götze, U. et al. (Hrsg.), HB (2001), S. 3-28.

Mikus, B. (2001b): Zur Integration des RM in den Führungsprozess. In: RM, Götze, U. et al. (Hrsg.), HB (2001), S. 67-94.

Miller, M. H./Upton, C. W. (1986): Macroeconomics: a neoclassical introduction, 2. Aufl., Chicago/London (1986).

Mombaur, P. M. (2003): Abschied von Monopolen: EU-Markt für Strom und Gas (Eine 250 Mrd. € Branche wird auf Trab gebracht – zum Wohl von Mittelstand und Verbrauchern). In: et, Heft 4, 53. Jg., (2003), S. 214-217.

Monstadt, J. (2004): Die Modernisierung der Stromversorgung – Regionale Energie- und Klimapolitik im Liberalisierungs- und Privatisierungsprozess, WB (2004), zugleich Diss. Berlin (2003).

Moraing, M. (2001): Stadtwerke als Unternehmen im Wettbewerb – Reform des kommunalen Wirtschaftsrechts. In: Elektrizitätswirtschaft, Heft 1-2, 100. Jg., (2001), S. 44-48.

Mühlenkamp, H. (1994): Öffentliche Unternehmen – Einführung unter Berücksichtigung betriebswirtschaftlicher, volkswirtschaftlicher und rechtlicher Aspekte, München/Wien (1994).

Müller, A. (2001): Systematische Gewinnung von Frühindikatoren für FAS. In: krp, Heft 4, 45. Jg., (2001), S. 212-222.

Müller, G./Zeiser, B. (1980): Zufallsbereiche zur Beurteilung frühaufklärender Signale. In: ZfB, Heft 7, 50. Jg., (1980), S. 605-619.

Müller, H./Grotheer, M. (2002): Controlling-Konzepte im Wandel. In: krp, Heft 6, 46. Jg., (2002), S. 214-221.

Müller, M. (2002): AR und AP – ein spannendes Verhältnis. In: WPg, Heft 23, 55. Jg., (2002), S. 1301-1306.

Müller-Marqués-Berger, T./Srocke, I. (2005): Evaluation des AR als Instrument des Beteiligungscontrollings von Gebietskörperschaften. In: PCG – Ein Kodex für öffentliche Unternehmen, Ruter, R. X. et al. (Hrsg.), 1. Aufl., WB (2005), S. 131-145.

Nagel, B. (2005): Probleme des Unbundling nach dem neuen EnWG aus der Sicht der Stadtwerke. In: ZNER, Heft 2, (2005), S. 147-148.

Naschold, F./Bogumil, J. (2000): Modernisierung des Staates – New Public Management in deutscher und internationaler Perspektive, 2. Aufl., Opladen (2000).

Neu, A. D. (2000): Perspektiven des Erdgasmarktes nach der Liberalisierung. In: et, Heft 3, 50. Jg., (2000), S. 100-105.

Neubeck, G. (2003): Prüfung von RMS, DD (2003).

Neumann, H (1998): Aufbau eines RM – insbesondere eines FWS – als Anforderung der neuen gesetzlichen Regelungen zur Kontrolle und Transparenz im Unternehmensbereich (KonTraG). In: BuW, Heft 19, (1998), S. 721-730.

Niedergesäß, U./Hemmers, R. (2001): Kommunale Energieversorger gelten als zuverlässig. In: et, Heft 5, 51. Jg., (2001), S. 256-258.

Nipken, F. (2001): RM und Rechnungsprüfung – Auswirkungen des KonTraG auf die örtliche und überörtliche Rechnungsprüfung. In: Finanzwirtschaft, Heft 7, (2001), S. 171-173.

o. V. (1999): AR muss VO nach Fehltritt verklagen – Bundesgerichtshof hat die Haftung von Managern verschärft/"Damoklesschwert der Abberufung". In. F. A. Z., Nr. 282, FFM (1999), S. 23.

Odenthal, R. (2000): KonTraG und (EDV-)Verfahrensprüfung. In: IR, Heft 6, 35. Jg., (2000), S. 251-256.

Pahlke, A. K. (2002): RM nach KonTraG, Überwachungspflichten und Haftungsrisiken für den AR. In: NJW, Heft 23, (2002), S. 1680-1688.

Pavel, F. (2007): Was bringt die Anreizregulierung? – Eine modellbasierte Simulation für Stromverteiler in Deutschland. In: ZfE, Heft 31, (2007), S. 221-228.

Peermöller, V. H./Keller, B. (1997): Änderungen der Überwachung in Kapitalgesellschaften – Der Entwurf eines Gesetzes zur Kontrolle und Transparenz im Unternehmensbereich. In: DStR, Heft 50, 37. Jg., (1997), S. 1986-1992.

Pfaff, D./Pfeiffer, T. (2001): Controlling und PAT. In: Die PAT in der BWL, Jost, P. J. (Hrsg.), Stuttgart (2001), S. 359-394.

Pfitzer, N./Oser, P. (2003): Deutscher CGK – Ein Handbuch für Entscheidungsträger, Pfitzer, N./Oser, P. (Hrsg.), Stuttgart (2003).

Philipp, F. (1967): Risiko und Risikopolitik, Betriebswirtschaftliche Studienbücher, Reihe I Grundlagen, Stuttgart (1967).

Picot, A./Dietl, H./Franck, E. (2002): Organisation – Eine ökonomische Perspektive. 3. Aufl., Stuttgart (2002).

Picot, A./Schuller, S. (2001): Vertragstheoretische Interpretation des Risk-Management. In: RM nach dem KonTraG – Aufgaben und Chancen aus betriebswirtschaftlicher und juristischer Sicht, Lange, K. W. et al. (Hrsg.), München (2001), S. 236-258.

Pietsch, G./Scherm, E. (2001): Neue Controlling-Konzeptionen. In: WISU, Heft 2, 30. Jg., (2001), S. 206-213.

Plamper, H. (2005): Herrschaft der Beschäftigten und Herrschaft des Volkes – Mitbestimmung als Teil des CGK. In: PCG – Ein Kodex für öffentliche Unternehmen, Ruter, R. X. et al. (Hrsg.), 1. Aufl., WB (2005), S. 63-76.

Pollanz, M. (1999): Ganzheitliches RM im Kontext einer wertorientierten UF (Risk Adjusted Balanced Scorecarding). In: DB, Heft 25, 52. Jg., (1999), S. 1277-1281.

Pollanz, M. (1999b): Konzeptionelle Überlegungen zur Einrichtung und Prüfung eines RMS – Droht die Mega-Erwartungslücke? In: DB, Heft 8, 52. Jg., (1999), S. 393-399.

Pollanz, M. (2001): Offene Fragen der Prüfung von RMS nach dem KonTraG – Paradigmenwechsel im wirtschaftlichen Prüfungswesen oder vom risikoorientierten zum systemisch-evolutionären Prüfungsansatz? In: DB, Heft 25, 54. Jg., (2001), S. 1317-1325.

Prigge, Rolf (2003): Die Steuerung öffentlicher Unternehmen in den Stadtstaaten Berlin, Hamburg und Bremen. Schriftliche Fassung des Beitrages auf der Tagung der Deutschen Hochschule für Verwaltungswissenschaften "Aufgabenkritik, Privatisierung und Neue Verwaltungssteuerung", Speyer (03.04.2003), S. 1-22.

Pritzer, B. (1999): RM als wettbewerbliche Notwendigkeit. In: Das Kontrolle- und Transparenzgesetz – Herausforderungen und Chancen für das RM, Saitz, B. et al. (Hrsg.), WB (1999), S. 145-167.

Proske, R. (2004): Vertrieb im QV – Im liberalisierten Energiemarkt bestehen. In: Gas, BDEW (Hrsg.), Bd. 55, Heft 1, (01.02.2004), S. 10-13.

Püttner, G. (1985): Die öffentlichen Unternehmen: Ein Handbuch zu Verfassungs- und Rechtsfragen der öffentlichen Wirtschaft, 2. Aufl., Stuttgart et al. (1985).

Püttner, G. (1989): Rechtsformen. In: Handwörterbuch der öffentlichen BWL, Chmielewicz, K. et al. (Hrsg.), Stuttgart (1989), S. 1379-1390.

PwC Deutsche Revision AG und Deutscher Industrie- und Handelstag (2000): Unternehmensweites RM – Maßnahmen zur Sicherung Ihres Unternehmenserfolgs, PwC (Hrsg.), FFM (2000).

Reichard, C. (1989): Gemischtöffentliche Unternehmen. In: Handwörterbuch der öffentlichen BWL, Chmielewicz, K. et al. (Hrsg.), Stuttgart (1989), S. 472-479.

Reichard, C. (2004): Ansätze zu Performance Measurement in deutschen Kommunen – eine Bewertung ihres Entwicklungstandes und ihre Wirksamkeit. In: Leistungsmessung und Leistungsvergleich in Politik und Verwaltung – Konzepte und Praxis, Kuhlmann, S. et al. (Hrsg.), 1. Aufl., WB (2004), S. 341-356.

Reichard, C. (2004): Kommunale Wirtschaft unter Anpassungsdruck. In: Kommunale Wirtschaft im Wandel – Chancen und Risiken. Schriftreihe der Gesellschaft für öffentliche Wirtschaft, Eichhorn, P./Reichard, C. (Hrsg.), 1. Aufl., Heft 48, BB, (2000), S. 15-24.

Reichard, C. (Hrsg.) (2001): Kommunen am Markt – Aktuelle Fragen der wirtschaftlichen Entwicklung von Kommunen, Schriftreihe des Kommunalwissenschaftlichen Instituts der Universität Potsdam, Bd. 8, Potsdam (2001).

Reichmann, T. (2001): Die Balanced Chance- and Risk-Card – Eine Erweiterung der Balanced Scorecard. In: RM nach dem KonTraG – Aufgaben und Chancen aus betriebswirtschaftlicher Sicht, Lange, K. W. et al. (Hrsg.), München (2001), S. 282-303.

Reichmann, T./Form, S. (2000): Balanced Chance- and Risk-Management. In: Controlling, Heft 4/5, (2000), S. 189-198.

Reinecke, B./Wagner, H. J. (2000): Risiko-Aspekte in der Arbeit der IR. In: IR, Heft 5, 25. Jg., (2000), S. 194-197.

Remme, W./Theile, C. (1998): Die Auswirkungen von "KonTraG und KapAEG" auf die GmbH. In: GmbH-Rundschau, Heft 18, 89. Jg., (1998), S. 909-915.

Remmler, O. (2004): Ruhe vor dem Sturm: RM auf neuen Wegen – Von der Wertsicherung zur Wertsteigerung. In: et, Heft 11, 54. Jg., (2004), S. 739-740.

Reuter, A. (1999): Die Konzerndimension des KonTraG und ihre Umsetzung in Konzernobergesellschaften. In: DB, Heft 44, 52. Jg., (1999), S. 2250-2253.

Richmann, A. (2004): Liberalisierung der Strom- und Gasmärkte: Vision und Wirklichkeit. In: Wettbewerb in der Versorgungswirtschaft, Oberender, P. (Hrsg.), Schriften des Vereins für Socialpolitik, Bd. 299, Berlin (2004), S. 71-85.

Richter, W. (2001): Schnittstellen-Management von Kommunalpolitik und -verwaltung. In: Strategisches Management in Kommunalverwaltungen, Eichhorn, P. et al. (Hrsg.), BB (2001), S. 58-67.

Ridder, N. (2003): Öffentliche EVU im Wandel – Wettbewerbsstrategien im liberalisierten deutschen Strommarkt, Marburg (2003).

Ridder, N. (2007): Vom monopolistischen Stromversorger zum kundenorientierten Energiedienstleister – die strategische Neuausrichtung kommunaler EVU im liberalisierten deutschen Strommarkt, Strategisches Management, Bd. 43, Hamburg (2007).

Ring, H. (2005): Gesetzliche Neuregelung der Unabhängigkeit des AP. In: WPg, Heft 5, 58. Jg., (2005), S. 197-202.

Röhricht, K./Cebulla, S. (1999): Transparenz der Buchführung und Rechnungslegung von EVU nach § 9 EnWG. In: VW, Heft 1, (1999), S. 5-10.

Rolfes, B./Kirmße, S. (2000): RM bei Banken. In: Praxis des RM – Grundlagen, Kategorien, branchenspezifische und strukturelle Aspekte, Dörner, D. et al. (Hrsg.), Stuttgart (2000), S. 623-668.

Rucht D. (2007): Der Deutsche CGK: Erfolgreiche Selbstregulierung? In: Profit oder Gemeinwohl? Fallstudien zur gesellschaftlichen Verantwortung von Wirtschaftseliten, Rucht, D. (Hrsg.), WB (2007), S. 131-160.

Rudnick, B. (2003): Der Staat schröpft die Stromkunden immer kräftiger – Steuern und Abgaben steigen 2003 gegenüber 1998 auf das Fünffache – Die Politik dreht an der Preisschraube. In: Börsen-Zeitung, Nr. 4, (08.01.2003), S. 11.

Rudolf, X. R. et al. (2005): PCG – Ein Kodex für öffentliche Unternehmen, 1. Aufl., WB (2005).

Rudolph, M./Wagner, U. (1997): Energiewirtschaftliche Grundbegriffe – Begriffe der Versorgungswirtschaft, 1. Ausgabe 1997, Vereinigung Deutscher Elektrizitätswerke (VDEW) e. V. und Bundesverband der deutschen Gas- und Wasserwirtschaft (BGW) e. V. (Hrsg.), Teil D Energie, FFM (1997).

Ruter, R. X. (2005): PCGK – Wie er erstellt wird und was er beinhaltet. In: PCG – Ein Kodex für öffentliche Unternehmen, Ruter, R. X. et al. (Hrsg.), 1. Aufl., WB (2005), S. 163-176.

Ruter, R. X./Häfele, M. (2007): PCGK – Herausforderungen für die öffentliche Hand. In: Controlling und Performance Management im Öffentlichen Sektor – Ein Handbuch. Brüggemeier, M. et al. (Hrsg.), 1. Aufl., Berlin et al. (2007), S. 355-362.

Saam, N. J. (2002): Prinzipale, Agenten und Macht – Eine machttheoretische Erweiterung der Agenturtheorie und ihre Anwendung auf Interaktionsstruktur in der Organisationsberatung, Tübingen (2002).

Säcker, F. J./Busche, J. (1998): Umsetzung der Elektrizitätsmarkt-Richtlinie – Richtlinienkompetenz und EG-rechtliche Probleme des "single-buyer"-Konzepts. In: et, Heft 1-2, 48. Jg., (1998), S. 18-23.

Säcker, F. J. (2004): Entflechtung von Netzgeschäft und Vertrieb bei den EVU: Gesellschaftsrechtliche Möglichkeiten zur Umsetzung des sog. Legal Unbundling. In: DB, Heft 13, 57. Jg., (2004), S. 691-695.

Säcker, F. J. (2004): Freiheit durch Wettbewerb, Wettbewerb durch Regulierung. In: ZNER, Heft 2, (2004), S. 98-112.

Salge, K. (2000): Deregulierung der Elektrizitätswirtschaft – neue Unternehmensstrategien und die Rolle der betrieblichen Mitbestimmung, Berlin (2000), Diss. OB (2000).

Salzberger, W. (2000): Die Überwachung des RM durch den AR – Überwachungspflichten und haftungsrechtliche Konsequenzen. In: Die Betriebswirtschaft, Heft 6, 60. Jg., (2000), S. 756-773.

Schädler, H. P. (1998): Wettbewerbsorientierte Vertriebsorganisation. In: et, Heft 5, 48. Jg., (1998), S. 290-299.

Schaefer, B./Schönefuß, S. (2006): Anreizregulierung und Benchmarking der deutschen Strom- und Gasnetze. In: ZfE, Heft 30, 30. Jg., (2006), S. 173-182.

Schaefer, H. (1998): Die historischen Ursprünge der Stromwirtschaft. In: et, Heft 1/2, 48. Jg., (1998), S. 57-62.

Schaefer, O. (1999): Energiewirtschaftliche Betätigung der Kommunen – Eine Literaturstudie zur Stellung der Kommunen in einem liberalisierten Energiemarkt – Forschungsinstitut für öffentliche Verwaltung bei der Deutschen Hochschule für Verwaltungswissenschaften, Speyerer Forschungsbericht 194, Speyer (1999).

Schaefer, R./Roreger, B. (1998): Kommunale AR-Mitglieder: Rechte, Pflichten, Haftung, Strafbarkeit: Rechtsstellung kommunaler Vertreter in Aufsichtsräten privater Unternehmen. Kommunalpolitische Texte, Bd. 17, Bonn (1998).

Schäfer, J. (2004): Liberalisierung des deutschen Strommarktes: Die Rolle der kommunalen EVU, Arbeitskreis Öffentliche Wirtschaft, Fachbereich Wirtschaftswissenschaften, Arbeitspapier Nr. 033, Hamburg (2004).

Scharpf, P. (1997): Die Sorgfaltspflichten des Geschäftsführers einer GmbH – Pflicht zur Einrichtung eines RMS und ÜWS aufgrund der geplanten Änderung des AktG auch für den GmbH-Geschäftsführer. In: DB, Heft 15, 50. Jg., (1997), S. 737-743.

Scharpf, P. (1998): RMS und ÜWS im Treasury – Darstellung der Anforderungen nach KonTraG, Schitag Ernst & Young (Hrsg.), Stuttgart (1998).

Scharpf, P./Epperlein, J. K. (1995): RM derivater Finanzinstrumente. In: BFuP, Heft 2, 47. Jg., (1995), S. 209-229.

Schartmann, B./Lindner, M. (2006): Prüfung des IKS durch die IR. In: Zentrale Tätigkeitsbereiche der IR – Aktuelle und zukünftige Schwerpunkte erfolgreicher Revisionsarbeit, Lück, W. (Hrsg.), IIR Forum, Bd. 6, Berlin (2006), S. 33-62.

Scheffler, E. (2002): Die Berichterstattung des AP aus der Sicht des AR. In: WPg, Heft 23, 55. Jg., (2002), S. 1289-1300.

Scherm, E. (2000): Zwischen Enthusiasmus und Enttäuschung – Controlling. In: eco – Managementwissen für Führungskräfte, Heft 2, (2000), S. 30-33.

Schichold, B. (2001): Die Überwachung des RMS durch den AR einer AG. In: Die deutsche Rechnungslegung und Wirtschaftsprüfung im Umbruch – Festschrift für Wilhelm Theodor Strobel zum 70. Geburtstag, Freidank C. C. (Hrsg.), München (2001), S. 397-427.

Schimmelpfeng, K. (2001): RM in Industrieunternehmen. In: RM, Götze, U. et al. (Hrsg.), HB (2001), S. 277-298.

Schindler, J./Rabenhorst, D. (1998a): Auswirkungen des KonTraG auf die AP (Teil I). In: BB, Heft 37, (1998), S. 1886-1893.

Schindler, J./Rabenhorst, D. (1998b): Auswirkungen des KonTraG auf die AP (Teil II). In: BB, Heft 38, (1998), S. 1939-1944.

Schindler, J./Rabenhorst, D. (2001): Prüfung des RFS im Rahmen der AP. In: RM nach dem KonTraG – Aufgaben und Chancen aus betriebswirtschaftlicher Sicht, Lange, K. W. et al. (Hrsg.), München (2001), S. 160-175.

Schlotjunker, S. et al. (2005): Strategisches RM in der Energiewirtschaft. In: et, Heft 3, 55. Jg., (2005), S. 120-132.

Schmidbauer, R. (2000): RM im Kontext wertorientierter UF. In: DB, Heft 4, 53. Jg., (2000), S. 153-163.

Schmidt, A. (2000): Stadtwerke auf neuen Märkten – Gemeinderechtliche Chancen umweltschonender EDL, Diss. Münster (2001). In: KwFuP, Gottschalk, W. (Hrsg.), Bd. 6, FFM et al. (2002).

Schmidt, A. (2002): Stadtwerke auf neuen Märkten, Gemeinderechtliche Chancen umweltschonender EDL, Bd. 6, KwFuP, VKU (Hrsg.), FFM et al. (2002).

Schmidt, W. (1989): Konzessionsabgabe. In: Handwörterbuch der öffentlichen BWL, Chmielewicz, K. et al. (Hrsg.), Stuttgart (1989), S. 795-800.

Schmidtberger, J. (1993): Controlling für öffentliche Verwaltungen – Funktionen, Aufgaben, Instrumente, 1. Aufl., WB (1993).

Schnaudigel, C. (1994): Der Betrieb nichtwirtschaftlicher kommunaler Unternehmen in Rechtsformen des Privatrechts. In: Boorberg Wissenschaftsforum, Schönefelder, H. (Hrsg.), Bd. 3, Stuttgart et al. (1995), Diss. Konstanz (1995).

Schneider, D. (1979): Messbarkeitsstufen subjektiver Wahrscheinlichkeiten als Entscheidungsformen der Ungewissheit. In: ZfBF, Heft 2, 31. Jg., (1979), S. 89-122.

Schneider, D. (2001): RM als betriebswirtschaftliches Entscheidungsinstrument? In: RM nach dem KonTraG – Aufgaben und Chancen aus betriebswirtschaftlicher und juristischer Sicht, Lange, W. et al. (Hrsg.), München (2001), S. 181-206.

Schneider, K. (2003): Die Auflösung hierarchischer Koordination im Zuge organisatorischer Dezentralisierung im kommunalen Sektor. In: Politische Steuerung und neue Staatlichkeit, 1. Aufl., Grande, E. et al. (Hrsg.), BB (2003), S. 107-127.

Schneider, U. H./Strenger, C. (2000): Die "CG-Grundsätze" der deutschen Grundsatzkommission CG (German Panel on CG). In: Die AG, Heft 3, 45. Jg., (2000), S. 106-113.

Schöneich, M. (2004): Die Zukunft kommunaler Versorger in liberalisierten Märkten. In: Wettbewerb in der Versorgungswirtschaft, Oberender, P. (Hrsg.), Schriften des Vereins für Socialpolitik, Bd. 299, Berlin (2004), S. 37-40.

Scholz, F./Schuler, A. (2006): Formen des RM im Energiehandel. In: Handbuch Energiehandel, Schwintowski, H. P. (Hrsg.), Berlin (2006), S. 417-518.

Schorsch, C. (2002): Neue Geschäftsfelder, Themen und Erfahrungen von Stadtwerken. In: et, Heft 1/2, 52. Jg., (2002), S. 6-9.

Schröder, R. (2004): Empirische Untersuchungen zur Risikoberichterstattung nach KonTraG – Gemeinsamkeiten und Unterschiede. In: Wittener Diskussionspapiere, Heft 129, Universität Witten-Herdecke (Februar 2004).

Schubert, K. (1998): Politische Steuerung. In: Lexikon der Politik, Nohlen, D. et al. (Hrsg.), Bd. 7, Stuttgart (1998), S. 507.

Schulte-Beckhausen, S. (1996): Daseinsvorsorge im Europäischen Binnenmarkt. In: Der Städtetag – Zeitschrift für Kommunale Praxis und Wissenschaft, 49. Jg., (1996), S. 761-766.

Schulte-Beckhausen, S. (2000/2001): Energieversorgung als öffentliche Aufgabe im europäischen Ordnungsrahmen. In: Wettbewerb in Europa und die Erfüllung öffentlicher Aufgaben, Brede, H. (Hrsg.), 1. Aufl., BB (2000/2001), S. 111-118.

Schulze, D. (2001): Die Berichterstattung über Risiken der künftigen Entwicklung im LB nach dem KonTraG, Diss. Aachen (2001).

Schuppisser, H. R. (1978): Die Gestaltung der Investitionsentscheidungen unter Berücksichtigung des Risikos. In: Schriftreihe des Instituts für betriebswirtschaftliche Forschung an der Universität Zürich, Nr. 25, Bern/Stuttgart (1978).

Schüz, M. (2002): Ganzheitliche Betrachtung und Bewältigung von Risiken. In: Herausforderung RM – Identifikation, Bewertung und Steuerung industrieller Risiken, Hölscher, R. et al. (Hrsg.), 1. Aufl., WB (2002), S. 51-71.

Schwarting, G. (2001): Kommunale Wirtschaft – Vor großen Herausforderungen. In: ZfögwU, Eichhorn, P. et al. (Hrsg.), Bd. 24 (2001), S. 286-307.

Schwarz, J./Staschus, K. (2003): Systemverantwortung – Voraussetzungen für eine sichere Stromversorgung. In: et, Heft 3, 53. Jg., (2003), S. 150-154.

Schwintowski, H. P. (2001): CG im öffentlichen Unternehmen. In: Neue Zeitschrift für Verwaltungsrecht, Heft, 6, 20. Jg., (2001), S. 607-612.

Schwintowski, H. P. (Hrsg.) (2006): Rechtliche Bewältigung des RM im Energiehandel. In: Handbuch Energiehandel, Berlin (2006), S. 519-547.

Seelen, R. (2001): Flexible Partnerschaften – Erfolgsstrategien für Stadtwerke. In: et, Heft 9, 51. Jg., (2001), S. 566-567.

Seibert, U. (1999): Das Gesetz zur Kontrolle und Transparenz im Unternehmensbereich (KonTraG) – Die aktienrechtliche Regelung im Überblick. In: Reform des Aktienrechts, der Rechnungslegung und Prüfung – KonTraG – KapAEG – EuroEG – StückAG, Dörner, D. et al. (Hrsg.), Stuttgart (1999), S. 1-26.

Seibert, U. (2000): Die Entstehung des § 91 Abs. 2 AktG im KonTraG – "RM" oder "FWS"? In: Festschrift für Georg Bezzenberger zum 70. Geburtstag am 13. März 2000, Westermann, H. P. et al. (Hrsg.), Berlin/NY (2000).

Seibicke, R. (2005): Ansätze zur verbesserten Steuerung öffentlicher Unternehmen. In: PCG – Ein Kodex für öffentliche Unternehmen, Ruter, R. X. et al. (Hrsg.), 1. Aufl., WB (2005), S. 89-100.

Seifert, T./Weidel, A. (2004): Vorrang für betriebswirtschaftliche Unbundling-Umsetzung. In: et, Heft 1/2, 54. Jg., (2004), S. 18-21.

Seifert, W. G. (1980): Risk Management im Lichte einiger Ansätze der Entscheidungs- und Organisationstheorie. FFM (1980).

Selch, B. (2000): Die Entwicklung der gesetzlichen Regelungen zum LB seit dem AktG von 1965 bis zum KapCoRiLiG von 2000. In: WPg, Nr. 8, 53. Jg., (2000), S. 357-367.

Shleifer, A./Vishny, R. W. (1997): A survey of CG. In: The Journal of Finance, Heft 2, 52. Jg., (1997), S. 737-778.

Siewert, J. (2005): Deutscher CGK und Unternehmen des Bundes: Bedeutung des Kodexes aus der Sicht der Beteiligungssteuerung. In: PCG – Ein Kodex für öffentliche Unternehmen, Ruter, R. X. et al. (Hrsg.), 1. Aufl., WB (2005), S. 79-88.

Smith, A. (1776/1937): An Inquiry into the Nature and Causes of the Wealth of Nations, NY (1937).

Spannagl, T./Häßler, A. (1999): Ein Ansatz zur Implementierung eines RMP. In: DStR, Heft 44, 37. Jg., (1999), S. 1826-1832.

Spence, A. M. (1976): Competition in Salaries, Credentials and Signaling Prerequisites of Jobs. In: Quarterly Journal of Economies, Heft 1, 90. Jg., (1976), S. 51-74.

Spremann, K. (1990): Asymmetrische Information. In: Zeitschrift für BWL, Vol. 60, (1990), S. 561-586.

Stäcker, D. (2004): Der liberalisierte europäische Gasmarkt – Untersuchungen der Marktstrukturentwicklung mit einem dynamischen Simulationsmodell, 1. Aufl., Diss. OB (2004).

Steckert, U. (2000): Wohin treiben die Stadtwerke im Wettbewerb? In: et, Heft 9, 50. Jg., (2000), S. 648-653.

Steeg, H. (1999): Versorgungssicherheit in liberalisierten Energiemärkten. In: et, Heft 3, 49. Jg., (1999), S. 118-123.

Stelzer, J. (1999): Suche nach Tretminen. In: Wirtschaft – Das IHK-Journal für München und Oberbayern, Heft 12, (1999), S. 54-57.

Stigler, G. (1961): The Economics of Information. In: Journal of Political Economy, 69. Jg., (1961), S. 213-225.

Streim, H. (1995): Zum Stellenwert des LB im System der handelsrechtlichen Rechnungslegung. In: Unternehmenstheorie und Besteuerung, Festschrift für Dieter Schneider, Elschen, R. et al. (Hrsg.), Stuttgart (1995), S. 703-721.

Stremitzer, H. (1979): Risikopolitik und Risk Management – Gedanken zur Versicherungsnachfrage. In: Die Versicherungsrundschau, 1979, Heft 1-2, (1979), S. 22-36.

Tanski, J. S. (1998): Berufsbild des Internen Revisors. In: BB, Heft 24, 53. Jg., (1998), S. 1251-1254.

Teichmann, C. (2001): ECLR – CG in Europa. In: ZGR, Heft 4, 30. Jg., (2001), S. 645-679.

Terberger, E. (1994): Neo-institutionalistische Ansätze – Entstehung und Wandel, Anspruch und Wirklichkeit, WB (1994).

Thiemeyer, T. (1989): Instrumentalfunktion öffentlicher Unternehmen. In: Handwörterbuch der öffentlichen BWL, Chmielewicz, K. et al. (Hrsg.), Stuttgart (1989), S. 672-683.

Thomas, S. (2007): Politische Rahmenbedingungen für Aktivitäten der Energiewirtschaft zur Förderung der Endenergieeffizienz. In: ZfE, Heft 31, 31. Jg., (2007), S. 209-220.

Titzrath, B./Herrmann, M. (2001): RM im Energievertrieb. In: et, 51. Jg., Heft 5, (2001), S. 248-250.

Titzrath, B./Schmidt, C. (2003): Unternehmensweites RM – eine Herausforderung für Energieversorger. In: et, 53. Jg., Heft 9, (2003), S. 572-575.

Töller, A. E. (2009): Freiwillige Regulierung zwischen Staat und Markt: Der Deutsche CGK (DCGK). In: dms, ZfPP, Recht und Management, Heft 2, (2009), S. 293-313.

Treuner, J. H. (2005): Besondere Anforderungen an die Führung staatlicher Unternehmen. In: PCG – Ein Kodex für öffentliche Unternehmen, Ruter, R. X. et al. (Hrsg.), 1. Aufl., WB (2005), S. 38-50.

Trunk, M. (2002): RM in einem kommunalen Versorgungsunternehmen. In: Herausforderung RM, Identifikation, Bewertung und Steuerung industrieller Risiken, Hölscher, R. et al. (Hrsg.), 1. Aufl., WB (2002), S. 159-177.

Ulrich, H. (1970): Die Unternehmung als produktives soziales System – Grundlagen der allgemeinen Unternehmenslehre, Schriftreihe "Unternehmung und UF", 2. Aufl., Bern/Stuttgart (1970).

VKU (2000): Kundenbindungsinstrumente für Stadtwerke, Erfahrungen aus einer Marketingkonferenz des VKU (Hrsg.), Köln (2000).

VKU (2009): Kommunale Wirtschaft: Infrastrukturpartner für ein handlungsfähiges Europa – Positionspapier des VKU für die EU-Wahlperiode 2009-2014.

Vogler, M. et al. (2000): RMS – Stand der Umsetzung. Ergebnisse einer empirischen Untersuchung. In: DB, 53. Jg., Heft 29, (2000), S. 1425-1431.

Vogler, M. et al. (1998): Einführung von RMS. In: DB, Heft 48, 51. Jg., (1998), S. 2377-2383.

Von Arnim, H. H. (1989): Körperschaften des öffentlichen Rechts. In: Handwörterbuch der öffentlichen BWL, Chmielewicz, K. et al. (Hrsg.), Stuttgart (1989), S. 771-778.

Von Hohnhorst, G. (2002): Anforderungen an das RM nach dem KonTraG. In: Herausforderung RM – Identifikation, Bewertung und Steuerung industrieller Risiken, Hölscher, R. et al. (Hrsg.), 1. Aufl., WB (2002), S. 91-108.

Von Seelen, C. (1997): Energierechtsreform – gleiche Wettbewerbsbedingungen für alle. In: et, Heft 10, 47. Jg., (1997), S. 600-603.

Von Seelen, U. C. (1999): Wettbewerb als Chance. In: et, 49. Jg., (1999), S. 438-440.

Voß, A./Kramer, N.: RM im liberalisierten Elektrizitätsmarkt. In: Praxis des RM – Grundlagen, Kategorien, branchenspezifische und strukturelle Aspekte, Dörner, D. et al. (Hrsg.), Stuttgart (2000), S. 569-588.

Wagenhofer, A. (2001): Rechnungslegung als Informationsinstrument. In: Die PAT in der BWL, Jost, P. J. (Hrsg.), Stuttgart (2001), S. 439-486.

Wagner, R. et al. (2000): Preisbildung auf liberalisierten Strommärkten. In: Handbuch RM, RM in Banken, Asset Management Gesellschaften, Versicherungs- und Industrieunternehmen. Johanning, L. et al. (Hrsg.), Bd. 2, Bad Soden (2000), S. 1213-1238.

Wall, F. (2001): Betriebswirtschaftliches RM im Lichte des KonTraG. In: RM nach dem KonTraG – Aufgaben und Chancen aus betriebswirtschaftlicher und juristischer Sicht, Lange, K. W. et al. (Hrsg.), München (2001), S. 207-235.

Wall, F. (2002): Unterschiede und Gemeinsamkeiten von RM im Rahmen der Unternehmensplanung versus RM nach KonTraG – Eine Gedankensammlung, Fakultät für Wirtschaftswissenschaft, Lehrstuhl für Controlling und Informationsmanagement, Heft Nr. 95, Witten/Herdecke, (März 2002).

Wall, F. (2003): Kompatibilität des betriebswirtschaftlichen RM mit den gesetzlichen Anforderungen? – Eine Analyse mit Blick auf die AP. In: WPg, Heft 9, 56. Jg., (2003), S. 457-471.

Walter, A. (1953): Einführung in die Wirtschaftslehre der Unternehmung, Bd. 2, Zürich (1953).

Wang, C. (1997): Incentives, CEO Compensation and Shareholder Wealth in a Dynamic Agency Model. In: Journal of Economic Theory, 76. Jg., (1997), S. 72-105.

Weber, J. et al. (2001): Risiko(management) und Rationalität der Führung in unterschiedlichen Kontexten. In: RM nach dem KonTraG – Aufgaben und Chancen aus betriebswirtschaftlicher und juristischer Sicht, Lange, K. W. et al. (Hrsg.), München (2001), S. 457-503.

Weber, J./Schäffer, U. (1999): Sicherstellung der Rationalität von Führung als Aufgabe des Controlling? In: Die Betriebswirtschaft, Heft 6, 59. Jg., (1999), S. 731-747.

Weber, J. et al. (1999b): Ausgestaltung eines unternehmerischen Chancen- und RM nach dem KonTraG. In: DStR, Heft 41, 37. Jg., (1999), S. 1710-1716.

Weber, J. et al. (2001): Risk Tracking & Reporting – Ein umfassender Ansatz unternehmerischen Chancen- und RM. In: RM, Götze, U. et al. (Hrsg.), HB (2001), S. 47-65.

Weber, J. et al. (Hrsg.) (1999a): Risk Tracking and Reporting – Unternehmerisches Chancen- und RM nach dem KonTraG, Vallendar (1999).

Wehner, S. (1999): Auswirkungen des KonTraG auf die Vorbereitung der anstehenden JaP. In: BC, Heft 11, (1999), S. 244-248.

Weigand, A./Buchner, H. (2000): Früherkennung in der Unternehmenssteuerung – Navigation für Unternehmen in turbulenten Zeiten. In: Früherkennung in der Unternehmenssteuerung, Horváth & Partner (Hrsg.), Stuttgart (2000), S. 11-16.

Weitekamp, Katja (1997): Chancen-/RM als Führungsaufgabe aus Sicht der IR – Ein praxisorientierter Ansatz. In: Versicherungswirtschaft, Heft 24, 52. Jg., (1997), S. 1756-1763.

Wendlandt, K./Knorr, L. (2004): Der Referentenentwurf des "BilReG", Darstellung der wesentlichen bilanzrechtlichen Änderungen des HGB und der Folgen für IAS/IFRS-Anwendung in Deutschland. In: KOR, Heft 2, 4. Jg., (2004), S. 45-50.

Wengeler, F. (2005): Innovationsmanagement als Antwort auf die Liberalisierung. In: et, Heft 3, 55. Jg., (2000), S. 157-159.

Weyel, W. (1999): RM – aktiv gestalten. In: FB, Heft 6, (1999), S. 77-79.

Wiechers, K. (2000): Neue Anforderungen bei der Aufstellung und Prüfung des LB gem. KonTraG. In: StuB, Heft 3, 2. Jg., (2000), S. 130-136.

Williamson, O. E. (1975): Market and Hierarchies, NY/London (1975).

Williamson, O. E. (1985): The Economic Institution of Capitalism: Firms, Markets, Relational Contracting, NY/London (1985).

Wirths, S. (1998): Regulierung im Tarifabnehmerbereich der Elektrizitätswirtschaft – Effizienz und Revisionsbedarf, Europäische Hochschulschriften, Reihe V, Volks- und Betriebswirtschaft, Bd./Vol. 2235, FFM (1998), Diss. Potsdam (1997).

Witt, P. (2001): CG. In: Jost, P. J. (Hrsg.): Die PAT in der BWL, Stuttgart (2001), S. 85-115.

Wittmann, E. (1999): Organisatorische Einbindung des RM. In: Das KonTraG – Herausforderungen und Chancen für das RM, Saitz, B. et al. (Hrsg.), WB (1999), S. 129-143.

Wittmann, E. (2001): RM als Bestandteil des Planungs- und Kontrollsystems. In: RM nach dem KonTraG – Aufgaben und Chancen aus betriebswirtschaftlicher Sicht, Lange, K. W. et al. (Hrsg.), München (2001), S. 259-281.

Wittmann, E./Spannagl, T. (2000): RM – Anforderungen und praktische Umsetzung. In: Wertorientierte UF – Kapitalmarktorientierte Rechnungslegung und integrierte Unternehmenssteuerung, Küting, K. et al. (Hrsg.), Stuttgart (2000), S. 35-56.

Wolf, A. et al. (2005): CGK, Gütesiegel auch für kommunale Unternehmen? In: PCG – Ein Kodex für öffentliche Unternehmen, Ruter, R. X. et al. (Hrsg.), 1. Aufl. WB (2005), S. 51-62.

Wolf, K. (2004): RM gemäß den Anforderungen des KonTraG bei DaimlerChrysler. In: Controlling, Heft 4-5, (2004), S. 211-216.

Wolf, K./Runzheimer, B. (1999): RM nach KonTraG – Konzeption und Implementierung. 1. Aufl., WB (1999).

Wolf, K./Runzheimer, B. (2003): RM und KonTraG – Konzeption und Implementierung. 4. Aufl., WB (2003).

Wolf, M. (2000): RM in der Elektroindustrie: Praxis des RM – Grundlagen, Kategorien, branchenspezifische und strukturelle Aspekte, Dörner, D. et al. (Hrsg.), Stuttgart (2000), S. 541-567.

Wolff, B. (1995): Organisation durch Verträge – Koordination und Motivation in Unternehmen, WB (1995).

Wolff, B. (1999): Zum methodischen Status von Verhaltensannahmen in der neuen Institutionenökonomik. In: Institutionenökonomik und Neuer Institutionalismus – Überlegungen zur Organisationstheorie, Edeling, T. et al. (Hrsg.), Opladen (1999), S. 133-146.

Wolz, M. (2001): Zum Stand der Umsetzung von RMS aus der Sicht börsennotierter AG und ihrer Prüfer – Eine empirische Untersuchung. In: WPg, Heft 16, 54. Jg., (2001), S. 789-801.

Wyss, H. P. (2000): Integriertes RM – Kontrolle von operativen Risiken – ein wichtiger, oft missachteter Bestandteil. In: Schweizer Treuhänder, Heft 3, 70. Jg., (2000), S. 179-184.

Zahradnik, S. (2003): Die Prüfung, Beratung und Offenlegung der Jahresabschlüsse von EB in kritischer Analyse. In: ZfögwU, Eichhorn, P. et al. (Hrsg,), Heft 4, Bd. 26, (2003), S. 371-394.

Zeiss, F. (1989): EB. In: Handwörterbuch der öffentlichen BWL, Chmielewicz, K. et al. (Hrsg.), Stuttgart (1989), S. 282-294.

Zenke, I. et al. (2005): Konzentration in der Energiewirtschaft – Politische und rechtliche Fusionskontrolle, Schriftreihe Energie- und Infrastrukturrecht, Theobald, C. et al. (Hrsg.), Bd. 6, München (2005).

Ziegenbein, K. (1992): Controlling. Kompakt-Training Praktische Betriebswirtschaft, Olfert, K. (Hrsg.), 2. Aufl., Kiel (1992).

Zimmermann, G./Jöhnk, T. (2002): RM mit der Balanced Scorecard – ein Überblick. In: Kreditwesen, Heft 17, (2002), S. 895-898.

Online-Literatur

ATKEARNY (2007): Zukunft der erneuerbaren Energien – Erneuerbare Energien als Wachstumstreiber für die deutsche Energiewirtschaft? AT-KEARNY (Hrsg.), Abschnitt Zusammenfassung. Studie Oktober 2007. Einzusehen unter: www.atkearny.de

Bundesanstalt für Finanzdienstleistungsaufsicht ("Bafin") (2010): Rundschreiben 15/2009 (BA) – Mindestanforderungen an das RM – MaRisk (Stand 14. August 2009).

Bundesverband der deutschen Industrie (BDI) (2008): Kostenfaktor Strom – Wettbewerbsfähige Preise für die deutsche Industrie. BDI-Drucksache F0021, Berlin (Stand Januar 2008). Einzusehen unter: www.bdi.de

Bundesministerium für Wirtschaft und Technologie (bmwi):
(2009a): Pressemitteilung (27.03.2009).
(2010a): Energiedaten (Stand: 17.12.2010).
(2010b): Pressemitteilung (Stand: 11.10.2010). Einzusehen unter www.bmwi.de

Bundesnetzagentur (2006): Bericht der Bundesnetzagentur nach § 112a EnWG zur Einführung der Anreizregulierung nach § 21a EnWG. Stand: 30.06.2006. Einzusehen unter: www.bundesnetzagentur.de

Deutsche Energie-Agentur (dena) (2010): Energiedienstleistungsgesetz (EDL-Gesetz). (Stand 27.10.2010). Einzusehen unter: www.energieeffizienz-online.de

Deutscher Verein des Gas- und Wasserfaches (DVGW) (2011): www.dvgw.de

Deutsches Institut für IR (2001): IIR-Revisionsstandard Nr. 2 "Prüfung des RM durch die IR. Einzusehen unter: www.iir-ev.de

Dißars, C. (2005): Neue Anforderungen an den LB und Auswirkungen auf die AP. In: INF, Heft 16, Vol. 59, (2005), S. 633-640. Einzusehen unter: www.steuer-office.de

TÜVRheinland (TÜV) (2011): www.tuv.com

OECD – Organisation for Economic Cooperation and Developement (2004): OECD – Grundsätze der CG, Neufassung 2004. Einzusehen unter: www.oecd.org

Verband der Elektrizitätswirtschaft e. V. (VDEW, jetzt BDEW):
(2005a): Stromzahlen 2005 – Der deutsche Strom- und Energiemarkt auf einen Blick. VDEW (Hrsg.), (Stand 2005).
(2005b): Strommarkt Deutschland – Zahlen und Fakten zur Stromversorgung. VDEW (Hrsg.), (Frühjahr 2005).
(2007a): Pressemitteilung (28.03.2007).
(2007b): Pressemitteilung (19.06.2007).
(2007c): VDEW zur Entscheidung des Bundesrates: Anreizregulierungsverordnung gefährdet Arbeitsplätze bei Netzbetreiber, (21.09.2007).
(2007d): BGW, VDEW, VDN und VRE zur Anreizregulierung. Vorgaben der Verordnung für viele Netzbetreiber nicht erreichbar, (18.07.2007).
(2008): Strommarkt Deutschland – Zahlen und Fakten zur Stromversorgung. VDEW (Hrsg.), Sommer 2008. Einzusehen unter: www.bdew.de

Verband kommunaler Unternehmen e. V. (VKU):
(2005a): Pressemitteilung 05/05 (17.06.2005).
(2005b): VKUkompakt. Kommunale Versorgungs- und Entsorgungsunternehmen in Zahlen. (15.08.2005).
(2005c): Kommunale Versorgung und Entsorgung. Geschäftsbericht des VKU (2004/2005).
(2007a): Pressemitteilung 20/07 (24.08.2007).
(2007b): Pressemitteilung 22/07 (18.09.2007).
(2007c): Pressemitteilung 24/07 (21.09.2007).
(2007d): Pressemitteilung 25/07 (09.10.2007).
(2007e): VKUkompakt. Kommunale Versorgungs- und Entsorgungsunternehmen in Zahlen. (13.08.2007).
(2007f): Kommunale Versorgung und Entsorgung. Geschäftsbericht des VKU (2006/2007).
(2007g): Pressemitteilung 32/07 (05.12.2007).
(2007h): Pressemitteilung 33/07 (12.12.2007).
(2008a): Pressemitteilung 21/08 (29.09.2008).
(2008b): Pressemitteilung 20/08 (08.09.2008).
(2008c): Gemeinsame Pressemitteilung des VKU und BDEW (05.06.2008).
(2009): VKUkompakt. Kommunale Versorgungs- und Entsorgungsunternehmen in Zahlen. (Stand 23.03.2009).
(2010a): Pressemitteilung 53/10 (12.10.2010).
(2010b): Pressemitteilung 54/10 (13.10.2010).
(2010c): Pressemitteilung 43/10 (23.08.2010).
(2010d): Pressemitteilung 55/10 (15.10.2010).
(2010e): Pressemitteilung 58/10 (27.10.2010). Einzusehen unter: www.vku.de

Wagner, O./Kristof, K. (2001): Strategieoptionen kommunaler Energieversorger im Wettbewerb – energienahe, ökoeffiziente Dienstleistungen und kommunale Kooperationen. Wuppertaler Paper Nr. 115, Wuppertaler Institut für Klima, Umwelt, Energie (Hrsg.), einzusehen unter: www.wupperinst.org (Stand: 22.04.2010).

Normative Grundlagen

ABl EU (1996) – Amtsblatt ("AB") der EU vom 30.01.1997. Rili 96/92/EG des Europäischen Parlaments ("EP") und des Rates betreffend gemeinsame Vorschriften für den Elektrizitätsbinnenmarkt, L 027/20-L 027/37.

ABl EU (1998) – AB der EU vom 21.07.1998. Rili 98/30/EG des EP und des Rates vom 22.06.1998 betreffend gemeinsame Vorschriften für den Erdgasbinnenmarkt, L 204/1-L 204/12.

ABl EU (2001) – AB des EP und des Rates vom 27.10.2001. Rili 2001/65/EG vom 27.09.2001 zur Änderung der Rili 78/660/EWG, 83/349/EWG und 86/635/EWG des Rates im Hinblick auf die im Jahresabschluss bzw. im konsolidierten Abschluss von Gesellschaften bestimmter Rechtsformen und von Banken und anderen Finanzinstituten zulässigen Wertansätzen, L 283/28-L 283/28-32.

ABl EU (2003a) – AB des EP und des Rates vom 17.07.2003. Rili 2003/51/EG vom 18.06.2003 zur Änderung der Rili 78/660/EWG, 83/349/EWG, 86/635/EWG und 91/674/EWG über den Jahresabschluss und den konsolidierten Abschluss von Gesellschaften bestimmter Rechtsformen, von Banken und anderen Finanzinstituten sowie von Versicherungsunternehmen, L 178/16-L 178/22.

ABl EU (2003b) – AB des EP und des Rates vom 13.05.2003. Rili 2003/38/EG des Rates vom 13.05.2003 zur Änderung der Rili 78/660/EWG über den Jahresabschluss von Gesellschaften bestimmter Rechtsformen hinsichtlich der in Euro ausgedrückten Beträge, L 120/22-L 120/23.

ABl EU (2003c) – AB des EP und des Rates vom 26.06.2003. Rili 2003/54/EG des EP und des Rates vom 26.06.2003 über gemeinsame Vorschriften für den Elektrizitätsbinnenmarkt und zur Aufhebung der Rili 96/92/EG, L 176/37-L 176/55.

ABl EU (2003d) – AB des EP und des Rates vom 26.06.2003. Rili 2003/55/EG des EP und des Rates vom 26.06.2003 über gemeinsame Vorschriften für den Erdgasbinnenmarkt und zur Aufhebung der Rili 98/30/EG, L 176/57-L 176/78.

ABl EU (2006a) – AB der EU vom 27.4.2006. Rili 2006/32/EG des EP und des Rates vom 5. April 2006 über Endenergieeffizienz und EDL und zur Aufhebung der Rili 93/76/EWG des Rates, L 114/22-L/114/85.

ABl EU (2006b) – AB der EU vom 17.11.2006. Rili 2006/111/ EG der Kommission vom 16. November 2006 über die Transparenz der finanziellen Beziehungen zwischen den Mitgliedsstaaten und den öffentlichen Unternehmen sowie die finanzielle Transparenz innerhalb bestimmter Unternehmen, L 318/17-L 318/25.

ABl EU (2009a) – AB der EU vom 14.08.2009. Rili 2009/73/ EG des EP und des Rates vom 13.06.2009 über gemeinsame Vorschriften für den Erdgasbinnenmarkt und zur Aufhebung der Rili 2003/55/EG, L 211/94-L 211/136.

ABl EU (2009b) – AB der EU vom 14.08.2009. Rili 2009/72/ EG des EP und des Rates vom 13.06.2009 über gemeinsame Vorschriften für den Elektrizitätsbinnenmarkt und zur Aufhebung der Rili 2003/54/ EG, L 211/55-L 211/93.

AktG (2008) – AktG vom 06.09.1965 (BGBl. I S. 1089 ff.), zuletzt geändert durch Art. 3 des Gesetzes vom 12.08. 2008 (BGBl. I S. 1666 ff.).

AregV (2007) – Verordnung über die Anreizregulierung der Energieversorgungsnetze (Anreizregulierungverordnung – AregV) vom 29.10.2007 (BGBl. I S. 2529 ff).

BetrVG (2002) – Betriebsverfassungsgesetz in der Fassung der Bekanntmachung vom 21.07.2002 (BGBl. I S. 2010 ff.), zuletzt geändert durch Art. 72 der Achten Zuständigkeitsanpassungsverordnung vom 25.11.2003 (BGBl. I S. 2304 ff.).

BilKoG (2004) – Gesetz zur Kontrolle von Unternehmensabschlüssen (Bilanzkontrollgesetz-BilKoG) vom 15.12.2004 (BGBl. I S. 3408 ff.).

BilReG (2004) – Gesetz zur Einführung internationaler Rechnungslegungsstandards und zur Sicherung der Qualität der AP (BilReG) vom 04.12.2004 (BGBl. I S. 3166 ff.).

BHO (2009) – Bundeshaushaltsordnung vom 19. August 1969, die zuletzt durch Artikel 4 des Gesetzes vom 31. Juli 2009 (BGBl. I S. 2580 ff.) geändert worden ist.

DRS 15 (2004) – Deutscher Rechnungslegungsstandard Nr. 15 (DRS 15): Lageberichterstattung. Verabschiedet vom Deutschen Standardisierungsrat (DRS) am 07.12.2004.

DRS 5 (2001) – Deutscher Rechnungslegungsstandard Nr. 5 (DRS 5): Risikoberichterstattung. Verabschiedet vom Deutschen Standardisierungsrat (DRS) am 03.04.2001.

EEG (2008) – Gesetz für den Vorrang Erneuerbarer Energien (EEG) vom 25.10.2008 (BGBl. I S. 2074 ff.) zuletzt geändert durch Art. 12 des Gesetzes vom 22.12.2009 (BGBl. I S. 3950 ff.).

Energierecht (2008) – Energierecht, EnergiewirtschaftsG, Erneuerbare-EnergienG, Kraft-Wärme-KopplungsG, StromnetzzugangsV, GasnetznugangsV, GrundversorgungsV, AnschlussV, 5. Aufl., München (2008).

EnWG (1998) – Gesetz zur Neuregelung des Energiewirtschaftsrechts vom 24.04.1998 (BGBl. I S. 730 ff.).

EnWG (2005) – Zweites Gesetz zur Neuregelung des Energiewirtschaftsrechts vom 07.07.2005 (BGBl. I S. 1970 ff.), zuletzt geändert durch Art. 2 des Gesetzes vom 21.08.2009 (BGBl. I S. 2870 ff.).

GmbHG (2007) – Gesetz betreffend die Gesellschaften mit beschränkter Haftung vom 20.04.1892 (RGBl. S. 477 ff.) in der Fassung der Bekanntmachung vom 20.05.1998 (BGB1. I S. 846 ff.), zuletzt geändert durch Art. 4 des Gesetzes vom 19.04.2007 (BGB1. I S. 542 ff.).

GO NRW (2009) – Gemeindeordnung für das Land NRW in der Fassung der Bekanntmachung vom 14. Juli 1994 (GV. NRW. S. 666 ff.), zuletzt geändert durch Artikel 4 TransparenzG vom 17.12.2009 (GV.NRW.S.950).

GWB (2007) – Gesetz gegen Wettbewerbsbeschränkungen vom 15. Juli 2005 (BGBI S. 2114 ff.), zuletzt geändert durch Art. 1a G vom 18.12.2007 (BGBI S. 2966 ff.).

HGB (2008) – Handelsgesetzbuch vom 10.05.1897 (RGBI. S. 219 ff.), zuletzt geändert durch Art. 10 des Gesetzes vom 12.10.2008 (BGB1. I S. 1666 ff.).

HGrG (2006) – Haushaltsgrundsätzegesetz vom 19.08.1969 (BGB1. I S. 1273 ff.), zuletzt geändert durch Art. 123 der Verordnung vom 31.10.2006 (BGB1. I S. 2407 ff.).

IDW (1998a) – IDW PS: Prüfung des LB (IDW PS 350; Stand: 26.06.1998). In: WPg, Heft 15, 14. Jg., (1998), S. 663-666.

IDW (1998b) – IDW Rechnungslegungsstandard: Aufstellung des LB (IDW RS HFA 1; Stand: 26.06.1998). In: WPg, Heft 15, 14. Jg., (1998), S. 653-662.

IDW (1999a) – IDW PS: Die Prüfung des RFS nach § 317 Abs. 4 HGB (IDW PS 340). In: WPg, Heft 16, 15. Jg., (1999), S. 658-662.

IDW (1999b) – IDW PS: Die Prüfung des RFS nach § 317 Abs. 4 HGB (IDW PS 340). In: IDW-FN, Nr. 8, (1999), S. 350-357.

IDW (2000a) – IDW PS: Fragenkatalog zur Prüfung der Ordnungsmäßigkeit der Geschäftsführung und der wirtschaftlichen Verhältnisse nach § 53 HGrG (IDW PS 720). In: WPg, Heft 7, 16. Jg., (2000), S. 326-331.

IDW (2000b) – IDW PS: Fragenkatalog zur Prüfung der Ordnungsmäßigkeit der Geschäftsführung und der wirtschaftlichen Verhältnisse nach § 53 HGrG (IDW PS 720). In: IDW-FN, Nr. 3, (2000), S. 73-81.

IDW (2000c) – IDW Prüfungshinweis: Berichterstattung über die Prüfung öffentlicher Unternehmen (IDW PH 9.450.1). In: WPg, Heft 11, 17. Jg., (2000), S. 525-526.

IDW (2002) – IDW PS: IR und AP (IDW PS 321) In: WPg, Heft 13, 18. Jg., (2002), S. 686-689.

IDW (2005a) – IDW Rechnungslegungshinweis: Anhangsangaben nach § 285 Satz 1 Nr. 18 und 19 HGB sowie Lageberichterstattung nach § 289 Abs. 2 Nr. 2 HGB in der Fassung des BilReG (IDW RH HFA 1.005). In: WPg, Heft 9, 21. Jg., (2005), S. 531-534.

IDW (2005b) – Aufhebung der IDW Stellungnahme zur Rechnungslegung: Aufstellung des LB (IDW RS HFA 1). In: WPg, Heft 16, 21. Jg., (2005), S. 902-905.

IDW (2005c) – IDW Rechnungslegungshinweis: Lageberichterstattung nach § 289 Abs. 1 und 3 HGB bzw. § 315 Abs. 1 HGB in der Fassung des BilReG (IDW RH HFA 1.007). In: WPg, Heft 22, 21. Jg., (2005), S. 1234-1235.

IDW (2006a) – IDW PS: Prüfung des LB (IDW PS 350) (Stand 06. September 2006). In: WPg, Heft 20, 22. Jg., (2006), S. 1293-1297.

IDW (2006b) – WP Handbuch – Wirtschaftsprüfung, Rechnungslegung, Beratung, Bd. I, IDW (Hrsg.), 13. Aufl., DD (2006).

IDW (2006c) – IDW PS: Grundsätze ordnungsmäßiger Berichterstattung bei Abschlussprüfungen (IDW PS 450). In: WPg, Heft 3, 22. Jg., (2006), S. 113-127.

IDW (2006d) – IDW PS: Feststellung und Beurteilung von Fehlerrisiken und Reaktionen des AP auf die beurteilten Fehlerrisiken (IDW PS 261). In: WPg, Heft 22, 22. Jg., (2006), S. 1433-1445.

IDW (2006e) – IDW PS: Berichterstattung über die Erweiterung der AP nach § 53 HGrG (IDW PS 720) (Stand: 06.10.2006). In: WPg, Heft 22, 22. Jg., (2006), S. 1452-1456.

IDW (2006f) – IDW Stellungnahme zur Rechnungslegung: Rechnungslegung von EVU nach dem EnWG (IDW RS ÖFA 2). In: WPg, Heft 7, 22. Jg. (2006), S. 465-484.

IDW (2006g) – IDW PS: Prüfung von EVU (IDW PS 610). In: WPg, Heft 8, 22. Jg., (2006), S. 533-536.

IDW (2007) – IDW Prüfungshinweis: Besonderheiten der AP kleiner und mittelgroßer Unternehmen (IDW PH 9.100.1). In: WPg, Supplement, Heft 1, 23. Jg., (2007), S. 53-61.

IDW (2008) – IDW Prüfungshinweis: Zur Erteilung des BV bei kommunalen Wirtschaftsbetrieben (IDW PH 9.400.3). In: WPg, Supplement, Heft 1, 24. Jg., (2008), S. 9-10.

KapCoRiLiG (2000) – Kapitalgesellschaften- und Co-Richtlinien-Gesetz (KapCoRiLiG) vom 08.03.2000 (BGBl. I S. 15 ff.).

KonTraG (1998) – Gesetz zur Kontrolle und Transparenz im Unternehmensbereich (KonTraG) vom 27.04.1998 (BGBl. I S. 768 ff.).

Konzessionsabgabeverordnung vom 9. Januar 1992 (BGBl. I S. 12 ff.), zuletzt durch Art. 3 Abs. 4 der Verordnung vom 1. November 2006 (BGBl. I S. 2477 ff.).

MessZV (2008) – Verordnung über die Rahmenbedingungen für den Messstellenbetrieb und die Messung im Bereiche der leitungsgebundenen Elektrizität- und Gasversorgung (Messzugangsverordnung – MessZV) vom 17.10.2008 (BGBl. I. S. 2006 ff.).

MitbestG (2002) – Mitbestimmungsgesetz vom 04.05.1976 (BGBl. I S. 1153 ff.), zuletzt geändert durch Gesetz vom 23.03.2002 (BGBl. I S. 1130).

VorstOG (2005) – Gesetz über die Offenlegung der VO-Vergütungen (VO-Vergütungs-Offenlegungsgesetz – VostOG) vom 03.08.2005 (BGBl. I S. 2267 ff.).

uniDO.FACTS
Universität Dortmund Financial Accounting & Taxation Studies

Herausgegeben von Matthias Wolz

Band 1 Matthias Wolz (Hrsg.): Whistle Blowing und Concern Management. Neue Herausforderungen für Unternehmen und ihre Prüfer. 2007.

Band 2 Frank Althoff: Rechtsgeschäfte zwischen Gesellschaften und Gesellschaftern in der externen Rechnungslegung. 2009.

Band 3 Andrée Gliese: Risiko- und Chancenmanagement bei kommunalen Energieversorgungsunternehmen in der privatwirtschaftlichen Form der GmbH und AG in Deutschland. 2012.

www.peterlang.de